附注:

1 巴勒斯坦地区的地区界系1947年11月联合国安理会决议所规定的"犹太国"(以色列)疆域。

2 玻利维亚法定首都苏克雷，拉巴斯为议会、政府所在地。

序号图说明注记:

1 黑山
2 克罗地亚
3 斯洛文尼亚
4 波斯尼亚和黑塞哥维那
5 马其顿
6 阿拉伯区
7 圣基茨和尼维斯
8 圣文森特和格林纳丁斯
9 荷属安的列斯
10 爱沙尼亚
11 拉脱维亚
12 俄罗斯
13 荷兰
14 比利时
15 卢森堡
16 梵蒂冈
17 圣马力诺
18 列支敦士登
19 亚美尼亚
20 阿塞拜疆
21 黎巴嫩
22 阿拉伯联合酋长国
23 卡塔尔
24 斯洛伐克
25 塞尔维亚

一生的旅行

环球500条最佳旅游线路

一生的旅行

环球500条最佳旅游线路

《国家地理旅游者》杂志总编凯斯·贝劳斯精心撰写引言

美国国家地理学会 编著

孟艳梅 译

中国摄影出版社

China Photographic Publishing House

時尚 TRENDS

MAPLETON 2
ASHBOURNE 4
LEEK 12
CHEADLE 11
ILAM (DOVEDALE) 1
WETTON 5
POST OFFICE
E R

目 录

P2-3：美丽安详的纪念碑谷位于美国纳瓦霍部落公园，这里曾为无数西部片提供辽阔壮美的自然景观。
对页：英格兰德比郡戴尔区的一个乡间小路岔口，草地上的牛正在好奇地向路上张望。

引言：走遍世界

美国人喜爱列清单，在走访了 65 个国家之后（这一数字日后还会继续增加），我也自然而然地有了自己的旅游清单与大家分享。蒸汽轮船航行在深入北美大陆的圣劳伦斯水道，绿色的原野在两侧伸展，河豚欢快地越过船头；铿锵作响的机车行进在苏格兰高地，穿过沼泽，跨过深谷，绕过开满石楠花的山头，越过天星渡轮的栏杆，眺望中国香港灯红酒绿的繁华夜景；泛舟印度南部的喀拉拉水乡，看身着纱丽的女人在稻田间劳作；顶着爱琴海的烈日，在迷宫般的希腊群岛中游弋，感受历史的气息；驾驶敞篷车在通向大瑟尔起伏不断的 1 号高速公路上疾驰，欣赏美国最壮丽的海岸。这些都是我过往游历的愉快记忆，虽然几十年过去了，却仍然深刻在脑海里。这些地点，也都包含在本书推荐的环球 500 条最佳旅游线路中。本书不仅是一本旅游线路指南，更是一本关于旅游的全方位记述。它在为我们介绍旅程的同时，也为我们展现了令人终生难忘的非凡经历。这 500 条最佳旅游线路，涵盖了丰富的地理特征——海洋、高山、丘陵、深谷；包含了多种多样的旅行方式——火车、汽车、游船或徒步。愿本书收集的丰富内容能够成为激励你去寻找属于自己真实感受的强大动力。不要害怕迷路，不要拒绝意外和机遇，学会欣赏每一条线路的独特内涵。当你翻动书页时，呈现在你面前的将是一些世界最著名的旅游胜地。但当我们享受它们给我们带来的喜悦时，千万不要忽视这样一个事实：它们中的不少地方已经成为濒危物种之地，随时可能在如潮游客的冲击下被破坏殆尽。我们必须学会保护我们珍爱的自然与文化遗产，好让书中的美景永远存在于现实之中。

那么，做好准备了吗？让我们出发，开始这令人终生难忘的旅行吧！

凯斯·贝劳斯

《国家地理旅游者》杂志总编

对页：两名年轻的僧人凝视着护城河对岸吴哥窟中的佛教庙宇。

1 越过水面

水上游览，给人们带来了一个全新的观景视角。河流，可以带你前往道路无法到达的地方。气象万千的海滨，从海面或陆地上看去景象迥异。本部分介绍的海上航线，绝不仅仅是从港口到港口的旅程，沿途的风光、历史和人文景观，只是故事的开始。游船本身，还有它经过的水面，同样能给人带来诸多惊喜：乘皮筏沿着马达加斯加岛上的曼戈基河，寻找沿岸树林中狐猴起舞的踪迹；或是坐独木舟沿奥里诺科河顺流而下，进入南美丛林的中心；又或是乘着爱琴海上的渡轮，重温古希腊的神话。你还可以乘坐破冰船深入拉普兰附近的北冰洋，体验极地探险的生活；或是在风力艇的帮助下掠过鳄鱼出没的佛罗里达湿地。旅行家们的足迹，遍及世界各地。有些线路适合那些喜爱享乐的人，也有些线路是对无所畏惧的探险家们最好的考验——攀上高高的桅杆，或是划着独木舟探寻那些1000年来变化甚微的村庄。

在泰国西海岸安达曼海滨，传统样式的小船静静停泊在湛蓝的海水中。在6天的行程中，你将乘坐小船在附近海面上游弋，尽情欣赏3500座小岛中的美丽风光。

美国

西雅图至阿拉斯加

峡湾、座头鲸和远古冰川——充满自然风情的北美海岸之旅。

游船缓缓行驶在海面上，岸边是高达1.5万英尺（4572米）的群山，秃鹰在天空回旋，白雪皑皑的山巅倒映在峡湾中一平如镜的水面上，瀑布从山上飞流直下。这条水上线路的起点位于西雅图或温哥华，游客从这两地起程后，可乘船向北穿过长达1000英里（1609公里）的“内海航道”（Inside Passage）。这是一条由众多峡湾组成的水网，连接着加拿大不列颠哥伦比亚与阿拉斯加南端狭长的海岸地区及其外围岛屿链，沿岸壮观的风景引人入胜。在位于阿拉斯加最南端的凯奇坎市附近的雾湾（Misty Fjord），你会见到丝丝浮云从黝黑的海面上飘起，紧贴着高达3000英尺（914米）的悬崖。航道的两岸是通加斯国家森林（Tongass National Forest），这里的温带雨林由年代久远的针叶和阔叶混交林组成，在当地潮湿气候的滋润下保存着世界上最为稀有的生态系统。再往北走是冰川湾（Glacier Bay），16条冰川在这里伸展至海边，沉积千万年的冰层断裂成大如房舍的冰块滑入海湾中，发出震耳欲聋的巨响。游船还会造访沿岸的小镇。这些小镇沿海而建，背后是高耸的山峰，每一个小镇都展示出各自不同的文化背景：有属于茨姆锡安族、特林吉特族和海达族印第安人的图腾柱，也有涂成红色、绿色或橘黄色的斯堪的纳维亚风格的房子，更有克朗代克（Klongdike）淘金潮时期的遗迹和圆顶的俄罗斯东正教大教堂。

著名景点

■ 徒步穿越**夏洛特皇后群岛（Queen Charlotte Islands）**的原始雨林，寻找难得一见的白色**柯莫德熊（也称灵熊）**。

■ **凯奇坎**在特林吉特语（Tlingit）中意为“雄鹰展翅，雷霆万钧”，那里保存着世界上最丰富的**图腾柱**。

■ 在**弗雷德里克海峡（Frederick Sound）**看**大灰熊**抓鱼。此外，还有**鹰**、**鹗**和**雕**在空中翱翔，**逆戟鲸**和**座头鲸**在食物丰富的海水中翻滚，大快朵颐。

■ 乘坐**直升机**前往阿拉斯加朱诺郊外，徒步攀登**曼登豪（Mendenhall）冰川**。

■ 乘坐汽艇穿越**冰川湾**，近距离欣赏海豹、鲸鱼和断裂的冰川。

■ 富于俄罗斯风情的**锡特卡市（Sitka）**面对太平洋，市内著名景点有**圣米歇尔天使长东正教堂（St. Michael the Archangel [Orthodox]Cathedral）**、**图腾广场**、**俄罗斯墓地（the Russian Cemetery）**，以及**伊莎贝尔·米勒（Isabel Miller）**和**谢尔顿·杰克逊（Sheldon Jackson）纪念馆**。

■ 斯卡圭（Skagway）的**98史迹博物馆**及**淘金潮墓地（Gold Rush Cemetery）**带你回顾克朗代克淘金潮的岁月。

最佳旅行时间：5月和9月分别是游船运营的始、末月，游客相对较少。9月初的气候也温和宜人。

行程：航程共需7~14天。你应该仔细选择好线路。较长的航线会在出发或返航时走内海航道，或者来去都走内海航道；较短的航线则有可能绕过大部分内海航道，而花更多时间游览阿拉斯加北部。

行前计划：要想选到最好的航线，需提前1年就预订。小型游船可以装载50~100名游客，较为舒适，也更容易亲近自然风光。

旅行须知：天气阴晴不定，温差较大。准备好保暖的帽子、雨具、墨镜和夹克，以及一副好的望远镜。

相关网址：www.alaska.com，www.alaska-travel.com，www.smallshipcruises.com

对页：从海边冰川上断裂下来的冰块在阿拉斯加海湾中比比皆是。
上左：一艘老式近海蒸汽船停泊在不列颠哥伦比亚的布列塔尼亚海滩，身后是雄伟的山脉。
上右：朱诺市古纳卡代公园（Gunakadet Park）中展出的一件美洲原住民木雕工艺品。

位于魁北克圣劳伦斯河码头上的芳提纳克城堡酒店（Château Frontenac）的建筑风格明显受到法国文化的影响。

加拿大

圣劳伦斯水道

迷人的加拿大东南部水上航线，自然风光与历史遗迹交相辉映。

早在欧洲殖民者第一次踏上北美大陆时，圣劳伦斯河就成为通向大陆纵深处的重要交通线。从魁北克市到蒙特利尔，小游艇行驶在历史悠久的航线上，两岸绿树成荫的风景始终牵动着游客的目光。苍鹭拍打着双翼从空中掠过，忙着在贝赫西尔—索黑尔（Berthier-Sorel）群岛的栖息地筑巢；圣皮埃尔湖（Lake Saint-Pierre）吸引着迁徙而来的野鸭和野鹅。蒙特利尔则是另一番风情，那里有琳琅满目的时装店和夜总会。再向西，你会来到1959年通航的圣劳伦斯海运通道，来自大西洋的海船可以通过运河与水闸系统直接驶入五大湖。渺小的游船与高耸的船闸形成强烈对比，为旅行增添了别致的亮点。在安大略湖边的金斯顿市（Kingston）登岸之前，你还会经过夏季旅游胜地千岛湖（Thousand-Islands Lake）。摩托艇往返于小岛之间运送游客，大一些的岛屿上建有村庄，面积小的岛则仅够一户人家居住。

最佳旅行时间： 5月中旬至10月中旬。10月初是秋色最浓的时候。

行程： 7天6夜，从魁北克市或金斯顿市出发均可。

行前计划： 所有岸上旅游景点的费用都已包括在游船费用内。水面很平静，游船上备有娱乐节目和精美的饮食，还可安排短线岸上游览。

旅行须知： 该航线属于休闲游性质，游船较小。建议带上遮阳帽、墨镜、薄夹克和舒适的徒步鞋。当然，还有望远镜。

相关网址： www.stlawrencecruiselines.com

著名景点

- **魁北克老城（Vieux Québec）**是联合国教科文组织认定的世界遗产，同时也是北美大陆上历史最悠久、最美丽的城市之一。建议你在旅行开始（或结束）时抽出1天时间好好逛逛那里鹅卵石铺就的街道。
- **蒙特利尔**大概是加拿大最具嬉皮士风格的城市。法国文化不但体现在繁华的现代化市中心，而且体现在历史悠久的码头区，那里有些建筑可以追溯到17世纪。
- 在莫里斯堡（Morrisburg）的**上加拿大村（Upper Canada Village）**寻找逝去的历史。村庄临河而建，是加拿大最大最完善的历史文化村，再现了19世纪60年代加拿大的乡村生活风情。
- **千岛湖的群岛**——一共有1800多个岛屿——是冰川侵蚀形成的。岛上绿树丛丛，间或可见一些装修华丽的别墅，都有着百年以上的历史。其中最吸引人的是哈特岛（Heart Island）上的**博特城堡（Boldt Castle）**，它拥有120个房间，仿佛来自于中世纪童话。

加拿大

特伦特—塞文水道

尽览加拿大的乡野风情，是钟情游艇与自然风光者的最爱。

这条240英里（386公里）长的水道起于安大略湖的特伦顿，直达休伦湖乔治亚湾岸边的原野，是一条由运河、湖泊与天然河流组成的水上通道。通过它，人们可以尽情体验多伦多以北地区的田园风光。沿途村庄迷人的欧洲风情，与农田、峡谷和清澈见底、绿树环绕的湖泊构成变化多彩的风景，吸引着无数游客。游览的航程时缓时急。在最东段的特伦顿与法兰克福之间，游船要在短短6英里（10公里）水路中经过6座船闸，跨越115英尺（35米）的落差；而在卡沃萨湖泊群中，又可以任小舟在迷宫般的水网中随波荡漾。沿途有很多可供游客戏水、晒日光浴的好去处，人们还可以在湖边烧烤自己钓来的活鱼。不过，你也需要多加小心，提防周围森林中觅食的白尾鹿和黑熊。运河宽度很窄，大型船只无法通过。大部分游客会带着他们自己的船，其他人则会在当地租一条船。如果你喜欢在野外宿营，可以选择一条木船或皮艇；如果你住惯了豪华酒店，也可以租一条50英尺（15米）长的家庭豪华游艇。

游艇正通过水闸。在特伦特—塞文水道沿途有许多这样的水闸。

著名景点

■ 清晨在野外的湖边，看平静的水面上随着太阳升起的渺渺雾气，听**潜鸟（Loon）**那绕梁三日的歌声。

■ **彼得伯勒**有世界上**最大的垂直起降船闸**，建于1904年。整条特伦特—塞文水道，包括沿途的运河与水闸，代表了19世纪机械工程学取得的惊人成就。

■ 浏览**一座座历史底蕴深厚的小镇**，包括著名的**雷克菲尔德（Lakefield）**。

■ 在**鲍勃凯金（Bobcaygeon）镇**和**费纳伦弗斯（FenelonFalls）镇**上逛当地的小店，或品尝餐馆的菜肴。

■ 在清澈见底的河水中钓一尾重达5磅（2千克）的**鲈鱼**。

最佳旅行时间：5月下旬至10月。6月下旬日照较长，气候温暖；9月的白天大多晴朗和暖，晚上则比较凉爽；9月下旬到10月中旬树叶开始变黄，同时也是钓鱼的最佳季节。

行程：乘机动船游览完整的特伦特—塞文水道需要7天左右，人力船则需时更久。豪华家庭游艇大多在彼得伯勒（Peterborough）与辛考湖（Lake Simcoe）之间巡弋，往返一趟需要4~7天。

行前计划：家庭游艇容易驾驶，而且配备了舒适家居所需的所有设备。过水闸时缴纳费用较少。

旅行须知：家庭游艇出租者会提供详细的游览指南。白天只需要穿轻便的衣服。带上帽子、太阳镜、防晒霜和舒适的鞋子，以便上岸一游。

相关网址：www.happydayshouseboats.com，www.pc.gc.ca/lhn-nhs/on/trent-severn/index_e.asp

老西部

沿着昆布兰河与俄亥俄河，游览历史悠久的小镇，寻找时光流逝的痕迹。

这条游览线路将带你追溯美国的历史。途经地区不但有绚丽的风景，历史底蕴也相当深厚。这里曾经是印第安切罗基部落、契卡索部落和肖尼部落的家乡，随后又成为法国皮毛商人与早期西部移民的家园。从美国乡村音乐之都、田纳西州的纳什维尔起程，你将沿着昆布兰河与俄亥俄河，穿越曾吸引无数早期移民的富饶田野，直到俄亥俄州的辛辛那提市，在缓缓而行的游船上体验当地人恬静的生活方式。在昆布兰河上，你会看到那些著名的、大萧条时期由田纳西河谷管理局修建的水闸，还将经过巴克利湖和湖间狭地（Land Between the Lakes）。随后，游船会很快驶入俄亥俄河，来到肯塔基州的帕杜卡市。这里有铁路博物馆、河文化博物馆，以及美国针绣家协会博物馆（Museum of the American Quilter's Society）。接下来的几天中，游船将沿着俄亥俄河缓缓而行，抵达肯塔基州的路易斯维尔——肯塔基德比赛马会的举办地。大多数游船会组织大客车送游客前往丘吉尔（Churchill）赛马场，你可以在那里参观肯塔基德比博物馆，还可以在赛道上走走，并参观纯种赛马的墓地。在印第安纳州奥罗拉稍事停留后，再经过 1 天航程，游船就抵达了此行的终点辛辛那提市。在蒸汽船盛行的年代，这里被称为“西部城市之冠”，是当时俄亥俄河上最繁忙的港口之一。

著名景点

- **纳什维尔音乐节**将成为你旅途中精彩的第一站。一定不要错过“大奥普里”（Grand Ole Opry）演唱会。
- 在**帕杜卡**19世纪的市中心浏览众多的古玩商店，参观美国针绣家协会博物馆。
- 参观美国著名历史景观之一，位于印第安纳州奥罗拉市的**山林大宅**（Hillforest）。宅院俯瞰俄亥俄河，著名工业家托马斯·贾弗（Thomas Gaff）在1855~1891年间居住于此。房子建筑富于海洋风格，内部装潢陈设颇具历史气息。
- 在**遮阳甲板**上休憩，看着河水慢慢流过。

最佳旅行时间： 4月至9月。肯塔基德比赛马会（Kentucky Derby）在每年5月的第1周举行。如果你热爱赛马，应该以此来制订你的行程，以便观看比赛。

行程： 游船从纳什维尔至辛辛那提全程需要8天。

行前计划： 部分游船提供从辛辛那提到纳什维尔的游览线路，同时也有到其他城市的游览线路。

旅行须知： 带上望远镜，便于在遮阳甲板上观赏风景及野生动植物。

相关网址： www.riverbarge.com

丘吉尔赛马场上兴奋的观众为赛马和骑师喝彩。看台建于19世纪，双尖塔是此行中最著名的地标建筑物。

南卡罗来纳州查尔斯顿，有着上百年历史的老别墅和花园整齐地排列在岸边。

最佳旅行时间：大多数游船都在4月起航，这是一年中最美的季节，查尔斯顿和萨凡纳那些雅致的花园正是鲜花怒放的时候。

行程：全程250英里（402公里），行程7天8夜。游船从南卡罗来纳的查尔斯顿起航，到达佛罗里达州杰克逊维尔（Jacksonville）再返回。

行前计划：历史名城查尔斯顿是美国东南部游客最集中的景点之一，如果你有1~2天富余时间，应该在这里多逛逛优美的古老街道，感受当地人优雅的生活情调。

旅行须知：4月天气暖和，时而有凉爽的微风，湿度较低。旅途中最好穿上舒适的徒步鞋，并且不要忘记带上一副望远镜，以便在船上观察水鸟，特别是在海岛附近的时候。

相关网址：www.cruisewest.com

美国

查尔斯顿及低地之旅

南北战争前的老宅、天然的沙滩和绿树掩映的河道是行程的精华。

沿海明珠般的小岛、南北战争炮火下幸存的美丽小镇，还有野生动植物资源丰富的盐地沼泽是此行的精华。这里被称为“低地”，是美国国内最迷人的一片地区，备受游客瞩目。游船从历史名城查尔斯顿（Charleston）出发，沿着与东海岸平行的快捷水路“大西洋沿海运河（Atlantic Intracoastal Waterway）”南下，沿途的景色十分壮丽，但船都很小，与其称为游船，不如干脆叫摩托艇。你会看到南卡罗来纳州波弗特（Beaufort）与佐治亚州萨凡纳河边一字排列的老房子，那些都是19世纪富有的大米商人和棉花商人的别墅。老橡树依旧用茂密的树冠为它们遮挡着风雨，历经百年沧桑的树干上苔藓斑斓。再前行，视野里出现一望无际的盐地沼泽。而一片片茂盛的大米草间是无数蜿蜒的水流，白鹭与苍鹭在其中嬉戏。再往南，你会看到佐治亚州野趣盎然的沿海小岛和长长的天然沙滩。这里曾经是富人的避暑胜地，在吉柯（Jekyll）岛上，你还可以参观范德比尔特、摩根、普利策等豪门家族奢华的海边“小屋”。

著名景点

- 在**查尔斯顿老市场**购物，挑选由嘎勒（Gullah）女人——当地获得自由的黑奴后裔——出售的用**茅香**编织的图案复杂的篮子及其他工艺品。
- **波弗特**的浪漫气氛吸引着许多电影导演，《山水又相逢》《阿甘正传》等片都曾在此取景。你可以在**南方甜品店**（Southern Sweets）买一支冰激凌，然后坐在码头露台的秋千上慢慢享用。
- 在**萨凡纳**铺着鹅卵石的古老街道上闲逛，走过一座座于18世纪和19世纪建造的宅院。
- 品尝当地出产的**虾、螃蟹**和**牡蛎**。

美丽的城市夜景使晚上的天星渡轮物超所值。这趟仅仅5分钟的航程是体验中国香港这颗东方明珠的最好方式之一。

十佳城市游船观光线路

乘坐渡轮体验当地人的生活，观赏世界著名城市的优美风景。

❶ 加拿大：温哥华周边

漂亮的渡轮划开波光粼粼的水面，穿行于温哥华与周围岛屿之间，岸上茂密的落叶林与白雪皑皑的山峰交相辉映。渡轮班次夏季较多。

行前计划： 如果你还想游览不列颠哥伦比亚省的沿海地区，可以从网上购买轮船折扣券（SailPass），有效期分4天和7天两种。

相关网址： www.bcferries.com

❷ 美国：纽约市斯坦顿岛

乘坐渡轮从纽约市内抵达斯坦顿（Staten）岛需25分钟，全程5英里（8公里）。途中渡轮会从自由女神像和埃丽丝岛边快速驶过，曼哈顿雄伟的摩天建筑群在水面上投下长长的阴影。你可以在斯坦顿岛这个纽约市游客最少的区中尽情游玩，也可以直接乘渡轮返回。最棒的是，全程免费！

行前计划： 无须预订船票。渡轮分别从曼哈顿白厅码头（Whitehall Terminal）和斯坦顿圣乔治码头（St.George Terminal）起航，每30分钟1班，免费乘坐（驾驶车辆除外）。

相关网址： www.nyc.gov/html/dot/html/masstran/ferries/statfery.html

③ 美国：旧金山索萨利托(Sausalito)

在这段30分钟的航程里，你可以欣赏到壮观的金门大桥、阿尔克特拉斯监狱、天使岛，并眺望远处的旧金山市。一定要挑选晴朗的天气，因为旧金山常见的浓雾会阻挡你的视线。

行前计划：渡轮从市场大街尽头的旧金山渡轮大厦(San Francisco Ferry Building)背后起航，你可以带自行车上船。
相关网址：www.goldengateferry.org

④ 美国：新奥尔良阿尔及尔老城区

大型渡轮搭载着游客渡过密西西比河，往返于阿尔及尔老城区与新奥尔良市区之间(免费！)。

行前计划：渡轮每15分钟1班，全天营业，因此无须预订。
相关网址：www.neworleansonline.com/tools/transportation/gettingaround/ferry.html

⑤ 中国：香港天星渡轮

著名的天星渡轮往返于香港岛与九龙之间，虽然航程只有短短的5分钟，却可以将整个香港一览无余，日落后景色更佳。

行前计划：无须预订。每天不同时刻需等候的时间略有差别，平均约10分钟1班。
相关网址：www.starferry.com.hk/new/en/index.asp

⑥ 澳大利亚：布里斯班CityCat渡轮

流线型的CityCat渡轮十分现代，航行时就好像在紧贴着水面飞行。它沿着布里斯班河行驶，中途会路过故事桥（Story Bridge）与南岸公园（South Bank Parklands）。CityCat航速很快，如果你希望静下心来好好观赏城市风景，可以选择没有顶篷的城市渡轮。

行前计划：船票分区销售，以便游客尽可能多地利用附近的公共交通设施。
相关网址：www.brisbane.qld.gov.au，www.translink.com.au

⑦ 土耳其：伊斯坦布尔博斯普鲁斯渡轮

博斯普鲁斯渡轮虽航行在伊斯坦布尔市内，却跨越了两个大陆。站在渡轮上，精美的尖塔和华丽的建筑物尽收眼底。你可以在甲板上边喝茶边呼吸清新的空气，欣赏奥斯曼宫殿到博斯普鲁斯大桥间伊斯坦布尔市区最美丽的风景。

行前计划：6月到8月气候炎热潮湿，11月至次年1月则很冷。女性着装应尽量低调。
相关网址：www.istanbul.com/splash.html

⑧ 意大利：威尼斯运河上的公共汽艇

尽管贡多拉小舟充满浪漫风情，但真正的威尼斯人为了赶时间通常会乘坐公共汽艇(Vaporetto)，也有人叫它水上公交车。你可以从机场直接乘坐汽艇，中途分别停靠玻璃岛和利多，那里是威尼斯的海滩，最后直达圣马克广场。此外，也有前往城市其他地区的线路。你可以乘渡轮登上附近的小岛，或者去利多，看看游客不常光顾的威尼斯是个什么样子。

行前计划：逃票的罚款很高。如果你在岸上没有买到票，上船后一定要向售票员购票。有专门供游客使用的旅行卡和票出售。
相关网址：www.actv.it/english/home.php

⑨ 意大利：那波利湾卡普里(Capri)

那波利湾有世界上最迷人的海岸。你可以乘坐渡轮在湛蓝的天空下航行，探寻著名的蓝穴(Blue Grotto)，洞穴中没有任何照明设备便会发出蓝色的光。你要计算好时间，一定要在中午前赶到卡普里。在那里的很多餐馆中都可欣赏到那波利湾的美景，还有美味的意大利海鲜面(Spaghetti Vongole)，以及用埃特纳火山下富饶的土壤培育出来的葡萄酿造的白葡萄酒。

行前计划：出发码头在那波利湾的摩罗·贝弗雷罗(Molo Beverello)港，航程约需80分钟。
相关网址：www.capri.net

⑩ 英国：利物浦默西(Mersey)渡轮

红黑两色的利物浦渡轮往返在默西河上，每次航程约需1小时。这一著名的摆渡轮其历史可以追溯到12世纪，是整个欧洲最早的渡船。除了正常的摆渡外，还有为游客设计的浏览默西河沿岸风景的线路，以及特殊场合下的主题航线。如“甲壳虫之旅”就是为纪念那四位名人与利物浦的密切关系而特设的(他们都曾居住在这里)。

行前计划：普通摆渡每20分钟1班，从希坎布(Seacombe)渡轮码头和皮尔希德(Pier Head)码头出发。
相关网址：www.merseyferries.co.uk

蒸汽轮桨船曾经主宰了密西西比河流域的客运与货运交通。

美国

密西西比河蒸汽轮桨船之旅

坐上古老的蒸汽轮桨船，追寻随风而逝的历史，体验丰富多彩的美国南方文化。

2005年9月肆虐美国的卡特里娜飓风使新奥尔良及附近地区面貌大变，然而密西西比河下游著名的蒸汽轮桨船之旅却依然保留了下来。从新奥尔良逆流而上前往孟菲斯，你可以体验到这条美国最长的河流沿岸富有特色的历史文化。游客乘坐的游船虽然是那种船尾带有巨大轮桨的经典老式蒸汽船，但宽敞的客房和精美的饮食却已完全现代化。一路上游船悠闲地前行，你有充裕的时间欣赏乐队演奏迪克西兰爵士乐（Dixieland），眺望两岸种植园主人的乡村宅第和美丽的花园，通常游船还会在其中最著名的橡树庄园（Oak Alley）稍作停留。此外，游船还会在密西西比州的纳齐兹和维克斯堡等地停泊，那里的林荫大道还保留着南北战争前优雅的田园气息。19世纪棉花大亨的宅第依旧奢华壮丽，埃尔维斯的歌声与穆迪·沃特斯（Muddy Waters）、B.B.金（B.B. King）等人的布鲁斯音乐也仍然在小镇上回响。

最佳旅行时间：该线路常年运营。

行程：新奥尔良至孟菲斯的旅游航线需要7天，此外还有4~8天的往返航线。

行前计划：尽可能地提前预订。此外还有很多遍布密西西比盆地的其他旅游线路可供选择，游览范围北至缅因州的圣保罗（St. Paul），东至俄亥俄河上的辛辛那提和匹兹堡。

旅行须知：着装尽可随意。旅行结束时应给船员小费。

相关网址：www.majesticamericaline.com

著名景点

■ 准备好至少一天早起，观赏密西西比河上的日出。

■ 享受蒸汽轮桨船上维多利亚风格的家具装潢，以及晚上的音乐演出。演出曲目涵盖了从拉格泰姆到蓝草乐等各种传统音乐风格。

■ 橡树小径是路易斯安那保存最完好的种植园宅第之一，大门外的道路两旁种着年代久远的橡树。这栋希腊复古式风格的豪宅建于19世纪30年代，房主雅各布·特利弗所属的家族是当时美国最富有的家族之一。

■ 南北战争前，按人口平均比例，纳齐兹市拥有全美最多的百万富翁。他们的传奇经历至今仍可通过那一栋栋装修豪华的种植园宅第得以展现。

■ 维克斯堡国家军事公园是为纪念1863年的维克斯堡战役修建的，该战役是南北战争中具有决定性意义的战役之一。

美国

乘风力艇 游佛罗里达州湿地

佛罗里达湿地的特色旅游：乘坐风驰电掣的风力艇，看世界上体形最大的短吻鳄。

轻便的风力艇尾部装有巨大的带防护网的风扇，可以运载游客在湿地中飞速行驶，是进入这片亚热带湿地的最佳交通工具。这是一片自奥基乔比湖（Lake Okeechobee）向南，长度超过100英里（161公里）、宽40英里（64公里），长满锯齿草的浅水区域。那里不时可见到一片片沼泽柏和红树林，河水安静地缓缓流向大海。导游带着你在迷宫一般的水道中穿行，不时有惊起的白鹭或苍鹭直飞向天空。通常悬挂在船外的引擎到了这里就会被水草缠住或陷入淤泥而无法使用。很快你就可抵达湿地的深处，见到这里最有名的"居民"——美洲短吻鳄。越是人迹罕至的深处，它们的个头就越发令人惊恐。如果一趟普通的汽艇游还不足以满足你的好奇，你还可以继续深入湿地中心，探索神秘的湿地国家公园。那里的大部分湖泊都禁止机动船进入。你有可能看到极为罕见的佛罗里达豹，以及体形像一根巨大的黄瓜、行动惹人喜爱的海牛（一种活跃于浅水中的水生哺乳动物，以红树叶和海藻为食）。

著名景点

- 湿地中有很多鸟类——**蛇鹈**、**鹤**、**鹳**、**玫瑰琵鹭**，还有**海龟**、巨大的**蜻蜓**、佛罗里达**黑熊**、栖息在红树林中的**狐松鼠**和生活在沼泽中的**水貂**。
- 划**小艇**进入**九里塘**（Nine Mile Pond）和**地狱湾**（Hells Bay），那里是观察湿地鸟类的最佳地点。
- 大柏树印第安保留地里的**阿塔西基**（Ah-Tah-Thi-Ki）**博物馆**记录了湿地米诺尔印第安部族的历史与文化。
- 湿地中有一些只能通过水路到达的**宿营地**，供游客享受沼泽地空寂的夜晚。

最佳旅行时间：冬季（12月至次年4月）气候温和，天气晴朗，但有时较冷。6月至10月是雨季，也是蚊子和飓风肆虐的时候。

行程：最短的体验游只需20分钟，但如果想全面领略湿地的风貌和其中的野生动植物，你至少需要花上2小时走完40英里（65公里）的环形航线。

行前计划：当地有许多风力艇，码头也有好几个。风力艇有大有小，有些只够乘坐1~2名乘客，便于那些喜欢挑战、深度体验的旅游者。而最大的风力艇则可容纳24人，更适合以浏览风景为目的的普通游客。在湿地国家公园里，你可以从弗拉明戈或湾滩（Gulf Coast）租借小船。

旅行须知：很多风力艇驾驶员备有耳塞，供游客阻挡引擎噪声。夏季游览要注意防蚊虫叮咬。

相关网址：www.cypressairboats.com，www.air-boatusa.com，www.everglades.national-park.com

风力汽艇载着游客在湿地中高速行驶。

东加勒比群岛

航行在令人心旷神怡的加勒比海上，尽享豪华旅游、购物与户外乐趣。

东加勒比群岛的海水，时而如蔚蓝的天空，时而如幽蓝的宝石，时而带一分神秘的淡紫，时而又绿得春意盎然。同样令人心醉的还有那一串散布在海中的祖母绿般的岛屿：圣马丁、安提瓜、波多黎各、安圭拉，以及很多面积更小、有待人们去探寻的岛屿。这里是口耳相传的旅游胜地、人间天堂；这里有享誉世界的洁白沙滩、在温柔海风中摇曳的棕榈树。五颜六色的热带鱼成群结队在珊瑚礁间欢快嬉戏，热闹的小镇上空回荡着诙谐的卡里普索（Calypso）小调。游船是你享受这一切的最佳工具。这里有各种不同品位和价位的海上游览线路供你选择，其中大部分都提供价值不菲的船上娱乐活动，从高尔夫练习课到卡拉OK无所不包。但真正使这里成为世界最佳海上游览航线的，还是沿途各岛屿缤纷多彩的岸上风情。你可以在圣托马斯装饰一新的17世纪商店中购买免税商品，在圣马丁岛北岸众多一流的法国餐馆中任选一家就餐。所有这些岛屿都有相同之处——无可挑剔的沙滩、各种各样的水上运动、朗姆鸡尾酒，以及一大堆关于贸易、海盗与殖民时代的历史和传说。为了让旅行更加难忘，你还可以考虑在现代化的帆船上订一个座位。乘坐这样的帆船航行，你不但能享受到和大型游船一样的豪华待遇，还可以感受到小游艇特有的亲切与舒适。当然，还有扬帆海上的那份浪漫。

著名景点

- 戴上呼吸管在圣托马斯岛和圣马丁岛沿海的**活珊瑚礁群**中潜游。触手可及的珊瑚礁群颜色好似万花筒一般千变万化：亮黄色与黑色条纹的是豆娘鱼，粉红色的是海葵，橘黄色的是小丑鱼，红色的则是随水流轻轻颤动的珊瑚虫。
- 在沿海的小镇上**疯狂购物**。这些小镇的历史可以追溯到哥伦布的年代。最好的商店大多位于圣托马斯岛上的**夏洛特阿马利亚镇**（Charlotte Amalie）及圣约翰岛上的**克鲁兹湾镇**（Cruz Bay）。此外，**圣马丁岛菲利普堡**（Philipsburg）的免税店也很不错。
- 避开如织的游客，**徒步**深入小岛**探险**。你可以循着小径登上这些火山喷发形成的小岛上高耸的山峰，俯瞰美丽的海景、晶莹剔透的海湾和岛上茂密的热带植被。
- 参观林木茂盛的**热带植物园**。花园中有羽毛鲜艳的鹦鹉在树上跳跃，还有宝石一样美丽的蜂鸟在怒放的花丛中忙碌。

对页：圣约翰岛天堂般的美景。茂密的热带雨林围绕着洁白细腻的沙滩，造就出隐秘的私人空间。浅浅的海水正适于戴上呼吸管潜游。
上左：瓜德罗普岛（Guadeloupe）上盛开的夹竹桃。
上右：一艘游船正驶向维尔京戈尔达（Virgin Gorda）岛。

最佳旅行时间：很多航线都全年运营，游客高峰期（同时也是价格最贵的时候）是在每年12月至次年4月。

行程：大部分航线为7天左右，如果你想要游览更多的岛屿，可以选择10~14天的航线。

行前计划：如果你的时间较灵活，可以搜寻各条航线的临时打折信息。11月折扣相对比较多。

旅行须知：白天着装尽可随意。部分游船上要求晚餐时着半正式服装。热带的阳光很强烈，建议带上帽子、墨镜和防晒霜。

相关网址：www.windstarcruises.com，www.carnival.com

一只小船静静地停在尼加拉瓜湖奥梅特佩岛岸边，背后是康塞普西翁火山。

最佳旅行时间：旱季的前半段，即12月至次年2月。这段时间天气晴朗干燥，但植被并不会因缺水过久而干枯。

行程：走完一遍湖中的著名景点需要2~3天。各岛之间的游船单程很少超过2小时。

行前计划：如果你喜欢购物，请带上一个空的布袋，用来在回程时装纪念品。当地的很多产品，如马萨亚（Masaya）市精美的编织吊床，以及湖边村子里价格很低廉的传统陶制品，都是很不错的选择。

旅行须知：你可以在岛上住一两个晚上，真切地感受当地的风情。奥梅特佩岛上有物美价廉的酒店和旅馆，索伦蒂纳梅群岛的曼卡隆（Mancarrón）岛上也有简易的住宿设施。

相关网址：www.nica-adventures.com

尼加拉瓜

尼加拉瓜湖

探寻世界最大的湖泊之一——尼加拉瓜“甜海”的热带风情。

这个位于赤道附近的巨大淡水湖周围环绕着多座火山，湖面上零零散散地点缀着绿色的小岛。当地人称它为“甜海”（Sweet Sea）。湖边距离太平洋约10英里（16公里），湖水则由圣胡安河流入加勒比海。尼加拉瓜湖十分巨大，湖面面积达到3190平方英里（8262平方公里），以至于当年来到此地的西班牙征服者认为他们发现了新的大洋。波光粼粼的湖面上散落着约350个被茂密植被覆盖着的小岛，其中最大的岛屿是奥梅特佩岛。岛上有两座圆锥形直插天穹的火山，还有许多安静、美丽的沙滩，可供游客戏水。索伦蒂纳梅群岛是湖中的一条岛屿链，由36个小岛组成。岛上人迹罕见，长满高高的芒果树，还有海龟和斑纹蟒等一些不常见的动物。白天，鬣蜥懒洋洋地趴在伸展的树枝上晒太阳，四周万籁俱寂，只有偶尔的几声鸟鸣打破宁静。欣赏完美丽的风景，你也不要忘记拜访索伦蒂纳梅群岛上的土著艺人。他们不但擅长作具有当地热带风情与色彩的风景画，并且会很乐意请你到家中做客，向你展示自己的作品。

著名景点

- 穿过茂密的热带丛林，攀登奥梅特佩岛上的**马德拉斯（Maderas）火山**。山顶有一个神秘的潟湖，湖水冰冷。而且你站在山顶还可眺望到浩瀚的太平洋。

- 乘坐“庞戈”（装有摩托引擎的小舟）进入索伦蒂纳梅群岛**瓜图左斯（Guatuzos）野生动物保护区**的丛林，那里是380多种鸟类的栖息地。晚上如果借助手电光，你可以看到水面上成百上千双闪烁的眼睛，那是鳄鱼的近亲——凯门鳄（Caiman）。

- 尼加拉瓜湖很适合**钓鱼**，这里有大量剑鱼和大海鲢。但想钓得尽兴，还要雇一名当地向导为你指路才行。

委内瑞拉

奥里诺科河

乘坐小船探险，深入奥里诺科三角洲广袤的湿地和热带雨林。

沿着奥里诺科河的支流进入三角洲地区，世界上面积最大的湿地就展现在你眼前。这里远离现代社会，只有摩托艇或独木舟才能通行。迷宫一般的水系散布在茂密的丛林、红树沼泽与池塘之间，最后汇入大西洋。湿地中生活着各种各样的动植物，沿途你会看到五颜六色的鸟，如金刚鹦鹉等各种鹦鹉、巨嘴鸟、琵鹭和美洲大白鹳；卷尾猴与吼猴在岸边的树上纵横跳跃，它们的身形在空中划出优美的曲线；水中则有亚马逊河豚、食人鱼和水蟒在游弋。你还可以见到划着独木舟的瓦劳（Warao）人，他们是当地的土著居民。瓦劳人精于捕鱼和狩猎，他们住在叫做“帕拉费托”的小木屋里，这些木屋悬空建在河水之上，使用树枝作为建筑材料。你可以参观他们的日常生活、手工艺制作，甚至还可以尝一尝瓦劳人的美食——一种以马尔契树为食的黄色肉虫子。

著名景点

- 参观瓦劳村落，品尝当地人的黏面包。这种面包是用马尔契树的木髓做成的。瓦劳人称这种树为“生命之树”，他们也用这种树制作吊床、盖房子。
- 沿途会看到一些死水塘，池水因含有鞣酸而呈黑色，上面漂浮着一层水葫芦。
- 清早起来，聆听丛林的声音：吼猴的叫喊声、卷尾猴的窃窃私语，还有数不清的鸟正放开喉咙，开始震耳欲聋的大合唱。

奥里诺科河边的湿地中，一群美洲鹳降落在树梢上。

最佳旅行时间： 雨季（5月至12月）下午常常会有阵雨，河水水位也较高；1月至3月、4月天气较为干燥，可看到更多陆栖哺乳动物，如水豚、狐狸和食蚁兽，水栖动物则不容易见到。全年都可接待游客。

行程： 2~4天。行程长短取决于你深入丛林的程度，以及旅行的季节（旱季行程通常较短）。

行前计划： 不同旅行社的接待标准相差很大。有的会安排你住在瓦劳人的传统村落中，睡帐篷里的吊床；有的则提供带卫生间和供应水电的独立客房。

旅行须知： 晚上较冷（特别是在旱季），可带一件毛外套。蚊子很讨厌，建议早晚应穿轻薄的长裤和长袖上衣，并带好驱蚊水。

相关网址： www.angel-ecotours.com，www.ospreyvenezuela.com

FILA

对页：地处秘鲁的亚马逊河上游皮查纳（Quebrada Pichana）河上，当地的印第安人正在自己的小船上贩卖食品。
上左：巴西西北部的马瑙斯，一只金刚鹦鹉栖息在树枝上。
上右：位于秘鲁境内的亚马逊上游支流亚纳雅苏（Yanayacu）河上巨大的王莲。

最佳旅行时间： 每年4、5月间洪水高峰期是观察鸟类和灵长类动物的最佳季节，因为此时作为它们食物的水果最为丰富。水位低的季节（7月至次年2月）部分地区无法通行，但你能看到很多野生动物到河岸边饮水。

行程： 大部分旅游团的行程为8天，主要在下游一带活动。

行前计划： 驱蚊剂及长袖薄棉布衬衫、长裤是必需装备。为了防止潮湿气候造成电子设备损坏，应将电子设备用透明塑料袋封装起来。尽量少带行李——很多游船对游客的行李数量有限制。

旅行须知： 摄影爱好者应携带闪光灯，因为雨林树冠遮盖下的地方光线非常暗。

相关网址： www.amazoncruise.net/river-cruises，www.amazonadventures.com

南美洲

亚马逊河之旅

乘坐亚马逊河上的传统游船，了解令人惊奇的热带雨林、野生动物与土著居民。

乘船漂流在宽阔、混浊的亚马逊河上，你很难意识到这是世界上最大的河流。亚马逊河发源于秘鲁的安第斯山脉中，全长超过3700英里（5955公里），它的支流遍布玻利维亚、厄瓜多尔、哥伦比亚和委内瑞拉，流域覆盖了整个南美洲的北半部。尽管亚马逊河上也有豪华游轮，但乘坐传统双层甲板的游船却更悠闲自在，也更容易近距离欣赏雨林中无数新奇的动植物。站在甲板上，你可以看到河岸上的树枝间隙中有儿童友好地向你挥手，当地的渔夫在岸边撒网，或是跪坐在独木舟中划动双桨。雨林深处，两岸树木的华盖遮蔽了日光，沿途的雨林和印第安村落时而迷人可爱，时而诡异恐怖。静静的池塘里，巨大的王莲叶子铺展在水面上。白天，你可以在船上一边钓食人鱼，一边聆听岸上回响的猴子的叫喊声与各种奇异鸟类的叫声。黄昏时，你可以穿得暖暖和和的，乘坐独木舟在落日的余晖中搜寻行动迟缓的短吻鳄在水面上半沉半浮的行迹。夜幕降临后，船在一片漆黑中缓缓顺流而下，只有偶尔的一盏提灯或一堆篝火打破黑暗，耳边能听到夜晚的丛林中发出的各种各样的声响。

著名景点

- 观赏**野生动物**的最佳时机是早晨和傍晚。这个时候在水中可见到粉红色的亚马逊河豚，还有凯门鳄、短吻鳄、鹦鹉和长尾鹦鹉；岸上的丛林中则可以看到猴子、鬣蜥和各种各样的蝴蝶。
- 计划几次短途的岸上游，以打破一成不变的水面航行。大部分游船会组织游客参观当地**印第安部落的村庄**，并进入丛林探险。
- 一定要尝试一下乘坐**独木舟**，沿支流逆流而上。你会在树冠的遮掩下完全融入雨林环境中，不但能观赏到各种动植物，还可以钓鱼。
- 像亚马逊土著人千百年来一样，用树枝钓**红腹食人鱼**（Red-bellied piranha fish），并当场烹饪品尝。

秘鲁

泛舟的的喀喀湖

3天时间，游历世界海拔最高的可通航湖泊，尽览湖中小岛的美景。

每天清晨都会有一队摩托汽艇驶离的的喀喀湖秘鲁一侧的港口——普诺。汽艇首先要穿过普诺港外被浓密的芦苇丛包围的窄小水道，然后才能看到湖的真貌。的的喀喀湖是世界上海拔最高的可通航湖泊，湖水清澈湛蓝，巨大的湖泊好似一片被陆地环绕的海。汽艇驶过一群群小船，那是当地的渔民正准备出发开始一天的劳作。你会在途中看到著名的“浮岛”（Islas Flotantes），那是当地土著乌鲁斯人的家，他们从印加时代起就这样居住。浮岛实际上是用芦苇编成的巨大筏子，在普诺港湾周围岸边宽广的湖床上，到处生长着这种芦苇。浮岛的底部不断受腐蚀而损坏，因此要经常铺新的芦苇。由于四周尽是贫瘠的荒原和光秃秃的山峰，的的喀喀湖看上去就像是内陆的一片大海。它坐落在安第斯山脉中，海拔1.25万英尺（3810米），湖水来自冬季的降雨和夏季安第斯山上的融雪，湖中还散布着一些真正的岛屿，岛上有当地人的小村落。他们用坚硬的石头建造房子，在岛上开辟梯田，并用石头墙和仙人掌筑成的篱笆划分田地。有些岛屿上还有沙滩，如果你够胆量，完全可以尝试一下在冰冷的湖水里游泳的滋味。

一名渔民站在自己用芦苇编成的传统“托托鲁”（Totoro）小船上，驶过一大片芦苇荡。

著名景点

■ 花些时间游览**普诺**。普诺是湖边秘鲁一侧的主要港口。城里居民不多，却生机勃勃，容纳着来自五洲四海的游客。市场中的货物种类繁多，城中的主干道两旁都是正宗的秘鲁餐馆，供应当地特色的羊驼肉排、烤豚鼠，还有从湖里打上来的鱼。

■ 每个湖心岛上的文化都各不相同，很容易通过**彩色的服饰**加以区分——毛线编织的腰带、披肩和帽子都被染成精美的不同图案。

■ 在**塔丘勒岛**或**阿曼塔尼岛**上过夜。岛上的居民可以向游客提供简易的食宿，也有单独的客房供游客选用。

最佳旅行时间：5月至10月。

行程：视游览项目而定，通常1~4天。

行前计划：做好应付极端天气的准备。白天阳光炽烈，而晚上气温则会降到0℃，防晒霜和羊毛夹克都会派上用场。另外带上一支手电筒——房子里不一定有电，也很少有室内卫生间。

旅行须知：塔丘勒（Taquile）岛上的食宿设施最多，有70余户当地人可提供房间给游客居住，外加2座小旅馆和20多间简陋的餐馆。阿曼塔尼（Amantani）岛上则只供应很简单的饮食与瓶装水，你可以带一些罐头与众人分享，也可作为礼物送给当地人（如果你住在当地人家里），但不要给岛上的孩子糖果。

相关网址：www.peru.info，www.peru-explorer.com

巫山县城附近山上的中国式亭子。这里视野开阔，可以俯瞰长江和三峡的第二峡巫峡的峡口。

最佳旅行时间：秋季最佳。若赶上中秋节，可欣赏到一年中最为璀璨的月色。

行程：游船出发与返航的码头离宜昌市约1小时车程。乘坐游轮至重庆的往返航程需要4~5天，如果乘水翼艇从万县到三斗坪则需要12小时（以上均包括从宜昌及重庆至码头乘汽车所需的时间）。

行前计划：在宜昌和重庆的码头直接购票比通过网络或代理订票可以便宜6成。如果像当地人一样乘坐老式俄制水翼艇，价钱还能更便宜。

旅行须知：豪华游轮上的菜肴往往了无新意，廉价渡船上的食物则味道差些。如果你选择了廉价的游艇，建议带上零食和瓶装水。

相关网址：www.victoriacruises.com，www.orientroyalcruise.com

中国

游长江 观三峡

这里是中国最壮观秀美的水路，穿过蜿蜒的三峡，体验历史遗迹与现代工程的交融。

长江发源于青藏高原，长达3964英里（6379公里），横跨中国，在上海北面不远处流入东海。尽管长江作为商业航运交通线已远不如以前重要，但以蜿蜒险峻而闻名的三峡每天仍然吸引着无数游客光临。进入峡谷中，游轮、运送煤炭的驳船和渔民的小舟全都笼罩在高耸的悬崖投下的阴影中，鼓着黄色风帆的传统舢板与漂亮的现代化游艇并驾齐驱。在旅途中，你不但可以游览景色各异的支流，参观因水位上涨而迁址的寺庙，还可以看到世界上最大的水坝——一座钢筋混凝土制成的新时代的“长城”，有600英尺（183米）高，长度超过1英里（1.6公里）。

著名景点

■ 雄伟的**三峡大坝**位于三斗坪，就在宜昌上游不远。水库最终将蓄满长达400英里（644公里）的河道，发电能力相当于15座核电站。

■ 经过三峡——**瞿塘峡**、**巫峡**、**西陵峡**时，抬头欣赏两岸的高山，陡峭的悬崖迫使船只不得不在山谷中蜿蜒穿行。

■ 站在距重庆175英里（282公里）的**石宝寨**中的红色木塔上，眺望长江的美景。

兴坪码头，木制的游船停泊在漓江上，静候游客的到来。

最佳旅行时间： 春秋两季温度最适宜，夏天则潮湿炎热。

行程： 随江水水位的高低而不同。大致来说，游客先要花30分钟乘坐汽车行驶15英里（24公里）抵达桂林附近的码头，然后再用4~5小时乘船游览52英里（84公里）长的江面。

行前计划： 无须预订，你可以直接在码头买票。船票包括一份免费的便餐。

旅行须知： 当地人有时会向外国游客多要些费用，并且把他们一起请到专门接待外国游客的游艇上。不过你如果是中国游客，则费用更合理。

相关网址： www.travelchinaguide.com

中国

漓　江

半日的旅行让你了解什么是中国人理想中的山水风光，这里的景色成就了无数幅水墨画。

这里地处广西壮族自治区东北部，位于喧闹的桂林与宁静的山村阳朔之间。碧蓝的天空下是一座座郁郁葱葱、突兀而立的喀斯特石灰岩山峰，在漓江的两岸连绵不断。人们给这些形态各异的山峰起了许多名字，如象鼻山就像是一头巨大的石灰岩大象，正将鼻子伸入江中饮水；壁画山上的五彩岩石则看上去像一幅天然的壁画。还有一些山峰的名字取自神仙或日常的家用物品。江水懒洋洋地流过茂密的竹林，农家小童悠闲地骑在温顺的水牛背上。游船上供应传统的中餐，你可以一边吃一边欣赏窗外的美景。这段并不太长的沿江美景曾经是历史上一代又一代画家与诗人的灵感源泉。在阳朔，晚上还有渔夫带着游客去江面上，展示他们训练有素的鸬鹚如何潜入水中捕鱼——当地渔民用这种方法在漓江上捕鱼已经有好几个世纪的历史。

著名景点

- **杨堤至兴坪**间山峰倒映在江水中的风景是中国最有名的景色之一，无论是古代的画卷还是现代的纸币上都能看到它的身影。
- **鸬鹚渔人的提灯**在夜晚的江面上摇曳，鸬鹚会循着光线一头扎入水中，然后带着满嘴的猎物回来献给它的主人。
- 深夜，所有酒吧都关门后，一个人在饭店楼顶的平台上感受**阳朔的静寂**，看月光下突兀的山峰。

老挝

湄公河

乘慢船沿湄公河缓缓而行，透过岸边的雾气欣赏老挝的风景。

蜿蜒的湄公河从中国青藏高原的群山间奔流而下，途经 7 个国家，全长接近 2500 英里（4023 公里）。然而，湄公河最美的景色还是在老挝雾气笼罩下的墨绿色群山之间。别去光顾那些震耳欲聋、马力十足的快艇，一条色彩鲜艳的木制慢船，才是你的上选。只要你适应了拴在船尾的那具懒洋洋的引擎，你就会发现有那么多的时间可以去欣赏起伏的山林和稻田，或是任由思绪彷徨。不过，你得做好准备应付同行人的攀谈——拥挤难耐的座位会逼着大家成为朋友。船会在途中的村落稍作停留，供你购买饮食，舒展手脚。如果你精力充沛，还可以沿途探访当地的景点。其中，最值得一提的是千佛洞（Pak-Oucaves）的佛像。石窟正面是一块灰绿色的悬崖，石灰岩洞窟里雕刻有成百上千尊佛像，造型各异，体态万千。佛像的目光直射向前方，仿佛穿透尘世的喧嚣。旅程的终点是琅勃拉邦，其法国殖民地与老挝传统相融合的建筑独具一格，已经被联合国教科文组织定为世界遗产。

著名景点

■ 路过沿岸的老挝**小渔村**时，总能看到许多快乐的孩子向你招手。

■ 静下心来**消磨时光**，什么也不干，只看风景。

■ 参观琅勃拉邦的**皇宫博物馆**，建筑物同时具有法国和老挝传统风格，里面陈列着老挝君主制时期的历史文物。

■ 在琅勃拉邦找一名当地人开着“嘟嘟车”（机动人力车）载你去**光西（Kuang-Si）瀑布**。瀑布距离市区大约15英里（24公里）。

琅勃拉邦市附近的湄公河上，渔民在日落时收网，结束一天的劳作。

最佳旅行时间： 12月至次年2月较为凉爽、干燥，适宜游览。

行程： 根据线路长短，有2天至1周等不同选择。如果嫌时间太长，你可以穿上救生衣，戴上头盔，乘坐快艇游览湄公河，那样只需要几小时就可以了。

行前计划： 到达当地后再购票，直接在码头购票价格最便宜。

旅行须知： 带一个小垫子——船上的坐椅既硬又不舒服。慢船上有厕所，但一定要准备好卫生纸。你还可以带一副耳塞以隔绝船外引擎的噪声。

相关网址： www.visit-mekong.com/laos/index.htm

999

喀拉拉水乡

位于印度南部，由无数水道、岛屿和潟湖组成的喀拉拉水乡，碧波荡漾的水面清澈如宝石，是渔民与采珠人世代的家园。

一座座沙丘形成狭窄的天然堤坝，将海水挡在外面。沙丘内侧是一个个巨大的潟湖和蜿蜒其间的数不清的窄小水道。有些地方距离海边只有一箭之遥。喀拉拉邦是一片富饶的土地，就像这里繁荣的旅游业所宣传的"上帝的国土"。喀拉拉水乡沿着海岸内侧连绵600余英里（966公里），为从东西方来到印度的商人、传教士和入侵者敞开了便利之门。堤岸沿线散布着小村庄，那里住的是采珠人和以采椰子为生的当地人。大捆粗糙、褐色的椰棕（椰子的纤维）堆放在沙堤边上，或是把运载它们的小船压得深陷入水中。平静的水面成了一条水上高速公路，无论是行动快捷的"蛇船"（一种像贡多拉的带引擎的小艇），还是装满大米的方形货船，亦或是采珠人在浅水中采集牡蛎时乘坐的船帆打着补丁的小筏子，都能在其中行动自如。很多当地的村民是基督徒，据说还是2000年前随圣托马斯皈依的信徒们的后裔。许多湖心岛上都有涂了石灰白墙的教堂矗立在高高的椰子树下游客可以乘坐改造过的带空调设备的"卡图瓦兰"——这种货船有80英尺（24米）长，用菠萝蜜树的木材和椰棕绳按照传统的编织技艺手工建造。它可以带你体会旖旎恬静的水乡风情。

对页：一名男子划着小船行驶在埃兰腾古（Ayiramthengu）附近的水面上。
上左：埃纳库兰（Ernakulam）的大象节，男子骑在披着金饰的大象背上，举着高高的伞。
上右：在为提亚姆（Theyyam）女神举行的仪式上，舞者脸上涂成鲜艳的黄色。

著名景点

■ 日落时，紫色的天空衬托着科钦海边大型的**中国式渔网**，细长的木架看上去就像巨大的蜘蛛长腿。这些古老的设备源于东方，它们传入这里已有超过500年的历史。

■ 把**鲜嫩的绿色椰子**用大砍刀削掉一块，然后用吸管品尝椰子中澄清的汁液。

■ "卡图瓦兰"上配有专门的厨师，为你烹制精美的**印度菜肴**。一定要品尝当地的老虎虾（Tiger Prawn）。

■ 全年都有可能看到当地举行的**蛇船竞赛**。比赛期间通常还有庆祝活动，为划桨手庆功。

最佳旅行时间：11月至次年2月每天起航。不要选择季风期（3月至10月）前往。

行程：多种不同选择。科伦（Kollam/Quilon）至阿勒皮（Alleppey/Alappuzha）需要6~8小时；阿勒皮至科塔亚姆（Kottayam）需要2~3小时；乘坐改装的大米货船从科伦至科钦（Cochin/Kochi）则需要2~3天，住宿也在船上。

行前计划：最近的国际机场在科钦，那里有些酒店是全印度最新的。水乡是蚊子的天堂，你一定要带上治疗疟疾的药物。

旅行须知：现代化改装的"卡图瓦兰"可以提供最豪华的服务。这种船上大多都配有功能齐全的浴室、厨房和带大床的客房。船上一般有三四名船员，包括厨师。

相关网址：www.ktdc.com，www.indiatour-ism.com，www.keralagreenery.com

塞皮克河

沿河水缓缓行驶，深入被遗忘的世界，探寻巴布亚新几内亚的原始部落。

清晨的河水懒洋洋地蜿蜒穿行在茂密的丛林中，水面上漂浮着雾霭。一个渔夫坐在浅浅的独木舟中，挥桨划过浑浊的河水，初升的阳光勾勒出它的剪影。鳄鱼在河岸上晒着太阳，新几内亚角雕在空中随着气流盘旋。巴布亚新几内亚的塞皮克河长700英里（1127公里），是世界著名的大河之一。它发源于巴布亚新几内亚中部，蜿蜒地穿过北部的低地。塞皮克河还是世界上天然形态保持最好的河流之一，既没有堤坝等人工建筑，也未受到现代工业的污染。你可以乘坐小型游艇或机动小船前往沿岸的村落参观。部落长老会用传统的音乐和舞蹈欢迎你，他们的脸上都涂抹着鲜艳的泥土以示尊贵。这里的面积比加利福尼亚大不了多少，却有300余种语言，蕴涵着极为丰富的传统文化。它们在许多方面向你展示着自己的艺术文化，如建有山墙、作为村庄活动中心的“灵魂屋”，威武的木雕狩猎面具，以及男子背上的疤痕——那是每个男子举行成年仪式时留下的印记，样子就像是被鳄鱼咬过留下的伤疤。

著名景点

■ 每个村子的**手工艺品**都有着自己的独特技艺传统，其中工艺最精湛的作品——木雕面具、凳子和木梁等，都会存放在“**灵魂屋**”（Hous Tambaran）中。在一些村子里，想要进入灵魂屋参观需要交费。

■ 在旅途中绕道去一趟**坎布里湖**。这里在雨季时，部分湖岸会被水冲入湖中，形成浮岛。那里的艺人和手工匠是这一带水平最高的。

■ 巴布亚新几内亚有38种**天堂鸟**。你可以在河岸边的密林中看到这些色彩艳丽的小鸟，还能听到它们优美的歌声。

一名木匠在瓦古（Wagu）湖岸边用扁斧雕刻木料。赛皮克河流域有不少像这样风景优美的湖泊。

最佳旅行时间：巴布亚新几内亚终年炎热潮湿。不要把旅行时间安排在12月至次年3月的季风期。

行程：标准的旅游线路为4天3晚，乘坐提供住宿的游艇。

行前计划：出发前兑换好基那（当地货币），机场的货币兑换处有时没有足够的货币。如果你想购买当地的工艺品，最好准备一些小额钞票。

旅行须知：不要砍价——这在当地是不礼貌的举动，也不要给个别的村民送礼物。你可以把礼物（如笔）送给村子的首领，他自会将礼物公平地分给村民。

相关网址：www.pngtours.com

墨累河岸边的桉树林。

澳大利亚

墨累河

沿墨累河深入澳大利亚南部，欣赏大自然瑰丽的美景。

落日将墨累河水染成一片金黄，高高的银灰色的桉树在水面上投下长长的阴影。这条水上休闲游览线路将带你见识烈日烘烤下的南澳大利亚大地。河水顺着蜿蜒的河道穿越澳大利亚大陆，最后经过亚力山德里娜湖汇入印度洋。两岸景色复杂多变，有陡峭的石灰岩悬崖，也有满目金绿色、香气扑人的柑橘果园。晚上你可住在沿途舒适的酒店里养精蓄锐。一路上你能看到澳大利亚各种迷人的野生动物，如身形魁梧、长着粉红色尖喙的澳大利亚鹈鹕随着河水缓缓游弋，雄伟的楔尾雕在高高的蓝天上盘旋。偶尔你还能看到兴奋的渔夫钓起墨累鳕，这是世界上体型最大的淡水鱼之一，常常能长到3英尺（约1米）多长。游船还会在沿途的城镇停留，比如莫干。那里新修复的码头令人想起维多利亚时代的繁忙景象。作为墨累河上的重要港口，这里曾经挤满了来自墨累河沿岸及各条支流的轮桨船，装载着货物和乘客。除此以外，你还可以参加短途线路，参观辽阔的牧场，品尝葡萄园酿造的美酒，或是瞻仰远古的土著遗迹。

最佳旅行时间： 全年均可。

行程： 从伦马克至卫灵顿需5天4晚。

行前计划： 船票包括了沿途的食宿费用。

旅行须知： 墨累河流域为地中海式气候，7月平均气温16℃，1月平均气温32℃。即便是冬季，也只需着轻便的服装。

相关网址： www.coorongcruises.com.au

著名景点

■ 贝里位于伦马克西南，四周被果园和葡萄园环绕。贝里葡萄酒庄园（Berri Estates Winery）是澳大利亚最大的葡萄酒酿造基地，你可以在那里品尝梅洛（Merlot）、设拉子（Shiraz）等葡萄酒佳酿。

■ 怀克里在当地土著语中意为“可飞翔的”，是观赏澳大利亚白鹮、苍鹭和澳大利亚鹈鹕等水鸟的最佳地点。

■ 斯万里奇市大弯（Big Bend）国家公园的黄崖高约100英尺（30米），是墨累河沿岸最高的悬崖，地质年代已有2000万年。

太阳在米尔佛德峡湾的山脚下营造出不断变化的光线与阴影，令景色更加绚烂。

最佳旅行时间：全年均可。每逢新西兰多雨的冬季（6月至8月），游客较少，瀑布则比较多。

行程：航行平均需2小时，算上从最近的留宿地蒂阿瑙到米尔福德峡湾所需的时间，则要一整天。

行前计划：提前预订。这里是世界上最潮湿的地区之一，伞和其他防水器具是必备的。同时要准备好驱虫剂，以防蚋叮咬。

旅行须知：要想避开拥挤的游客，最好乘早上第一班船，或者选择傍晚乘坐小船，这样还可以观看日落。

相关网址：www.fiordland.org.nz

新西兰

米尔佛德峡湾

享受航行的闲暇，观赏雪山、峡湾等迷人的风景与神奇的世界。

航行在米尔佛德峡湾（Milford Sound，毛利语称其为“皮欧皮欧塔伊”），你会因望之不尽的瑰丽景色而陶醉，也会被冰川的巨大力量所震撼。整个峡湾，包括整个新西兰支离破碎的海岸线都是冰川时期的作用产物。在2小时的航程中，你能看到高达3900英尺（1189米）的悬崖，崖顶上还生长着茂密的雨林。所过之处，蓝色的大海与翠绿的陆地交相辉映，还有一座座白雪皑皑的山顶。最著名的雪山是5558英尺（1694米）的米特峰（Mitre Peak），5座簇拥在一起的雪山从远处看好似主教的法冠。即使游览途中遇到下雨也不会减少航行的乐趣，反而能在山间湍急的河流中增添更多美丽的瀑布。如果这里的景色让你流连忘返，不妨也顺带游览一下附近的其他景点。所有景点都属于总占地面积4680平方英里（12121平方公里）的峡湾国家公园。其中，道佛峡湾（Doubtful Sound）交通困难，但绝对值得一游。它共有3条分支和多处壮观的瀑布，比米尔佛德峡湾更大，更壮丽，也更安静。由此深入内陆则可到达清澈湛蓝的诺维斯特（Nor-west）湖，《指环王》电影就是在那里拍摄的。

著名景点

- 从蒂阿瑙（Te Anau）前往目的地的公路是世界上风景最优美的高山公路之一。从侯默（Homer）隧道出来，看到整个峡湾呈现在你眼前的那一刻最为震撼。
- 你会在旅途中看到宽吻海豚在船边嬉戏，海狗在海豹角（Seal Point）晒太阳。如果幸运的话，你还能看到珍稀的峡湾冠企鹅。
- 斯特灵（Stirling）瀑布落差479英尺（146米），大雨过后气势最为壮观。
- 乘坐观景飞机游览峡湾，或者选择夜航游船，以便在游客散尽后独自欣赏峡湾的美丽。

芬兰

桑珀号破冰船

在冰冷的海水中穿行，欣赏拉普兰的极地风情，这绝对是一次令人难忘的旅行。

这是一次在冬季严寒的中心进行的旅行。桑珀(Sampo)号是一艘退役破冰船，现在停泊在位于波的尼亚湾(Bothnia Gulf)——将瑞典与芬兰分开的博滕海的一部分，长450英里(724公里)——北端的芬兰港口凯米(Kemi)。每年冬天，桑珀号都会载着游客驶入寒冷刺骨的波的尼亚湾。黝黑的海面上漂浮着大量浮冰，这些浮冰又被挤压成坚硬厚实的冰层。然而这些对于246英尺(75米)长、装备精良的桑珀号来说都是小菜一碟，它能够穿过厚达20英寸(50厘米)的冰层，保持8海里的时速前进。当然你也要做好防备，船在破除较厚的冰层时，可能会有短暂的颠簸。航行一般只持续一个下午，但却足够让你尽情体验渺无人烟的银色海洋。你还可以下到浮冰上，甚至海里，但需穿着密封保暖的防水服。此外，你还可以乘狗拉雪橇或雪地摩托穿过冰面，参观附近的萨米人(拉普兰人，这一带的土著居民)的村落。

著名景点

- 船上为游客安排了**参观活动**。你可以进入**引擎室**，看一看驱动船只前行的8800马力的发动机；还可以走上**舰桥**，和值班船员站在一起。
- 北极餐厅、破冰酒吧和船长沙龙都被铜饰和木雕装饰得富丽堂皇，你可以暂时摆脱甲板上刺骨的寒风，尝一尝**传统萨米(Sami)食品**，如**驯鹿肉**。
- 随着漫长的冬夜降临，你会有机会见到颜色缤纷瑰丽的**北极光**。

乘客聚集在桑珀号的前甲板上，看着船头切开晶莹的冰层。

最佳旅行时间：12月至次年4月。

行程：标准航程需要4小时，也可以选择1天以上的游览线路。

行前计划：由于船上只能载150名乘客，又是热门游览线路，所以一定要提前预订。

旅行须知：桑珀号上备有游览途中所需的一切设备，如在冰冷海水中游泳所需的设备等。但你也要带上足够的保暖服装，包括防水的衣服、帽子和手套，在甲板上行动时会用得上。此外，还需要墨镜——冰雪反射的阳光非常刺眼。

相关网址：www.sampotours.com

南极之行

这是一生难得的旅行，这是未受人类侵扰的天堂，这是大自然最后的堡垒。

巨大的冰山缓缓漂过船舷，有些几乎和船一样大小，在蓝天的映衬下宛若仙境。海狗蹲坐在冰山上搭着顺风车。突然间有人喊道："鲸鱼！"很快每个人都跑上甲板，正好看到那些巨大的哺乳动物在呼吸时喷起的水雾，还有它们潜入水中时倒钩形尾鳍激起的波澜。随着船驶向岸边的岩礁，一座座白雪皑皑的山峰从地平线远方升起，巨大的冰川在阳光下闪烁着蓝色的光芒。冰架尽头是高高的悬崖，直插入波澜不惊的大海。坚固的橡皮充气艇可以带你穿过海面，登上南极大陆，探访企鹅的家园，它们无穷的魅力保证会令你心情舒畅。南极半岛突出于南极洲大陆的北方，靠近南美洲，是大多数游船的目的地。到这里旅行所需不菲，针对南极的冰封天地特别设计的船只乘坐舒适，甚至显得有些奢侈。船上有供观赏风景的沙发，有图书馆，甚至有些船上还有健身房。不过，要想真正体验这里的冰海风情与南极洲未受人类活动影响的天然风貌，你还是得穿戴整齐，到甲板上去。在那里，你能感受到冰冷刺骨的寒风吹过脸颊，听到冰山断裂的隆隆作响声、鸟群的唧唧喳喳声，还有极地风掠过船体时的呼啸声。

对页：一艘充气艇载着游客驶向南极半岛。
上左：颊带企鹅排成一排站在南极洲最北端的南设得兰群岛大象岛（Elephant Island）附近的一座冰山顶部。这种企鹅脸颊两侧各有一道黑色羽毛，因此得名。
上右：一只逆戟鲸从冰块中探出头来。

著名景点

■ 你可以看到**座头鲸**和**小须鲸**，以及**逆戟鲸**——也称"杀人鲸"（其实它是一种海豚）。

■ 南极半岛上的**洛克雷港**（Port Lockroy）和**天堂港**（Paradise Harbor）都有大片**金图企鹅**（Gentoo）栖息地。企鹅聚集在被冰原环绕的盆地中，风景优美。**半月岛**（Half Moon Island）则是**颊带企鹅**的栖息地，那里是一座死火山，环境静谧。

■ 1月中旬可以看到成年企鹅在用卵石搭建的巢中哺育它们**胖嘟嘟**、**毛茸茸**的幼崽。尽管在观赏这些**育儿的企鹅**时，你必须与之保持足够的安全距离，但欣赏其他鸟类时可不必管这一套。实际上，它们往往蜂拥而至，在镜头前蹒跚而行，好像在特意为拍照摆姿势似的。

■ 每艘船上都有**专业的科学工作者**，为游客讲述早年南极探险者的故事，以及南极大陆独特的地理环境与生物种类，为航行增添声色。

最佳旅行时间： 12月至次年2月是旅游高峰季节，此时海岸地区气温较为温和，平均气温为-5℃~5℃。

行程： 航程为8~29天。时间较长的航线可以安排游客观赏南乔治亚岛和马尔维纳斯群岛，以及威德尔海（Weddell Sea）雪山岛（Snow Hill Island）上的帝企鹅。

行前计划： 你可以选择可容纳50~100人的小型破冰船、可容纳100~200人的探险船或可容纳600名游客的游船。小船便于靠近陆地，大船航行时则更平稳——该区域的海面经常很不平静。

旅行须知： 不管乘什么船，都要带上治疗晕船的药物，以防万一。不需要带非常厚的外套，大多数船上都为游客准备了防寒夹克。

相关网址： www.adventureassociates.com，www.peregrineadventures.com，www.pelagic.co.uk

挪威的峡湾

乘坐火车和游艇，在一天内游尽挪威最壮观的峡湾风景。

挪威的峡湾——由冰川运动切割山岩形成的“U”形的陡峭深谷——已有300多万年的历史。整个挪威西海岸到处都是这些蜿蜒狭长的水道，从挪威海一直深入内陆。其中最壮丽的是松恩峡湾（Sognefjord）。这是挪威最长的峡湾，也称“峡湾之王”，全长127英里（204公里），最深处有4294英尺（1309米）深。峡湾中水面一平如镜，只有轧轧前进的游艇划出一条条涟漪；陡峭的悬崖在水面上投下深深的阴影，两岸松林如织，密不透光；峭壁上悬挂着一条条飞瀑，如明信片一般精致的小村庄就坐落在岸边，红色的房子与白色的教堂尖顶格外鲜艳悦目。峡湾中夏季阳光明媚，冬天则常常遭受暴雨的冲刷。来到这里的游客无不被它的雄伟气势与美丽的自然风光所折服。如要前往海滨，可乘坐奥斯陆—卑尔根线的火车先到米达尔（Myrdal），然后再转乘弗洛姆（Flåm）铁路——一个工程建造史上的奇迹，全线都是开凿在原本无法通行的绝壁半腰。在一个小时的火车旅行中，你可以看到世界上最美的瀑布，体验在万丈深渊之上疾驰的感受。

著名景点

- 美丽的**卑尔根**（Bergen）是挪威第二大城市。市内历史建筑保存完好，中世纪风格的木头房子外观优美，多集中在布吕根（Bryggen）港口附近，那里现在已成为联合国教科文组织认定的世界遗产。
- **纳柔依峡湾**（Naeroyfjord）是所有峡湾中最狭窄的一条，那里的景色也是整个北欧地区最美的。湛蓝的海水与翠绿的松林交相掩映，远处则是一座座白雪覆盖的高山。
- 你将有机会看到在岸边**晒太阳的海豹**。
- 弗洛姆小镇（小镇名称的含义是“陡峭山峰环绕的弹丸之地”）为那些精力充沛的游客准备了**皮艇**和所需设备，供他们在峡湾中游玩。

离弗洛姆镇不远的奥尔兰峡湾（Aurlandsfjord）沐浴在挪威夏日清晨温柔的阳光下。

最佳旅行时间：游客最多的季节是在夏季——5月至9月，天气也非常晴朗。漫长的冬季则缺乏日光，昏暗的天空带给人一种风暴降临前的震撼。

行程：不同的游船会选择长度不同的游览线路，所需时间也不同。如果你想要游览卑尔根，体验弗洛姆铁路，还要另外准备1~3天的时间。

行前计划：游船和火车都只提供标准座位。在经过弗洛姆镇时，有可能会停下来吃午饭或休息。船上备有零食。

旅行须知：挪威即使在夏天也相当冷。带上保暖的夹克或毛衣，以便你能够站在甲板上欣赏风景。如果想观赏海豹，还要准备望远镜。

相关网址：www.norwaynutshell.com，www.visitnorway.com

小船静静停泊在小岛的岸边。整个瓦克斯霍尔姆区由64个这样的小岛组成。

最佳旅行时间：蒸汽机游船每年5月至9月通航。

行程：1~5天。

行前计划：在斯德哥尔摩游客服务中心可以买到，允许你在5日内往返于各个小岛之间的通票（Båtluffakortet）。接待标准均很规范。部分船票包括午餐。

旅行须知：防水的衣服、驱虫剂以及瓶装水都是必备品。芬翰（Finnhamn），格林达（Grinda），籁讷（Ränö），挪它若（Nåttarö）和豫特（Utö）等岛上有简单的宿营设施。在岸上和船上用钓竿钓鱼都是免费的。群岛中的秋天比内陆的更长，气候更暖和，阳光也更充沛。

相关网址：www.waxholmsbolaget.com

瑞典

千岛之城斯德哥尔摩

成千上万座岛屿和纵横交错的水道之中，是斯堪的纳维亚风景最优美的首都。

斯德哥尔摩群岛（瑞典语为 Skargården）由散落在波罗的海上，北起阿霍尔玛（Arholma），南至兰德索尔特（Landsort）的 2.4 万多座岛屿组成。这里的海上游览线路是整个欧洲最好的旅游线路之一。行驶在这里的海面上，你会不由得想起古时候男人整年漂泊在海上、女人留下照看家务的年代。你可以在距离斯德哥尔摩不到 1 小时路程的范围内游览小岛，也可以一直向南走到大海边。这里的自然风光与人造景观完美地结合在一起，令你心旷神怡，陶醉其中。一路上你会看到长长的沙滩，看到蘑菇丛生、野花遍地的密林，以及海岸线上点缀着风格独特的红色小木屋，那是人们夏季度假的别墅。越走近受到保护的群岛中心，植被就越是郁郁葱葱。你还可以在途中安静的钓鱼点停留，试试能否钓到鲑鱼，或是看到沙滩上晒太阳的海豹。你还会经过一系列装修精美的商业建筑、历史悠久的宫殿和城堡。最终，游船将带你来到这片千岛之国的中心，现代化的海港城市——斯德哥尔摩。

著名景点

- **乘坐传统的蒸汽船，**感受19世纪的历史风情。
- **瓦克斯霍尔姆（Vaxholm）**是群岛中除斯德哥尔摩外最大的城市，市内保留了17世纪的城堡和老式木屋等建筑。
- 远眺建在斯德哥尔摩附近小岛上的豪华的**夏季别墅，**欣赏它们美丽的塔楼与山墙。
- 在**桑德哈蒙（Sandhamn）岛**宽阔的沙滩上休息、戏水，该岛的名字即是由此而来。

昔日的辉煌

坐游艇观赏圣彼得堡街景，感受沙皇时代的华丽与庄严。

在一个清新凉爽的早晨，随着你乘坐的游艇从狭窄的莫伊卡运河（Moika Canal）驶入宽阔的涅瓦河，彼得大帝一手建造的美丽都市就呈现在你的眼前。一座座雕刻着雄狮、狮鹫和战车的桥梁之间，是矗立在两岸的宏伟宫殿与教堂。你的左侧是巴洛克廊柱式风格的冬宫——沙皇的主要住所。河对面吸引游客目光的白色建筑是新古典主义风格的老证券交易所，它的右边是彼得—保罗要塞岛和岛上的彼得—保罗大教堂，教堂耀眼的镀金尖顶直插天际。错综复杂的河道连接着上百座小岛，河岸均由整齐的花岗岩堆砌而成。圣彼得堡也被称为“北方威尼斯”，然而实际上，这座俄罗斯的水上名城完全可以令它的意大利朋友自惭形秽。圣彼得堡还被称作“彼得大帝的西方门户”。沙皇倒台后，这里曾经易名为列宁格勒，1991 年苏联解体后又恢复了它本来的名字。与莫斯科相比，圣彼得堡保留了更多沙皇时代帝都的神秘与庄严。

著名景点

■ 参观冬宫。这里现在属于隐士芦博物馆（Hermitage Museum）——世界上最大、参观人数最多的博物馆之一。

■ 欣赏矗立在圣埃萨大教堂（St. Isaac's Cathedral）前的彼得大帝青铜骑马塑像。

■ 参观彼得-保罗要塞（Peterand Paul Fortress）。这里曾经是关押政治犯的监狱，托洛茨基、杜斯妥也夫斯基都曾被关押于此。要塞里建有彼得—保罗大教堂，彼得大帝、凯瑟琳大帝和其他沙皇都埋葬在这里。

■ 参观证券交易所（现在已改为海军博物馆），那里有两座红色花岗岩灯塔，上面按照古罗马方式装饰着被俘获船只的舰首。

黄昏的涅瓦河畔，华丽的冬宫正面在灯光的照射下灿烂辉煌。

最佳旅行时间：5月至7月可以见识著名的白昼现象。6月底白昼最为明显。

行程：单独的水上游览只需要几小时，但如果你要参观隐士芦博物馆和彼得—保罗要塞，应该至少准备2天。

行前计划：通过旅游中介订票可以使你不用面对恼人的俄罗斯官僚主义作风。

旅行须知：如果你不想折腾自己的胃，就不要喝当地的自来水，瓶装水很容易买到。圣彼得堡也有蚊子，所以带好你的驱蚊用品。如果是在白昼期间旅游，带上能遮挡光线的眼罩可以帮助你更好地睡眠。

相关网址：www.russia-travel.com，www.onthegotours.com，www.russiangateway.co.uk

建在莱茵河河心小岛上的法尔茨城堡。

德国

漫游莱茵河

这是一次浪漫的旅行：古老的村庄、墨绿色的森林，还有矗立在高高的山谷顶端，仿佛童话中的城堡。

这一段从美因茨至科布伦茨的旅行常常令人缅怀往事，思绪万千，从 19 世纪起就深受游客喜爱。莱茵河水承载着德国浪漫主义的精神，孕育了无数传说、童话、诗歌和绘画，瓦格纳正是受了神秘的水中少女与魔力黄金的启发才写下长篇歌剧《尼伯龙根的指环》。从美因茨西面不远的宾根到科布伦茨，莱茵河进入一段两岸陡峭的狭窄河谷。河两岸有世界上最密集的城堡遗迹。它们述说着那些中世纪的王子、骑士和男爵们的往事：关于他们如何热衷于争权夺利，又如何依靠攫取河流通行费而腰缠万贯。高高在上的城堡俯视着下面村庄中半木制的房屋。这些村庄，如巴赫拉赫（Bacharach）的四周都是大片建在山麓上的葡萄园，种植着世界闻名的雷司令葡萄。每个村子里都有令游客垂涎欲滴的美食：新鲜的野味、小牛肉，还有手工制作的奶酪。当然，少不了美味的葡萄酒。

最佳旅行时间： 4月至10月。

行程： 全程水路需要7小时，但大部分游客都会乘一段船，走一段路欣赏风景，然后再继续乘船。

行前计划： 在美因茨上船前买一张莱茵河通票，这样你就可以全日乘坐游船，可以随心所欲地选择上下船的地点和停留的时间。沿途的城堡只有部分可以参观。你可以事先买一本导游手册，以便了解城堡的历史背景、具体地点和开放时间。

旅行须知： 带一个坐垫，因为大部分船的观景甲板上只有硬席座位。莱茵河边几乎每一个村子都有自己的葡萄酒节，通常是在8月或9月的某个周六。葡萄酒节上的很多葡萄酒只在当地出售。

相关网址： www.k-d.com/englisch/index.html

著名景点

- 在吕德斯海姆（Rüdesheim）稍作停留，这里有莱茵河上最古老的城堡，其历史可以追溯到9世纪，城里还有许多酒馆，可以品尝葡萄酒。
- 参观位于考伯（Kaub）附近河中心小岛上的法尔茨（Pfalz）城堡。
- 在美丽堡（Schönburg Castle）度过既豪华又富于历史感的1夜。城堡位于城墙环绕的小镇奥勃威瑟尔（Oberwesel）中。
- 注意寻找**罗蕾莱岩**（Lorelei Rock）。这是位于河中最窄处的一个陡峭的悬崖。在神话故事中，这里有一名女妖，用歌声诱惑水手，使他们落水而死。
- 参加**莱茵河烟火晚会**。晚会每年7月和8月在圣戈阿（St.Goar）等地举行多次。
- 寻找**卡茨**（Katz，猫）城堡和**茅斯**（Maus，老鼠）城堡。它们在莱茵河右岸，正对着**莱茵岩**（Rheinfels）城堡的废墟。

工业革命时代，色彩鲜艳的狭长船只运载着货物穿行在全英格兰各地的运河上。现在这些船成为游客休闲度假、观赏风景的绝佳工具。

十佳运河游览线路

在工业革命的年代里，这些运河主要用于运载货物；而现在这些安静悠闲的水道已成为游客休闲娱乐的好去处。

❶ 巴拿马：巴拿马运河

这是一项宏伟浩大的工程，将大西洋与太平洋连接在一起。每年有成千上万条大小船只驶过这段50英里（80公里）长的河道。你可以选择走完全程，或只游览其中一段（通过全程需要一整天）。小船可以载着你在运河中行驶，在你的身边，拖轮拖着比它大很多的巨型货轮缓缓驶过。这些拖轮引导货轮从一段河道前往下一段河道。每段河道之间都有双重船闸，要通过三段河道才能走完全程。

行前计划： 每年11月到次年4月底为旱季。
相关网址： www.canalandbaytours.com

❷ 纽约：纽约州运河

这是一系列建于19世纪中叶的运河，位于纽约州奥尔巴尼（Albany）与布法罗（Buffalo）之间，包括总长524英里（843公里）的河道和牵道。其中伊利（Erie）运河经过罗切斯特（Rochester）市，那里有苏珊·B·安东尼的故居。你可以租一条船自己驾驶，也可以雇人驾驶。

行前计划： 运河每年5月至11月初通航。
相关网址： www.nyscanals.gov

❸ 俄罗斯：波罗的海运河

这是一条长140英里（225公里）的运河，将白海——大西洋在俄罗斯西北的凸出部分——与波罗的海海边的圣彼得堡连接在一起。运河于20世纪30年代由囚犯靠锄头和铲子挖掘而成。一路上可以看到传统的村庄和老式的木头搭建的教堂。

行前计划： 必须参加有组织的旅游团。
相关网址： www.nordictravel.ru

❹ 丹麦：哥本哈根

乘坐可在沿途随时上下的公共汽艇，沿着纵横交错的运河网游览丹麦首都哥本哈根。有些线路会途经著名的美人鱼雕像，让你可以近距离清楚地欣赏。游船全年运行，夏季为开放式，冬季则装有玻璃顶篷。

行前计划：买一张有效期2天的交通票，其间可以无限次乘坐运河游船。

相关网址：www.canaltours.com/dct/en

❺ 荷兰：阿姆斯特丹

低矮的桥梁，弯垂的树木和古老、狭窄的建筑是阿姆斯特丹许多运河上常见的风景。你可以选择观光游船或晚餐游艇，甚至干脆住在船屋酒店（Houseboat Hotel）里，把运河当成你的活动基地。你也可以自己驾船：Canal Bike公司经营脚踏船出租业务，你可以在一个码头租船，然后到另一个码头交船。

相关网址：www.blueboat.nl，www.canal.nl

❻ 罗马尼亚：黑海运河

黑海运河建成于1984年，从保加利亚边境的多瑙河畔城市鲁塞（Ruse），到黑海岸边的罗马尼亚著名旅游城市康斯坦察（Constanţa），运河长40英里（64公里）。这里也是以野生动物种类丰富著称的多瑙河三角洲的一部分，是白鹭、苍鹭、鹈鹕及其他300多种鸟类的家乡。

行前计划：可以作为多瑙河沿途游览的一部分。

相关网址：www.romaniatourism.com

❼ 瑞典：约塔运河

约塔运河（Gota Canal）连接了一系列湖泊，使得船只可以从水路穿越几乎整个瑞典国土，从哥德堡（Gothenburg）附近的维纳恩（Vänern）湖直通波罗的海。沿途共设有58座船闸。船通过船闸的时候你一定要到甲板上看看船员是如何操纵船闸让船通过的。运河上有许多大小各异的游船，游览时间从几小时到1周，完全随你选择。如果你还嫌不过瘾，可以租一条小船或皮艇，自己划着游览。

行前计划：建议你仲夏来此一游，可享受到将近24小时的日光和欧洲南部的温暖。

相关网址：www.vastsverige.com

❽ 德国：勃兰登堡水道

沿着柏林与波罗的海之间的一系列湖泊与运河行驶，你可以尽情欣赏沿途的城堡和典雅的小镇。还有在浅水中静静站立着的苍鹭，长着一身鲜艳的碧绿色羽毛的碧鸟贴着水面疾速飞翔。夏日悠闲的午后，渔夫们纷纷在岸边休憩，到了晚上他们会在当地餐馆里品尝亲手捕获的鲤鱼和其他鲜美的鱼类。

行前计划：游客相对较少，当地会说英语的人也不多。

相关网址：www.cruisegermany.com/boating-holidays.htm

❾ 法国：贯穿全国的运河网

法国有5000英里（8047公里）长的运河网，从英吉利海峡到地中海之滨，连接着从南到北全国各地的领土，沿途有许多小镇和村庄等着你去发掘。南运河（Canal du Midi）横贯法国南部的葡萄种植区，运河两岸有不少种植园和城墙保存完好的小镇供你参观。你可以将船停在小镇外，到岸上好好享受当地的美食与葡萄酒，很多餐馆都有自己的特色菜。小镇上常有每周一次的集市，可以好好满足你的购物欲望。

行前计划：租船公司会在把船交给你前对你进行必要的指导和培训。

相关网址：www.barginginfrance.com

❿ 英国：什罗普联合运河

什罗普联合运河（Shropshire Union Canal）的北段缓缓穿行在英格兰中西部起伏的原野上。从楠特威奇向南，运河穿过一系列群山与深谷，在运河两岸陡峭的山岩上架设着好几座宏伟的桥梁。这条运河记录着工业革命时代的历史，运河上色彩鲜艳的狭长游船也像是从过去的时光中开来。船在运河上缓缓行进，几乎与行人同速，生怕打搅了岸上的宁静。

行前计划：5月至10月是英国天气最好的时候。

相关网址：www.waterscape.com

多瑙河之旅

风景秀美的行程、饱经沧桑的河水，还有欧洲最优美的城市——维也纳与布达佩斯。

从黑林山到黑海，蓝色的多瑙河水由西向东流过整个欧洲的心脏地带，流过空旷的原野、小小的村庄、繁华的都市，流过阳光灿烂的葡萄园，流过任凭风吹雨打依旧耸立的教堂，流过孤零零矗立在山巅的古老城堡。然而最令此行难以忘怀的，还是那些坐落在河岸边、历史悠久的大都市，以及弃船登岸所见的异国风情：鹅卵石铺就的街道、精致的商店，以及富丽堂皇的建筑。即使是短途的航线也能经过欧洲最著名的两座城市：文化之都维也纳和多瑙河之星布达佩斯。布达佩斯著名的瓦茨大街（Váci Utca）是一条步行街，这里的建筑最能体现这座城市的精神——时髦的商店与保存完好的18世纪建筑物有机地结合成为一体。有些游船还会带你前往布拉迪斯拉发——斯洛伐克历史悠久的首都，以及两个奥地利的村庄——杜恩施坦因（Durnstein），那里有一座12世纪城堡的遗址，曾经囚禁过狮心王理查；梅尔克（Melk）则以一座宏伟的巴洛克式本笃修道院而闻名。你还可以前往埃斯泰尔戈姆（Esztergom），参观匈牙利最大的教堂及其惊人的收藏品。

著名景点

■ 从游船停靠的码头到著名的**1890布达佩斯中央市场**只需要步行5分钟，那里有精美的商品、诱人的香肠，以及城中最好的手工艺纪念品。

■ 如果你是一名古典音乐的爱好者，晚上在维也纳欧洲最好的**歌剧院与音乐厅**中欣赏表演一定会令你终生难忘。

■ **维也纳甜糕**是当地的美味小吃，特别是萨赫蛋糕（sachertorte），这种点心上抹了一层杏肉酱，并且有厚厚的巧克力壳。要想品尝正宗的维也纳甜糕，可以去德梅尔糕饼店（Demel Konditorei），地址位于科马克（Kohlmarkt）大街14号。店铺保留着古雅的欧式风格，橱窗中陈列的各种杏仁糖（Marzipan）令人垂涎欲滴。

夕阳下的布达佩斯国会大厦。多瑙河从布达（Buda）与佩斯（Pest）间穿过，远处是河中的玛格丽特（Margitsziget）岛。

最佳旅行时间：大部分游船4月至10月运营，12月圣诞节期间也有少量游船出航。

行程：帕绍（Passau，德国）至布达佩斯的往返航线需要7~14天。很多游船可增加沿途停靠点，或访问周边城市，如布拉格、慕尼黑等地。

行前计划：带好雨具，中欧的天气多变是很有名的。为了游览城市，你还需要带上舒适的徒步鞋。

旅行须知：计算旅行费用时别忘记算上小费，每天需要10~12美元。

相关网址：www.deilmann-cruises.com，www.vikingrivers.com

科莫湖边的小镇米纳吉欧，码头上飘扬着一面面旗子。

最佳旅行时间：春天和夏天的气候最好，秋天天气也比较温和，同样适宜旅游，但游客较少。冬季则是观赏雪山的季节。

行程：你可以随心所欲地在湖上逗留，多久都可以。游览线路的行程则视路程长短而定。

行前计划：科莫、贝拉吉欧等大一些的城市中有很多游船公司，备有渡轮或汽艇运载乘客在湖上游览。票可以在上船时购买。湖区中有很多宾馆和食宿点可供选择。

旅行须知：如果你的游览线路一部分在意大利而另一部分在瑞士，要记住意大利的货币是欧元，而瑞士则使用瑞士法郎，不过欧元在大多数情况下也可以使用。

相关网址：www.enit.it

意大利

意大利的湖光山色

宁静湛蓝的湖水、白雪覆盖的山峰，还有富丽堂皇的别墅，令这趟沿意大利—瑞士边境的旅行格外心旷神怡。

科莫湖、卢加诺湖与马焦雷湖所在的地区被称为意大利的“湖区”。从欧洲各地的贵族养成送子女周游列国的习惯时起，这里就是著名的游览景点。17、18世纪时，这里成为全欧洲有钱人的消遣场所。沿湖岸四周是一座座小镇和村庄，赭红色屋顶的房屋映衬着清澈的湖水。科莫湖边的贝拉吉欧（Bellagio）等地有一些别墅美丽到令人难以置信的地步，别墅周围种满怒放的杜鹃花。在这里建造别墅的是一些富有的意大利人，这种习惯甚至在罗马帝国时代就已经存在。从那时起，这里就已成为人们消夏的去处。游船和运载小汽车的渡轮一年到头往返于湖泊上，惊起一群群野鸭和天鹅。站在甲板上呼吸着来自阿尔卑斯山的清新空气，看着辽阔湛蓝的湖面与远处的雪山，你会觉得繁闹的米兰仿佛离这里有十万八千里远。湖边的道路最适合自行车运动。喜爱徒步跋涉的游客可以攀登湖边的山峰和深谷。不爱运动的人则可以在村中散步，享受恬静的休闲时光。

著名景点

- 参观伦巴底公爵（Dukes of Lombardy）的老式别墅和花园。此外一定要看看特里梅佐（Tremezzo）城外的卡洛塔别墅（Villa Carlotta），在那里你能看到雕塑家卡诺瓦的名作——丘比特与普绪克。
- 乘船经马焦雷湖或卢加诺湖登上瑞士的土地，作一番短暂的游览（切记带好护照）。
- 游览中世纪古城科莫（Como），观赏这里狭窄的街道和安静的圣费德里（St. Fedele）教堂。
- 徒步和骑马登山。冬天还可以滑雪。

乘帆船游览加勒比海既轻松又悠闲。沿途可以停靠人迹罕至的港湾，在沙滩上嬉戏，领略当地的历史与文化。

十佳航海线路

在浩瀚的海面上待上几小时，或者几周，领略航海带给人的激动与震撼。

❶ 加拿大：斯科舍与拉布拉多的高桅横帆船

在最长可达1周的旅程中，轻快的海风带着你拜访加拿大东海岸的一系列海边游览胜地。部分船只还可以接纳你作为学徒船员，过一过真正水手的生活。船会在沿途一些人迹罕至的港湾停靠，你可以划小艇，品尝野生蓝莓，或是徒步游览。

行前计划：最佳旅游季节为6月至9月。航程分4日和7日两种。

相关网址：www.canadiansailingexpeditions.com

❷ 加勒比海：帆船游

拂动发梢的海风，灼热的烈日和脚下的柚木甲板无一不在触动着你的神经。帆船的大小既能提供游客舒适的乘坐体验，又能自如地驶入人迹罕至的狭小海湾。休闲与水上运动是船上游客的日常主题，沿途停靠的陆地则带来激动人心的探险之旅。游客既可以乘坐四驱车深入丛林，还可以进行其他陆上活动。

行前计划：最佳游览季节为每年11月至次年6月。

相关网址：www.windjammer.com

③ 大开曼岛：海盗之旅

这是为孩子们准备的加勒比海游览项目。乘坐的是精心仿制的17世纪西班牙大帆船，从大炮到木甲板一应俱全，还有比剑表演。

行前计划： 最佳游览季节为每年11月至次年6月。

相关网址： www.jollyrogercayman.com

④ 法属波利尼西亚：星星号快速帆船（Star Clipper）

扬帆航行在天堂般美丽的热带群岛，这是许多人的梦想。星星号快速帆船的航线从塔希提（Tahiti）岛出发，在7天之中陆续游览胡阿希内（Huahine）岛、宝拉—宝拉（Bora-Bora）岛、莫雷阿（Moorea）岛及其他波利尼西亚群岛中的岛屿。游船既保留了传统帆船的特色，又提供了现代游船所具有的一切舒适与便利。

行前计划： 可从澳大利亚乘飞机飞往塔希提。

相关网址： www.cruisematch.com.au

⑤ 泰国：安达曼海上的舢板航行

安达曼海洋公园包括约3500个岛屿，稀有的海鸟、浪漫的沙滩和钟乳石都是这里著名的景观。舢板在普吉与甲米（Krabi）间航行一次需要6天，船上的设施较为简单，只有公用的洗澡间和厕所。

行前计划： 最佳游览季节为每年10月至次年4月。普吉和甲米两地均可乘坐。

相关网址： www.discoverythailand.net

⑥ 越南：下龙湾

下龙湾位于越南东北部，海中散布着3000余座石灰岩沉积形成的奇形怪状的岛礁，浮村与沙滩点缀其间。春天和夏初时节海面格外安静，海水也最清澈。这里已成为联合国教科文组织认定的世界遗产。最好的游览方式是乘坐舢板。

行前计划： 最佳游览季节为每年11月至次年4月。

相关网址： www.footprintsvietnam.com

⑦ 塞舌尔：群岛

租一艘小艇，体验塞舌尔岛屿的天然风光、清澈的海水和远离污染的珊瑚礁。你可以雇一名船长，或者整个一组船员来替你完成航行中各种繁重的劳动。胆大心细、经验丰富的游客也可以自己驾船出海。环绕群岛巡游一圈通常需要7~8天，行程长短会受海风的影响而改变。

行前计划： 马埃（Mahé）岛的维多利亚港及普拉兰（Praslin）岛的圣安妮湾（Baie Sainte Anne）有游艇出租。

相关网址： www.indianocean-adventure.com

⑧ 阿曼：乘阿拉伯帆船游览霍尔木兹海峡

穆桑达姆半岛位于阿曼的最北部，正好插入位于波斯湾出口的霍尔木兹海峡中央。海边矗立着高高的山峰，使海峡入口处有如挪威的峡湾，山脚下零星散布的村庄只有乘船才能到达。你可以乘坐阿拉伯独桅帆船——一种传统的狭长木船——沿着海岸行进，观赏壮丽的风景，同时享受游泳和跳水的乐趣，与海中的鱼群一同嬉戏。

行前计划： 游船每年10月至次年4月运营。

相关网址： www.msaoman.com

⑨ 肯尼亚：拉穆岛（Lamu Island）

这座热带岛屿位于肯尼亚海边，就在赤道线以南不远。岛上历史悠久的建筑反映了当年作为一个重要的非洲港口，来自阿拉伯、非洲和欧洲的商人与探险家云集的盛况。一系列乘坐阿拉伯独桅帆船的游览线路带你探索附近大大小小的岛屿，参观岛上与世隔绝的村庄与古老的历史遗迹。你也可以选择3小时航程的曼达（Manda）岛游览线路，或是满月夜供应龙虾大餐的游船。一些以钓鱼为主题的游船会帮你烹饪钓到的活鱼，供你尝鲜。

行前计划： 每年12月至次年4月开航。

相关网址： www.peponi-lamu.com

⑩ 希腊：埃维亚岛

埃维亚（Evia）岛是希腊的第二大岛，与大陆只隔着130英尺（40米）宽的海水。曲折的岸边有宽广的沙滩，也有陡峭的悬崖；岛上多山，一座座村庄和修道院就零散地分布在山上。搭载你环绕埃维亚岛的是被称作“凯伊克”（Caique）的木头渔船。你可以在海上眺望私人小岛皮塔里（Petali）的沙滩与浅湾；也可以登上埃维亚岛，观赏岛上的风景。小船可载6~8人，并配备有船长和水手。

行前计划： 每年5月至10月运营。夏末季节多风。

相关网址： www.exodus.co.uk

黄昏的涅瓦河畔，华丽的冬宫正面在灯光的照射下灿烂辉煌。

最佳旅行时间：5月至9月，但8月游客很多，如果你不喜欢热闹，可以选择其他月份。

行程：克罗地亚海岸线大约长1250英里（2012公里），达尔马提亚沿岸有着数不胜数的旅游景点。如果时间有限，一定要做明智的取舍，你可以考虑参加斯普利特至杜布罗夫尼克的单程游。

行前计划：你可以乘坐渡轮往返于岛屿之间，也可以自己驾船或雇人帮你驾驶。科纳提（Kornati）群岛是供帆板驾驶的初学者练习的最佳场所。

旅行须知：扬帆出海前你必须签署一系列文件，还会收到一张由官方出具的“印花”。你必须把它贴在船上。

相关网址：www.croatia.hr，www.croatia-traveller.com，www.jadrolinija.hr

克罗地亚

达尔马提亚的海岸风光

达尔马提亚海滨拥有亚得里亚海最美丽的岛屿，是一块充满魔力的旅游胜地。

从北部的扎达尔群岛到最南端的伊拉法特群岛和杜布罗夫尼克市，达尔马提亚沿岸拥有无数的岛屿和浅滩。与其他游客如织的欧洲海岛旅游线路不同，这里仍然保留着一份远离尘世的飘然。达尔马提亚沿岸的标志性景观是绵延起伏的崇山峻岭与曲折破碎的海岸线，一片片松树林簇拥着星星点点的村庄，房屋都涂成整齐划一的红白两色，洁白无瑕的鹅卵石浅滩在阳光下分外耀眼。根据克罗地亚政府的统计，这一带共有1000多座岛屿，它们形态各异，有的狭长，有的浑圆，有的岛上只见光秃秃的岩石，有的岛则郁郁葱葱，繁茂的树林遮蔽着散落其间的小径。沿海几乎每个港口中都停泊着大大小小的帆船，随着海浪起伏摇晃。它们将满足你对大海的渴望；在海风轻拂下，往来于风景如画的岛屿之间，是每个水手的梦想。岛上还提供皮艇，以及潜水和冲浪等活动。此外，不要忘记留一些时间给杜布罗夫尼克。在这座号称“亚得里亚海珍珠”的城市高高的城墙上漫步，俯瞰城中的景色和远处一望无边的大海。

著名景点

- 欣赏**扎达尔海上管风琴**的演奏。这是一组巨大的风琴管，能够随着海浪的起伏而发声。
- **布拉奇岛**以出产石材著称（华盛顿的白宫就使用了这里的石材）。同样著名的还有这里的黄金角，是观赏日出日落和冲浪的好场所。
- **赫瓦尔岛**上有大片的薰衣草场和松林覆盖的丘陵。在宁静的耶尔萨（Jelsa）小镇上，你可以看到威尼斯风格的建筑物，还有街道上晾晒的渔网。
- **维斯岛**的风景格外迷人，这里出产优质的葡萄酒，还有理想的潜水场所。**姆列特岛**上则有一个很受游客欢迎的国家公园。

土耳其的绿松石海岸

久经沧桑的海岸线上分布着来自诸多古代文明的遗迹，土耳其西南海岸之旅将为你的休闲旅程增添一份独特的历史感。

“绿松石海岸（Turquoise Coast）”恰如其名。海水映衬着岸上崎岖的山峰，山梁一道接着一道，似乎望不到边。远处的山脉渐渐没入地平线中，向人们提醒着那被称作“小亚细亚”的广大内陆的存在。利西亚半岛地处土耳其西南，这里的海岸与内地到处散布着古代文明的遗迹，其中最古老的有4000年之久，从古代的赫梯人到希腊城邦，从罗马、拜占庭、奥斯曼帝国到自称“十字军”、行事却如海盗的圣约翰骑士团。许多个世纪过去了，在玛玛伊斯（Marmaris）和博德卢姆（Bodrum）的船厂中建造的双桅帆船“古莱特”（Gulet）——小的大约长49英尺（15米），大的则有82英尺（25米）长——依然活跃在这片海面上，只不过现在其中很多已经改造成为豪华的游艇。大多数游船都从费提耶起航，向东沿海岸驶往克寇瓦，一路上访问沿途的小码头，在宁静的港湾中过夜；或是驶入希腊领海，观赏卡斯泰洛里宗（Kastellórizon）岛色彩鲜艳的房屋和光秃秃的山顶。船员非常殷勤，你不必动一根手指，美酒佳肴就会源源不断地端到你的面前。如果他们有时间，甚至还会陪你下两盘双陆棋。

土耳其西南沿海地区常见这种叫做“古莱特”的传统帆船，但船上设施已现代化。

著名景点

- 留意**飞鱼**从船舷旁跃过时的银色弧线。
- 利西亚沿岸有些**历史遗迹**保存非常完好。船员会为你做导游，指引你参观当地的景点，赞图斯（Xanthus）的利西亚古城尤其不能错过。
- 在克寇瓦北面的海中，你可以带上潜水管探寻希腊城市阿波罗尼亚（Apollonia）的**水下遗迹**。这座城市是在许多年前的一次地震中沉入水底的。
- 品尝土耳其式的豪华**早餐**：咖啡、酸奶、蜂蜜，还有很多好吃的东西。

最佳旅行时间：6月至10月阳光最充足。

行程：环绕海岸的游览行程需要1周。

行前计划：从大多数欧洲机场都有飞往达拉曼（Dalaman）的旅游包机。你可以参加旅行团，一次性向旅行社支付所有费用。或者，你也可以和其他人搭帮租船；一艘古莱特帆船大约可以乘坐10人。

旅行须知：大多数古莱特帆船上有4名船员，包括船长、甲板水手、工程师和厨师。客房很舒适，并配有设施齐全的卫生间。要想前往土耳其，有时从附近的希腊岛屿如罗得岛（前往玛玛伊斯）或科斯岛（前往博德卢姆）出发更方便，假日包机和当地轮渡的费用都很便宜。

相关网址：www.lycianlegacy.com，www.odysseuscruising.com

对页：清晨的阳光照射在桑托里尼岛伊亚村山顶的钟楼上，几百英尺下一艘纵帆船正在清澈的爱琴海面上行驶。
上左：人们仍然使用驴子作为陡峭山路上的运载工具。
上右：透过纳克索斯岛未完成的阿波罗神殿的大门眺望远处的大海。

希腊

爱琴海散落的明珠

建在高坡上的风车和蓝色屋顶的教堂俯视着周围的梯田、橄榄树林和一栋栋白色的房屋，基克拉泽斯的风景永远吸引着来自世界各地的游客。

神庙遗迹中优雅的石柱矗立在湛蓝的天空下，山坡上雪白的房屋在阳光下格外耀眼，爱琴海蔚蓝色的海水拍打着沙滩。基克拉泽斯之行的最大优点之一，就是旅游线路的灵活性。整个群岛散布在爱琴海南部的海面上；从最北端的安德罗斯岛，到南端的火山小岛桑托里尼，你完全可以随心所欲地从一个岛前往另一个岛。每天都有很多渡轮穿行在岛屿和大陆之间，你可以以一个岛为中心游览周边的岛屿，也可以一个岛挨着一个岛地玩过去。整个群岛共有 200 多个岛屿，尽管其中大部分都是无人居住的小岛，但每个岛屿都有各自的特点，你可以按照自己的喜好挑选。如果你喜欢夜晚的娱乐活动，米科诺斯岛就是一个好去处；如果你厌倦了沙滩、酒吧、俱乐部，蒂诺斯岛就在不远处等着你。在希腊神话中，蒂诺斯岛是阿波罗与其孪生姐妹、狩猎女神阿耳特弥斯出生的地方。在众多的古代遗迹中，狮像大道（Terrace of Lions）别具一格，这条摆满了狮子雕像的街道建成于公元前 600 年以前，用来表达希腊人对阿波罗的崇敬。你还可以参观海豚屋（House of the Dolphins）。在更南面的福莱安兹罗斯岛，有一座建在海边悬崖上的村庄，街道布置得犹如迷宫一般，白色的房子令人眼花缭乱。附近的桑托里尼岛（也称锡拉 [Thíra] 岛）——6000 多年以前火山爆发的产物，巨大的火山口中已灌满了海水——则有着全希腊最美的日落和海景。

最佳旅行时间： 从6月初到10月中旬，但不要在8月中旬奥斯马托斯节（Asomatos）的那个星期前往。

行程： 岛屿之间的航程需2~4小时，这取决于你是乘坐普通渡轮、双体船还是水翼艇。

行前计划： 各岛码头均有售票处。你最迟可以在开船前1小时买票，但最好还是提前1天购买。每条渡轮上都有客栈的人推销自己的客房。豪华酒店或较新式的客房需要提前预订。

旅行须知： 渡轮舱位有各种不同档次，有普通的活动靠背椅，也有一等舱带床铺的单独舱室。如果航程较长，应该带上瓶装水、零食或简单的午餐。

相关网址： www.gtp.gr, www.greekisland.co.uk

著名景点

■ **乘坐渡轮**是此行中的乐趣之一。为了能更好地观赏风景，你应该选择一艘**普通渡轮**；水翼艇虽然速度快，但却只有飞机一样的坐椅，并且都安放在船舱内部。

■ 游览**蒂诺斯岛**。岛上气氛宁静，山坡上布满驴子踏出的纵横交叉的小径，山羊、蝴蝶和蜥蜴是你仅有的伴侣。**蒂诺斯圣母教堂（Church of Panagia Evangelistria）**是著名的宗教场所，其圣母像闻名世界，据说还有神奇的法力。

■ **游泳、潜水**，或在**米科诺斯岛**宽阔的沙滩上做**日光浴**（虽然可能十分拥挤）。也可以去**蒂诺斯岛**或**福莱安兹罗斯岛**的小海湾戏水。

■ **纳克索斯岛**岸边聚集着许多饭店、酒吧和旅游商店，是各个岛中最热闹的。岛上有被**果树林**和**橄榄树林**环绕的**古老村庄**，还有基克拉泽斯群岛的最高峰——**宙斯山**。

■ 在**桑托里尼岛**上雇一条**毛驴**驮你去看900英尺（274米）高的火山口。当然你也可以乘坐**缆车**，更快也更舒适。

优雅的费卢卡载着游客和当地人行驶在阿斯旺附近的尼罗河上，好似一只只飞鸟。

最佳旅行时间：11月至次年3月。

行程：航程125英里（201公里），所需时间随夜间停泊次数而定，一般为5~6天。

行前计划：你可以自己在阿斯旺和船主讨价还价，但相对而言还是通过信誉良好的旅行社租船更方便安全。兴致好的游客可以睡在费卢卡上（自己带睡袋），否则就睡在当地的小客栈或旅馆里。

旅行须知：自己带零食和饮用水上船，还要带上卫生纸、手电筒和电池。船上没有卫生间，你只能使用景点内的卫生间或沿途村镇的厕所。

相关网址：www.gotoegypt.org，www.nilefelucca.com，www.sobek-egypt.com

埃及

尼罗河上的白帆

乘坐传统的费卢卡，欣赏尼罗河两岸古老的土地。

从阿斯旺到卢克索这段125英里（201公里）长的尼罗河两岸到处是古埃及遗留的建筑和纪念碑，乘坐小帆船“费卢卡”（Felucca）沿河缓缓而下，正是在历史中流连的最佳方式。所有的费卢卡都从阿斯旺这个古埃及最南端的城市出发北行，沿着世界上最大的河流，驶向游客最向往的目的地之一——卢克索。两岸是狭窄的绿洲，种植着玉米、甘蔗、豆子和苜蓿，一座座巨大的古埃及神庙散布其间。你可以在考姆翁布（Kôm Ombo）参观鳄鱼木乃伊，还可以在伊德富欣赏到在砂岩上雕刻的保存完好的荷露斯（Horus）神庙。结束岸上的游览后，你可以在船上尽情休憩，与同伴交谈，帮助厨师准备晚餐，或者跟着船员一起唱当地人的歌谣。夕阳西下、祈祷声四起的时候，盘腿坐在船上，再铺上一块毡布，开始享用简单而可口的当地菜肴。晚上你可以露宿在船头或河中沙岛，伴着几千年来一成不变的满天星斗入眠。如果你希望住得更舒适，也可以选择乘坐沿河巡游的豪华客轮。

著名景点

- **埃里芬丁岛（Elephantine）**正对着阿斯旺市，岛上有神庙遗迹和古埃及用来测量尼罗河每年泛滥程度的尼罗河尺。

- **考姆翁布神庙**较为少见地同时供奉着两位神祗：鳄鱼神索贝克（Sobek）和鹰神老荷鲁斯（Haroeris）。

- 伊德富的**荷露斯神庙**建于公元前1世纪，建造者是法老托勒密13世，即克里奥佩特拉的父亲。

- 伊斯纳的**尼罗河神神庙（Temple of Khnum）**供奉的是羊头人身的尼罗河神。神庙代表了公元前2世纪埃及的典型建筑技艺。

尼日尔河上的独木舟

乘船行驶在这条非洲著名的大河上，河水悠闲地缓缓流走，两岸的时光却似乎还停留在过去。

渔夫将手中的渔网撒向河中再慢慢收紧，拉回来的时候网里面已经多了几尾活蹦乱跳的卡波坦鱼（尼罗河鲈）；羽色斑斓的翠鸟沿河面低低地盘旋，偶尔为了捕捉食物闪电般扎入水中。河边马里村庄的房子均用泥土砌成。女人沿河岸排成一列洗着衣服，嬉笑的孩子们冲到水边，向船上大喊“卡瓦，图巴？”（“你好吗，白人？）尼日尔河及其支流巴尼（Bani）河两岸的生活就像那河水一样悠闲自在。有两种狭长的船可供你乘坐：大一些并安装了引擎的皮纳斯（Pinass）和小一点的皮若戈（Pirogue），后者由似乎永不知疲倦的船夫划着。沿途的景色大概自洪荒时代起就未发生过改变：孤独的富拉尼牧人走在高高的河岸上，背后的阳光将其照得如同剪影，牛被赶到河中饮水、洗澡，泥土砌抹的清真寺墙色斑驳。河面上生气勃勃，不时有扬着麻袋布缝成的巨大风帆的船只驶过，船上载着运往附近市场的货物。还有小一些的船只穿梭在河岸间，运送乘客、牲口甚至摩托车。即使小孩子也能在河上一显身手，自如地驾驶着小船，完全不用大人照看。

著名景点

■ **杰内大清真寺**是世界上最大的泥土建筑。杰内古城是联合国教科文组织认定的世界遗产，城中每周一有盛大的集市。

■ 这里**野生动物**种类繁多，尤其是鸟类，更令爱好者疯狂，矶鹬、鸻、白鹭、苍鹭、锤头鹳、食蜂鸟等各种各样的鸟类数不胜数。德博湖岸边还能看到河马。

■ **莫普蒂**是尼日尔河上繁忙的**港口**，每天有许多船只从这里逆流而上，往返于几百公里长的河面上。

马里，一艘传统的木制皮若戈载着乘客与他们的牲口横渡尼日尔河。

最佳旅行时间：11月至次年3月，雨季刚刚结束，炎热的夏天也还远未到来。

行程：乘坐“皮若戈”从杰内到莫普蒂需要3天，乘坐皮纳斯要2天。塞古（Ségou）、莫普蒂等旅游集散中心还提供当日往返的游览项目。

行前计划：你可以通过旅行社租船，也可以在河边与船夫砍价。

旅行须知：想要获得全方位的体验，应该带上帐篷和宿营设备。船夫每天会帮你寻找合适的宿营地，并且用篝火烹饪新鲜的卡波坦鱼及其他当地食品。

相关网址：www.wadoubatours.com，www.hoteldjennedjenno.com

下赞比西河

挥桨划过这条充满传奇色彩的非洲大河，观赏世界上最丰富多彩的野生动物。

一位划船漂流赞比西河的西方人、英国探险家大卫·利文斯通说过，那里“景色是如此的优美，就连天使从空中飞过也会不由自主地低头凝视”。从那时到现在，这里的景色几乎没有发生过改变。当代的探险家们乘坐双人加拿大划艇沿下赞比西河行进时，同样的景色依旧令他们叹为观止：与体形庞大的非洲象近在咫尺地接触，河马悠闲地泡在水中，成群的斑马在河岸上吃草。宽阔的河流在这里经过两个方圆辽阔的国家公园：南边是世界遗产马纳普尔斯国家公园（Mana Pools World Heritage），北边是下赞比西国家公园。河岸上有许许多多的野生动物：狒狒、黑斑羚，还有（如果幸运的话）狮子和豹。如此近距离与野生动物的接触，意味着随时随地可能出现的危险，但经验丰富的导游会为你提供足够的保护和丰富的知识，诸如用桨击打船帮以阻挡鳄鱼与河马，或者在必要时引导小船驶入浅滩。你会为旷野上随风拂动的金灿灿的草原而陶醉，夜晚在宿营地欣赏非洲大地上的日落也会令你心潮澎湃，激动不已。

沿着赞比西河漂流可以最大限度地接近野生动物。

著名景点

- 划着小船经过**大群河马**，它们宽阔的后背在水中闪闪发亮。
- 经过半天挥桨的劳累，午饭后稍作**小憩**，躺在树下放松全身，让树荫帮你遮蔽阳光。
- 钓几条性情凶猛的**虎鱼**作为晚餐。
- 游览**下赞比西国家公园**，观赏那里保持自然生活方式的狮子、大象等大型野生动物。
- 如果你有多余的时间，可以考虑租一条**豪华游艇游览卡里巴湖**，体验与小舟探险完全不同的感受。

最佳旅行时间：想观赏鸟类的游客应该在夏季（12月至次年4月）前往，那时候鸟的种类最多。5月至8月天气较凉爽，也比较干燥。

行程：大部分探险之旅都从卡里巴（Kariba）出发向下游行进，旅行时间3~10天。旅行结束后，留下一点时间回过头来游览一下卡里巴是个很不错的主意。

行前计划：大多数旅游公司提供两种游览方式：最昂贵的“全包”方式，提供舒适的宿营地和预先搭建好的帐篷、床铺和电灯；以及便宜一些的“参与”方式，游客需要自力更生，自己搭帐篷、做饭等。

旅行须知：准备一个防水的包装，以便保护你的相机和其他贵重物品。大部分情况下，你都不需要具备驾驶小船的经验，不过还是在买票前问清为宜。

相关网址：www.chachachasafaris.com，www.riverhorsesafaris.com

曼戈基河两岸的草原生长的巨大的面包树。

最佳旅行时间： 在马达加斯加的冬天（5月至10月）前往当地最好，此时的气候温暖干燥。其他月份的天气过于炎热。

行程： 通常为1周。

行前计划： 马达加斯加岛西南部的游览线路通常都包括在曼戈基河较为平缓的河段的漂流项目。你也可以自己找当地的船夫租船，晚上可以在河岸上露营。

旅行须知： 马达加斯加时常流行血吸虫病，这种病是通过水传染的，所以接触河水时要格外小心。洗澡前也要确认用水是否安全。

相关网址： www.remoterivers.com

马达加斯加

曼戈基河

乘坐小筏在人迹罕至的曼戈基河上，享受恬静的时光与马达加斯加西部无与伦比的美景。

马达加斯加是一片“莫拉-莫拉”（慢悠悠）的大陆。橡皮筏随着河水缓缓而行的那份悠闲正合了马达加斯加人轻松惬意的生活节奏。岛上80%的动植物种类都是这里独有的，地处岛屿西南、绿色的曼戈基河两岸更是有一些举世罕见的美丽景色。船行途中，你会看到一棵棵魁梧的面包树矗立在河两岸，纺锤形的粗大树干仿佛伸向天空的手指，形成了世界上最大的面包树林。有时，小船静静地穿行在茂密的树林中；过不了多久，两岸又变成长满荆丛的贫瘠沙漠。你可以在途中留意寻找狐猴的踪迹，这些长得像猴子的、古怪的灵长类动物经常在低矮的树木间纵横跳跃，从一根树枝荡到另一根树枝，划出美丽的弧形曲线。有些狐猴尾巴生有环纹，脸色通红，身形轻快；还有极为少见的维氏冕狐猴，它们身上的毛雪白，只有脸是黑的。河上栖息着秃鹰、隼和苍鹭。晚上的景色更加迷人：在河边众多美丽的沙滩中挑选一处宿营，清早醒来时，四周狐猴的叫声响成一片。

著名景点

- 留意观察那些当地独特的水鸟，还有河岸上生长的罕见的兰花。狐猴也是这片热爱大自然的人所向往的天堂中最受欢迎的动物之一。
- 在开阔的沙滩上宿营，点上篝火做晚饭，然后盯着繁星点点的天空发呆。
- 如果幸运的话，你还会看到鳄鱼。可惜的是，近年来偷猎活动已使鳄鱼的数量大大减少。
- 好好利用与马达加斯加当地村民接触的机会，他们待人彬彬有礼，热情友善。

66

2 车轮滚滚

一条条穿越陆地的行程仿佛无数打开的书卷，向我们讲述着各种各样的故事。有些路，把我们引向大自然的怀抱，翻过冰凿火塑的崇山峻岭，跨过色彩斑斓的荒野沙漠，穿过孕育珍禽异兽的原野和森林；另一些路，带我们回顾人类的文明，寻访消失已久的神秘部落，探索古代战场和贸易之路，领略气势恢宏的皇宫与教堂。公路随着人类的足迹遍及全球，车轮上的旅行也多种多样。有些线路，如佛蒙特的赏秋之旅只要抽出一个周末即可成行。其他的线路则更长，也更加困难、危险。巴基斯坦与印度间的大干线（The Grand Trunk Road）长达 1600 英里（2575 公里），走完全程需要整整 4 周。更多丰富多彩的线路介于这两个极端之间，为你提供种类不同、程度各异的挑战。有些线路已成为文化的象征，如在法国里维埃拉的海滨公路上曾经无数部影片中汽车追逐的镜头在这里拍摄；美国的 66 号公路，则为文字与音乐同时传颂，成为人们心目中承载着“美国梦”的精神天堂。

“踏上66号公路（Get your kicks on Route 66）”是20世纪40年代一首流行歌曲的歌词。约翰·斯坦贝克在他描写干旱中西部的农民前往西部找寻新生活的经典名著《愤怒的葡萄》一书中，首次展示了这条芝加哥至洛杉矶州际公路的魅力。

美国

佛蒙特的秋天

行驶在景色优美的山间公路上，惊艳的佛蒙特秋色尽收眼底，各种斑斓的色彩令你眼花缭乱。

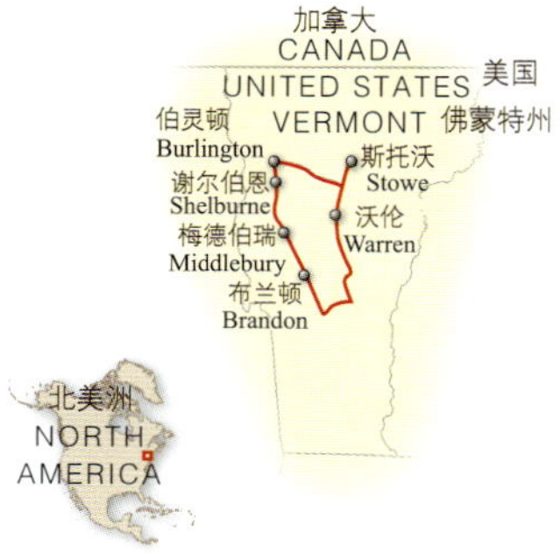

这是一条长约140英里(225公里),景色秀丽的环形公路。从伯灵顿出发,沿着这条路能够欣赏到佛蒙特州最美的秋色。在晴朗的蓝天下,红黄相间的树叶格外鲜艳。喜欢秋色的人都知道,这里的秋天是无与伦比的。每年秋季时,来自全世界的游客都会在此会聚一堂。两方面的因素使这里成为最佳的金秋游览胜地。首先,色彩最艳丽的阔叶树特别多,尤其是有着亮红色树叶的糖槭,佛蒙特的特产槭糖浆就是从这种树上采得的;其次,大片的山坡成了展示秋色最好的场所。伯灵顿至斯托沃的主路两边有很多风景优美的观赏点,但你没有必要局限于此,完全可以在周围僻静的支路上发掘属于自己的观赏点。欣赏秋色之余,还要记得在当地商店里采购佛蒙特的两种特产:车打(Cheddar)干酪与槭树糖浆。苹果酒屋里正当时令的美酒也值得好好品尝。很多村庄会在秋天举行盛大的集会,展览当地出产的手工艺品与家庭制作的食品。绿白相间的尖塔矗立在斯托沃的教堂上方,那里的风貌格外古朴,村子的很大一部分都被列入国家历史景观名录(National Register of Historic Place)。在离开斯托沃之前,你还可以乘坐滑雪缆车,在离开前欣赏一下亮丽秋色的全景。

白色的谷仓遮蔽在红黄相间的槭树林背后。

著名景点

■ **谢尔伯恩**有两处值得游览的景点:一个是**谢尔伯恩博物馆**精美的民间艺术及文物展,另一个是面积达1645英亩(666公顷)的**谢尔伯恩农场**上起伏的田野。

■ **梅德伯瑞**是一座美丽的大学城,那里的**青蛙谷(Frog Hollow)**有**佛蒙特州立工艺品中心**,收藏着该州最著名的一些艺术家的作品。

■ **布兰顿—盖普(Brandon Gap)**公路穿越**格林山脉**,路随山势起伏跌宕,沿途可观赏到山上鲜艳的秋色。在海拔2170英尺(661米)的最高处有一个观景台。沿盖普公路还有专门为徒步者准备的小径,景色也十分优美。

最佳旅行时间: 10月上中旬是树叶颜色最鲜艳的时候。

行程: 3天时间足够你有计划地欣赏这里的城镇和风景。

行前计划: 10月前两周是每年最繁忙的时候,旅馆应尽量提前预订。有些镇上的小旅馆甚至需要提前几个月预订。周一至周五的客房相对周末要空闲许多。为滑雪者预备的山间旅馆较为简陋,但比较好预订,是临时起意的游客最后的希望。很多滑雪点都有问询电话。

旅行须知: 不同地区的游客高峰期也有前后差别,你可以从佛蒙特休闲旅游网站的"赏秋预报"(foliage forecaster)栏目了解具体情况。

相关网址: www.vermontvacation.com, www.foliage-vermont.com, www.the-heartofnewengland.com

麦基诺岛上，一座黄色的木板房矗立在水边。麦基诺峡将密歇根湖与休伦湖连接在一起。

美国

密歇根环湖公路

魅力十足的环湖公路沿途有繁华的都市、宁静的乡村、辽阔的沙丘和大海一样浩瀚的湖水。

沿顺时针方向绕密歇根湖一周，你会欣赏到全美国最美丽的风景。密歇根湖犹如一片被陆地环绕的大海，东西宽118英里（190公里），南北长达307英里（494公里），西面是威斯康星州，东面和北面是密歇根州。在湖的东岸有长长的白色沙滩供你尽情玩乐，如果你有兴致，还可以爬上高高的沙丘，然后再从上面滑下来。在密歇根州的安派尔市有睡熊沙丘国立湖滨公园（Sleeping Bear Dunes National Lake-shore），湖上一道道泛着浪花的波涛拍打着湖岸，你可以驱车沿7.5英里（12公里）的观景公路行进，也可以把车停在一边沿着小径步行游览。车行至湖的最南面，你会看到繁华的大都市芝加哥和密尔沃基。西岸沿途有许多港口，连接着渔村和精致的小镇。多尔县被称为中西部的鳕鱼角，那里有灯塔和湖滨度假地。这个75英里（121公里）长的半岛将密歇根湖的大部分水面与格林湾分割开来，形成了两侧截然不同的气氛，靠格林湾一侧安静恬然，密歇根湖一侧则热闹非凡。最后你会来到湖的北岸，那里是密歇根湖北方半岛（Upper Peninsula）的原野。

最佳旅行时间：这里春季可赏花，夏季有美丽的湖滨沙滩，秋季有灿烂的红叶，一年中至少有9个月是完美的旅游季节。

行程：绕湖1周全长1160英里（1867公里），至少需要1周才能尽览沿途的景色。如果时间紧张，仅选择一侧湖边游览也同样美不胜收。

行前计划：密歇根州尤尼恩皮尔镇、威斯康星州多尔县的艾格哈伯（Egg Harbor）镇和费什克里克（Fish Creek）镇上都有非常不错的旅馆。前往格林湾时要避开当地举行足球赛的周末，因为那时候旅馆的价格会猛涨。

旅行须知：如果想要缩短行程，可以乘坐拉丁顿与马尼托维克（Manitowoc）之间的蒸汽渡轮——S.S. Badger。渡轮每年5月中旬至10月中旬运营，航程4小时。渡轮可以运载自行车、小轿车和旅行房车；徒步的旅游者也可以乘坐。

相关网址：www.great-lakes.net，www.travelwisconsin.com，awww.michigan-swestcoast.com

著名景点

■ **密歇根州蒙塔格**（Montague）**市有世界上最大的风向标**，高48英尺（15米）。

■ **密歇根州索加图克市是艺术家的聚集地，那里的沙滩还是乘坐沙丘游览车**（Dune-Schooner）的好地方，车子会载着你在起伏的巨大沙丘上行驶。

■ **麦基诺桥**长5英里（8公里），**横跨密歇根湖与休伦湖间狭窄的麦基诺峡，是世界上最长的悬索桥**，景色十分壮观。

■ **多尔县**每年5月鲜花节时会有上百万朵水仙花同时竞放。

哈特勒斯角海滩上的木板房。这里是墨西哥湾暖流与维吉尼亚寒流交汇的地方。

最佳旅行时间：3月初至10月中旬，其中5月、6月的雨天最少。

行程：开车走完80英里的公路需要3小时，但为了更好地观赏风景，你应该至少留出一整天。

行前计划：从北端的莱特纪念大桥（Wright Memorial Bridge）驶入外滩，终点位于奥克拉寇克，那里有渡轮送你回到大陆。记得提前预订渡轮船票。外滩的岛屿上有旅馆，也可以宿营，以便游客停留更长时间。

旅行须知：天气晴朗和暖的时候，公路上可能会挤满自行车与行人，应做好堵车的准备。

相关网址：www.outerbanks.org

美国

外滩12号公路

海滨的天然风光与海盗的传说吸引着游客来到北卡罗来纳明媚迷人的外滩。

这条80英里（129公里）长的公路正处在大海与陆地、人类活动与自然风光的分界线上。北卡罗来纳外滩（Outer Banks）由一连串狭长的岛屿组成，它伸入大西洋，又拐了一个弯折回大陆，仿佛一条保护着海岸线的天然堤坝。尽管这些岛屿面积很小，却顶住了风浪千万年来的冲刷，一直默默地守卫在那里。岛上有着狭长的海滩和沙丘，以及星星点点的湿地与森林。这里是冲浪与沙滩爱好者的天堂。蓝绿色的海水中，人们钓鱼、潜水、驾驶帆船，偶尔也会有飓风掠过，将这一切吹得一干二净。空旷的沙滩上除了奔跑的矶鹬外一无所有。不时有一艘沉船的残骸在风暴过后显露出来，向人们展示着这片海水潜在的威胁。尽管如此，这里却是白人第一次登上美洲的地方，也是著名的海盗“黑胡子”（Blackbeard the Pirate）的活动基地。岛上随处可见人类活动留下的痕迹，如年代久远的灯塔，还有废弃的渔村，比如奥克拉寇克。那里的捕虾船静静地停泊在风蚀雨侵的码头上，仿佛随时准备再次出海。成群结队迁徙的野鹅与海鸟在头顶上盘旋，令你想象到100多年前第一架动力飞机升空时的情景。

著名景点

■ 莱特兄弟第一次试飞成功是在**屠魔岭**（Kill Devil Hills）。今天，飞行爱好者们则从乔基山州立公园（Jockey's Ridge State Park）的沙丘上乘坐五颜六色的悬挂滑翔机体验翱翔蓝天的乐趣。

■ 屠魔岭南边不远是洛安诺克岛（Roanoke）上的**北卡罗来纳水族馆**，那里有整个地区的各种水生动物，从山间溪流到海洋无所不包。

■ **哈特勒斯角（Cape Hatteras）灯塔**是美国最高的砖砌灯塔，循着268级台阶登上灯塔顶，你就能浏览到哈特勒斯角国家海滨公园的全貌。

美国

连接迈阿密与西岛的1号公路

风景迷人的佛罗里达跨海公路带你从灯红酒绿的迈阿密南滩直达热带丛林密布的西岛。

举世闻名的跨海公路有着一种纯粹的美。公路起点位于以阳光、沙滩著称，充满时尚与艺术气息的迈阿密南滩，高高架起的公路将散布在海中的岛屿一个个连接起来。车子行驶在岛与岛之间的公路上时，会有那么一段时间，你的视野中前方和后方的陆地都已消失，令你感觉自己好像正飞驰在浩瀚辽阔、波光粼粼的加勒比海上，那种感觉十分惬意。紧接着，车子行至又一座祖母绿色的“小岛”（Key）——这名字来自于西班牙单词cayos，即小岛。岛上生长着茂密的棕榈树、木槿和叶子花等热带植物。一路上有很多美丽的沙滩，以及一系列为保护岛上美丽而脆弱的野生环境而设立的国家公园。旅途的终点是天然质朴、乐趣横生的西岛，当地人自行成立的“海螺壳共和国(Conch Republic)”的首府。艺术家们将这里的古老房舍粉刷一新，改建成为家庭式旅馆，“老爹”海明威的自由精神依旧浸透着岛上的文化。日落后你可以观赏马洛里广场举行的庆典：吞剑表演、大锯活人，还有许多其他街头艺人的表演，这些正是西岛吸引游客的精彩所在。

著名景点

■ 在海洋大道边的**咖啡馆**吃早餐，看着成群结队的俊男靓女在迈阿密南滩的自行车道上骑车或蹬滑板。

■ 参观优雅的**维兹卡雅（Vizcaya）**别墅与花园。国际收割机制造大亨詹姆斯·迪灵20世纪20年代曾居住在这里。

■ 在西岛周围珊瑚礁及沉骸附近**潜泳**，然后在岸上诸多餐馆中挑选一家，品尝可口的海鲜。

1号公路将佛罗里达列岛连接在一起，犹如一串晶莹的祖母绿项链。

最佳旅行时间：全年均可，但8月至10月间偶尔会遇上飓风。

行程：至少需要4天才能玩遍这条168英里（270公里）长的公路沿途的各种景点。如果有可能，最好待上1周。

行前计划：想要享受最好的食宿招待，就应尽量提前预订。在西岛应选择带有停车位的旅馆。

旅行须知：公路沿途设有里程标志，便于游客了解自己的位置及与西岛的距离。

相关网址：www.fla-keys.com，www.key-west.com，www.floridastateparks.org

克里斯托弗·莱恩爵士的杰作——圣保罗大教堂矗立在路德门山车水马龙的街道背后。这是最经典的观光游览车之一。

十佳城市公交游览线路

乘公共汽车穿行在世界各大城市的大街小巷。

❶ 美国：纽约

第一站是哈莱姆区，这里的非裔美国文化十分有名。随后是中央公园和第五大道。接下来公共汽车会带你向南驶过百老汇，穿过剧院区——那里是各种演出荟萃的地方，格林尼治村和小意大利（Little Italy）也位于此。在白厅终点站你可以换乘前往斯坦顿岛的渡轮，欣赏自由女神像、布鲁克林大桥和曼哈顿的摩天大楼。

行前计划： M1线公共汽车从哈莱姆站（西146街/马尔科姆 X大街）至下曼哈顿南线渡轮（South Ferry）站。

相关网址： www.mta.info/nyct/bus/schedule/manh/m001cur.pdf

❷ 中国：北京

空调公交车的出发站位于西海（积水潭）附近，那里有美丽的古塔和钓鱼的老翁。与附近的紫禁城一样，都是旧日北京遗留下的点滴风景。窗外的景物随着汽车行进，从大厦林立的现代都市逐渐变成了崇山峻岭，直到八达岭上25英尺（7.6米）高的长城出现在你眼前。想象当年可容5匹马或10名士兵并排行进的城墙上，曾有过多少抗击外敌的战争。

行前计划： 919路公共汽车从德胜门（积水潭地铁站）到八达岭。

相关网址： www.kinabaloo.com/badaling_great_wall.html

❸ 俄罗斯：莫斯科

汽车的始发站位于胜利公园，苏联曾在那里庆祝“二战”的胜利。随后你会经过凯旋门，它纪念的是另一场战争的胜利——打败拿破仑。你还会看到乌克兰饭店和莫斯科大学——斯大林时代具有象征意义的“七姐妹”摩天楼中的一员。汽车驶过麻雀山，最终停在大石桥附近——圣巴兹尔大教堂五颜六色的洋葱形圆顶背后。远处的红场尽收眼底。

行前计划：7路有轨电车从胜利广场地铁站（Park Pobedy Metro）到大石桥站（Kamenny Most）。

相关网址：www.waytorussia.net/moscow/gettingaround.html

❹ 爱沙尼亚：塔林

始发站位于紧挨着中世纪城门的超现代化购物中心旁。汽车沿波罗的海岸边行驶，路边是仁慈天使的青铜雕像，她正把手伸向溺水的水手；还有合唱广场，20世纪80年代后期曾有成千上万爱沙尼亚人在这里集会，演唱被苏联政权取缔的爱国歌曲。终点位于16世纪毁于战火的一所瑞典女修道院背后，那里现在是一座公园，旁边安静的树林里是一座美丽的公墓。

行前计划：34A线公共汽车从费卢购物中心（Viru Keskus）至穆加阿德琳（Muuga Aedlinn）。

相关网址：www.bussireisid.ee/index.html?MENU=&KEEL=en

❺ 瑞典：斯德哥尔摩

乘坐环保汽车游览这座由14个岛屿组成的美丽城市。浏览老城区迷宫般的古老街道以及教堂和宫殿。车子驶过码头，然后转向北行驶。注意寻找市政厅的尖顶，那里是诺贝尔奖颁奖典礼的举行地。终点位于斯德哥尔摩大学医院。你可以步行游览大学的校园。

行前计划：3路公共汽车从斯鲁森（Slussen）至卡罗琳斯卡医院（Karolinska Sjushuset）。

相关网址：www.sl.se/ficktid/karta%2fvinter/vCity%5Fkarta.pdf

❻ 匈牙利：布达佩斯

从圣斯蒂芬大教堂（St. Stephen’s Cathedral）至城堡山（Castle Hill）的距离并不很远，但对你来说却是从一个城市（佩斯）——雄伟的英雄广场——跨过多瑙河上的链桥来到了另一个城市（布达）。终点在皇宫门前，那里有好几家博物馆可供参观。你还可以参观圣玛丽亚教堂（Matthias Church），或登上渔夫城堡（Fisherman’s Bastion），一览四周的美景。

行前计划：16路公共汽车从戴阿克广场（Deák Ferenc tér）至城堡区（Várhegy）的帝兹广场（Dísz tér）。

相关网址：www.bkv.hu

❼ 法国：巴黎

从奥尔良门——1944年解放巴黎的第一辆盟军坦克就从这里驶入城市——出发，经过卢森堡花园、拉丁区，然后跨过塞纳河来到巴黎圣母院。汽车驶入巴黎市政厅车站（Hôtel de Ville）时，记得欣赏哥特式的圣雅各塔。最后，汽车经过蓬皮杜艺术中心，来到终点站巴黎北站。

行前计划：38路公共汽车从奥尔良门（Porte d’Orléans）到巴黎北站（Gare du Nord）。

相关网址：www.bus38.online.fr/indexeng.html

❽ 意大利：罗马

沿台伯河右岸从古罗马公共浴室的遗址附近出发，先后经过许愿池、卡匹托尔山、古罗马广场、斗兽场和大竞技场。一路上你会感受到古罗马的辉煌与血腥。在奥斯蒂恩塞（Ostiense）站下车休息，顺便买一支冰激凌。

行前计划：175路公共汽车从罗马火车站（Termini）至游击队广场站（Piazzale dei Partigiani）。游览左岸及梵蒂冈可乘坐40路汽车，也是从火车站出发，终点到巴蒂斯提尼（Battistini）。

相关网址：www.alfanet.it/welcomeitaly/roma/bus_metro/info.html

❾ 西班牙：马德里

从欧洲之门（Puerta de Europa）的斜塔出发，穿过哥伦布广场，路过喷泉环绕的生育女神西比莉驾战车塑像。汽车一路开往商业中心，沿途有许多艺术馆和美丽的花园，足以令你陶醉。

行前计划：27路公共汽车从加斯蒂洛广场（Plaza de Castillo）到大使环岛（Glorieta de Embajadores）。

相关网址：www.ctm-madrid.es

❿ 英国：伦敦

在特拉法加广场（纳尔逊纪念碑）跳上一辆红色的公共汽车，沿着河滨路南行，经过圣保罗大教堂，还有世界上最高的石头纪念碑——伦敦大火纪念塔（1666年的伦敦大火就是从这里燃起的）。终点站在伦敦塔，下车时尽量别惊慌失措。

行前计划：公交15号线（历史文化专线）从特拉法加广场（Trafalgar Square）至塔山（Tower Hill）。

相关网址：www.tfl.gov.uk

美国

金色大道

穿越中西部的心脏地带，寻找被遗忘的美丽风景。

40号公路横穿美国大陆,曾经是第一条从大西洋到太平洋、连接东部与加利福尼亚的交通线。它在密苏里州、堪萨斯州和科罗拉多州境内的一段现在已经基本上被70号州际公路(I－70)所取代。离开州际公路,你就可以开始寻找沿途一系列安静的州立公园,以及一些有点古怪、甚至非常奇特的旅游景点。比如,位于密苏里州自由(Independence)镇的蕾拉头发博物馆。堪萨斯州也有许多值得观赏的景点,如布鲁克维尔(Brookwille)附近的蘑菇岩州立公园(Mushroom Rock State Park),那里有25英尺(7.6米)高的蘑菇状岩石;还有古德兰(Goodland)镇上80英尺(24米)高的梵·高作品《向日葵》的临摹,以及华莱斯(Wallace)镇展示军队驿站生活的华莱斯堡纪念馆。车至科罗拉多州格兰伍德温泉镇,在探索格兰伍德洞穴之前,别忘了享受一下乘坐缆车远眺落基山脉的闲暇。I－70州际公路格兰伍德峡谷这一段是1992年才建成通车的,是整条公路最后建成的部分。旅行的终点是科罗拉多州的弗卢塔,那里已经发现了30多种恐龙的化石。在恐龙之旅博物馆(Dinosaur Journey),你可以亲眼看到这些史前巨兽的化石。你还可以让导游带着你前往附近的发掘现场参观,那里至今仍不断有新的恐龙化石被发现。

著名景点

■ 丘吉尔于1946年在密苏里州弗尔顿市的弗尔顿大学发表演讲时第一次使用了“铁幕”这个词。弗尔顿大学现在建有一座**温斯顿·丘吉尔纪念图书馆**，还有重建的由克里斯托弗·莱恩爵士1677年设计的伦敦教堂，其中有700吨石料拆自于第二次世界大战中被毁的原教堂废墟。

■ 堪萨斯州是否真有资格成为**世界龙卷风之都**尚待公论，但你在此行途中很有可能真的与旋风不期而遇。

■ 科罗拉多州基诺（Genoa）市的**塔楼博物馆**收藏有2万多件工艺品。博物馆塔顶视野开阔，可以**看到周围6个州的风景**。如果你能辨别出博物馆与众不同的10个特点，就可以免费参观。

公路两侧是大片玉米地和麦田，粮食是中西部的财富源泉。

最佳旅行时间：春天和秋天的气候更适合旅游，夏天太热，冬天又太冷。不过对于滑雪和冰上钓鱼爱好者来说，冬天却正是光临的最佳时节。

行程：1周的时间足够你沿途停下来参观各地的景点。

行前计划：如果你计划冬天旅行，应该注意暴风雪预报。滑雪胜地威尔（Vail）与阿斯潘（Aspen）都离I－70公路不远。

旅行须知：堪萨斯州的烧烤世界闻名。全城有100多家烧烤餐馆，从简陋的小饭馆到豪华餐厅（同时也很昂贵）应有尽有。

相关网址：www.route40.net，www.visit-mo.com，www.travelks.com，www.roadsideamerica.com

俄勒冈州哥伦比亚河峡谷山坡上蜿蜒的公路。

美国

俄勒冈之路

循着当年大篷车穿越草原和群山的车辙，重新踏上密苏里拓荒者前往俄勒冈的征程。

从 1843 年开始，不断有美国东部的移民向西穿越大陆，寻找俄勒冈的沃土与加利福尼亚的黄金。从密苏里出发，这些顽强的移民坐乘大篷车或是徒步缓缓前行，穿过地图上没有任何标志的堪萨斯、内布拉斯加、怀俄明和爱达荷，直到俄勒冈。他们循着普拉特河直达源头的落基山脉，从怀俄明州西南部的南线山口翻越落基山，再沿着斯内克河与哥伦比亚河而行。一路上走过草原与荒漠，峡谷与山脊，总长达到 2000 英里（3219 公里）。这是一次改变了美国历史的重大事件，今天行走在这条线路上，你仍然能够感觉到它留下的影响，并且重新体验当年的移民第一次看到沿途壮丽景色时的感慨与惊叹，如内布拉斯加州布里奇波特（Bridgeport）附近 470 英尺（143 米）高的烟囱岩（Chimney Rock）、爱达荷州双瀑镇（Twin Falls）——位于阿尔科瀑布与肖松尼瀑布附近的月球环形山国家公园，以及最令当年移民欢呼雀跃的景色——俄勒冈州的门户——大隆德河峡谷（Grande Ronde Valley）。

最佳旅行时间： 春天是西部最佳的旅游季节，原野的绿色浓郁青翠，十分迷人。

行程： 保持每天行驶约300英里（483公里）的速度，以便有时间浏览沿途的景色。这样走完2000英里（3219公里）全程需要大约1周。

行前计划： 国家公园管理局（National Park Service）认定了一条官方线路，并将其定为“国家历史文化线路”（National Historic Route）。现实中并没有哪条公路与这条线路完全重合，仅在沿途6个州免费发布信息，指引游客哪些地段的公路离这条线路最近。

旅行须知： 内布拉斯加中西部地区人烟稀少，提供旅舍的镇与镇之间距离很远，夏季旅行时有必要提前预订。

相关网址： www.nps.gov/oreg，www.isu.edu/~trinmich/oregontrail.html

著名景点

■ 内布拉斯加州布里奇波特附近的**法庭岩与监狱岩**是当年移民在路上最先见到的标志性景物。这些巨大的岩石矗立在大草原上，藐视着一切过往的人类。

■ **斯科茨断崖（Scotts Bluff）**巨大的红色岩体在内布拉斯加西部大平原上显得十分突兀，用一名移民的话说，“就像一座雄伟的堡垒。”在这里，你还能看到当年大篷车留下的车辙。

■ 许多早期移民将他们的名字刻在怀俄明州卡斯帕附近的**独立岩**上。他们常常会精心计划行程，以便7月4日那天正好路过那里。

■ 爱达荷州南部的**岩浆温泉**是休闲的好去处。天然温泉从一个个洞穴中涌出，四周环绕着高高的山峰。你可以漂在温暖的水面上，度过惬意的一天。

美国

圣胡安天路

高耸入云的山峰、布奇·卡西迪的家乡，还有梅沙尔地的遗址，这趟落基山之旅一定会让你终生难忘。

驾车行驶在圣胡安天路（San Juan Skyway）上，你能欣赏到美国境内最壮丽的落基山风景。从杜兰哥充满西部风情的街道上出发，公路环绕山腰，经过希尔沃顿、欧瑞、特鲁莱德等一系列建在高山上的矿山小镇。山中的金矿和银矿曾经给人们带来惊人的财富。从欧瑞到希尔沃顿的公路甚至被称为"百万美元公路"，因为据说路上铺的居然都是价值不菲的低纯度金矿石。而今天，这里的财富将供所有人共同分享，包括那1.4万英尺（4267米）高的险峰、涓涓的溪流，有开满野花、令人想起阿尔卑斯山的草场，和那圣胡安国家森林公园。美国历史上的著名大盗布奇·卡西迪的家乡特鲁莱德有着西部小镇的狂野风情，也是一处户外休闲中心和文化中心。镇上有极好的滑雪场，精美的艺术画廊，还经常举办电影节与爵士乐盛会。离开特鲁莱德，公路海拔骤降，穿过壮观的科罗拉多高原，来到有着1000多年历史的悬崖遗址——梅沙尔地国家公园。普埃布罗（Pueblo）族印第安人的祖先就曾居住在这里，他们至今仍然将这里视作圣地。你可以在导游的指引下参观遗址。这些悬崖上的居民当年在梅沙山顶种植玉米，居住的石头小屋就建在半山腰上，利用头顶的悬崖为他们遮风避雨。

著名景点

- 走在希尔沃顿臭名昭著的**布莱尔大街**（Blair Street）上，看着两边西部小镇上的典型建筑，想象当年这里挤满赌徒、矿工、持枪歹徒和跳舞女郎的狂野年代。
- 乘坐**矿车**深入希尔沃顿的老金矿（Old Hundred Gold Mine），参观开采金矿的全过程。
- 在欧瑞镇旁的**温泉**中尽情享乐。
- 乘坐特鲁莱德至附近滑雪场的缆车**观赏落基山脉**。
- 沿着**长长的梯子**攀至梅沙尔地阳台屋（Balcony House），参观古代普埃布罗族印第安人居住的地方。

秋天，圣胡安国家森林公园的白杨树一片金黄，映衬着远处斯耐费尔山脉（Sneffels Range）的皑皑积雪。

最佳旅行时间： 公路全年都可通行，但大部分游客都选择7月、8月间前往。

行程： 你可以在1天之内走完233英里（375公里）全程。再加上游览沿途城镇和梅沙尔地国家公园的时间，一共大概需要3天。

行前计划： 冬天驾车时需注意路况，11月至次年4月降雪很多，建议驾驶四驱车。夏季下午可能会有雷阵雨。尽管梅沙尔地国家公园全年开放，但其中部分遗址冬天关闭。

旅行须知： 秋天的景色最迷人，漫山遍野的白杨树全都变成深浅不一的金黄色。

相关网址： www.durango.org，www.nps.gov/meve，www.coloradobyways.org

布赖斯峡谷覆盖着薄雪的山坡和松林中，被称为“巫毒”的红色怪石在低垂的云雾中时隐时现。

最佳旅行时间： 春季和秋季气候最佳，国家公园里也相对不太拥挤。游客最多的时候是夏季。公路全年开放，仅因雷雨或暴风雪偶尔关闭。

行程： 你可以在5小时里开车走完这段140英里（225公里）长的路段，但如果想游览国家公园和其他景点，至少应准备4天时间。

行前计划： 国家公园夏季非常拥挤。如果想挑最佳宿营地或客房，应该提前预订。

旅行须知： 可从www.dot.state.ut.us了解当前的天气和路况信息。多准备一些时间以便应付特殊情况。尽量多带饮用水，见到加油站就把油箱加满。

相关网址： www.utah.com/byways, www.bricecanyoncountry.com, www.nps.gov/brac, www.blm.gov

美国

12号公路：从布赖斯峡谷到顶岩国家公园

穿行在犹他州的峡谷中，欣赏奇形怪状的岩石、气势雄伟的山脊，还有成片的松林与草甸。

12号公路在犹他州南部蜿蜒伸展，起伏跌宕，沿途是由尖耸的岩石、深幽的峡谷、悬崖、小溪和僻静的绿色山谷共同构成的一片色彩斑斓的高原荒野。从凡圭奇出发，首先驶向布赖斯峡谷，那里的山坡上到处耸立着红黄各色的天然岩柱。接着经过大升梯国家保护地迷人的峡谷，沿着一条毗邻万丈深渊的险峻线路爬上猪背岭（Hogsback）。惊魂初定时，你已来到伯尔德绿洲，这里直到20世纪50年代还要依靠骡子运送邮件。再往前是伯尔德山脉上的高山森林与草甸，还有顶礁国家公园青翠的山谷。在大教堂谷中，你能够看到巨大的砂岩柱，最高的有500英尺（152米），看上去仿佛大自然雕刻的一排排廊柱。它们的名字也由此而来，如太阳神殿、月亮神殿，以及耶利哥之墙等。

著名景点

- 沿布赖斯峡谷中1.3英里（2.1公里）长的纳瓦霍小径徒步穿过仅可见**一线天**的峡谷，两边山上矗立着巨大的红色怪石。
- 在大升梯国家保护地东边的卡夫溪度假地（Calf Creek Recreation Area）有一条5.5英里（9公里）长的步行小径，直通**瀑布**。在那里，**卡夫溪**悬空跌落135英尺（41米），在底部形成一个清澈见底的池塘。
- 在伯尔德的阿纳撒兹（Anasazi）州立公园探访一支消失已久的部落留下的古老**遗迹**。
- 驾驶四驱车沿**布尔路**（Burr Trail）从伯尔德向东穿越顶礁国家公园。

冰原观景大道

行驶在这条加拿大公路上，冰河时期的景象历历在目：荒芜的冻土、皑皑的冰峰、秀美的冰川湖，还有广袤的哥伦比亚冰原。

加拿大的冰原大道（Icefields Parkway）将落基山脉上的两个国家公园——贾斯珀国家公园与班夫国家公园——连接在一起。大道时而在群山中蜿蜒而行，时而爬上高高的山口，使你能够看到平时无法驱车见到的、整个北美洲最壮丽雄伟的风景。大道沿着作为大陆分水岭的落基山脉山脊行进，正好位于阿尔伯达省与不列颠哥伦比亚省的交界处。陡峭的雪峰——很多海拔超过1.1万英尺（3353米）——俯视着晶莹剔透的湖水、开满鲜花的山麓草甸，还有即使在仲夏时节仍有点点雪迹的光秃秃的冻土带。公路一边是面积达30平方英里（78平方公里）的哥伦比亚冰原。这片冰河时期的遗迹是北美洲最大的低纬度冰原，它孕育了包括阿萨巴斯卡冰川、多姆冰川、斯达特菲尔德冰川等8条大型冰川，还是北美洲3条主要河流——阿萨巴斯卡河、北萨斯喀彻温河与哥伦比亚河的发源地。有趣的是，沿途景点的样子仅凭地名往往也可以猜个大概，如朱砂湖、鸦足冰川，还有垂墙。

对页：贾斯珀国家公园的群山为这对北美土著部落的图腾柱提供了栖身之所。它们是从加拿大太平洋岸边的家乡迁到这里的。
上左：班夫国家公园弓湖（Bow Lake）的水面折射出水边峭壁倒映的影子。
上右：麋鹿只是你能见到的许多野生动物中的一种。

著名景点

- 此行会给你提供难得的机会，看到生活在自然环境中的**高山动物**，寻找大角羊、雪羊、麋鹿、驼鹿、驯鹿以及熊的踪迹。
- 花90分钟时间，乘坐巨大的六轮**冰上探险车**（4月中旬到10月中旬）进入哥伦比亚冰原的中心地带。
- 在**斯达特菲尔德（Stutfield）冰川观光站**，你会被冰原伸出悬崖的壮观景象所震撼。
- 自然环境的优势使这里成为夏季**激流皮艇**和冬季**越野滑雪**运动的最佳场所。
- **佩多湖**位于公路下方很远的一个冰川形成的深谷中，湖水的颜色是令人惊讶的鲜艳蓝色，和知更鸟蛋壳的颜色一样。

最佳旅行时间： 冰原大道全年开放。冬天大雪过后公路会暂时关闭（最多3天）。哥伦比亚冰原介绍中心离贾斯珀约65英里（105公里），每年4月中旬至10月中旬开放。

行程： 142英里（229公里）的路程最少需要5小时才能走完，但你最好准备3天时间以便欣赏沿途风景。你可以在路上的旅馆或宿营地过夜。

行前计划： 提前几个月就要预订客房或宿营场地，尤其是准备7月、8月前往的游客。冬天一定要带上毯子、手电筒，还要在车里放一把铁锹。如果你不自己开车，也可以乘坐旅游大巴。

旅行须知： 如果你一定要1天走完这条大道，那么早上一定要尽早起床，因为清晨或傍晚看到野生动物的可能性最大。不要在没有导游的情况下离开公路太远，以免陷入冰隙中。你也可以参加一个旅游团，乘坐全天候汽车游览哥伦比亚冰原。游览线路全长2英里（3公里），旅游车会带你进入冰原中心，你可以在那里下车，在冰原上步行。

相关网址： www.icefieldsparkway.ca，www.travelalberta.com，www.columbiaice-field.com

亚利桑那州的66号公路

奔驰在原貌的66号公路上，做人生电影中的主角。

芝加哥通往洛杉矶的66号公路在20世纪大部分时间里曾是美国最重要的东西大干线。鲍勃·迪兰等人的歌曲令它名声大噪。大萧条时期迁徙的农民纷纷沿着这条公路前往加利福尼亚谋生，他们亲切地称其为“母亲之路”。20世纪50年代和60年代，66号公路成为名副其实的“美国大道”，第一批现代意义的旅游者就是沿着这条公路开始寻找娱乐与冒险的旅程。今天，行驶在亚利桑那州依旧保留原貌的66号公路上，人们寻求的是一份怀旧的梦想和对曾经的纯真年代的执著企盼。霍尔布鲁克、弗拉格斯塔夫和威廉姆斯镇上的大街仍然保留着66号公路沿线典型的汽车旅馆，饭菜也依然是旧日的味道。离开威廉姆斯镇，双车道的旧柏油路转头离开新建的Ⅰ-40州际公路，通向桃泉镇、朴树镇（Hackberry）等一些坐落在旧日大篷车迁徙线路上或是铁路沿线上的偏僻小镇。爬上布莱克山脉，公路行至以金矿开采发展起来的欧特曼镇，那里曾经上演过无数疯狂的手枪对射，同时也是早年移民们在向西穿越加利福尼亚沙漠前的最后一个落脚点。

在霍尔布鲁克镇维格瓦姆旅馆住一晚印第安帐篷（teepee），这些混凝土结构的帐篷是对当年66号公路沿途风光最好的回忆。

著名景点

- **游览**桃泉镇附近的大峡谷山洞，这是66号公路沿线最早，也是游客最多的景点。

- 66号公路所代表的并不是一种阳春白雪的文化，所以，来欣赏欧特曼上演的**老西部手枪决斗**吧，虽然表演有点拙劣。你还可以逛一逛当地艺术家们开的画廊和商店。

- 你可以和其他数百万游客一样，把66号公路当成跳板，顺道游览威廉姆斯以北的**大峡谷**，或桃泉镇北面的**哈瓦苏（Havasu）峡谷**。

最佳旅行时间：66号公路全年都可通车，但综合天气情况与景色，暮春或初秋时节最宜。

行程：66号公路亚利桑那州段从霍尔布鲁克至欧特曼全长367英里（591公里），慢慢地边走边游览需要3~5天。

行前计划：部分公路地处人烟稀少的沙漠中，因此一定要带上精确的地图、大量的水、防晒霜、墨镜和帽子。部分地区加油设施稀少，如威廉姆斯（Williams）至金曼（Kingman）一段，你应该做好准备。

旅行须知：现在的公路地图上没有老66号公路的标志，你可以到www.historic66.com/arizona寻找所需的地图。在亚利桑那东部地区，你实际上是在Ⅰ-40州际公路上行驶，只能从霍尔布鲁克、弗拉格斯塔夫、威廉姆斯等地寻找一些老66号公路留下的痕迹。从塞里格曼（Seligman）至欧特曼的一段路才是真正的66号公路。

相关网址：www.azrt66.com，www.historic66.com/arizona

圣卢西亚山脉（Santa Lucia Range）一直伸展到海边，骤然插入太平洋波光粼粼的蓝色海水中。1号公路就建在陡峭的山腰上。

最佳旅行时间：春夏秋三季都很适宜游览，6月、7月、8月游客最为密集。夏季早晨常常有雾。

行程：走完长95英里(153公里)的单程加上沿途停下来游览的时间，需要一整天。

行前计划：附近有许多旅馆和宿营地，档次各不相同。大部分旅馆和宿营地或是地处僻静的森林中，或是拥有良好的观海视线。加油站数量不多，需在圣西蒙南边的摩罗湾（Morro Bay）把油加满。

旅行须知：观光游客最好是沿着公路的峭壁一侧由南向北行驶，这样可以尽量远离海边的悬崖。遇到暴风雨时要小心滑坡。该地区洋流汹涌，水温很低，不适合游泳。

相关网址：www.bigsurcalifornia.org，www.carmelcalifornia.org

美国

太平洋1号滨海公路与大瑟尔旅游区

欣赏浩瀚的太平洋和沿着美国西海岸伸展的公路。

如果说有哪条公路能够代表加利福尼亚乐观向上的精神，那一定是1号公路大瑟尔（Big Sur）段——早期西班牙殖民者称这里为país grande del sur，即辽阔的南方大地。这条路起于圣西蒙附近的海尔斯特城堡，沿着陡峭的海岸山脉向北，穿过艺术家聚集的卡梅尔镇，至历史悠久的蒙特雷市。从约翰·斯坦贝克笔下20世纪30年代的“罐头厂街”到60年代的“加州之梦”，再到现在，大瑟尔海边山崖上蜿蜒曲折的公路形象一直吸引着无数爱好冒险的游客。和他们一样来1号公路吧！你会在沿途发现不少美丽的风景，有僻静的红木林，清澈的泉水，在你停车落脚时，还能欣赏海岸壮观的景色。褐色的鹈鹕和其他海鸟在你头顶盘旋，海面上偶尔还能看到迁徙途中游过这里的灰鲸。圣西蒙北面不远的皮德拉布兰卡角（Point Piedras Blancas）终年聚集着大群海象；蒙特雷市帕斯费克哥罗夫（Pacific Grove）镇上每年冬天则会迎来大群从加拿大飞来过冬的黑脉金斑蝶。

著名景点

■ 在崎岖角(Ragged Point)观景平台上野餐。该地位于圣西蒙以北15英里(24公里)，视野开阔，景色壮观，被称为是“美国最迷人的海岸风景”。

■ 徒步游览卡梅尔以南37英里(60公里)的朱莉亚·佩弗·伯恩斯国家公园。你可以沿小径走到一处海湾，观赏落差达80英尺(24米)的瀑布倾泻入海，或者沿周围山上的小路作更长途的跋涉。

■ 在卡梅尔的沙滩上漫步。浏览附近的艺术画廊，或者在克林特·伊斯特伍德的猪息酒吧(Hog's Breath Inn)点一杯葡萄酒，偷偷寻找电影明星的身影。

火地岛上靠近哈伯敦港的乡下小屋与农田，身后是高大的山峰与险峻的峭壁。

智利/阿根廷

泛美大干线

从阿拉斯加到火地岛，泛美公路将沿途所有美洲国家联系在一起。

这条由沿途多条公路连接而成的交通线沿途经过 15 个国家，贯穿了整个南美洲、北美洲。尽管你确实可以驾车从头开到尾，但大部分旅游者只会选择其中一小段，如位于南美洲最南端火地岛上的这一段。火地岛分属智利和阿根廷，从岛屿最北端的智利城市蓬塔埃斯伯拉到最南端的阿根廷城市乌斯怀亚，一路上你会感受到岛上特有的那份孤寂与壮丽。岛的北部终年狂风吹拂，草原上可见零星的羊群；南部寒冷潮湿，到处是雪山、冰川、冻土、湖泊，还有成片的山毛榉林。乌斯怀亚是泛美大干线的终点，也是通向南极洲——由此向南 750 英里（1207 公里）——的必经之路。

最佳旅行时间： 12月至次年2月为夏季，气候最宜人。火地岛的冬季气候严酷，在公路上行车相当危险。

行程： 乘坐公共汽车或自己开车从蓬塔埃斯伯拉到乌斯怀亚需要一整天。

行前计划： 租车时请确认租赁公司提供了车辆通过智利—阿根廷边境所需的各种文件。高标号的防晒霜是必备物品。

旅行须知： 如果有幸的话，你能看到清晨从岸边海面上升起的雾气，看上去就像是一股股浓烟。这就是当年第一批来到这里的探险家为其命名"火地岛"的原因。

相关网址： www.enjoy-patagonia.org, www.visit-chile.org

著名景点

■ 岛屿中部的里奥格兰德可以钓到**肥大的海鳟**，深受钓鱼爱好者的喜爱。

■ **乌斯怀亚**是世界最南端的城市。这里曾经是流放地，当地的建筑物使用的材料是一种漆成五颜六色的镀锌板。你可以乘坐类似于伦敦巴士的绿色双层汽车游览城市。

■ 从乌斯怀亚向西至**火地岛国家公园**（Parque Nacional de Tierra del Fuego）的列车有一个很恰当的名字——**世界尽头专列**。你在火地岛国家公园可以看到海狮、海狗、海象等动物在海浪中嬉戏。

■ 你可以在**历史悠久的牧羊农场**——哈伯敦庄园（Estancia Harberton）就餐或过夜。这座庄园建于1886年。从庄园可以俯瞰哈伯敦港。

■ 夏天可乘坐游船从哈伯敦庄园出发前往毕尔格海峡中的**马提洛（Martillo）岛**，那里是麦哲伦企鹅的栖息地。岛上到处都是海燕、黑眉信天翁、鸬鹚和船鸭，它们时而掠过浪尖，时而冲上蓝天。

翻越安第斯山：从玻利维亚到智利

那些敢于挑战这条世界海拔最高的公路的旅行家们，将有机会看到火山温泉、洁白的盐滩和遮天蔽日的火烈鸟鸟群。

刺骨的寒风、颠簸的道路、艰苦的生活条件，在向导的指引下翻越安第斯山的行程显然不愧于“世界海拔最高的行车线路”这一殊荣。离开阴冷灰暗、狂风肆虐的玻利维亚小镇乌尤尼（Uyuni），脚下的大地很快变成一眼望不到边的耀眼的银白色，这是湖泊干枯后沉积下来的巨大的盐池（西班牙语称为 salares）。安第斯高原深蓝色的天空笼罩着这片世界上面积最大、海拔最高的盐沼，长满仙人掌的小岛与金字塔一样的盐堆零星散布其间。在远处雪山的注视下，车继续前行，穿过古铜色的沙地、高原荒漠和孤零零矗立着的奇形怪状的岩石。圆锥形的火山下面是一个个湖泊，它们的颜色随太阳光的照射角度而不断变化，有的殷红如血，有的像晶莹的祖母绿宝石。间歇泉的蒸汽从冻僵了的土壤中循隙而出。在红湖（Laguna Colorada）波光粼粼的水面上，粉红色的火烈鸟正在休息。最后，车子翻越安第斯山脊进入智利，来到圣佩德罗德阿卡塔马（San Pedro de Atacama），那里的土地如同沙漠中一样贫瘠干旱。火山和温泉，是这里最吸引游客的风景。

乌尤尼盐沼四周长满了仙人掌，一辆四驱越野车正在刺目的白色盐壳上行驶。

著名景点

- 雨季盐池里会蓄积一层浅浅的积水，安第斯山湛蓝的天空在水面上**投下美丽的倒影**。
- 日落后，随着气温骤降、寒风四起，**红湖**的水面变成深深的红色，与湖底沉积的雪白的盐层形成鲜明的对比。
- 在红湖与绿湖之间的**萨尔瓦多达利沙漠**中，沙丘的曲线、突出的岩石和日光投下的阴影使大地变成一件超现实主义的三维艺术品。
- 度过一个气温降至冰点以下的夜晚后，在**查维利（Challviri）的温泉**中把身子泡暖。你可以在温泉里煮早晨吃的鸡蛋。

最佳旅行时间：每天都有四驱旅游车从乌尤尼出发。6月至9月天气最冷，但天空也最晴朗。

行程：一路上即使遇到公路，也全部残破不堪。尽管全程只有170英里（274公里），但通常却需要4天3夜——3个晚上分别住宿在萨拉尔德乌尤尼（Salar de Uyuni）、红湖和绿湖（Laguna Verde）。

行前计划：你需要在托尼脱（Tonito）旅行社预订四驱旅游车的座位。晚上气温极低，有时候会达到-25℃，所以一定要带好暖和、防风的衣物，以及保暖的睡袋。

旅行须知：任何有机物产品（包括木头和皮革制品）都不能带入智利，智利当局在这方面控制非常严格！

相关网址：www.bolivianexpeditions.com，www.boliviacontact.com，www.visit-chile.org

奈良兴福寺博物馆展览的表情狰狞的木雕面具。

最佳旅行时间：尽管街道一年四季都开放，但春秋两季是最佳游览季节。那里冬天天气太冷，夏季则炎热潮湿。大部分景点只有周末开放，所以最好事先查问清楚。

行程：街道全长33英里（53公里），大部分主要景点可以在1天之内游览完。

行前计划：你可以报名参加某个旅游团，也可以雇一名会说英语或中文的导游与你同行。

旅行须知：你可以把旅行时间安排在4月23日。这一天是登山节，你可以和许多日本登山者一起攀登二上山。

相关网址：www.tourism.city.osaka.jp，www.pref.nara.jp

日本

竹内街道

这是日本最古老的街道。它穿过美丽的花园和开满鲜花的山坡，将你从繁华现代的大阪带到历史悠久的古都奈良。

竹内街道沿途的景色，就是一部完整的日本历史。传统的房屋和历史悠久的花园与现代化建筑浑然杂处，精心打扮的女学生边打着手机边匆匆走过身旁因种了一辈子水稻而直不起腰的老奶奶。竹内街道从日本第二大城市、繁华喧闹的大阪郊区出发，通向神武天皇建立的、日本最早的古都奈良。它是日本最古老的官道，由飞鸟时代的圣德太子建造。中国与韩国的文化对日本历史影响深远，而这条街道当年就是承载文化流传的通道，无论是佛教、拉面还是筷子，所有舶来品都在大阪港口上岸，然后通过这里源源不断地输送到京城。你可以参观路边的木结构建筑和寺庙，或是登上二上山的山顶游览。那里埋葬着不幸的诗人皇子大津，他在一次宫廷阴谋中被强令自尽，于公元686年埋葬在此。

著名景点

■ 参观奈良附近的克哈雅座相扑博物馆，了解关于相扑的习俗。博物馆设有真实大小的相扑场，以及一些艺术品展览。每年3月大阪还举行相扑节。

■ 欣赏街道两旁山坡上每年春季盛开的鲜花。

■ 二上山被当地人视为通向天堂的大门。据说太阳在双峰之间落下时的景色是全日本最美丽的风景之一。

■ 东大寺是奈良七大寺之一，其大殿据称是世界上最大的木制建筑，殿中供奉着高50英尺（15米）的佛像。奈良市是联合国教科文组织认定的世界遗产。

印度

德里—阿格拉

激动人心的印度之旅将带你直达伟大的世界奇观、不朽爱情的见证——泰姬陵。

一方面是千变万化的美丽风情，一方面则是与之形成极大反差的贫困——这一切都会在从德里到阿格拉的旅途中表现得淋漓尽致。从空气中弥漫着香料气息与喧嚣噪声的德里出发，沿公路向南行驶，一路上尽是农田，间或有一些泥土砌成的小屋，农民赶着牛正在耕地，还有洗衣服的女人和在路边小摊上端着热气腾腾的碗吃饭的男人。破旧不堪的小店虽然摇摇欲坠，却仍然在继续营业。突然间，一座光彩照人的清真寺或是堆满花环的印度教神像出现在路边，一尘不染的外貌显然得益于日复一日的精心照料。随时都会遇到黄牛和水牛在公路上大摇大摆地走过，或是干脆站在路中央，过往车辆不得不回避。所有能行动的东西——骆驼、拖拉机、破旧的自行车、千疮百孔的汽车，还有摇摇欲坠的超载卡车，全都挤在这条公路上。有时可见到不堪重负的车辆倾倒在路上，司机无助地盘腿坐在路边。当年莫卧儿宫廷的珠宝就是沿着这条道路，从德里北方的红堡直到沙漠城市法塔赫布尔西格里，最后抵达宏伟壮观的泰姬陵——一座古代人类工程技术的丰碑，也是君王爱情的永远印证。它那白色的大理石墙面，会在日出时随着光线而变幻成不同颜色。

位于德里的16世纪莫卧儿王朝皇帝胡马雍（Humayun）的陵墓被阳光照射成美丽的粉红色。

著名景点

■ 德里的**甘地纪念堂**气氛宁静而感人。这位印度的精神领袖现在仍然被印度人作为国父敬仰。

■ 德里的**印度门**最初是为纪念一战中阵亡的印度将士建造的。现在它已成为德里市及印度独立的象征。

■ **法塔赫布尔西格里**城堡遗址中有用红色砂岩建造的形态各异的亭台楼阁，是伊斯兰式建筑风格的典范。

■ 莫卧儿王朝的皇帝们修建了庞大复杂的**阿格拉城堡**，并用大理石和宝石将其修饰得富丽堂皇。城堡中，还有一些非常美丽的花园。

最佳旅行时间：9月至次年3月前往可以避开炎热的夏季及多雨的季风期（7月、8月）。

行程：全程126英里（203公里），开车需要4小时。要想沿途浏览景点则需要2天。

行前计划：参加旅行团；或者雇一名司机兼导游，试一试乘坐印度传统的白色“大使”车。不推荐在印度自驾游——路况很差，交通状况更是糟糕。泰姬陵每周五只对印度教徒开放。

旅行须知：穿着要体面。女性不要穿短裤或短裙，也不要露出肩膀。如果你不遵守这些规定，某些景点可能会拒绝你进入，或者会给你一件衣服要求你披上才能进入。只喝瓶装水，也不要在大街边的摊上吃东西。

相关网址：www.delhitourism.nic.in，www.incredibleindia.org

GAUTAM SILK FACTORY

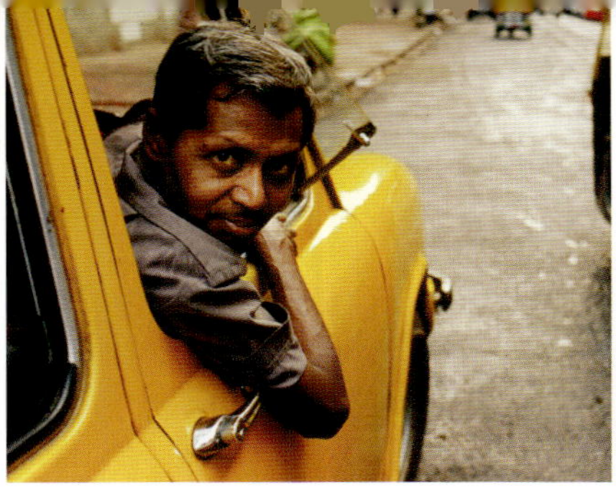

对页：瓦拉纳西的恒河岸边被朝圣者五颜六色的衣服渲染得缤纷艳丽，这些朝圣者来自全印度各地，他们专程来到恒河中洗浴。
上左：浅黄色的出租车与机动人力车使城市的街道更添生气。
上右：花团锦簇的织物，正摆在巴基斯坦西北边境的一座市场中等待出售。

巴基斯坦/印度

大干线

从巴基斯坦的西北边境到印度加尔各答的繁华市区，大干线就好像一条展示社会风貌和人生百态的橱窗，沿途的伊斯兰艺术和印度教圣地令人惊叹不已。

这条15世纪由印度皇帝下令修建的“大干线”起自西北部边境，穿越巴基斯坦与印度国境线，沿着恒河一直向南，直达孟加拉湾海边的加尔各答。著名作家吉卜林曾经把这条路称为“伟大的生命之河”。即使在今天看来，这种形容依然十分贴切。大干线沿途许多地方都在印度历史上声名赫赫：通向开伯尔山口的门户重镇——巴基斯坦的白沙瓦；曾经的穆斯林文化与艺术中心——巴基斯坦的拉合尔；还有印度的阿姆利则——1919年英军对印度民族主义者实施的臭名昭著的大屠杀就发生在这里；以及德里，印度历史上先后两个强大的政权——莫卧儿王朝和大英帝国殖民地的首都。过了德里，公路继续伸展，来到神秘的瓦腊纳西，印度教最神圣的城市之一。公路的终点是著名的印度大都市加尔各答。一路上你可以看到各种各样的车辆和行人：有牛车、光着脚的朝圣者、喷涂得花里胡哨的公共汽车，偶尔还能看到一两头大象，还有跟在包着头巾的旁遮普引路者身后行驶的阿斯霍克牌大卡车、摇摇晃晃的大使牌小汽车，以及供政客与官员们乘坐的装着空调的丰田汽车。所有的车辆都在横冲直撞，或是为了躲避路上的大坑而左冲右突，圣牛、山羊、家禽和行人都在竭力避免被飞驰而来的车辆轧成肉饼。漫天的尘土再加上发动机排出的浓烟，呛得人透不过气来。繁忙中的大干线，简直就像是一块移动着的大陆。

最佳旅行时间： 11月至次年1月。这段时间印度白天的天气尚可以忍受，晚上则较为凉爽。

行程： 公路全长1600英里（2575公里），从白沙瓦到拉合尔最多需要4天，拉合尔到德里最多2周，德里到加尔各答则需要至少2周。

行前计划： 穿越大干线的最佳旅行方式是乘坐私人汽车（最好是四驱车辆并带有空调）并雇一名司机。在游客最多的德里到瓦拉纳西之间，有一些旅游公司可以安排你参加有组织的旅行团。

旅行须知： 尘土是每个游客都会遇到的问题。你可以戴口罩，或者用薄头巾遮挡口鼻。

相关网址： www.tourism.gov.pk，www.visitindia.com

著名景点

■ **白沙瓦**的集市上货物丰富多彩，金银、珠宝、陶器、衣物，不管你想要什么，全都能买得到。考虑到这里地处边境，想买一杆步枪更是不在话下。历史悠久的齐萨·卡哈瓦尼集市（Qissa Khawani Bazaar）是锻炼你砍价技巧的好地方。

■ 1673年，莫卧儿皇帝奥朗则布在**拉合尔**建造了著名的**“皇家清真寺”**（Badshahi Mosque），可以容纳5.5万多名礼拜者，是伊斯兰建筑的典范。

■ **阿姆利则的金庙**（Harimandir Sahib）建在一个湖上，是锡克教最神圣的场所。每天都有许多朝圣者来到这里，特别是在每年4月13日、14日瓦拉纳西举行盛大节日庆典的时候。

■ **瓦腊纳西**持续有居民居住的时间长度据说在世界上可以排第二（仅次于耶路撒冷）。这里人文景观十分丰富，每年有上百万人来到这座圣城，在恒河中举行洗浴仪式，净化自己的身心。

在路边偶尔可以见到鬃狮蜥，一种体长可以达到22英寸（56厘米）的大蜥蜴。

澳大利亚

塔纳米小道

穿过地球上最孤寂的荒漠，欣赏珍奇的野生动物、令人屏息的美丽风景与瓦勒皮里土著人精致的手工艺品。

塔纳米（Tanami）小道更像是一条宽阔平坦的大道——尽管是一条土路。它的两边是塔纳米沙漠，世界上最贫瘠、荒凉的地区。它最初同许多内陆的小道一样，是人们驱赶牛群踩出的道路，将澳大利亚北部城市艾丽斯斯普林斯与西部城市霍尔斯克里克连接起来。从艾丽斯斯普林斯向北，道路沿麦克唐奈山而行，山坡上间或有一些突兀的岩石和一条条干枯的河床。再向前行，在澳大利亚特有的湛蓝天空下，红色的戈壁展现在你眼前。地上长着一丛丛草和鬣刺，远处偶尔出现起伏的山脊、赤褐色的岩石与小片树林。路上你将有机会拜访延杜穆和巴尔戈（Balgo，也称 Wirrimanu）等地的瓦勒皮里土著部落，参观那里的艺术文化中心。你会发现那里的艺术家们不但精通传统技艺，也擅长富于创造力的现代艺术。除了这些孤零零的村镇外，偏僻的牛场和发达的金矿是这里仅有的人类活动的痕迹。

最佳旅行时间： 4月至10月是每年的最佳旅行季节，因为位于道路终点的斯德特河（Sturt Creek）在雨季时可能泛滥。

行程： 道路全长超过625英里（1006公里），走完全程需要2天（途中需要露营）。泥土路面上车辆行驶速度不能过快。

行前计划： 你可以参加驾驶越野车的旅行团，或者在艾丽斯斯普林斯租一辆四驱车。出发前，请先在中央土地管理委员会（Central Land Council）取得进入塔纳米沙漠野生动物保护区的通行证。在延杜穆及附近的土著部落居住区停留参观也需要申请通行证。如果你想参观巴尔戈，可以事先与那里的艺术家们联系，他们可以帮助你取得通行证。

旅行须知： 除了露营需要的设备外，还要带上足够全程所需两倍的饮用水。沿途所有水库和水井的水都不能饮用。由于当地加油站少、距离远，还要带上足够的燃料。延杜穆附近的土著居住区禁止饮酒。

相关网址： www.australia.com，www.exploroz.com，www.warlu.com，www.balgoart.org.au

著名景点

■ 在艾丽斯斯普林斯西北的**花岗岩金矿（Granites Gold Mine）**感受当年这里的矿山气氛，参观20世纪30年代建造的金矿建筑。

■ **纽黑文保护区**位于艾丽斯斯普林斯西北226英里（364公里），方圆65万英亩（26.3万公顷）的土地上遍布**沙丘、盐湖和泥沼**，是很多鸟类的栖息地。你可以试着寻找稀有的夜鹦鹉。

■ 延杜穆的艺术中心——**瓦鲁库连古土著艺术家联盟（Warlukurlangu Artists' Aboriginal Association）**，与巴尔戈的艺术中心——**瓦尔拉伊尔提艺术文化中心（Warlayirti Art and Cultural Centres）**，都很值得一看。

蓝山

远离悉尼的忙碌与喧嚣，在这片烟雾缭绕的蓝色山脉中领略壮观的风景、珍稀的植物和奇异的野生动物。

令人目眩的深谷、悬崖、小溪和瀑布装点着林木茂盛的蓝山国家公园——这里因为对自然环境的精心保护而被列入世界遗产名录。蓝山的名字来自于山上淡淡的蓝色烟雾，那是当地无数桉树释放在空气中的淡蓝色桉树油滴形成的。进入公园的最佳线路是贝尔（Bell）公路——它起初曾经是一条山间小路，由悉尼西北的里士满穿过起伏的山丘和农场，进入蓝山地界。经过托玛峰（Mount Tomah）后，道路愈加蜿蜒陡峭。凉爽的气候、肥沃的土壤和大量降水使得著名的托玛山植物园拥有了得天独厚的自然环境。这里的森林中长满桫椤、藤蔓等植物，偶尔有一棵巨大的桉树拔地而起。山路继续沿格罗斯山谷的峰脊向前，到达最高的山峰——海拔3490英尺（1064米）的维多利亚峰。接着，山路通向两个著名的景点：布莱克赫茨（Blackheath）与卡图姆巴。后者正位于贾米森山谷的悬崖上方。沿着道路继续下山，经过山麓的格兰布鲁克镇。你可以在那里的水潭中游泳，参观红手洞（Red Hands Cave）的土著岩画，或者徒步漫游茂密的丛林。

根据当地土著传说，三姐妹山实际上真的是三姐妹变成的。她们由于爱上了敌对国家中的三兄弟，而被魔法变成了岩石。

著名景点

- 在里士满至维多利亚峰之间、道路拐向威尔逊峰（Mount Wilson）的地方有一处著名的景观——**"蕨叶大教堂"（Cathedral of Ferns）**，交织在一起的蕨类植物下有很多平坦的森林小径。

- 在布莱克赫茨游览格罗斯山谷和**格维茨利普（Govetts Leap）瀑布**。

- **卡图姆巴**的回声角（Echo Point）是观赏三姐妹山的最佳地点。这座山上的岩石已成为蓝山国家公园的标志之一。你可以从那里步行或乘轨道车进入贾米森山谷。

- 欣赏卡图姆巴镇脚下，在悬崖上形成三重阶梯的**温特沃斯瀑布**。

最佳旅行时间：夏季山上凉爽的天气可以帮助你摆脱悉尼潮热的气候。冬天这里较冷，但游客数量不多。

行程：从里士满出发大约60英里（97公里）。算上途中的迂回线路，应该预留1天时间。

行前计划：早早赶到公园可以看到日出，还可以避免与拥挤的人群一道进山。当地的水质不好，甚至烧开的水也不宜饮用，建议自己带饮用水。格兰布鲁克附近可以露营。

旅行须知：喜欢观赏野花的游客应该选择9月成行，那时候蓝山脚下到处都开满了特洛皮、矛花等当地的野生花卉。11月布莱克赫茨还有杜鹃花节。如果你参加丛林徒步旅行，一定要留出足够的时间，以便在公园关门前返回。

相关网址：www.bluemountainswonderland.com，www.australianexplorer.com，www.visitnsw.com.au

新西兰

西海岸公路

新西兰南岛西海岸地处偏僻，却有着方便的交通。其独特的天然景观与丰富多彩的户外运动，吸引着世界各地的旅游者。

刺破云层的南阿尔卑斯山脉在东边遥遥相随，将这里与岛上其他地区隔离开来。从世外桃源卡拉米亚向南到杰克逊湾，高耸的山脉与塔斯曼海之间只有狭长的土地可供耕种，居民大约 3.1 万人。稀疏的人口和与世隔绝的地理环境使这里的温带雨林免遭破坏，由高大的冷杉、棕榈树和蕨类植物组成的森林覆盖着海边平原与山麓，形成完整的原始生态系统。一路上美丽的风景时刻相随：一边是美丽的大海，一边是峻峭的高山，还有湍急的河流与瀑布点缀其间。你可以在半路上停下来，在山毛榉林中穿行，泡一泡天然的温泉，在森林环抱的湖泊上泛舟，或是试试寻找宝石和淘金的运气。这条路最后 1/3 路程是著名的冰川世界，两条冰川（福克斯冰川与弗朗兹约瑟夫冰川）从山上顺势而下，切开茂密的雨林，直达海平面。再往前走到哈斯特山口，四周的景色突然一变：一条宽阔的河谷展现在眼前，河流两岸是低地丛林，生活着各种本地特有的动物，如长尾小鹦鹉、黑尾钟鸣鸟、鹬鸵等。最后，公路抵达终点，宁静的杰克逊湾。如果你喜欢运动，西海岸是一个探险和户外运动的天堂；如果你生性喜静，也可以坐下来静静欣赏海浪拍打岸边奇形怪状的岩石。

对页：从杰克逊湾观赏阿斯派灵山与南阿尔卑斯山脉的雪峰。
上左：路边的标志提醒你附近有鹬鸵（几维鸟），这种不会飞的鸟已成为新西兰最著名的动物。
上右：登山者欣赏福克斯冰川中的冰洞。

著名景点

- 韦斯特波特附近的逆风角（Cape Foulwind）是**新西兰海狗**的繁殖栖息地。
- 乘坐直升机飞上山顶，再乘**皮筏**顺着山谷中的激流回到海边。
- 品味偏僻渔村**杰克逊湾**的宁静风情，以及海浪拍打岸边礁石的气势。
- 这里有许多**户外运动**，急流勇进、冲浪、山地自行车，还有洞穴探险、登山，应有尽有。
- 探索弗朗兹约瑟夫冰川上的**冰洞**和冰拱门，或是欣赏奥拉基山（库克山）和塔斯曼山在马瑟森湖（Lake Matheson）中美丽的倒影。

最佳旅行时间：旅游接待高峰期是10月底至次年4月底（春季至秋季），这一时期也是西海岸的雨季。冬季的天气则几乎总是一成不变的：凉爽的早晨、湛蓝的天空，还有积雪覆盖的山脊，清爽的感觉令人心旷神怡。

行程：蜿蜒崎岖的路况使得这段375英里（604公里）长的旅程显得格外漫长，如果自己驾车最少也要3天才能走完。如果乘坐的是西海岸地区的公共汽车则至少需要4天。

行前计划：新西兰其他地区的人都喜欢来这里旅游。如果没有提早预订，很难找到住宿的地方。

旅行须知：近年来不少艺术家和手工艺人纷纷前来西海岸居住，他们在路边的当地艺术画廊中展示自己的作品。此外，跟随指路标志，也能在一些偏僻的村庄或小海湾边找到他们的工作室。

相关网址：www.west-coast.co.nz，www.nzsouth.co.nz，www.newzealand.com

草皮在冰岛比树木更常见，斯卡佳弗约德民俗村（Skagafj rdur Folk Museum）的这些老式农舍就采用草皮做屋顶。

最佳旅行时间：5月至9月。冬季日照很短，不过你能够有机会看到夜空中的北极光。

行程：你需要至少1周才能玩遍900英里（1448公里）长的公路沿途的景点。

行前计划：冰岛的天气变幻莫测，到此旅行要带上雨衣。

旅行须知：1号公路是冰岛唯一一条主要公路，大部分都是柏油路面，路况很好。但东部有些路段没有铺柏油，下雨时会比较泥泞。实时路况可在www.tourist.reykjavik.is查到。

相关网址：www.visiticeland.com

冰岛

冰岛环岛公路

沿着环形公路游览这片北极光、岩浆与温泉交相辉映的神奇国度。

活跃的火山、冰川、间歇泉和瀑布从远古至今从未停止对这片孕育了众多古代维京神话的土地的塑造。1号公路是一条环绕全岛的公路。从雷克雅未克向北，公路在俯瞰大西洋的悬崖峭壁间崎岖穿行。接着，它拐了一个大弯绕过那些海豚出没、水温冰冷的峡湾，以及附近冷却的熔岩、冻土、森林和火山。离开公路，附近的景点更加丰富：有热气腾腾的温泉和硫黄池；有开满野花的山谷；海雀和北极燕鸥在海边的悬崖上盘旋；还有小溪、瀑布，包括欧洲最大的瀑布——金色瀑布，白河（Hvítá）在这里汇聚了降水和冰山融雪后，垂直落入105英尺（32米）深的峡谷。远处，绵羊在天鹅绒般柔软的草地上吃草，农舍的红色屋顶在背后的雪山映衬下分外醒目。你还可以参观反映维京人和冰岛历史的文化村，以及位于岛东部城市埃里克斯塔迪尔的著名探险家、传说中的英雄“红发埃里克”的故居。

著名景点

- 游览冰岛首都**雷克雅未克**，那里的夜生活是全欧洲最活跃最丰富的。
- 观赏“冰川湖”四周美丽的**冰川风景**。湖边的瓦特纳冰原，是欧洲最大的冰川，湖上到处漂浮着巨大的、被湖水映成浅蓝绿色的冰块。
- 北部的**米湖**是鸟类的天堂，那里栖息着欧洲数量最多的野鸭群。
- 在胡萨维克等渔村参加**出海观鲸鱼**的旅游团。

苏格兰高地之行

追随“美王子查理”的脚步，在苏格兰群山环绕的湖泊与如诗如画的峡谷之间，享受一次充满浪漫与传奇的旅行。

群山连绵起伏，牛群在静谧的峡谷中吃着青草，多变的天空笼罩着清澈的湖泊与岸上古老城堡的遗迹。这条苏格兰高地旅游线路经过的是不列颠人烟最稀少、景色最秀丽的地区，也是最富于历史传奇与浪漫气息的地区。靠近因弗内斯的考德尔城堡建于14世纪，莎士比亚在《麦克白》里曾把这里误认作刺杀邓肯国王的地方；卡洛登的原野则是詹姆士二世党人、美王子查理最后遭到惨败的战场。从那里一直向南，道路穿过60英里（97公里）长、形成于最后一次冰河期的大峡谷（Glen Mor）；经过尼斯湖畔（喜欢不喜欢那些粗制滥造的怪兽纪念品全凭你自己）和洛基湖畔。到了威廉堡，你可以转道去游览英国最高峰，海拔4406英尺（1343米）的本内维斯峰；然后再掉头向西北而行，穿越苏格兰最壮观的风景、被称为“五姐妹峰”的金泰尔山。最后，经过跨海大桥来到内赫布里底群岛最大的岛屿斯凯岛，那里也有美丽多姿的群山在等待着你。

著名景点

- 参观**卡洛登**，那里是1746年不列颠大陆最后一次大战的战场。你可以在古战场上漫步，瞻仰记载着血腥与杀戮的纪念馆和高地宗族墓地，参观詹姆士二世党人的历史活动展览。
- 攀登**本内维斯峰**，从山顶俯瞰曲折破碎的西部海岸线。从内维斯峡谷的旅游线路出发，登顶往返需要6小时。
- 欣赏**斯凯岛**上刀劈斧凿般的群山，参观当地的渔村，或是寻找水獭的踪迹。
- 如果你祖上有苏格兰血统，可以在当地购买印有你的宗族图案的**苏格兰短裙**。

云雾沿着一条长满石南的山谷流动，远处是蓝色的本内维斯峰和马莫瑞山。

最佳旅行时间： 4月至9月。

行程： 全程174英里（280公里）至少需要一整天。

行前计划： 苏格兰西部潮湿多雨，一定要带好雨具。蚊子等叮人的飞虫也很多，驱虫剂必不可少。

旅行须知： 夏季很可能会赶上高地的集市。格来努卡特高地节（Glenurquhart Highland Gathering and Games）于每年8月的最后一个周六在尼斯湖岸边举行，庆祝活动包括风笛演奏、苏格兰舞蹈，还有扔木头等当地的体育运动项目。

相关网址： www.visitscotland.com，www.scotland.org.uk

偏僻的小路通向远处绿色的山峦，小路尽头是山脚下一座孤零零的农庄。

最佳旅行时间：全年均可，春天至秋天最佳。爱尔兰的很多旅游景点都有非常严格的开放时间，游客少的季节还会关闭，所以请提前查询。

行程：7英里（11公里）的路程只要1小时就能走完，但你最好还是留出一个上午，以便好好品味风景，或在中途停下来稍事休息。

行前计划：爱尔兰有很多租车公司，但最好还是提前预订，这样可以确保你能租到价廉物美的车。

旅行须知：在爱尔兰人家里住宿、吃早餐是结识当地人的最佳方式。主人会烘制苏打面包给你当做早餐。

相关网址：www.irelandwest.ie，www.connemara-tourism.org，www.galway.net

爱尔兰

康尼马拉

位于大西洋海岸边的康尼马拉半岛以其迷人的田野风光、洼地、丘陵、悬崖和沙滩，吸引着无数游客的目光。

康尼马拉半岛毗邻爱尔兰西海岸的大西洋，面积不大却集中了爱尔兰几乎所有的自然风景：沼泽、洼地、高山、湖泊、小溪与森林；而岛上最西端的这条短小的环线沿途还增添了壮观的大海、悬崖和美丽的白色沙滩。道路的起始点均位于贸易小镇克里夫登的港口，这里有传统的爱尔兰酒吧、口耳相传的餐厅，以及每年9月举行的艺术节。从这里开始，丝带一般的道路向西沿山势渐高，峭壁下的海岸、远处的伊尼什特克岛、图尔博特岛，还有无边的大海一一展现在眼前。海面上漂泊着星罗棋布的小船，小海豚在海面上跳跃。背后的内陆是一些偏僻的农庄，包括金斯顿农场（Kingstown Farm）——康尼马拉矮种马就是在那里培育的。更远的地方是十二峰（Twelve Bens）山。这趟半天的行程轻松悠闲，你完全可以停下车，随意找一条步行小径或者旧公路，随兴所至慢慢游览。

著名景点

- 你会在海边看到**灰海豹**，还能在洼地地区看到**康尼马拉矮种野马**。
- **克里夫登城堡**（Clifden Castle）是一座废弃的19世纪哥特式建筑，正对着大海。它的建造者是当地的地主约翰·迪阿西，克里夫登镇也是他一手创建起来的。
- 在克里夫登可以欣赏到传统的**爱尔兰音乐**，同时也是听当地人酒后侃大山的好地方，尤其是在8月马会或9月艺术节的时候。
- 克里夫登镇外的**德瑞基姆拉弗**（Derrygimlagh）沼泽是1919年**阿尔科克和布朗**驾机首次横越大西洋后迫降的地方。
- 克里夫登以南的一个**纪念碑**记录了1907年有着一半爱尔兰血统的无线电研究先驱古列尔莫·马可尼建立**无线电**发射台的地点。人类历史上第一次商业无线电广播就是从这里发出，穿越大西洋到达对岸的纽芬兰。

巴伐利亚的浪漫之路

跟随着沿途的山顶古堡与宏伟的教堂和宫殿，走进德国音乐、艺术与童话的发源地。

这里是德国的最南端。连绵起伏的群山被茂密的森林覆盖，青山环抱之中是中世纪的古堡、童话世界一般的皇宫、清澈的湖泊和圆顶教堂。浪漫之路起于法兰克福地区的美因河岸和郁郁葱葱的葡萄园，终点位于拜恩州（巴伐利亚州）南端的阿尔卑斯山脚下，沿途经过许多历史悠久的城市。这一带是德国文化传统的发源地，有着丰富多彩的文化活动，到处可见当地特色的服装、音乐，当然也绝少不了啤酒。此行之中的另一大亮点，是沿途所见的建筑艺术瑰宝。首先是最北边的维尔茨堡，那里罗马风格的教堂与巴洛克和洛可可式建筑都很有名。奥格斯堡是中世纪财亨富格尔家族的大本营，他们曾率先将意大利的文艺复兴引入德国。再往南去是勒克河谷的明珠——弗里德堡（Friedberg）和兰德茨堡（Landsberg），精致的城市街道与建筑被起伏连绵的丘陵环抱着。旅行的终点是中世纪的阿尔卑斯小镇菲森，小镇附近的田野之中散落着60多座美丽的城堡与宫殿。其中最著名的便是19世纪由巴伐利亚国王、绰号“疯子”的路德维希二世建造的新天鹅堡，是一座不可多得的艺术精品建筑。

19世纪80年代建成的路德维希国王的新天鹅堡。据说沃尔特·迪斯尼创作睡美人的城堡时，就受到了它的启发。

著名景点

■ 维尔茨堡主教宫（Residenz）是欧洲18世纪最精美的建筑之一，内部保存有泰波罗创作的壁画。

■ 抽时间参加慕尼黑十月节(Oktoberfest)，从10月第1个周日开始的16天中，到处都有巴伐利亚啤酒、精美的食品和铜管小乐队的演奏。

■ 在新天鹅堡，路德维希国王曾经告诉音乐家瓦格纳，自己正在重建“真正的当年德意志骑士的城堡”。但他一点也没有忘记在城堡里加入当时最先进的设施，包括中央取暖系统和冲水马桶。

最佳旅行时间： 全年均可。春季和夏季草木最为葱郁，田野里到处都是盛开的鲜花。

行程： 全长210英里（338公里），不赶时间的话应该需要1周。

行前计划： 你可以自己驾车，也可以选择其他交通方式。从4月到10月，德意志旅游公司沿这条线路开设了欧洲旅游班车（Europabuses），你可以在中途任何地方上下车。你还可以选择自行车——浪漫之路旅行者协会（Romantic Road Tourist Association）会为你指引一条能够避开陡峭山路和主要公路的骑行线路。

旅行须知： 食宿招待场所非常多。你可以找当地的旅游中心帮你安排。

相关网址： www.romanticroad.de，www.bavaria.bayern.by

国王之路蜿蜒穿越今日约旦酷热的戈壁。这条道路曾经是中东地区乳香和香料贸易的大动脉。

十佳历史古道

跟随古代商人、游牧民族与帝国开拓者的脚步，沿着他们留下的足迹走遍五洲四海。

❶ 北美洲：印第安古道（The Old North Trail）

黑脚族印第安人曾经沿着这条长达2000英里（3219公里）的道路穿行于加拿大与墨西哥之间，走在被他们称为“世界之脊”的落基山上。他们沿这条线路从事贸易、朝拜，或是迎接自己的新娘，从一头走到另一头需要整整4年。在蒙大拿州的冰川国家公园里，至今仍保存着这条古道的一段遗迹。

行前计划：“黑脚印第安历史之旅（Blackfeet Indians Tours）”旅行团可以带领游客沿印第安古道游览。蒙大拿州肖托（Choteau）市有一家印第安古道博物馆。你可以乘飞机到达冰川国家公园。

相关网址：www.glacierinfo.com

❷ 日本：中山道

这条连接京都与江户（现在的东京）的狭窄道路建于17世纪，是在一条更古老的道路基础上建设的。道路全长310英里（499公里），它经过琵琶湖畔，翻过起伏的山丘，最后抵达关东平原上的江户。部分路段保护得很好，或者得到了修复。古代日本人不使用车辆，这条道路是为行人和骑马的人设计的；因此你得像古时候的人那样，徒步走在这条道路上。

行前计划：游人最集中的地点是在妻笼宿到马笼宿之间的5英里（8公里）路段。3月是最佳游览季节。

相关网址：www.web-japan.org

❸ 中国香港：元荃古道

千百年来，当地人一直行走在这条位于香港新界元朗至荃湾的崎岖小道上。今天这条小路的两端都已经成为商厦林立、交通拥堵的闹市，不过中间一段仍然拥有恬静秀丽的田园风光。

行前计划：中间一段保护完好的徒步旅游线路长约5英里（8公里），路建在山上，对体力有一定要求。

相关网址：www.discoverhongkong.com

❹ 柬埔寨—泰国：高棉古道

这条连接柬埔寨吴哥窟与泰国毗迈的古道长140英里（225公里），当年柬埔寨王国的“神王”就是从这里前往神圣的毗迈寺，举行隆重的宗教仪式。仪式上有圣火、圣水，还有石头雕刻的生殖器图腾——林伽（Linga）。大部分路段如今都已被茂盛的丛林覆盖，但沿途的寺庙大多还在，毗迈附近的一段路还可以开车通行。

行前计划：1月干燥凉爽，适宜旅游。6月至10月的雨季时吴哥窟的景色也很美。

相关网址：www.mot.gov.kh

❺ 澳大利亚：北方公路（The Old Great North Road）

这条路是19世纪工程技术的杰作。让囚徒施工，部分囚犯还戴着脚镣，这给这条道路蒙上了不光彩的阴影。它起于悉尼，终点位于新南威尔士州猎人谷的纽卡斯尔。部分路段是沿着古代土著人的小路修建的。

行前计划：从魏斯曼渡口出发有一段27英里（43公里）长的徒步/自行车线路。骑车可以在1天内走完，徒步则需要2~3天。此外还有一些更短的路段可供选择。

相关网址：www.australia.com

❻ 土耳其—伊朗：波斯御道

波斯皇帝大流士建造了这条从土耳其西北部的萨迪斯（Sardis）穿过美索不达米亚平原到伊朗苏萨（Susa）的道路，从地中海边直达波斯湾。迈达斯国王、先知但以理、以斯皇后、历史学家希罗多德和亚历山大大帝都曾经在这条大道上走过。

行前计划：你可以游览这条道路的其他路段。你需要有一辆车才能到达沿途的许多景点。温暖、多雨的冬季比炎热的夏季更适于旅游。

相关网址：www.tourismturkey.org

❼ 埃及—叙利亚：国王之路

这条中东贸易要道的历史可以追溯到圣经时代。它从埃及出发，经过西奈半岛和亚喀巴湾，到达叙利亚。它经过了许多宗教圣地，其中包括约旦的尼波山（Mount Nebo）——据说是摩西见到上帝许诺之地。

行前计划：这条路起于埃及的赫利奥波利斯（现在开罗郊区的艾因沙姆斯）。由于道路所经地区政局动荡，只有埃及境内的这部分路段相对比较安全。

相关网址：www.touregypt.net

❽ 阿尔巴尼亚—土耳其：埃格那提亚大道

罗马总督埃格那提乌斯在公元前1世纪修建了这条道路，以连接亚得里亚海、爱琴海沿岸与博斯普鲁斯。罗马人、希腊人、拜占庭人、十字军、威尼斯人、奥斯曼土耳其人和奥地利人都曾经利用这条道路翻越巴尔干半岛上的群山。

行前计划：这条路起点位于阿尔巴尼亚城市都拉斯（Durrës，罗马人称为第尔哈希姆），终点在土耳其的伊斯坦布尔（罗马时期的拜占庭）。

相关网址：www.viaeromanae.org

❾ 俄罗斯—意大利：琥珀之路

从远古时候起，这条连接波罗的海与亚得里亚海的道路就成为“北方黄金”——琥珀的重要贸易线路。今天，沿这条路从圣彼得堡出发穿越东欧和中欧抵达威尼斯，是一次非常迷人的旅行。

行前计划：从圣彼得堡出发，一路上经过拉脱维亚的里加、立陶宛的维尔纽斯；波兰的格但斯克和弗罗兹瓦夫（Wroclaw）、匈牙利的松博特海伊（Szombathely）和斯洛文尼亚的普图伊（Ptuj），最后到达威尼斯。

相关网址：www.bernsteinstrasse.net

❿ 西班牙：奥古斯塔大道

这条路以奥古斯都皇帝的名字命名，它起于安达卢西亚的加的斯，向北经过现今加泰罗尼亚地区的考迪帕尼萨斯到达比利牛斯山，在那里与多米提亚大道汇合，最终抵达“条条大路”的终点——罗马。

行前计划：现代的N340-A7公路基本上沿着这条道路而行。

相关网址：www.viaeromanae.org

站在中滨海公路的一棵松树边眺望摩纳哥城。

最佳旅行时间：全年均可，但4月、5月间滨海公路的风景最美，车辆也较少。7月、8月两个月路况则十分拥挤。

行程：每条滨海公路的长度都在20英里（32公里）左右。走中滨海公路需要2小时，大滨海公路则需要1小时。如果加上途中午餐和观赏风景的时间，则需要1天。

行前计划：如果你自己没有车，可以在尼斯或芒通租一辆车，以便沿途随时停车观赏风景。三条公路都有定时发车的公共汽车。

旅行须知：下滨海公路东段马丁角与芒通之间的路段景致相当单调无趣，你可以在马丁角以东1英里（1.6公里）处改走大滨海公路。

相关网址：www.cote.azur.fr，www.provenceweb.fr

法国

里维埃拉的滨海公路

无与伦比的迷人风光与惊险刺激的驾驶快感，令三条滨海公路成为电影银幕上的常客。里维埃拉——法国浪漫风情的象征。

没有人会不知道尼斯（Nice）与芒通（Menton）之间的滨海公路。就算你没有去过那里，那散发着熏衣草芳香的悬崖、山顶的村庄和迷人的地中海风光也早已经由无数电影和绘画作品深深印刻在你的心底。三条滨海公路（Corniche）可供你观赏沿途的风景，它们的身影你可能早已在某部电影的汽车追逐戏中见到过。大滨海公路（Grande Corniche）是其中海拔最高的，建成于拿破仑时代；它的下面则依次是中滨海公路（Moyenne Corniche）与下滨海公路（Corniche Inférieure）。如果你一次性游览三条公路，可以先从尼斯沿着中滨海公路向东，随着蜿蜒的海岸线经过摩纳哥与高高在上的罗克布吕讷（Roquebrune）城堡，然后在马丁角（Cap-Martin）与下滨海公路汇合。回来的时候选择大滨海公路，以便欣赏三条滨海公路中最美的一段，长约11英里（18公里）的图比耶（Turbie）至尼斯路段；或者选择走路程较长的下滨海公路，以便途经摩纳哥与博利厄斯梅尔（Beaulieu-sur-Mer）时稍作停留。

著名景点

- 中世纪小镇**埃兹**（Eze，在尼斯东北，可乘旅游巴士前往）建在山顶上，俯瞰地中海。街道狭窄曲折，好像迷宫，有许多餐馆、艺术画廊、古董商店与咖啡馆。

- 在图比耶附近的大滨海公路上能看到一个很奇怪的巨大石头基座，那就是高115英尺（35米）的**奥古斯都胜利柱**（Trophée des Alpes）。它建于公元前6年，是一座巨大的奥古斯都皇帝雕像的基座。现在雕像本身早已荡然无存。

- 摩纳哥城背后有一座**城堡一样的峭壁**，从上面可以俯瞰整个摩纳哥国土，以及挤满了大大小小漂亮游艇的港口。

- 你可以在**马丁角**下车，沿路步行游览，享受白色岩石与青翠松林交相辉映的里维埃拉海滨美景。

葡萄牙

从波尔图到里斯本

这里是欧洲西部的最后一片世外桃源，多姿多彩的自然风景与葡萄牙独特的中世纪建筑等着你去一一发掘。

从葡萄牙北部城市波尔图，到欧洲最迷人、最悠闲的都市里斯本，这条公路沿线是欧洲大西洋沿岸自然风貌保持最好的地区。它的南部沿途是一系列盐沼、平原、松林、丘陵与种满葡萄的山谷；海边还有美丽的白色沙滩、悬崖与潟湖。从波尔图出发，首先经过的是位于杜罗河口要冲的加亚新城。这里是波尔图葡萄酒工业的中心，附近杜罗河谷的山坡上全是葡萄种植园，还有葡萄牙最迷人的建筑，如葡萄牙古代的首都科英布拉富丽堂皇的教堂、女修道院和大学建筑；还有雷利亚等地建在山上、俯瞰周围村镇的中世纪城堡。在海滨度假胜地菲格利亚（Figueria da Foz），你可以品尝到用刚捕到的沙丁鱼制作的精美菜肴。再往南是塔霍河冲积平原上繁茂的葡萄园、麦田、菜地，还有牧场上悠闲的黑色斗牛与矫健的骏马。你还可以在沿途的村庄中寻找传统手工艺编织品和陶器。一路上宁静的田园风光一定会让你流连忘返。

著名景点

■ 游览**波尔图**古老的街道。葡萄牙的国名与其著名品牌波尔图葡萄酒都源出于此。中世纪的建筑保存完好，是联合国教科文组织认定的世界遗产。

■ 在**科英布拉大学**学期中间访问这所古老的学校。大学生都穿着传统的黑色长袍。

■ 在美丽的海滨城市**埃维洛**稍作停留。那里有美丽的运河、渔船，和墙壁白得耀眼的房屋。

■ 在**里斯本**贝伦区港口附近，游览阿尔法玛的小巷；在众多的法都（fado）屋中找一家，欣赏葡萄牙民族音乐。

古斯塔夫·埃菲尔设计的波尔图玛丽亚·皮亚大桥1877年建成，横跨杜罗河。背后是新建的跨河大桥。

最佳旅行时间：全年均可。

行程：你可以开车在半天内走完198英里（319公里）全程，但最好准备3天时间以便游览沿途的城市、村镇和景点。

行前计划：夏天应携带驱虫剂，冬天则要准备好雨具。

旅行须知：景点旅馆(Pousadas)是一种设在历史悠久的著名建筑物（如城堡、别墅等）内的旅馆。在那里，你将度过别有情趣的夜晚。

相关网址：www.visitportugal.com，www.pousadasofportugal.com

意大利

多洛米蒂山

壮丽的山峰与奇形怪状的岩石是此线路的最大亮点。

你的头顶上是垂直的悬崖，尖尖的岩柱与峭壁映射在碧绿深邃的湖水里。牛群在茂盛的高山草场上吃草，每年春天和初夏，阿尔卑斯罂粟、雪绒花和杜鹃花就会像地毯一样铺满草地。大多洛米蒂公路（Great Dolomite Road）从博尔扎诺（Bolzano）通向意大利最著名的滑雪胜地科尔蒂纳丹佩佐（Cortina d' Ampezzo），沿途可将意大利东北部阿尔卑斯山南麓的壮丽风景尽收眼底。这一带山上的岩石都是多洛米蒂石灰岩（白云石），千万年来岩石被风雨侵蚀，形成犬牙交错的山脊、兀立的峭壁与深邃的峡谷，给这一带的景色增添了许多神秘成分。岩石的色彩随着阳光照射，会产生从铁灰色到亮粉色等诸多不同颜色。现在的公路——SS241 与 SS48——是 1891 年动工兴建的，在当时是一项伟大的建筑工程，历时 14 年才穿过一系列的山谷、村庄、湖泊与山峦，最终修抵科尔蒂纳。从博尔扎诺老城出发，你会经过一个很深的峡谷，然后随着公路穿过法萨（Fassa）山谷，到达公路的最高点，海拔 7345 英尺（2239 米）的波尔多伊（Pordoi）山口。过了山口，公路继续蜿蜒向东北而行，经过许多急转弯和折路，到达终点科尔蒂纳。小镇建在一个宽敞的峡谷中，1956 年曾经举办过冬季奥运会，至今仍是富人们的滑雪天堂。返回的线路有很多条：你可以选择从卡纳泽伊（Canazei）到奥尔蒂塞伊（Ortisei）的线路，或者通过塞拉（Sella）山口。无论哪条线路，沿途都有许多美景在等待着你。

对页：这里是意大利的卡斯特洛托（Castelrotto），但建筑风格和自然风光却具有阿尔卑斯地区的典型特征。教堂尖顶后是多洛米蒂山云雾缭绕的峭壁。
上左：除了风景优美，这一带的美食也很有名。这是科尔蒂纳的一家商店。
上右：科尔蒂纳一处遗迹，远处起伏的山峦一直绵延到天际。

著名景点

- 在博尔扎诺乘坐**缆车**观赏雷农（Renòn）地区森林覆盖的低矮丘陵和星罗棋布的美丽村庄。
- 在**塞拉山口**稍作停留，观赏包括海拔1.097万英尺（3344米）的主峰马尔莫拉达峰在内的多洛米蒂山全景。
- 在**马尔加·希亚佩拉**（Malga Ciapela）乘坐缆车观光。缆车可以带你一直上到海拔1.065万英尺（3246米）、接近马尔莫拉达主峰的地方。
- 在阿尔卑斯山最著名的度假胜地科尔蒂纳丹佩佐欣赏来往的**俊男美女**。
- 瞻仰博尔扎诺考古学博物馆（Museo Archeologico dell' Alto Adige）中保存的著名史前木乃伊**"冰人奥兹"**。1991年，人们在奥地利边境附近的冰川中发现他冰冻的尸体，距今已有5000年的历史。

最佳旅行时间：5月下旬至10月中旬。其他时间很多山口都会关闭。7月和8月天气最好，但交通非常拥挤。此外，初夏的鲜花与秋天的红叶都是值得观赏的美景。

行程：单程68英里（109公里）游览需要1天；如果往返则需要2~3天。

行前计划：从维罗纳开车到博尔扎诺大约需要2小时。从威尼斯—特里维索的机场出发也很方便。米兰和慕尼黑也是可行的中转站。沿途经过的卡纳泽伊、阿拉巴和科尔蒂纳等地都可以住宿。

旅行须知：同所有山区公路一样，在多洛米蒂行车一定要聚精会神—路面有时候很窄，还有急转弯。郊外公路的行驶限速是每小时55英里（89公里）。中途观赏风景时要找好合适的停车地点。

相关网址：www.dolomiti.org，www.enit.it，www.italiantourism.com

历史之旅

游览沧桑依旧的古城，品尝鲜美可口的菜肴，仰望曾经启发艾尔·葛雷科无数灵感的满天星光。

塞戈维亚——雄伟的罗马高架饮水渠，令古城相形见绌；阿维拉——坚实城墙卫护下的圣徒故里；萨拉曼卡——欧洲最古老的大学所在地；卡塞雷斯、特鲁希略——昔日靠美洲黄金发展起来的城市；托莱多——著名画家艾尔·葛雷科的故乡。这一连串长长的列表使西班牙成为欧洲最具吸引力的旅游目的地。这条环形线路从马德里出发，先是翻过西北方的瓜达拉玛山脉，然后经过一片松林到达塞戈维亚，再向西经过阿维拉和萨拉曼卡，然后转向南，驶入一片人烟稀少的旷野，那里的小村庄看上去就像是为上演历史剧目而搭建的布景。再向前行是埃斯特雷马杜拉平原，当年无数"征服者"就是从这里出发前往新大陆，然后又带着惊人的财富满载而归，修建起宏伟的宫殿，并通过慷慨的捐赠在卡塞雷斯、特鲁希略等地建起富丽堂皇的教堂。最后，旅行线路又折回马德里，带你路过瓜达卢佩的圣母祭坛——从中世纪起那里就是西班牙最神圣的宗教圣地之一；以及历史悠久的城市托莱多——大教堂与城堡是这座建在塔霍河上的古城最吸引游客的景点。

著名景点

■ 去塞戈维亚途中会路过**殉难谷**，这座为纪念西班牙内战死者而建的纪念馆本身存在诸多争议。独裁者佛朗哥的遗体也安葬于此。

■ **萨拉曼卡城**是建筑史上一颗璀璨的宝石。其相邻的两座大教堂和主广场是西班牙最精美的建筑。你可以坐在咖啡馆里，边喝咖啡边看着人群从你面前走过。

■ 秘鲁的征服者弗朗西斯科·皮萨罗出生于**特鲁希略**，该市宏伟的主广场上有一座他身着戎装的雕像。

■ 穆斯林、犹太人和基督徒都在**托莱多**留下过他们的印迹。不要错过艾尔·葛雷科的故居与博物馆。

阿维拉古城，建在山顶的老城仍然保存着完好的中世纪城墙，有88座塔楼和9座城门。这里是圣特雷萨的家乡。

最佳旅行时间：全年均可，春天和夏初游客较少，野外有美丽的鲜花，还能看到山顶尚未融尽的积雪。

行程：全长535英里（861公里），大约需要1周。

行前计划：沿途有很多由西班牙政府经营的国营旅店（Parador），大多设在城堡、宫殿、以前的修道院和其他历史建筑内。建议你至少在这种旅店里住1晚。虽然价格较贵，但很值得。不过，你必须提前预订。

旅行须知：西班牙几乎每一座城市或地区都有自己的特色食品，如塞戈维亚的乳猪。每到一处，一定要打听当地的特色菜肴，然后好好品尝一下。

相关网址：www.spain.info，www.gospain.org，www.parador.es

在晴朗无云的蓝天映衬下，卡塞雷斯白石灰粉刷过的房屋墙面反射着刺目的阳光。

最佳旅行时间：3月到6月，以及9月至11月。注意避开酷热的盛夏。

行程：全长230英里（370公里）的线路有很多弯路，走完全程需要2天，要想玩得更开心、轻松，最好留出3天或更长的时间。

行前计划：晚秋季节要带上保暖的衣服，夜晚天气可能会很凉，但白天阳光下依然很热。带上饮用水和防晒霜。

旅行须知：小村庄里的人们仍然有午休的习惯，从下午14：00~17：00几乎没有什么人外出活动。大一些的市镇中的旅游信息中心可以查询地方节日活动的信息—如果你愿意参加，这类节日活动是种很好的体验；但如果你并不感兴趣，则应该尽量避开这些活动，若是与庆祝活动不期而遇，你的车会因此在路上耽搁好长一段时间。

相关网址：www.spain.info，www.gospain.org，www.andalucia.org

西班牙

安达卢西亚的白色村庄

徜徉在安达卢西亚南部的丘陵与村庄间，找寻从史前岩画到摩尔文化遗存的诸多历史财富。

有人说，安达卢西亚的阳光与世界上其他地方的不同。这在当地的白色村庄（Pueblos Blancos）中尤为显著。这些村子或盘踞在高高的山顶，或在山谷之中依山势而建。当西班牙仍在阿拉伯统治之下时，来自北非的柏柏尔人就在这里建立了许多村庄，如格拉扎勒玛（Grazalema）。这些居住点被建设成坚固的堡垒，以抵御基督教世界对艾尔—安达卢斯的窥伺。摩尔文化至今仍然影响着这里的艺术与建筑，每一座石灰墙装点的村庄，无论大小，都有着自己独特的故事。奥尔维拉地处阿拉伯人建立的格拉纳达王国与北部和西部的基督教势力之间；贝纳奥罕（Benaoján）的历史更加久远，附近还有著名的史前遗迹；阿尔科斯曲折起伏的街道、掩体和拱门则是阿拉伯建筑风格的精美体现。本游览线路从安提科拉到赫雷斯德拉，一路上欣赏沿途的村庄与安达卢西亚的美丽风景。在一座座明珠般闪亮的村庄之间是蜿蜒的山间小路，时而傍河而行，时而穿过狭窄的深谷，时而走进茂密的冷杉林或橡树林。老鹰在头顶盘旋，路边的牧场上还能看到悠闲地吃着草的牛。

著名景点

- **安提科拉**附近的洞穴与石室向人们展示着远古时代伊比利亚人的智慧。
- 奥尔维拉附近的**佩农自然保护区（El Peñón de Zaframagón）**里有很多兀鹫。
- **隆达**地处一个壮观的峡谷之中，是西班牙斗牛运动的中心。
- 贝纳奥罕附近有一些非常精美的**史前洞穴壁画**。
- **阿尔科斯**建在一座石灰岩峭壁的崖顶，从那里可以俯瞰瓜达利特（Guadalete）山谷的全貌。

纳克希的城堡屹立于绿洲之中，城堡背后是贾巴尔·阿克哈达崎岖的山峦。

最佳旅行时间： 11月至次年3月。山区会比较冷。不要在炎热的夏天前往。

行程： 这条470英里（756公里）长的线路至少需要4天，其中要在尼兹瓦停留两晚，以便从那里出发分别前往附近的巴赫拉赫城堡与贾布林城堡。另一晚则住在海边的阿斯·苏瓦伊克（As Suwayq），以便第二天参观纳克希城堡。

行前计划： 公路路况很好，离开大路后则必须乘坐四驱车。

旅行须知： 沿途的指示牌都使用英语。当地对司机和车辆行驶的管理规定很严，甚至驾驶的车辆不干净也会遭到处罚。路上车辆和加油站都很少，应随时注意加满汽油，带上足够的水，还要做好维修车辆的准备。

相关网址： www.omantourism.gov.om，www.mark-oman.com

阿曼

阿曼城堡游

越野车带你驰骋在沙漠中，寻找宏伟的城堡、古老的村庄和险峻的山口。

大约有1000座用土坯或石块砌成的城堡、塔楼和堡垒散落在阿曼的国土上，足以证明其控扼波斯湾入口的地理位置在战略上的重要性。从它的首都马斯喀特沿公路向西南而行，沿着环形的线路一路走下去，你会看到这些耸立在山脊上的军事要塞与村庄中的土坯房子、周围的椰枣树林和起伏的山峦融为一体，形成一道美丽的风景。曾经在1650年赶走葡萄牙人的雅里巴王朝与随后的阿布·赛义德王朝建造了其中大部分要塞。旅行的第一站是阿曼的古都尼兹瓦，那里有一座17世纪建造的著名堡垒，侧面建有一座巨大的圆形塔楼。它的附近是巴赫拉赫与贾布林，两者均是堡垒和宫殿的结合体。在享受过月色下奇异的美景后，接下来的旅程将会挑战你的神经。车子会带你离开公路，进入连绵的大山，在崎岖蜿蜒的山路上行驶。翻过一系列山脉后，巴提那赫平原出现在你的眼前。在返回大路前，你还会看到两座要塞：阿尔·鲁斯塔克和哈兹姆。最后，在回到马斯喀特前，沿着一连串海边的防御工事，你还将看到位于贾巴尔·阿克哈达山脚下的纳克希城堡。

著名景点

- 在去尼兹瓦的路上，可在**萨伊克**停留吃午饭，欣赏美丽的群山。
- 在**尼兹瓦**的露天市场与卖陶器、银器的小贩砍价。登上城堡，浏览城市全景。
- 从尼兹瓦出发前往**瓦第格胡尔**（Wadi Ghul），游览阿曼的“大峡谷”，该峡谷旁边就是阿曼的最高峰，海拔9840英尺（3000米）的贾巴尔·萨哈姆峰。
- 参观被联合国教科文组织认定的世界遗产，新近复原的7英里（11公里）长的**巴赫拉赫**城墙。
- 在**纳克希绿洲温泉**旁椰枣树林的遮蔽下野餐，看着孩子们在温暖的池塘中玩耍，女人们则利用泉水洗衣服。
- 乘坐四驱车，在干枯的河道中**疾驰**。
- 享受**乳香**的熏沐，在晚饭后抽上一袋水烟。

从开罗到好望角

这是一次梦幻之旅——纵贯整个非洲大陆，见识了沙漠、瀑布、数不胜数的野生动物，以及丰富多彩的民族文化。

出租车穿梭在繁忙的开罗街道上，此起彼伏的喇叭声不绝于耳；穿着阿拉伯长袍（Galabayyas）的男人坐在街边喝着咖啡，分享同一管水烟。从这里，我们将乘飞机直飞肯尼亚首都内罗毕，因为如果乘车的话，中途穿越苏丹和埃塞俄比亚的路程充满了危险。在坦桑尼亚境内，公路沿着野生动物保护区的边缘前进。夏日午后的暖风会带来保护区中斑马的叫声，它们在你宿营地下面山谷的河岸上踢踏着尘土，不耐烦地等着喝水。到了晚上，成群的大象又从那里走过，寻找金合欢树的豆荚。在东非大裂谷的马拉维湖，鱼鹰盘旋在清澈见底的湖面上，等待抓获猎物的时机。傍晚的湖面被落日的余晖映照得五彩缤纷，水鸟的大合唱渐渐息去，取而代之的是入夜后的虫鸣。维多利亚瀑布溅起的水花将赞比西峡谷笼罩在一片白雾之中，当地人把它称为“莫西—阿—吞雅”（意为“怒吼的烟”）。再向前行，树木越加稀疏，植被渐渐稀少，越来越多裸露的岩石将你带到漫无边际的纳米布沙漠，偶尔能看到一两头南非剑羚正在四处寻找水源。在旅程的最后一段开普海滨，你还能看到鲸鱼与海豚；高高耸立的桌山脚下就是此行的终点：南非开普敦。

经过穿越整个大陆的漫长旅行后，雄伟的桌山出现在眼前，开普敦城匍匐在它的脚下，那里就是此行的终点。

著名景点

■ 在坦桑尼亚塔拉哥尔（Tarangire）国家公园，你可以坐在狩猎营地舒适的帐篷中观赏野生动物。公园最著名的野生动物是大象，成群结队的大象最多时可超过200头。

■ 在马拉维湖国家公园——联合国教科文组织认定的世界遗产——乘坐皮艇游览湖景，并在曼波（Mumbo）岛停留。

■ 乘坐微型滑翔机观赏维多利亚瀑布。

■ 乘坐“莫考罗”（独木舟）穿行于博茨瓦纳奥卡万戈三角洲的潟湖与小河中，欣赏千姿百态的野生动植物。

■ 在纳米比亚埃托莎洼地（Etosha Pan）的纳穆托尼水塘观赏动物。水塘四周架设了泛光灯，以便游客晚上游览。

最佳旅行时间： 10月至次年4月。

行程： 全长5500英里（8851公里），其中从内罗毕到开普敦公路全长3510英里（5649公里）。你至少需要留出6周时间才能从容地在途中停留观赏。

行前计划： 大部分饭店和景点都需要提前预订。沿途国家签证手续可能各不相同，需多加注意。你可能还需要注射黄热病疫苗。

旅行须知： 开罗每天有班机飞往内罗毕，你可以从内罗毕开始公路之旅。4月是乘坐微型滑翔机观赏维多利亚瀑布的最佳季节。

相关网址： www.triotours.com，www.africa.com，www.tourism-africa.co.za，www.africatravelresource.com

穿越撒哈拉

沿着古代商队走过的线路，探寻历史悠久的文化，挑选异域风情的商品，欣赏雄伟的山峦与壮阔的沙漠。

这里的沙漠宁静安详，与喧嚣的城市形成鲜明的对比。沿途城镇的露天市场中充满着买卖双方竞价的争吵，宣礼员召集信徒祈祷的声音回荡在迷宫般狭窄的街道上空；正午的炎热把人们从街道上赶走，咖啡馆里却热闹起来，整个城镇浸沐在香料的香气中。这条线路的起点位于休达，这座北非城市属于西班牙，距离海峡对岸的直布罗陀只有 12 英里（19 公里）远。终点则是毛里塔尼亚城市努瓦克肖特。在摩洛哥中部阿特拉斯山脚下的马拉喀什，你能看到当地黄土建成的房子已经显露出不同于地中海沿岸的非洲风格。柏柏人建造的城堡式宫殿点缀在沿途公路两边，高高的城墙与四周风景融为一体。再往前走，起伏的山脉被壮观的西撒哈拉大沙漠所代替。糟糕的路况、变幻无常的政治局势和沙暴令接下来的旅行很难再精确安排行程。沙漠一直延伸到大西洋岸边，公路则沿着沙与海的交界蜿蜒向前。随着公路进入毛里塔尼亚境内，路边咖啡馆的收音机里不再传出摩洛哥传统的恰比歌曲，而是变成了当地提蒂尼特琴（一种类似琵琶的乐器）演奏的优美旋律。当地人穿着的传统服装也十分靓丽鲜艳。

著名景点

- 摩洛哥的**非斯老城**（Fes el-Bali）是一座城墙环绕的古老城市，城中到处是迷宫般的街道和市场。建议逛一逛指甲花市场（Henna Souk）。

- 蜿蜒的道路带着你穿过阿特拉斯山脉位于摩洛哥南部的**托德拉峡谷**（Todra Gorge）——摩洛哥最深的峡谷，还有被称为“有1000座城堡的河谷”的**达德斯河谷**（Dadès Valley）。

- **艾本哈杜**古城位于摩洛哥南部的沙漠中，高大的城堡兀然耸立，哈桑二世清真寺是那里的著名景点。

- 在毛里塔尼亚可以绕一段路拜访伊斯兰第七大圣城——古老的**欣盖提**。当地还有一系列穿越撒哈拉沙漠的旅游线路可供你选择。

汽车在摩洛哥南部靠近艾本哈杜的阿特拉斯山贫瘠的岩石坡上行驶，远方依稀可以看到积雪覆盖的山顶。

最佳旅行时间：9月至次年3月，摩洛哥的气候较为凉爽，不过南部的毛里塔尼亚仍然很炎热。

行程：1845英里（2969公里）。不要急着赶路，至少要为此行准备出2周时间。

行前计划：准备好所有需要的签证——出发前就办好签证要比沿途临时申请更方便。旅行沿途的信息也要事先了解清楚，包括当地的政治局势（特别是西撒哈拉）。如果你想自己驾驶车辆，一定事先做好充分准备。

旅行须知：带上驱虫剂以对付采蝇。如果你想乘坐公共汽车，请记住当地几乎没有所谓时间表的概念。很多汽车只有等乘客坐满了才会出发。

相关网址：www.triotours.com，www.visit-morocco.org，www.morocco.com

花园大道两旁的山坡上长满了正在绽放的野生芦荟。

最佳旅行时间：11月至次年2月（南半球的夏天），不过12月时当地会有许多南非本国的度假游客。

行程：你可以在1天之内开车走完这段230英里（370公里）的路程，但大部分游客都会在中途多次停留，花一两天时间游览当地景色，再继续前行。

行前计划：旅店最好提前预订。一些比较著名的登山线路有人数限制，也需要提前预订。

旅行须知：一定要品尝一下当地鲜美的杖鱼（Snoek）。烤杖鱼是一种难得的美味，如果你能接受它那永远也挑不完的刺。

相关网址：www.gardenroute.co.za，www.gardenroute.com，www.southafrica-travel.net

南非

花园大道

沿着这条风景如画、游人如织的大道行进，一路上到处可见白色的沙滩、峻峭的悬崖、茂密的原始森林和雄伟的山脉。

对于早期来到开普敦的荷兰移民来说，这片从开普敦向东、沿西开普省海岸伸展的土地富饶肥沃，有着温和的地中海式气候，简直就像是《圣经》中提到的伊甸园。今天，这条名副其实的“花园大道”已成为南非最值得一游的景点。从摩梭湾延伸到风暴河小镇的花园大道一路上经过许多宁静的港湾与美丽的沙滩，以及无数风景各异的湖泊、河流与湿地。它的内陆一侧是奥腾尼夸山和齐齐卡马山，雄伟的山峦俯视着茂密的森林和国家公园。乔治镇是一座历史悠久的城市，也是探索沿途风景的绝好基地。你可以尽情享受原野国家公园的天然野趣，欣赏克尼斯纳河口被海水冲出的潟湖。再向前行是位于大道中段的克尼斯纳森林，这里是南非面积最大的天然森林，生长着巨大的非洲罗汉松、白色的赤杨树和开普栗树等古老树种，还有各种各样的蕨类与野花。你可以在途中绕道拜访齐齐卡马国家公园，风暴河在那里切开陡峭的悬崖，流入印度洋；壮观的景色简直无与伦比。

著名景点

- 徒步进入**原野国家公园**游览，那里有多种多样的野生动物，环境也很幽静。
- 在花园大道沿途有多个地点可以观赏**鲸鱼和海豚**。
- **齐齐卡马国家公园**保护着非洲最大的海洋生物种群，同时还有茂密的森林和大量鸟类。
- 尽情享受**徒步旅行**以及其他多种**户外探险活动、水上运动**的乐趣。

62052

3 发动机轰鸣

无论奢华还是简朴，无论轻松还是刺激，美妙的铁路之旅总有一点相同，那就是它们展示给人们的无穷魅力。从踏上车厢阶梯的那一刻起，你就进入了一个充满梦幻的世界：引人入胜的自然风景，千姿百态的风土人情，再加上一份好莱坞式的经典浪漫。这些线路既包括威尼斯—辛普隆东方快车和从莫斯科到北京的西伯利亚铁路等举世闻名的铁路线，也包括很多不为世人所熟知的线路。除了南极洲以外，世界各大洲都有四通八达的铁路网。其中，有各种各样或浪漫或惊险的铁路旅游线：从南非的原野之旅，到深入瑞典北方的极地风情游；有穿越时空的历史之旅：从行驶在落基山金矿区的老式蒸汽机车，到“二战”遗留下来的桂河大桥；还有带你体验现代科技的线路：从风驰电掣的日本子弹列车，到穿越世界屋脊的青藏高原铁路……

“詹姆士二世党人”蒸汽专列在西苏格兰高地上行驶。这趟列车途经一系列沼泽、湖泊和峡谷，还有风景秀丽的西海岸，这是英国最美丽的地区。

雪羊生活在落基山脉林线之上陡峭的山坡上。

加拿大

落基山专列

坐上温哥华至班夫的列车，沿着令人惊心动魄的铁路线横贯加拿大落基山脉。

列车钻进一条在大教堂山山腹中回旋的隧道，刚才还从窗外掠过的参天松树和陡峭的山体消失在一片黑暗之中。几分钟后，出现在你眼前的是远古冰川侵蚀而成的美丽风景。这只是此行中的一个小小片段。落基山专列是一趟只在白天开行的列车，一路上穿过隧道和高架桥，将沿途壮丽的山色尽收眼底。它从温哥华出发，沿着费雷泽河谷进入落基山脉，跨过湍急的地狱之门。有恐高症的乘客在这里最好不要向窗外张望。在坎卢普斯停留一夜后，列车开始沿着更加陡峭的线路上行。穿过科瑙特隧道，翻过海拔5000英尺（1524米）的惊马隘口（Kicking Horse Pass）。金雕在高空中盘旋，窗外陡峭的岩石、雪峰和终年青翠的密林令游客惊叹不已。

最佳旅行时间： 惊马隘口每年4月初到10月中旬开放，如果你想看雪山，可以选择4月或10月前往。

行程： 从温哥华出发到班夫或卡尔加里需要2天，中途在坎卢普斯市的旅馆过夜。你也可以乘坐从西向东运行的列车。

行前计划： 你可以选择豪华的、有透明顶篷的“金叶”（Goldleaf）车厢（摄影爱好者的最佳选择），也可以选择普通的“红叶”（Redleaf）车厢。

旅行须知： “红叶”车厢供餐均为冷食，如果需要吃热的饭菜可以选择“金叶”车厢。

相关网址： www.canadiantrainvacations.com，www.rockymountaineer.com

著名景点

- 欣赏沿途的壮观风景，如深达1980英尺（604米）的**弗雷泽河谷**，还有号称“**地狱之门（Hell's Gate）**”的垭口，弗雷泽河就从对峙的两山之间流过。

- 列车抵达坎卢普斯时，由志愿者组成的**坎卢普斯巡警**会身穿蓝色衬衫，热情友好地赶到郊外欢迎。

- 在坎卢普斯休息一夜继续上路后，留心观察沿途的**野生动物**，你可以看到麋鹿、熊、鱼鹰和狼。如果3名乘客同时看到一只动物，其真实性将被正式承认。

- 享受列车上的美味佳肴和高质量**服务**。列车上的商品琳琅满目，从巧克力饼干到当地的酒一应俱全。

西部旷野上的风

在落基山的崇山峻岭中体验真正的狂野西部。

这是一次真正的西部之旅：起伏连绵的高山、赭红色的岩石，还有金黄色的牧场，一切西部片中的场景都在这里一一再现。“加利福尼亚微风号”（California Zephyr）列车运行于科罗拉多州丹佛市至犹他州盐湖城市之间，这条铁路上原来运营的丹佛—里奥大西部铁路公司已然不复存在，但其口号“直贯落基山，不走冤枉路（Through the Rockies, not around them）”却一点也没有过时。列车驶离丹佛后一路向东，沿途总共要穿越28条隧道。坐在老式车厢中的乘客不必顾虑窗外的劲风，可以舒适地欣赏高原上广袤的美景。从长达6英里（10公里）的莫法特隧道中穿过落基山脊大陆分水岭后，铁路沿山势下行至泰博纳什，再顺着蜿蜒的科罗拉多河，跨过令人头晕目眩的峡谷，抵达格兰伍德温泉和犹他州边界。然后，列车沿着摩押沙漠的边缘再次爬上高山，翻过气候寒冷、长满低矮灌木丛的士兵峰，抵达此行的终点盐湖城。一路上除了科罗拉多河中偶尔可见回旋在激流中的一两条皮艇，几乎看不到任何人类的踪迹。窗外的风景与19世纪先驱移民见到的几乎毫无二致，足以令你浮想联翩。

犹他州摩押沙漠中的牛仔。

著名景点

■在格兰比（Granby）与格兰伍德（Glenwood）温泉之间，列车要沿**戈尔峡谷**底部行驶20英里（32公里），你可以透过头顶的观光玻璃欣赏两侧高耸的峭壁。

■**格兰伍德温泉镇**附近有很多火山温泉，那里还是著名西部枪手“医生”霍里戴的长眠之处。列车从附近的科罗拉多河上经过时，你可以看到正在与激流搏斗的**皮艇**爱好者。

■在到达士兵峰前，留意路边被称作“**城堡大门（Castle Gate）**”的岩石拱门。

■列车驶过士兵峰，快要到达犹他州普罗沃市时，在你右手一侧的窗外可以看到1983年被山体滑坡掩埋的**希苏尔（Thistle）镇**的房屋屋顶。

最佳旅行时间：全年每天都有列车运行。夏天的景色多姿多彩，雪山、青草、戈壁和湍流相映成趣。冬天这里则是一片冰封之地，犹如童话世界一般。

行程：从丹佛到盐湖城全程运行时间约为15.5小时。

行前计划：“加利福尼亚微风号”的运营商是美国国家铁路客运公司（Amtrak），5次和6次（由东向西行驶）列车始末点分别为芝加哥联合车站和奥克兰火车站，途经奥玛哈、丹佛、盐湖城、多纳山口和萨克拉门托。从奥克兰火车站到旧金山可乘坐公共汽车。

旅行须知：进入观光车厢后一定要赶快找好座位，很快车厢里就会挤满游客。左手边的座位可以看到最好的风景（如果你选择从西向东的列车，就坐右手边的座位）。

相关网址：www.amtrak.com

Rio Grande
497
497

对页：坎布里斯—托尔特克观光专列驶过坎布里斯山口，原野上秋色正浓。山口西侧的铁路线坡度非常罕见。
上左：列车操作员正在给蒸汽机车加水。
上右：牛群正在通过铁轨。

美国

坎布里斯—托尔特克观光线路

乘坐老式蒸汽机列车，欣赏迷人的山色，体验真正的老西部风情。

坎布里斯—托尔特克（Cumbres & Toltec）观光列车在嘶嘶作响的蒸汽和有规律的车厢碰撞声的伴奏下沿着在山腰铺设的窄轨行进，汽笛声在600英尺（183米）深的托尔特克峡谷中回荡，车头喷出浓浓黑烟，引擎发出震耳欲聋的喘息声。列车时而从令人目眩的高架桥上跨过深渊，时而从黄绿相间的草地上疾驰而过，时而沿着水花四溅的小溪驶入宽阔的谷地。站在开放式观景车厢上，周围的时间仿佛倒退100多年，回到了充满淘金梦想、英雄和匪帮的年代。丹佛—里奥大西部铁路公司于19世纪80年代建造的这段铁路是美国海拔最高、里程最长的窄轨铁路，用来将圣胡安山上开采出的黄金运到科罗拉多州的阿拉莫萨。现在的观光列车只在这条线路沿科内霍斯山脉、从新墨西哥州查玛市至科罗拉多州安东尼托市之间行驶，长约64英里（103公里）；但就在这短短的旅程中，海拔1.0015万英尺（3053米）的坎布里斯峰、风暴崖与托尔特克峡谷的峭壁，还有洛巴图与卡斯凯德的高架桥都会让你惊愕连连。与此同时，古香古色的特等车厢随着铁轨的颠簸轻轻摇晃，逼真地再现了“蝙蝠”马斯特森（Bat Masterson）和“圆滑的史密斯”（Soapy Smith）等西部传奇警长与大盗们活跃的年代。

最佳旅行时间： 列车从5月下旬到10月中旬每天发车。

行程： 这是一次悠闲轻松的旅行，从查玛（Chama）出发到安东尼托（Antonito），再加上乘车返回出发地的时间，需要一整天。

行前计划： 查玛和安东尼托两地住宿接待能力有限，但靠近安东尼托的阿拉莫萨（Alamosa）有不少旅馆和宿营地。列车车厢都经过改造，可供残疾人乘轮椅使用。列车中午在奥西尔（Osier）停靠，为乘客提供午餐，餐费已包括在车票中。

旅行须知： 每趟列车都配备有一两节开放式车厢，可供乘客体验蒸汽机车爬坡时震耳欲聋的轰鸣声，偶尔还会飘过一团煤灰。太阳帽与墨镜都是必不可少的装备，否则煤灰会把你弄得一团糟。尽管如此，为了欣赏美丽的风景还是很值得的。

相关网址： www.cumbrestoltec.com

著名景点

- 坎布里斯—托尔特克观光线沿途的建筑物和设施大多都是20世纪初建成的，有些甚至更加古老。如果你喜欢老式机车，一定要参观**查玛车场**（Chama Yard），那里收藏了很多老式窄轨列车。
- 从查玛向东至坎布里斯峰的线路中有一段是美国坡度最大的铁路线，从那里可以俯瞰2000英尺（610米）下的**查玛市全貌**。紧接着就是著名的大转弯（Tanglefoot Curve），洛斯匹诺斯河与**托尔特克峡谷**。
- **卡斯凯德**（Cascade）大桥是这条线上最高的桥梁，高100英尺（30米）。列车行驶在桥上时，乘客会感到地面似乎已经消失，车厢两侧窗外只剩下空荡荡的天空。
- 从奥西尔（Osier）往东，可以看到**加菲尔德纪念碑**，这是为纪念遇刺的美国总统加菲尔德而建立的。
- 在列车随山势而下、抵达终点安东尼托之前，宽度仅有3英尺（0.9米）的窄轨路线在贝格霍恩、维普拉什、拉瓦坦克等多处地方都有惊心动魄的**大转弯**。

美国西部的国家公园

沿着这条铁路线，一次就可将大部分美国西部最著名的国家公园饱览无余。

盛豪专列（GrandLuxe）有400米长，闪闪发亮的车身喷涂成白、品蓝和金黄三色，好像一条长长的缎带。经过彻底翻新和现代化改造的普式车厢代表了20世纪40年代的经典奢华，无怪乎喜爱它的人称其为“美国的东方快车”。你可以整天坐在观景车厢上层，透过360度的弧形玻璃顶篷欣赏沿途的风景，然后在豪华的休息室中找一把舒适柔软的扶手椅，品一杯精心调制的鸡尾酒，听角落里的钢琴演奏格什温的名曲。每天，列车供餐都会随途经地区的不同而改变。盛豪专列不仅提供奢华的服务，更帮助搭乘它的游客将美国最美丽、最多彩的自然和人文风景一网打尽。这趟跨越6个州的观光专线沿途经过的自然风景区包括怀俄明州的大提顿国家公园、斯内克河与黄石国家公园，犹他州和内华达州干涸的湖床、沙漠和山谷盆地，还有亚利桑那州的大峡谷国家公园。想要尽情享乐或体验当地人文历史的游客则可以游览犹他州的盐湖城、内华达州的拉斯韦加斯、亚利桑那州的霍皮人聚居地和赛多纳城，还有新墨西哥州的圣达菲与旅行的终点阿尔布开克。

著名景点

- 列车备有周到的服务，并针对沿途景点配备专业讲解。休息车厢里还会有专业钢琴师为你演奏。
- 观赏黄石国家公园的间歇泉、温泉，以及野牛、秃鹰、麋鹿和野熊等动物。温泉与火山活动使公园中的地形多种多样，形态各异。
- 在大峡谷南侧的山脊上眺望大峡谷。
- 在亚利桑那州的矿山小镇杰若米（Jerome）拜访当地的艺术家社区。

黄石国家公园最著名的便是这些五颜六色的火山温泉与火山湖。

最佳旅行时间：西部国家公园线路只在每年春季和夏季开放，具体日期每年都不相同，可从网上查询。

行程：全程共需大约9天，其中1~2晚住在豪华酒店中，其他时间则在火车上过夜。

行前计划：盛豪专列负责组织乘客游览沿途的国家公园。你可以在网上或通过电话订票。小费大约每天15美元。

旅行须知：着装尽可随意，带上徒步鞋以便游览国家公园。

相关网址：www.americanorientexpress.com

奇华华—太平洋铁路穿过蒂维萨德罗附近的铜峡（Copper Canyon）。

最佳旅行时间：奇华华—太平洋铁路全年运营。进入旱季（3月至7月）后，绿意盎然的山头很快就会变成荒草一片，露出古铜色的岩石。

行程：572英里（921公里）的路程共需16小时。

行前计划：旅游专列（Primera Express）早上6:00从洛斯莫奇斯发车，晚上22:00到达奇华华。想省钱的游客可以选择经济列车（Clase Económica），票价只有正常的一半，每天早上7:00发车，晚上23:00到达奇华华。你也可以搭乘相反方向的列车，从奇华华发车的列车行车时刻与此相同。

旅行须知：你可以考虑从埃尔富埃尔特搭乘火车，而不是从洛斯莫奇斯。这样你既可以有充裕时间游览埃尔富埃尔特，也不会错过这条线路最精彩的部分——特莫里斯—巴黑奇沃段。靠南一侧的座位可以欣赏到更好的风景。

相关网址：www.chepe.com.mx

墨西哥

奇华华—太平洋铁路

带你深入墨西哥的马德雷山脉，横越壮观的铜峡。

从波光粼粼的加利福尼亚湾到高耸入云的马德雷山，奇华华——太平洋铁路（缩写为 El Chepe）共有 39 座高架桥和 88 条隧道，沿途均为峭壁与古铜色的山岩环绕。这条深入马德雷山、为开采金矿而修建的铁路从开工到建成足足经过了 1 个世纪。现在，铁路本身就是吸引八方游客的一座金矿。铜峡（Copper Canyon）的面积是美国大峡谷的 4 倍，景区人烟稀少，保留着大自然的原始风貌。从列车宽大的玻璃窗向外看去，整个峡谷的复杂地貌尽收眼底。有青翠的山谷，也有寸草不生的峭壁，还有许许多多山涧瀑布。塔拉哈穆拉印第安人是这里的土著居民，也是墨西哥第二大土著民族。他们居住在分布于峡谷各处的小村落中，保留着传统的生活习俗。列车停下来的时候，你能看到孩子在铁轨旁玩耍，女人则坐在一旁编织，或是叫卖木雕、玩具和草篮。抵达终点奇华华后，不要忘记参观宪法广场（Plaza de la Constitución）上巴洛克式的圣弗朗西斯（St. Francis of Assisi）大教堂。

著名景点

■ **埃尔富埃尔特市**历史悠久，市中心街道由鹅卵石铺成，两旁矗立着殖民地风格的酒店。这里是附近山中开采的金银矿藏的交易中心。

■ 列车在**埃尔富埃尔特**到**科利尔**之间会沿着“之”字形线路蜿蜒爬升6560英尺（2000米），这一段是欣赏峡谷全景的最好地点。

■ 参观奇华华的**国家革命博物馆**，馆址是墨西哥著名革命领导人**潘乔·维亚**的故居。那里展出的收藏品包括1923年维亚遇刺时乘坐的那辆弹痕累累的道奇牌汽车。

奇瓦快车

沿着古老的铁轨从厄瓜多尔壮丽的安第斯山区走到沿海的热带平原。

经历了20世纪80年代厄尔尼诺现象造成的大洪水后，行驶在基多到瓜亚基尔铁路上的质量低下、摇摇欲坠的厄瓜多尔列车被一种称为奇瓦快车(Chiva Express)的新型专列取代。这种车身喷涂着鲜艳原色的奇瓦快车实际上是一辆公共汽车，经过一番粉饰装潢后被改造成专门在铁轨上行驶的车辆。游客可以坐在车顶的露天座位上，腰间系好安全带，一边握紧身边的铁栏杆，一边在寒冷的微风中欣赏瑰丽的风景，就好像坐在过山车上一样，从高高的安第斯山一直下降到海边的热带平原。旅行的起点是坐落在钦博拉索山脚下的里奥班巴市，这是一座历史悠久的繁华城市，有着鹅卵石铺就的街道、殖民地时期风格的广场和热闹的周六市场。奇瓦快车从这里沿着有百年历史的铁道一路向南，随着海拔不断下降，周围的气候也迅速改变；刚才还在寒冷的安第斯山区，不一会儿就进入一片茂密的雾林，那里终年云雾缭绕；很快雾林又被海边的热带雨林取代，炎热的空气令你不得不一再减少衣服。沿途的地形也千变万化，有积雪覆盖的火山，有陡峭的悬崖，有大片开满紫色羽扇豆的草场，当你来到靠近海边的终点瓜亚基尔时，还能看到茂密的热带丛林、香蕉园和棕榈树。

著名景点

- **“恶魔之鼻(Devil' s Nose)”**是一座突兀的花岗岩山体，快车在此沿着“之”字形线路爬上近乎垂直的峭壁，令人叹为观止。
- 品尝当地出产的**卡内拉佐(Canelazo)酒**，这是一种用烈酒浸泡奎东茄、肉桂，再加上白糖制成的热甜酒。
- 色彩鲜艳、顶部带有**露天座位**的奇瓦快车本身就是这条铁路线上的一大风景。

最佳旅行时间：厄瓜多尔的气候一年四季基本没有什么变化，所以全年都适合游览。

行程：里奥班巴至瓜亚基尔的铁路线全长约160英里（257公里），行程8小时。

行前计划：发车时间经常改变，出发前应仔细问清。奇瓦快车上的座位没有编号，所以最好早一点儿到，以便占一个好位置。

旅行须知：最好多穿几件衣服，这样可以随着气温的变化不断减少衣服。带上雨具以及一件柔软的东西当坐垫。

相关网址：www.metropolitantouring.com，www.chivaexpress.com

一辆色彩鲜艳的奇瓦快车正行驶在风光壮丽的安第斯山上，它只有一节车厢，实际上就是一辆公共汽车。

牧民正赶着一群大羊驼经过的的喀喀湖边的高原。

最佳旅行时间：列车全年行驶，但5月下旬至9月的旱季期间天气比较晴朗，列车正点率也较高。

行程：列车行驶完175英里（282公里）的线路需要大约10小时。

行前计划：有两种档次的列车可供游客选择：背包游（Backpack）专列和安第斯探索者（The Andean Explorer）专列。如果你想乘坐背包游专列，需要早一点儿到火车站，因为车票不能预订。安第斯探索者专列提供三餐，并且配备了露天的酒吧车厢。

旅行须知：带上一些治疗高原反应的药物，列车中途通过的拉拉亚山口海拔相当高，可能会使你感到呼吸困难。如果你不在意错过甜食的话，最好在用过餐后早一点儿到休息车厢占一个位置，车厢里很快就会变得很挤。

相关网址：www.perurail.com

秘鲁

安第斯探索者

穿越安第斯山，直达世界上海拔最高的可通航湖泊——的的喀喀湖。

安第斯探索者专列（The Andean Explorer）从古印加帝国的首都库斯科出发，行驶在一片地势渐高、绿意盎然的原野上，沿着蜿蜒流淌的胡阿塔内河，穿过桉树林与大峡谷，经过当地村庄泥土屋顶的房子和殖民地时代风格的教堂，向着远处黝黑的安第斯山脉行进。你可以透过车窗观察当地人的生活：小男孩拿着纤细的鞭子驱赶着庞大的牛群；女人牵着羊驼，羊驼的身上披着五颜六色的织物；农民在玉米田中辛苦地劳作。大约驶过160英里（257公里）的路程后，窗外低缓的草地变成了广袤的高原，天气也变得寒冷起来。羊驼和小羊驼在四处吃草，遥远的天边则是一座座皑皑雪山。游客可以在沿途看到秘鲁安第斯山区的偏远村庄。在喧闹的胡利亚卡镇上，小贩会在列车到来时收起自己的货摊以便让列车通过，随后又马上在列车通过后搭起摊子继续叫卖。车尾总是跟着不少孩子，试图用双脚跟上列车前进的步伐。到达终点普诺后，迎接你的将是的的喀喀湖蔚蓝色的湖面，这也是世界海拔最高的可通航湖泊。

著名景点

■ 列车会在**拉拉亚（La Raya）山口**停留20分钟，那里是本次旅行的最高点，海拔1.4176万英尺（4321米）。你可以在车站上好好感受一下高原上的寒冷与空寂，或是买一些当地手工艺人用柔软的羊驼毛编织的毛衣和披肩。

■ 列车驶过拉科奇（Raqchi）时，在左手边的窗外可以看到**毕拉哥沦神庙**，这是印加人建造的最宏伟的建筑，用来供奉其信仰的造物神毕拉哥沦。

■ 上午11:00列车上会供应秘鲁最著名的**鸡尾酒**“Pisco Sour”。

“詹姆士二世党人”专列喷着浓烟驶过苏格兰高地。它还会驶过格兰芬南高架桥，喜欢看《哈利·波特》电影的朋友大概都很熟悉这座桥。

十佳蒸汽机车游览专列

伴着滚滚浓烟和轰鸣声，欣赏世界上最险峻的风景。

❶ 美国：得克萨斯州奥斯汀—得克萨斯中央铁路

这趟线上有两辆专列，均为修复一新、乘坐舒适的20世纪20年代的老车厢。河畔快车（River City Flyer）从奥斯汀发车，沿着科罗拉多河，穿越黑土地大平原广袤的棉花田到达利迪格（Littig），然后返回奥斯汀。山区快车（Hill Country Flyer）则沿着从雪松园（Cedar Park）经贝尔特拉姆（Bertram）到布尔耐特（Burnet）的环形线路行驶。

行前计划：列车全年运行。建议提前订票。
相关网址：www.austinsteamtrain.org

❷ 美国：华盛顿州雷尼尔山观光路线

这条环形的观光线路位于海拔1.441万英尺（4392米）高的雷尼尔山（Mount Rainier）南坡上。沿途经过农场和森林，跨过山间河谷上的高架桥，一路爬升到米纳罗湖（Mineral Lake）。列车在那里停留15分钟后返回出发点。沿途常能看到被机车轰鸣声惊动的罗斯福马鹿、熊、老鹰和其他野生动物。

行前计划：列车始发站位于塔科马东南的艾比（Elbe）镇，每天发车2~3班。座位通常不需要预订。
相关网址：www.mrsr.com

❸ 秘鲁：中央铁路

利马至拉奥罗亚（La Oroya）段铁路线位于安第斯山中，列车沿着山崖边缘狭窄的道路而行，跨过深幽的峡谷和漆黑的隧道。这里还是世界上坡度最大的铁路线，在短短90英里（145公里）内，列车一直爬升到海拔1.5693万英尺（4783米）的最高点。其中有一段“之”字形的铁路在峭壁上列成直上直下的四层，颇为壮观。安第斯中央铁路公司（FCCA）特意保留了一列蒸汽列车，作为旅游专列，每年部分季节向游客开放。

行前计划：FCCA的旅游专列为季节性的周末专列，建议提前查询线路并预订。
相关网址：www.festtravel.co.uk

❹ 澳大利亚：帕芬比利（Puffing Billy）蒸汽火车游览线

这是一条30英里（48公里）长的窄轨环形铁路，从墨尔本北部的贝尔格雷夫区出发，沿着丹德农山脉南麓而行，一路上游客可以欣赏到鸟群的欢快叫声，呼吸桉树发出的独特气息。列车逐渐爬上山坡，依次经过曼泽溪（Menzies Creek）站、绿宝石（Emerald）站、湖畔（Lakeside）站和葵花鹦鹉（Cockatoo）站，来到漂亮的小镇宝石溪（Gembrook），停留片刻后再驶回贝尔格雷夫。

行前计划： 列车全年运行（圣诞节当天除外）。

相关网址： www.puffingbilly.au

❺ 印度：尼基里（Nilgiri）山铁路线

这条铁路线地处风光引人入胜的尼基里山，是一处联合国教科文组织认定的世界遗产。从麦图帕莱亚姆（Mettuppalaiyam）出发的铁路线全长28英里（45公里），终点位于海拔7440英尺（2268米）的奥塔卡蒙德（Ootacamund）。这条铁路坡度非常大，以至于某些路段需要使用齿轮驱动系统推动列车前行。

行前计划： 全程需5小时。当地天气非常炎热，往返列车每天只有1班。

相关网址： www.mercury-india.com

❻ 匈牙利：布达佩斯儿童铁路

这条铁路修建于社会主义时期，用来培训10~14岁的儿童以备进入匈牙利国家铁路局工作。列车驾驶员是成年人，除此以外所有列车服务与操作都由儿童完成，相关规章制度与正常铁路线完全相同。周末列车会换上蒸汽机车。这条路线途经布达佩斯市内大部分旅游景点，还会穿过市郊的森林，你能够看到鹿、长耳朵的猫头鹰和熊。

行前计划： 列车全年运行，冬季运行时间为每天9：00~17：00（夏季每天7：00~17：00）。

相关网址： www.gyermekvasut.com

❼ 德国：哈兹窄轨列车（Harzer Schmalspurbahnen）

这是一条宽1米的窄轨铁路，从韦尔尼格罗德（Wernigerode）出发，到达诺德豪森（Nordhausen）。它的支路采用蒸汽机车牵引，从德莱阿宁霍纳（Drei Annen Hohne）一直爬上布劳肯（Brocken）山海拔3747英尺（1142米）的顶峰，沿途地势陡峭崎岖，林木茂密，属哈兹国家公园管辖。列车全年运行，只有冬季气候恶劣时暂时停驶。

行前计划： 韦尔尼格罗德至布劳肯车站有常规铁路列车运营。如果在夏季前往，一定要提前订票。

相关网址： www.nationalpark-harz.de

❽ 苏格兰："詹姆士二世党人"专列

这条线路因该地区与美王子查理和1745年詹姆士二世党人叛乱的关系而得名。从威廉堡出发，列车一路穿过大峡谷，经过艾尔湖畔，然后驶过弧形的格兰芬南高架桥。列车翻过群山，驶入终点西海岸的马莱格（Mallaig）时，内赫布里底群岛的全景将会展现在你眼前。

行前计划： 夏季是旅游旺季，必须提前预订。

相关网址： www.westcoastrailway.co.uk

❾ 威尔士：费斯提尼奥格铁路

费斯提尼奥格（Ffestiniog）铁路曾经被用来将摩尔文山脉出产的板岩运输至博斯玛道克码头。当初最早服役的一些机车现在仍然还在运营。从博斯玛道克（Porthmadog）出发后，火车带着你一路登上700英尺（213米）高、位于摩尔文山脉深处的布雷瑙费斯提尼奥格（Blaenau Ffestiniog），你可以下到几百英尺深的地下，参观巨大的旧板岩开采矿井。

相关网址： www.ffestiniograilway.co.uk

❿ 英国：马恩岛上的维多利亚时代蒸汽机车

这条3英尺（0.9米）宽的窄轨线路从马恩（Man）岛首府道格拉斯至埃琳港，沿途有陡峭的山坡和优美的海景。除了一部机车外，所有蒸汽机车都采用1874年设计的型号，列车则保持了19世纪80年代的风格。

行前计划： 列车运行时间为每年从复活节到10月间。

相关网址： www.iomguide.com

新干线

乘坐着繁忙的、颇具未来风格的“子弹头列车”，在日本的新旧首都间风驰电掣。

从1964年起，日本的主要城市之间就被一条称为“新干线”的超高速铁路连接起来。在2小时多一点儿的时间里，这些车身圆滑的“子弹头”列车可以跑完320英里（515公里）的距离：从日本曾经的帝都、民族的精神寄托之地——京都，直达17~18世纪幕府时代的江户，即今天的日本首都——东京。这段铁路线被称为“东海道”线，沿用了日本封建时代的古道名称，列车时速可达170英里（274公里），不但乘坐快捷舒适，而且沿途的风景也十分优美。离开京都林立的禅寺、神道祭坛和现代化的市中心，列车行驶在浓尾平原上，窗外是美丽的琵琶湖与一片片稻田和森林。过了名古屋后，就来到富士箱根伊豆国家公园。窗外的农田越来越密集，远处则能见到白雪覆盖的1.2万英尺（3658米）高的富士山顶。列车在横滨停留后，就驶入东京市区。终点站是新修建的新干线车站，哪怕列车晚点只有一分钟，你也会在广播里听到列车长礼貌的道歉声。

著名景点

- 如果你在日落时经过京都东北，可以欣赏到日本最大的淡水湖**琵琶湖**水面上美丽的天空倒影。
- 如果是3月或4月，从车上可以看到星星点点的白色和粉色的**樱花**。
- **富士箱根伊豆国家公园**中有起伏的山峦、温泉、熔岩地貌和火山口湖等多种景观供游客欣赏。

“希望号”是运行在东京至京都新干线上最快的列车。

最佳旅行时间： 3月或4月正是樱花盛开的时候，天气也不太热。新干线列车则全年运行。

行程： 希望（Nozomi）号从京都到东京用时2小时15分钟，光速（Hikari）号则需要2小时45分钟。

行前计划： 东海道线上共有三种列车。希望号只在大站停留（日本铁路周游券不适用于此种列车），光速号停靠的车站较多，回声（Kodama）号则每一个站都停。车票档次分“普通”和高档的“绿色”两种。

旅行须知： 你在英语标志中找不到“子弹头列车”（Bullet Train）的字眼，但可以看到“新干线”（Shinkansen）字样。

相关网址： www.japanrail.com

农夫正在密密的水稻田里弯腰劳作。越南四分之三的耕地都种植着水稻。

最佳旅行时间：最好选在10月至12月当地最干旱的时候前往。那里有时一天会下好几场雨。

行程：火车全程行驶时间为30小时，但强烈建议你中途在顺化和岘港下车游览。从岘港还可以前往美山和惠安。如果把这些都算上，从河内到西贡的旅程最少也要1周。铁路全长为1070英里（1722公里）。

行前计划：如果你打算在中途城市停留，就需要分段分别购票。最方便快捷的购票方式是通过下面给出的网页在线订票。如果你不在乎浪费时间，也不怕排队，那么你可以在车站直接买票，价格能够便宜一半。

旅行须知：如果你不习惯蜷曲着睡觉，可以多花一点钱购买软卧车票。软卧和硬卧车厢都有空调。一定要选择SE1次或SE3次列车，SE5次列车大部分沿途风景都在漆黑的夜晚一驶而过，到达顺化的时间是在凌晨3：00。

相关网址：www.vietnamtourism.com

越南

统一快车

行驶在贯穿全国的铁路线上，见证越南的历史与现实。

曾经有人形象地称越南国土为“一根扁担挑起两只装满大米的篮子”。两只篮子——胡志明市与河内市——分别坐落于国土的南北两端，两座城市的性格也截然相反。河内市松散平淡，胡志明市则显得急切而乐观。7天时间的统一快车之旅（The Reunification Express），沿着连接两市1000英里（1609公里）长的铁路，带你穿越越南全境，见识那里茂密的热带丛林、五颜六色的农田、嬉戏的水牛，残破的历史建筑和中国南海海滨的金色沙滩。如果你厌倦了窗外的风景，列车上也别有一番风光，越南人大多相当友好、热情。车轮与铁轨一成不变的旋律偶尔会被沿途喧闹的车站打破，你推我搡的小贩在窗外叫卖多汁的热带水果、饮料和小吃。你还可在半途中的越南古都顺化停留，在那里的街道上闲逛，参观占族雕塑博物馆，或是品尝当地的美食。

著名景点

■ **顺化的“紫禁城”**建在香江边，也是一处被联合国教科文组织认定的世界遗产。附近还有**皇家墓地**。

■ 从岘港出发，前往丛林深处的**美山**（My Son），参观14世纪的占族遗迹。

■ 游览岘港附近的**大理石山**，山中有很多星罗棋布的洞穴。岘港的城市风景则坐在火车上就可以看到。

■ 岘港附近的**惠安**在15世纪时是一座重要港口，城市风貌古香古色，历史建筑保存完好。

青藏铁路

乘坐最现代化的列车，行驶在世界海拔最高的铁路线上，穿越有着“世界屋脊”之称的青藏高原。

2006年完工的青藏（青海—西藏）铁路全长710英里（1143公里），连接着中国的青海省和西藏自治区。这条铁路比预定工期提前3年完工，沿途穿过难以逾越的昆仑山、险峻的峡谷和令工程技术人员谈之色变的大片冻土。列车采用了专门为高海拔气候设计的车厢，车厢内部有完整的供氧设备，车窗也喷涂了特殊颜料以抵御高原上强烈的紫外线。从格尔木出发，列车一路爬上陡峭的山峦，掠过耀眼的冰川，进入海拔高达1.5万英尺（4572米）、人迹罕至的冻土高原。餐车和酒吧都刷成纯白色，令人联想到一艘宇宙飞船的内部；每节车厢中都有一块滚动的液晶显示屏，向旅客播报海拔和车外气温等信息。许多旅客都需要使用氧气才能摆脱高原反应造成的不适。窗外偶尔可见几只羚羊和牦牛。列车在中途会经过此行中的最高点，海拔1.664万英尺（5072米）的唐古拉山口，那里的天空由于海拔原因格外湛蓝。经过唐古拉山口后，沿途海拔逐渐下降。列车在经过一座造型优美、有三座弓形跨梁的大桥后，最终抵达拉萨新建的7层高的火车站。公共汽车会载着你走完最后20英里（32公里）路程，进入拉萨的市中心。

对页：拉萨市外的哲蚌寺，一名喇嘛正向寺外张望。哲蚌寺是西藏规模最大、影响最广的寺庙，至今仍有世界各地的信徒前来朝拜。
上图：一趟青藏铁路上的列车驶过渺无人烟的青藏高原。

著名景点

- 列车驶离格尔木时，窗外闪亮的冰川与周围受冰川侵蚀而成的寸草不生的棕色岩石形成强烈对比，很值得一看。
- 列车行驶在青藏高原上时，你可以注意观察沿铁轨安放的**通气管**与**遮阳篷**，它们的作用是防止路基的冻土被太阳晒化或铁轨受力移动。
- **专为高原铁路设计的柴油机车**是美国制造的；由加拿大设计的车厢完全与外界密封隔绝，每个座位旁都有氧气供应。
- 看到窗外荒凉的景色，感受到当地严酷的气候，你一定会为建造这条铁路的**高超技术**惊叹不已。青藏铁路沿途的高架桥多达283座，其中最长的一座长度超过7英里（11公里）。
- 在拉萨一定不要错过**布达拉宫**，这座宫殿高高在上，俯瞰着拉萨全城。此外还有历史可以追溯到7世纪的**大昭寺**。在面貌日新月异的西藏，依旧保留传统的部分已越来越少。

最佳旅行时间：列车全年运行，但冬季气候十分寒冷。夏天火车可在日落前到达终点。你可以在格尔木查询列车时刻表。

行程：从北京到拉萨全程需要2天，首先坐火车从北京到格尔木，然后再乘青藏线经过11小时可至拉萨。

行前计划：从北京西站乘坐T27次列车。由于沿途海拔极高，患有心脏病或高血压的旅客将被禁止进入青藏线。所有乘客都要填写健康登记卡，以声明自己的健康状况可以乘车。车票分为硬卧和软卧两档。朝前的座位较贵。

旅行须知：一定要选择靠窗的座位，通道两侧的座位几乎看不到什么窗外风景。与乘坐飞机一样，饮酒时要小心，高海拔会增强酒精的作用。

相关网址：www.chinatibettrain.com

著名的桂河大桥建成于“二战”期间，现在仍有客运列车通过。

最佳旅行时间： 10月至次年2月是最佳旅游季节，天气凉爽，雨水也不多。11月下旬前往，则有可能赶上桂河节（River Kwai Festival）。列车全年运行，每天从曼谷发出两列火车：257次和259次。此外，还有从北碧发车前往南多的列车。

行程： 曼谷至南多全程需时4小时45分钟。

行前计划： 中途应在北碧停留1晚，并观赏桂河大桥。列车车厢只有三等座位，但干净舒适。从曼谷至北碧的票价约为100泰铢（3美元）。周末的旅游专列有二等座位。

旅行须知： 不需要预订，但由于天气炎热，建议你选择靠窗的座位。坐在靠河一边（左侧）经过桂河大桥时景色较好。

相关网址： www.thailandbytrain.com，www.seat61.com

泰国

曼谷—北碧—南多线

一次穿越美丽丛林的旅行，同时也勾起了人们对战争恐怖的回忆。

你在这次旅行中会看到泰国风景如画的田野，同时也能感受到战争遗留下的恐惧与创伤。从曼谷出发到南多的铁路线部分沿着过去臭名昭著的缅泰铁路（“死亡铁路”）而建，途中还通过著名的桂河大桥——两者都是日本占领军在“二战”期间利用同盟国战俘和当地征夫修建的，数千人在修建过程中丧生。离开曼谷吞武里车站，木制的车厢在机车牵引下嘎嘎向西而行，驶过一片片茂密的丛林。桂河大桥就在离北碧几英里远的地方，皮埃尔·博勒的小说和1957年出品的小说同名电影，让人们永远记住了它的名字。今天，桂河大桥已经没有了战争的气息，车行驶在桥上，可以看到小如蚂蚁的许多红色、蓝色、黄色的游艇，或停泊在河岸边，或是在浑黄的河水中疾驶。跨过桂河后，列车一直在万珀（Wampo）高架桥上行驶，桥墩用混凝土建造，并用木材加固，铁轨在绿色丘陵的映衬下像一条长长的缎带。由于进入缅甸的铁路已经废弃，南多就成为这趟旅行的终点。

著名景点

- 逛一逛曼谷的**水上市场**，女商贩纷纷坐在自己的小船里出售食品。
- 参观**北碧**的战争纪念馆，或是游览当地的泰式和中式庙宇、温泉，还有国家博物馆和其他与战争有关的博物馆。
- 如果你在11月最后1周来到泰国，可以到北碧参加**桂河节的庆典**，庆典上还有桂河大桥的声光造型表演。
- 驶过万珀高架桥后再回过头来欣赏河岸边的**陡坡**与山坡上摇摇欲坠的桥体，一定会别有一番感受。

东方的东方快车

唯一一趟直通新加坡与曼谷的列车，华丽得就像是一座随着铁轨前行的东方宫殿。

始于1993年的亚洲东方快车专列（Eastern & Oriental Express），带给人们一种在现代化铁路上所能享受到的极致奢华。车上的装潢和陈设无不令乘客有时光倒流之感，仿佛又回到那个铁路旅行仍然属于贵族与富人消遣的年代。车上配备了多个餐厅，酒吧中有人在演奏钢琴，此外还有一个小小的图书室。如果你喜欢，服务生可以将下午茶直接送到你的包厢。经过改造的车窗特别宽大，令车上乘客的视野大增；车厢装饰则采用东方主题与元素，墙上覆盖着雕花木板，酒吧与餐车内摆满了闪闪发亮的中国和泰国漆器、雕塑和雕花的镜子。亚洲东方快车是唯一一列从新加坡直通曼谷的列车，铁路线全长有1260英里（2028公里）。驶离规整、干净的新加坡，列车穿过一道防波堤进入马来西亚领土。沿途有时可见成排的棕榈树，整齐地沿铁路线延伸至远方；有时茂密而杂乱无章的丛林，则满满地挤在道边，几乎要贴上车窗。列车中途在槟榔屿上历史悠久的城市乔治敦停留，乘客可以在亚洲东方酒店（E&O Hotel）享用午餐，并乘船游览桂河，一切费用都包括在车票之中。最后一段旅程的景色是典型的泰国风光，两侧车窗外不断掠过一条条河流、农田，还有当地常见的水牛。

著名景点

- 列车最后一节车厢是开放式的**观景车厢**。你可以手拿一杯鸡尾酒，站在昂贵的**柚木**地板上，看着孤零零的铁轨逐渐消失在远处的丛林中。
- 在落日余晖正浓的时候，坐在餐车特别加宽的车窗前，享用一顿美好的**晚餐**。
- 游览槟榔屿首府乔治敦，参观富丽堂皇的**佛寺**和**殖民地时代的建筑**。

在亚洲东方快车装饰华丽的餐车中欣赏窗外风景。

最佳旅行时间：列车每年大约运行20趟，其中2月、3月和9月、12月比较集中。

行程：正常行程3天2晚，周三从新加坡发车，周日从曼谷发车。乘客也可以在沿途的车站上车。此外，还有较慢的列车。

行前计划：强烈建议你提前订票。车上的服务一应俱全，保管你万事无忧。10月到12月间部分班次的列车票价有25%优惠；夏季还会赠送在新加坡和曼谷的酒店住宿。

旅行须知：白天的着装比较随意，但晚餐需着正装。

相关网址：www.orient-express.com

印度

车轮上的宫殿

体验当年印度王公们奢华而多彩的生活。

印度北部的拉贾斯坦邦曾经是最富有和最奢侈的印度王公们聚集的地方，豪华的宫殿比比皆是。那些体现着丰富多彩建筑风格的亭台庙宇和山上的城堡，吸引着来自世界各地的游客。王公们在1947年印度独立后失去了权力的宝座，但他们那些精湛优美、雕梁画栋的宫殿与豪华的火车车厢，却被精心保存下来。登上这趟修复一新的专列，走进它那富丽堂皇的酒吧，让身穿束腰丝绸长袍、布巾裹头的侍者为你端上正宗的格雷伯爵茶，殖民地时代印度宫廷那穷奢极侈的生活仿佛又回到眼前。列车从新德里出发，首先来到城堡环绕的斋浦尔，这座城市因其粉红色外饰的古老建筑而被被人称为“粉红色的城市”。下一站是斋沙默尔，那里有一座用黄色砂岩建成、气势宏大的堡垒。接下来会有1天时间供你游览焦特布尔，伦塔波尔（Ranthambhor）孟加拉虎保护区，以及古老的奇塔加尔（Chittaurgarh）城堡。列车抵达下一站乌代普尔时，你会受到载歌载舞的街头艺人甚至佩戴着花环的大象的欢迎，然后在一座华丽的宫殿中享用午餐。在返回新德里之前，列车还会前往阿格拉一游。尽管沿途你都会受到王公贵族一般的款待，但是就像任何一次印度之旅一样，不管多么豪华的待遇都不能帮助你摆脱真实的印度：大街上到处是人力车车夫的大呼小叫，圣牛、骆驼横冲直撞，还有那股无处不在的香料气息。

著名景点

- 出发前游览一下**新德里中央火车站**，熙熙攘攘的繁忙景象是印度最真实的写照。
- 在豪华的餐车中品尝**可口的咖喱食品**。然后你可以回到自己的包厢休息，每个包厢中都有一名男侍为乘客服务。
- **骑着大象**沿着陡峭的山路前往斋浦尔附近的琥珀城堡。
- 在乌代普尔的水上宫殿中享用**正宗的英国下午茶**，品尝黄瓜三明治。把自己想象成王公邀请来的一位客人。
- 在乌代普尔与阿格拉之间的巴哈拉普（Bharatpur）**观赏鸟类**。
- 在阿格拉著名的**泰姬陵**度过一个宁静而难忘的下午。这座陵寝是沙贾汗国王为他深爱的妻子修建的。

最佳旅行时间：9月至次年4月。

行程：往返全程需要7天（周三到第2周的周二）。

行前计划：包厢共分3个档次，即单人床、双人床和沙发床。3种包厢都有空调和专用卫生间。你应该至少提前8个月预订车票。

旅行须知：薄衣服、驱虫剂与瓶装水必不可少。着装一定要得体——特别是女士，不要穿短裤、短裙，或无袖上装。该路线上也有普通的旅客列车，车票更容易买到，也更便宜；但大部分印度旅客列车的设施都很简陋。

相关网址：www.palaceonwheels.com

对页：斋浦尔的“风之宫”（Hawa Mahal），建于1799年，采用了当地出产的砂岩作为建筑材料。当年宫廷中的女子就坐在格子窗后面，边纳凉边打量过往的行人。

左图：乌代普尔皮科拉（Pichola）湖上的贾曼尼尔水上宫殿（Jagmandir Island Palace）是一座皇家离宫。

大吉岭的袖珍火车

这是一次别具一格的铁路之旅，带你从稻田相望的孟加拉邦北部，来到喜马拉雅山下云雾缭绕的茶园。

大部分在印度铁路上行驶的不是长长的货运列车，便是各大城市间现代化的高速客运列车。大吉岭（Darjiling）这条宽度仅有2英尺（0.6米）的铁路可算是其中的一个另类。这条铁路竣工于1881年，是当年东孟加拉国有铁路公司主管富兰克林·普利斯蒂奇的一项杰出成就。曲折的铁路线一头连接着稻米之乡比哈尔，一头直通到高山上云雾缭绕的茶园。这条铁路线上运行的小型机车本身就是一件古董。它从西里古里（Shiliguri）低地吃力地爬上山坡，带着乘客一览西孟加拉全景。火车行驶的速度比步行快不了多少（51英里[82公里]的路程要走8小时）。列车在古赫姆（Ghoom）车站爬上此行的最高点，然后顺着山势下降，走完最后4英里（6公里）路程，抵达海拔6811英尺（2076米）的大吉岭。当年那些在丛林覆盖、寸步难行的山坡上开辟铁路线的工程师和筑路工人实在是值得敬佩。一路上，车窗外的风景从绿油油或金黄色的农田逐渐变成雾气缭绕的山坡，在茶园和村庄里，布提亚（Bhutia）与兰查（Lencha）山上的女人和孩子穿着鲜艳的服装，戴着银首饰，纷纷向你挥手。在大吉岭，云开雾散的时候，你还能看到远方的喜马拉雅山。

著名景点

■ 在酒店订外带午餐时建议选择**印式素餐**（通常包括辣木豆、土豆和其他拌上咖喱的蔬菜，还有很多黏米饭），味道相当不错。

■ 大吉岭有不少**藏民**，很多村民都穿着藏袍，还有身着红色、栗色僧袍的喇嘛。

■ 大吉岭**最壮观的景色**是其北面的干城章嘉峰，尽管看上去近在咫尺，但实际距离足足有100英里（161公里）。

最佳旅行时间：11月至次年2月。

行程：最少2天，包括在大吉岭住1个晚上。列车往返各需要8小时。

行前计划：小火车每隔1天开行1次，发车时间不固定，而且必须提前订票。列车起点新贾曼尼尔车站有通往加尔各答和德里的列车。

旅行须知：带上几瓶矿泉水或软饮料，事先在你住的酒店订一份外带午餐（火车上没有餐车）。大吉岭气候寒冷潮湿，建议你带上毛衣及防水外套。

相关网址：www.touristplacesinindea.com/luxury-trains

袖珍的火车头牵引着列车经过一系列弯道终于爬上大吉岭。

笔直的印度洋—太平洋铁路通向远方的布罗肯山。

最佳旅行时间：印度洋—太平洋列车每周分别从珀斯与悉尼各发两班，全年运行。

行程：全程2704英里（4352公里），行车时间69小时（包含3晚）。

行前计划：必须提前订票。金袋鼠包厢有单人间和双人间2种，配备卫生间和淋浴间，三餐费用包括在车票中。红袋鼠包厢比较便宜，每间有2张床或折叠床椅，卫生间和淋浴是公用的。便餐需另外付费。如有6~10人同行还可以预订设施俱全的豪华私人专用车厢。

旅行须知：自驾车者可以将车装在平板货车厢上随列车一起运输，但需另外付费。

相关网址：www.railaustralia.com.au

澳大利亚

印度洋—太平洋铁路

笔直的铁路从富有的黄金之乡到鸡犬不闻的贫瘠之地。

这是一条横穿澳大利亚，从西海岸直达东海岸的铁路，全长 2704 英里（4352 公里），跨越三个时区，1970 年竣工。铁路沿途的地区终年晴朗少云，人迹罕至，几乎可称得上是世界上最荒凉的地方。列车从珀斯出发的时候，天才刚刚亮。很快，东行的列车将你带到库尔加迪（Coolgardie）和卡尔古利（Kalgoorlie），这些怀旧的小镇在淘金潮时期曾经格外繁荣辉煌。继续向前是纳拉伯平原。这是一片红色的荒原，地势平坦，植被稀少，人们称其为“连狗都不屑光顾”的土地。铁路在列车前方笔直地伸向天际，在大约 290 英里（467 公里）的路程内没有任何弯道——至今这仍然是一项世界纪录。中途，列车会在一个叫做库克的小镇上停留（据说这里的居民只有两个人），你可以走出车厢，好好体验一下那种极度的荒凉感。之后人类文明终于在斯潘塞湾岸边的皮里港和阿德莱德重现，列车将从这里开始爬坡，穿过连绵的布罗肯山，跨过达令河，进入东澳大利亚地区绿色的原野。然后，列车爬过崎岖的蓝山，穿过茂密的桉树林，最终来到平原上人口稠密的大都市——悉尼。

著名景点

■ 珀斯是一座时尚的城市，有着优美的公园、沙滩和温和的地中海气候。

■ 铁路两边不时有袋鼠跳过，如果你幸运的话，还能看到楔尾雕。

■ 游览库尔加利和卡尔古利附近的老金矿和废弃的小镇。

■ 在小镇库克（Cook）下车活动一下筋骨，欣赏纳拉伯平原荒凉的景色。

南阿尔卑斯山线列车在南阿尔卑斯山脚下跨过阿瑟山口国家公园中的毕利（Bealey）河。

最佳旅行时间： 在12月至次年2月新西兰夏季时前往。列车全年运行，每天早晨8:15从克赖斯特彻奇出发。

行程： 全程需4.5小时。你可以在格雷茅斯吃一顿简单的午餐，然后游览该城。你也可以只游览部分段落，即从铁路线的任意一端出发，然后在中途必停的杰克逊城（Jacksons）下车，入住当地的布伦纳湖酒店。

行前计划： 铁路7日一票通可以乘坐南岛（或南北两岛）的任意线路，价格很合理，有时候还赠送岛间渡轮的船票。列车上供应热饮和点心。

旅行须知： 啄羊鹦鹉善于偷窃食物和小饰品。在露台上观景时，一定要多加留神。

相关网址： www.tranzscenic.co.nz，www.lakebrunner.co.nz

新西兰

南阿尔卑斯山线

新西兰最险峻的铁路线，穿越陡峭的南阿尔卑斯山，将南岛东西海岸连接起来。

南阿尔卑斯山线（Tranz Alpine）从宁静、整洁的克赖斯特彻奇市出发，这座城市坐落在南岛东岸的太平洋边，南面是起伏的火山，北面则是怀马卡里里河（Waimakariri）。铁路线横穿新西兰南岛，直达西海岸城市格雷茅斯。这条线路就像是一条长长的山区观光缆车线，列车车厢都是开放式的，车上还配有讲解员。乘客首先看到的坎特伯雷平原，绿色的原野上点缀着三五成群吃草的绵羊，清新的微风直拂脸颊。驶过跨越怀马卡里里河的高架桥后，沿线景色一变，列车穿过一条又一条隧道，直向着白雪皑皑的南阿尔卑斯山挺进。阿瑟山口是此行的最高点，也是坎特伯雷区与西区的交界。铁路线从这里开始陡然下行，穿过长长的奥提拉（Otira）隧道，隧道外经常风雪交加。从隧道里出来，列车已到达山脚下，窗外是寂静的湖泊与山毛榉树林。蜿蜒的铁路最终将你带到慵懒的港口城市格雷茅斯。这一路上，由海滨到农田再到高山和森林，最终又回到大海的怀抱。多姿多彩的景色使南阿尔卑斯山线成为别具风味的观光之旅。

著名景点

- 险峻的**怀马卡里里河谷**曾经是那些寻找黄金、宝石的淘宝者的必经之路。现在这里已成为汽艇爱好者、钓鱼爱好者和皮划艇爱好者的天堂。沿河共有15条隧道、4座高架桥。

- 当沿海地区已经温暖如春的时候，海拔3018英尺（920米）的**阿瑟山口**却仍然天气寒冷，积雪皑皑。这里栖息着当地著名的啄羊鹦鹉。

- 从阿瑟山口出发，有多条**长短不一的登山线路**，登山爱好者可以欣赏沿途壮观的峡谷与飞流如线的瀑布。

莫斯科—圣彼得堡豪华专列

乘坐豪华的旅游快车，领略莫斯科至圣彼得堡沿途的俄罗斯风情。

莫斯科—圣彼得堡豪华快车（Bolshoi Express），可以让你充分体验到俄罗斯式的富丽堂皇。它的起点与终点所在的两座城市都有着辉煌的历史，连带这条铁路一起，无不是沙皇时代奢华生活的写照。在1851年铁路通车时，只有富裕的有钱人才被允许乘坐火车，因为上层社会害怕让大众享受铁轨带来的便利会造成无穷祸患。作为苏联解体后俄罗斯开通的第一条豪华快车，这座装在轮子上的五星酒店在各方面都极尽奢华。一等车厢只是它提供的最低待遇，再往上还有优等厢（Premium）、豪华厢（Grand）和特级豪华厢（Grand de Luxe），宽敞的包厢依次装饰着红色、白色与金色，配备了空调、电视、DVD和互联网。豪华快车只在每天晚上行驶，即便如此，乘坐列车本身也是一种旅游途中难得的享受。如果你想领略沿途风光，5月到7月是最佳季节。你可以看到俄罗斯著名的白昼，整晚天空都泛着微弱的白光；还有沿途丘陵地带连绵不绝的森林、河流、湖泊与沼泽。如果幸运的话，坐在温暖的车内，你还能安全地观察到野外出没的熊。在夏季乘坐莫斯科—圣彼得堡豪华快车的人，十有八九彻夜难眠。

著名景点

■ 莫斯科与圣彼得堡的火车站都极为宏伟。出自同一设计师之手的两座火车站均建于19世纪中叶，具有**意大利建筑风格**，体现了沙皇尼古拉一世对古典风格的钟爱——这条铁路本身也是他最得意的工程之一。

■ 游览莫斯科的**克里姆林宫**及其军械库博物馆，欣赏馆中珍藏的金银、珠宝、法贝热彩蛋、马车和帝国皇冠。

■ **圣彼得堡隐士博物馆**还有更多的法贝热彩蛋收藏，以及沙皇王冠上的珠宝和米开朗琪罗、马蒂斯等人的绘画作品。

莫斯科的俄罗斯国家历史博物馆及红场上的朱可夫元帅骑马像。

最佳旅行时间： 5月到7月可以欣赏到白昼现象。

行程： 单程行驶时间为9小时。加上游览莫斯科和圣彼得堡的时间，最少需要1周。

行前计划： 列车分别从莫斯科与圣彼得堡发车，双向行驶。每个包厢均有2个铺位，如果你愿意付双倍票款，也可以独占1个包厢。列车始发站分别为莫斯科的列宁格勒火车站与圣彼得堡的莫斯科火车站。

旅行须知： 洗漱用具、浴衣和拖鞋都由列车免费提供。如果你实在不能熬夜，最好也要设定闹钟，免得错过观赏日出的美景。

相关网址： www.grandexpress.ru/en

俄罗斯/蒙古国/中国

西伯利亚铁路

这是一条充满传奇色彩的铁路，它横贯整个西伯利亚，经蒙古高原至中国的首都。

太阳高高地挂在天空，列车在平坦的蒙古大草原上飞驰，铁路边不时出现一群群骆驼和一些圆圆的褐色帐篷——那是当地牧民的家。头一天你还在西伯利亚，跋涉在起伏的丘陵与陈旧的村舍间；第二天列车则会穿过绿树苍苍的群山，驶向中国的万里长城。这就是著名的西伯利亚铁路，它横贯辽阔的西伯利亚，从美丽的俄罗斯首都莫斯科直达古老的中国首都北京。列车走完全程需要整整 1 周，跨越 8 个时区。途经蒙古国的西伯利亚铁路是其最新线路，1956 年建成；沿途经过广袤的西伯利亚大平原、平坦的蒙古高原、荒芜的戈壁滩——正是当年成吉思汗金帐汗国的属地。从莫斯科出发的头 4 天，火车一直在西伯利亚大平原上行驶，除了无边无际的白桦树林，偶尔可以看到路边圆顶的俄罗斯东正教堂，再有就是如水晶般清澈的贝加尔湖。第 5 天早上随着天亮，窗外的景物开始变化。取而代之的是荒芜干旱的蒙古平原，骆驼和马群在不远处憩息，天空还能看到老鹰的身影。晚上，列车抵达中国边境，并在那里停留好几个小时，以便更换适合中国窄轨的轮子。从第 6 天起列车将进入中国境内，向着最后的目的地北京进发。巍峨的万里长城耸立在山脊上，仿佛欢迎着来自远方的客人。

著名景点

■ 你可以在中途适当停留，感受当地的历史与文化。不要错过**莫斯科**的红场与**北京**天安门广场。

■ 列车环绕**贝加尔湖**行驶时，找一个靠窗的座位欣赏风景。贝加尔湖是世界上最深、最古老的湖泊。

■ 品尝沿途3个国家风味不同的**美食**。进入蒙古国后，供应俄式菜的餐车会被一辆供应蒙古菜的餐车代替；进入中国后，又会换成供应粤菜的餐车。

最佳旅行时间：9月底秋色正浓，白天天气温暖，晚上较为凉爽。如果想观赏雪景，可以选择冬季（12月至次年1月）。

行程：从莫斯科至北京不作任何停留也要6天才能到达。你可以只选择其中一段行程，以便浏览沿途的景点。

行前计划：建议与朋友或家人同行，因为每间包厢中有2~4张床铺。另外，必须提前预订包厢，预订要具体到每一段路程，日期千万不要弄错，还要取得回执。

旅行须知：列车上采用莫斯科时间。随着列车跨越沿途的8个时区，用来确定停车时刻的莫斯科时间与当地的时间差距越来越大。冬天气候极为寒冷，手扶在车厢外的金属扶手上甚至会被冻住。

相关网址：www.transib.net

对页：以放牧驯鹿为生的牧民曾经在蒙古高原上叱咤风云了几千年，然而他们的生活正日益遭受威胁。
左图：一群布里亚特人放牧的马匹，在贝加尔湖东岸的雪地上飞驰。

数万年前冰川作用形成的挪威峡湾以其美丽和宁静著称于世。

最佳旅行时间： 尽管冬季的大雪和强风偶尔会影响运行，但这条铁路线全年都向游客开放。

行程： 全程310英里（499公里）。列车行驶时间为6~7小时，不包括沿途的停留时间。到弗洛姆的支线铁路单程12英里（19公里）。

行前计划： 乌斯桃瑟建有约700栋红木度假小屋供游客租用，地处群山之中，景色十分优美。

旅行须知： 当地天气多变，即使夏天也要多带几件衣服。

相关网址： www.visitnorway.com

挪威

卑尔根铁路

这条连接挪威两大主要城市的铁路，沿途布满冰川、山峦和峡湾，美得令人惊叹不已。

乘坐奥斯陆至卑尔根的火车是一次令人愉快的旅行。当列车穿过群山，驶过绝壁与隧道时，窗外那皑皑的雪山、飞腾的瀑布、耀眼的冰川和宁静的峡湾令人目不暇接，心驰神往。这条有着300座桥梁和182条隧道的铁路线全年都可通车，包括滴水成冰的严冬。列车从奥斯陆出发，在经过古尔后开始爬山。著名的滑雪胜地乌斯桃瑟（Ustaoset），就在古尔西边的哈林斯卡维特山（Hallingskarvet）上。随后列车来到此行的最高点，海拔4000英尺（1219米）的芬斯（Finse）。后半程的路途更加险峻，其中有一段铁路为了躲避冬季的暴风雪特意建在了隧道里。列车顺山势一路下降，西海岸的峡湾与卑尔根市逐渐出现在视野中。奥斯陆和卑尔根，都有一流的博物馆和美丽的港口。你可以在冬天乘坐列车，直达中途的滑雪场，或是在夏天沿途登山，还可以乘游艇游览美丽的峡湾。从米达尔下车可至弗洛姆铁路，它通向弗洛姆镇，沿途道路崎岖、山峦起伏，还有许多蜿蜒曲折的隧道。

著名景点

- 参观奥斯陆的**维京古船博物馆**，还有**康提基（Kon-Tiki）博物馆**，里面展出有探险家托尔·海达尔（Thor Heyerdahl）使用过的小船。
- 冬季在耶卢和沃斯可以**滑雪**。
- **弗洛姆铁路**是世界上坡度最大的标准轨铁路，途中可见到壮观的**乔斯弗森（Kjosfossen）瀑布**。
- 不要错过**卑尔根**码头的**鱼市场**和**弗洛恩（Fløyen）山隧道**，山顶上可以俯瞰卑尔根市全景。

探访瑞典内陆地区

从瑞典繁华的大都市向北，追寻无垠大地上闪耀的阳光。

瑞典的内地铁路（Inlandsbanan）沿途所经地区是整个欧洲最后一块未受现代社会浸染的乐土。从瑞典中部城市穆拉出发，列车以每小时30英里（48公里）的速度缓缓而行。一路上林木茂盛，河流纵横，有起伏的山峦、广阔的高原和清澈的湖泊。厄斯特松德地处瑞典的湖区，旁边就是瑞典第五大湖——斯图尔湖。从厄斯特松德至阿尔维斯尧尔的铁路沿线是野生动物的天堂，麋鹿、狍、金雕都很常见，偶尔还能看到猞猁和棕熊。进入拉普兰地区，沿线的地形渐渐开阔。车向北驶离阿尔维斯尧尔后便进入了北极圈，列车会在北极圈处稍作停留，举行一个小小的仪式，并为每名乘客提供一份证书，以纪念这一时刻。列车继续前行，很快便来到约克莫克。萨米人世世代代居住在这里，他们以放牧驯鹿为生。在这里，盛夏时太阳永远不会落到地平线下。再往北是拉普尼亚（Laponia）世界遗产地区，这里遍布山川、河流、湖泊与沼泽，萨米人大概从上一次冰河时期起就一直是这里的主人。内地铁路的终点是耶利瓦勒，一座地处铁矿石产区的小镇。那里夏季24小时阳光灿烂，不管几点钟都能看到兴致勃勃的游客四处游逛。

著名景点

■ 阿尔耶普卢格的**白银博物馆**里收藏了很多银饰和萨米人的手工艺品。你可以从阿尔维斯尧尔（Arvidsjaur）站或斯拉格纳斯（Slagnäs）站换车前往。

■ 7月及8月第1周的周五和周六两天，阿尔维斯尧尔与斯拉格纳斯间有**蒸汽列车**开行。

■ 参观约克莫克的**阿伊特（Ajtte）博物馆**。博物馆中介绍了萨米人的生活和捕猎历史。

■ 夏季游客可以从**耶利瓦勒**乘汽车前往敦多莱特峰（Dundret），欣赏午夜时分的阳光。从那里还可以眺望瑞典的国土：从那里可以看到超过9%的瑞典领土。

穆拉市的索恩故居。19世纪瑞典画家安德斯·索恩的故居，极富当地的民俗风情。

最佳旅行时间： 夏季。列车每日双向各发一班。

行程： 穆拉至耶利瓦勒需要2天，包括沿途停留观景的时间。旅游团则往往从奥斯陆出发，全程需要6~8天。

行前计划： 单程车票一般只能当次使用，除非你购买有效期14天的无限次内地铁路乘车卡。夏季游客多的时候最好提前订票。食品只在沿途停靠站提供，但你可以提前预订。

旅行须知： 当地蚊子很多，夏季一定要带上驱虫剂。

相关网址： www.grandnordic.se

年代久远的有轨电车正摇摇晃晃地沿着里斯本老城一条狭窄的鹅卵石街道下坡，将路上的行人挤到街边。

十佳城市有轨电车线路

无论这些电车叫什么名字，它们都是游客以当地居民的眼光审视一座城市的最好工具。

❶ 加拿大：多伦多501路皇后街车

501路皇后街车是北美洲最长的有轨电车线路。它从雷克肖（Lakeshore）大街出发，穿过多伦多喧闹的市中心，直到海滩区（Beach District）。红白两色的铰链轻轨车厢非常引人注目。

行前计划： 街车的行驶速度比不上地铁，周末还会减少班次。夜间行车线路不变，但线路名称改为301路。
相关网址： www.toronto.on.ca/ttc

❷ 美国：西雅图乔治、本生码头街车

码头街车从布劳德（Broad）大街出发，途经艾略特湾（Elliott Bay）码头，抵达国际区（International District）。车厢采购自万里之外的澳大利亚墨尔本，采用了塔斯马尼亚桃花心木及白蜡树材料，装潢优雅。

行前计划： 可以上车后再购票。
相关网址： transit.metrokc.gov

❸ 美国：新奥尔良圣查尔斯街车

圣查尔斯街车在经历卡特里娜飓风浩劫后恢复了运营，是游览新奥尔良不可错过的一景。它途经中央商务区、盖登（Gaden）区、上城（Uptown）区和著名的法国区（French Quarter）。

行前计划： 单向行驶45分钟。买1张单日或三日票可以免除多次乘车时的购票烦恼。
相关网址： www.norta.com

④ 美国：旧金山F线街车

F线街车历史悠久，从卡斯楚（Castro）经市中心到渔人码头（Fisherman's Wharf）。它使用的车辆来自世界各地，都是年代久远的古董，还有斯蒂姆莱纳型电车和来自意大利米兰的电车。

行前计划：你可以从旧金山旅游网站订购车票，还有限量版车票可供收藏。

相关网址：www.sfmta.com，www.streetcar.org

⑤ 中国：香港的有轨电车

有轨电车是熙熙攘攘的香港街道不可分割的一部分，而且它还是全世界唯一的双层有轨电车。电车路线从筲箕湾出发到坚尼地城，全程需时80分钟，途中还要在西港城商业中心换一次车。

行前计划：沿线商场林立，28路电车和128路电车有开放式观景台，可以欣赏城市街道的景色。

相关网址：www.td.gov.hk，www.hktramways.com

⑥ 澳大利亚：墨尔本96路有轨电车

墨尔本有多条有轨电车线路，其中有的十分现代化，有的则相当古老。这些线路覆盖了城中大部分主要街道，并连接着市中心与周边的住宅区。96路电车行经墨尔本最繁华的三个地区：前卫艺术蜂聚的菲茨罗伊区、中央商务区，还有圣基尔达（St. Kilda）海滩。游客可以尽情享受这里的美食、购物和夜生活。

行前计划：事先买一张公交卡（Metcard），因为车上买票需使用硬币。

相关网址：www.metlinkmelbourne.com.au

⑦ 匈牙利：布达佩斯的有轨电车2号线

有轨电车依然是布达佩斯街头的主要交通工具之一，全市共有96英里（154公里）电车轨道。2号线在佩斯一侧沿弧形的多瑙河行驶，既可近距离观赏国会大厦，又能眺望河对岸布达城堡的全景，是一条绝佳的游览线路。靠河一侧的座位视野较好。

行前计划：不要乘坐2A号线，该线路比2号线短，只到裴多菲桥（Petőfi Bridge）。

相关网址：www.bkv.hu，www.budapestinfo.hu

⑧ 德国：柏林68路电车

20世纪60年代，西柏林所有有轨电车相继停运。现在柏林市内的有轨电车线路全部在城市东部，西部则只有2条。尽管如此，柏林的有轨电车网是世界上最庞大的，也是最古老的。在现存的30多条线路中，68路电车从科佩尼克城铁车站（S Köpenick S-Bahn）出发至市郊风景秀丽的阿尔特—施默克维茨村，沿途的街景极具生活气息。柏林公共交通系统运营时间很长，所以即使你游览到很晚也能方便地回到住处。

行前计划：购买柏林旅游卡（Berlin Welcome Card）乘车、参观博物馆都可以获得折扣优惠。

相关网址：www.bvg.de，www.berlin-tourist-information.de

⑨ 荷兰：阿姆斯特丹电车2号线

阿姆斯特丹有16条有轨电车线路，大多互不交叉，构成了市中心的主要公交系统。2号线沿途经过很多热门景点，包括皇宫、新教堂（De Nieuwe Kerk）、修女院（Begijnhof）、鲜花市场（Bloemenmarkt）、国立博物馆（Rijksmuseum）、梵·高博物馆和凡德尔公园（Vondelpark）。

行前计划：中央火车站可换乘5条不同的有轨电车线路。如果你搞不清楚，可以找好心的当地人问问。

相关网址：www.gvb.nl

⑩ 葡萄牙：里斯本28路电车

28路有轨电车的线路横穿里斯本市区。从市中心起，电车沿着鹅卵石街道狭窄的陡坡驶过巴罗奥托区、巴夏区和阿尔法玛区。电车车厢很小，道路曲折多弯，沿途有许多市场、餐馆和教堂，有时还会遇到堵车。你可以在Graca下车，换乘37路公交车前往圣乔治城堡（Castelo de São Jorge），在那里能够欣赏到里斯本城市的全景。

行前计划：坐车走完全程需要40分钟。

相关网址：www.carris.pt

苏格兰

因弗内斯—凯尔洛考什线

这条铁路线横贯苏格兰东西海岸，是英国风景最壮丽的铁路线。

从苏格兰高地的首府到凯尔洛考什，这条铁路穿过起伏的沼泽地、险峻的山谷和开满石楠花的群山，沿途正是当年苏格兰高地氏族的势力中心，至今城堡要塞依然星罗棋布。从因弗内斯出发，列车首先跨过尼斯河，沿着比欧利峡湾的南岸行驶。在峡湾西端铁路折向北方，穿过平缓的伊斯特洛斯（Easter Ross）沼泽地。驶过商贸中心丁沃尔后，铁路线再次折向西行，地势逐渐崎岖险峻，远处可以望见多座山峰，如1153英尺（351米）高的伊奥莱山（Cnoc nah Iohlaire）与米勒峰（Sgurr a' Mhuilinn）。列车随后通过德鲁玛贝恩分水岭，卡隆峡谷和古老、茂密的阿克纳什拉克森林。如果你有幸，还能在森林中看到鹿的身影。从这里再向前是卡隆湖(Lochcarron)、基什霍恩湖（Loch Kishorn）和曲折破碎的大西洋海岸。普洛克敦（Plockton）村地处僻静的小海湾中，海边停泊着大大小小的船只,海面上散布着数不清的小岛,优美的景色犹如明信片一般。最后一段旅程从杜利尼什（Duirinish）开始，列车沿着海边直达厄布塞格湾（Erbusaig Bay）和凯尔洛考什，景色最为秀丽——西方海天相交之处还能看到拉塞(Raasay)岛、斯凯佩(Scalpay)岛、隆盖（Longay）岛和帕倍（Pabbay）岛小小的身影。

高地牛外貌独特，性格倔犟，是英国最古老的家牛品种。整个苏格兰西部都可见到它的身影。

著名景点

■ **因弗内斯**是苏格兰最年轻的城市。尽管它附近有一座城堡历史可追溯到12世纪，但作为苏格兰高地首府的因弗内斯市在18~19世纪才真正形成，21世纪初才正式成为一座城市。

■ 在**比欧利峡湾**可以观赏到大量海豹和海豚。

■ 在峡湾北岸寻找红城堡（Redcastle）遗迹的**石塔**。再往北还可看到基尔科伊（Kilcoy）城堡，麦肯基（Mackenzie）氏族曾经拥有这里长达数个世纪。跨过比欧利河后还能看到有800年历史的比欧利修道院。

最佳旅行时间：全年均可，但6月至9月最佳。7月、8月游客最多。

行程：4小时。

行前计划：旺季每天有三次列车运行在因弗内斯——凯尔洛考什/瑟索（Thurso）/威克（Wick）线上。因弗内斯有通往爱丁堡、珀斯、格拉斯哥和阿伯丁的列车。从凯尔洛考什可乘汽车经跨海大桥前往斯凯岛，或乘渡轮去外赫布里底群岛。

旅行须知：冬季景色十分壮丽。但苏格兰北方的严冬阴冷潮湿，而且日照时间只有6小时多一点。

相关网址：www.visithighlands.com，www.firstgroup.com/scotrail

东方快车驶过阿尔卑斯山脚下的小镇。

最佳旅行时间：威尼斯辛普隆东方快车每年从3月开通，到11月为止。每周四和周日从伦敦出发，周三和周六从威尼斯出发。

行程：2天1晚。

行前计划：在东方快车上，多么华丽的服装都不会过分。白天的穿着可以稍为随意，晚餐需穿半正式或正式礼服。不过，包厢的行李架只能放下两只较小的行李箱，超出的行李只能存放在行李车内。

旅行须知：列车完全保留了当年的样子，所以包厢里面的卫生间只有浴缸，没有淋浴设备。列车上禁止吸烟。

相关网址：www.orient-express.com

英国/法国/瑞士/奥地利/意大利

威尼斯辛普隆东方快车

威尼斯辛普隆东方快车堪称世界上最豪华、最著名的旅游列车。

豪华的包厢、精美的饮食和第一流的服务令这次旅行仿佛是一次泛游欧洲的巡回大旅行。从伦敦出发乘坐的是修复一新的富丽堂皇的普式列车。当你吃午餐的时候，列车将途经素有“英格兰花园”之称的肯特郡，前往英吉利海峡。通过海峡隧道来到法国后，乘客们随即换乘20世纪20年代金蓝双色的豪华卧车，开始前往威尼斯的欧洲大陆之旅。吃过晚餐，列车逐渐驶近巴黎。第二天清晨起床的时候，窗外的风景已经变成一片湖光山色。进入奥地利边境后，雄伟壮丽的阿尔卑斯山逐渐进入视野，蓝天白云下的绿草牧场和岩石山峰在你享用早餐时一一在窗外掠过。到达因斯布鲁克后，列车转向南行，迅速爬上山坡，通过海拔4000英尺（1219米）的布伦纳山口。下午茶端上桌的时候，列车已经进入意大利，正穿过多洛米蒂山驶向山下的维罗纳城。随着夜幕降临，列车通过长堤进入威尼斯，最终停靠在大运河边的桑塔卢西亚车站。

著名景点

■ **晚餐**应穿晚礼服或戴黑色领带。

■ **阿尔贝格山脉**和列车到达因斯布鲁克前经过的**因河（Inn）河谷**是沿途风景最美丽的地方。

■ 在翻越阿尔卑斯山脉的铁路线中，只有通过**布伦纳（Brenner）山口**的铁路线，沿途没有大型隧道。

■ **多洛米蒂山脉**与阿尔卑斯山风光大相径庭。那里的山岩造型各异，有的像城墙，有的像高塔，有的甚至像是一座残破的古堡。岩石的颜色也随着每天的不同时间而变化，有时发黄，有时发灰，还有时会变成粉色和赭石色。

对页：采尔马特村的风光。不管春夏秋冬，马特合恩峰永远是这里最吸引人的风景。
上左：春天，谷地里到处盛开着各种高山植物花卉。
上右：即使在深冬，火车也依然穿行在采尔马特附近的狭窄轨道上。

瑞士

冰川快车

坐在舒适的车厢里穿越阿尔卑斯高山上的隘口、冰川，观赏壮观的山峦与美丽的村庄。

冰川快车（Glacier Express）常常被戏称为“世界上最慢的快车”。它的平均时速约为22英里（35公里），慢到足以让你仔细品味瑞士南部与法国、意大利交界处壮丽多变的风景，雪峰、密林、湍流、草甸和山村一一在窗外掠过。离开始发站——美丽的滑雪胜地圣莫里兹，列车爬入山峦，一路上可见冰川、长满落叶乔木的山谷，以及建在山坡上的小村庄。风景不时被突然而来的黑暗打破，那是列车正在穿过隧道。列车行至弗斯利尔（Fusilier）附近，刚驶出一处隧道便是架设在朗德瓦塞尔（Landwasser）峡谷上的大桥，那一刹那间你一定会产生在高空飞翔的幻觉。经过古老的小镇彻尔后，列车再次爬升，沿着更加陡峭的铁轨来到海拔6670英尺（2033米）的奥伯拉尔普山口（Oberalp Pass）——此行的最高点，也是瑞士境内阿尔卑斯山脉中海拔最高的山口。沿着蜿蜒的“之”字形铁线路下降至安德马特（Andermatt）后，列车开始沿着罗纳（Rhône）峡谷向布里格行驶，此时在车上可以仔细观赏阿莱奇冰川（Aletsch Glacier）。离开布里格后，列车再次开始爬坡，途中在威斯普（Visp）附近可见到一系列欧洲地区海拔最高的葡萄园。夜晚降临时，便能看到位于采尔马特附近、海拔1.4692万英尺（4478米）的马特合恩峰那巍峨陡峭的山体了。

著名景点

- 冰川快车沿线尽是优美的风景，其中最吸引人的路段有：爬升至**奥伯拉尔普山口**的一段；穿过**罗纳峡谷**的一段（被称为“瑞士的大峡谷”）；以及罗纳峡谷中的阿莱奇冰川。
- **彻尔**镇上到处是古老的建筑、安静的小广场和鹅卵石铺就的小巷。最宏伟的建筑是一座12世纪建造的大教堂。
- 位于安德马特与彻尔之间的小村庄蒂森提斯（Disentis）有一座建于**8世纪**的美丽的**修道院**。
- 在古朴的**餐车**中就餐。餐车内装饰着木饰贴板、黄铜饰件，葡萄酒都装在杯壁翘起的酒杯中，以免在列车上下坡时洒出。
- 站在布里格城中任何地方都能看到**斯托卡尔帕（Stockalper）城堡**的圆顶塔楼。这座意大利式宫殿由一名17世纪的富商建造。
- 列车接近采尔马特时，准备好迎接初见雄伟陡峭的**马特合恩峰**时的激动心情吧。

最佳旅行时间：滑雪爱好者应该选择冬季，徒步旅行者选择夏季。然而除了白色与绿色，这里其他季节的风景一样是惊人的美丽。

行程：列车运行时间为7.5小时。此外，采尔马特和圣莫里兹都需要安排至少1天时间游览。

行前计划：必须提前预订。车票和预约登记可以在任何一处瑞士火车站办理，也可以在冰川快车上办理。在旅游热季前往需提前仔细计划好行程。在餐车就餐也要提前预订。

旅行须知：普通的二等座位和更高档的一等座位之间没有明显差别；比较奢侈的选择是带有车顶玻璃窗的一等全景观光车厢，可以欣赏到头顶上耸立的山峰。

相关网址：www.glacierexpress.ch，www.raileurope.com

少女峰观光线

这是一片蓝天、冰雪与岩石交相掩映的仙境，群山峻岭簇拥的铁路线旁，到处是白雪皑皑的山峰和冰川。

巍然耸立、峭壁如削的艾格峰、僧侣峰和少女峰，海拔均超过了1.2万英尺（3658米），是伯尔尼附近阿尔卑斯山脉最引人注目的山峰。在这壮丽雄伟的风景之中，便是欧洲海拔最高的铁路线——少女峰线（Jungfraubahnen）。铁路起点位于艾格峰近乎垂直的北坡脚下、海拔6000英尺（1829米）的克莱纳赛迪格车站（Kleine Scheidegg），列车从这里出发，沿着山坡爬升至艾格冰川站（Eigergletscher），你可以在这里参观极地犬饲养场。然后，列车进入6英里（10公里）长的艾格隧道，海拔继续升高，从艾格峰内部穿过。列车会在隧道中停留两次，一次在北坡站（Eigerwand），一次在冰原站（Eismeer），两座车站都建有巨大的观景玻璃，可以眺望外面的景色。随后，列车驶出隧道，来到少女山脊（Jungfraujoch），这是一片海拔1.07万英尺（3261米）的高原，少女峰就近在咫尺。周围是一片童话般的冰雪世界。阿尔卑斯山脉最长的冰川阿莱奇（Aletsch）冰川就发源于此。在天气晴朗的日子，你还能从这里看到法国的孚日山脉和德国的黑林山。

著名景点

- 从北坡站可以观赏**艾格峰**的北坡和**格林德沃德山谷**，甚至还可以看到因特雷根（Interlaken）。冰原站的风景以**冰峰和岩石**为主。

- **冰雪宫（Ice Palace）**是少女峰附近的一系列终年不化的冰洞，里面有光彩夺目的冰雕和**阿尔卑斯高山研究展览（High Alpine Research Exhibition）**。

- 夏天（6月至9月）在这里可以滑雪，或乘坐**因纽特犬拉着的雪橇**沿冰川登上山顶。

在蓝天背景下直插云际的少女峰（Jungfrau）和僧侣峰（Mönch），旁边艾格峰（Eiger）陡峭的北坡在雪地上投下深深的阴影。

最佳旅行时间：列车全年运行，但冬季山上气候相当严酷。对于观赏风景的游客来说，天气好坏十分关键，所以请务必留意当地的天气预报。

行程：单程约需1小时。

行前计划：可从文根（Wengen）或格林德沃德（Grindelwald）乘车前往克莱纳赛迪格车站。

旅行须知：车票非常贵，不过淡季有折扣，通票也可优惠。早班车也打折。

相关网址：www.jungfraubahn.ch

科尼亚市上空矗立着梅夫拉那·鲁米墓高大的绿色尖顶。

土耳其

托罗斯快车

从伊斯坦布尔出发，沿着古老的线路游览托罗斯山脉和东地中海沿岸。

托罗斯快车(Toros Ekspresi)，原本从伊斯坦布尔直通叙利亚的大马士革和伊拉克的巴格达。现在列车只能行驶到加赞泰普，到叙利亚的阿列颇则需转车。从起点伊斯坦布尔出发，列车首先沿着马尔马拉海岸边驶向港口城市伊兹米特。从这里，列车拐向南方，爬上土耳其中部广阔的安纳托利亚高原。你在阿菲永附近可以看到一处建在山巅的城堡废墟；科尼亚市则有著名的梅夫拉那·鲁米墓，其绿色的屋顶在尖塔林立的市区上空极为醒目。列车离开科尼亚继续向前驶入托罗斯山脉，仅有单轨的铁路在这里穿过幽深的峡谷，跨过凌空的高架桥。山间的溪流和山谷的景色令人心旷神怡。列车在这里通过海拔4812英尺(1467米)的全线最高点，然后驶往山下的阿达纳，沿着海边的平原穿过一系列柑橘种植园，然后再次驶过起伏的群山和荒凉的高原，到达终点加赞泰普。

最佳旅行时间：托罗斯快车每周从路线两端各发三列，全年运行。冬季气候寒冷，有美丽的雪景可以观赏。夏天则非常炎热潮湿。

行程：从伊斯坦布尔到加赞泰普全长708英里(1139公里)，列车运行时间为27小时。

行前计划：除了普通票外均需提前预订。中途不能下车，否则车票会作废。每周单发一节卧铺车厢到叙利亚城市阿列颇(Aleppo)，从那里可以再乘车前往大马士革。只有购买卧铺票的乘客才能前往阿列颇。

旅行须知：列车上没有餐车，需要自己带食物与饮用水。科尼亚等地的餐馆，每逢斋月从日出到日落间歇期，沿线很难买到酒。

相关网址：www.turkeytravelplanner.com，www.tcdd.gov.tr

著名景点

- 伊斯坦布尔的**黑达帕萨(Haydarpasa)火车站**外形好似一座城堡，是德国皇帝威廉二世1908年送给土耳其的礼物。
- 从辽阔的**安纳托利亚高原**，到人迹罕至的**托罗斯山脉**，再到草木茂盛、地中海式气候的**阿达纳平原**，一路上窗外景色变化多端，令人目不暇接。
- 阿菲永曾被称为**“黑色鸦片城堡”**，因为这一带曾经盛产罂粟。用当地出产的稠奶油制作的**土耳其软糖(Turkish Delight)**也是当地一大特产。
- 你可以参观科尼亚市内著名苏菲派诗人**梅夫拉那·鲁米(Mevlana Rumi)**的墓。鲁米曾创建了**神圣回旋教派(Whirling Dervish Sect)**，教徒居住的修道院现在已成为博物馆。
- 加赞泰普市中心的**凯尔城堡(Kale Citadel)**已有9000年历史。

南非

野生动物探险之旅

豪华的老式列车带着你踏上探险之旅，欣赏南非壮美的风景和各种各样的野生动物。

如果你喜欢豪华的老式列车、壮丽的山川原野与新奇的野生动物，那么一定不能错过德班至比勒陀利亚的探险线路。修复一新的老式木制车厢本身就是此行的一大亮点，旅程的最后一段还会让你体验一下由老式的蒸汽机车牵引的乐趣。你会和以前的探险家们一样，有机会看到著名的“五大（Big Five）”野生动物——狮子、豹、大象、黑犀牛与野牛。列车清晨从德班出发，一路穿过夸祖鲁－纳塔尔地区绿色的丘陵地带——偶尔可见一些当地村庄中传统的圆形茅屋——和斯威士兰的大平原。开放式的观景车厢十分有利于欣赏周边的风景。第二天一大早，你就会来到姆科哈亚野生动物保护区，准备开始第一次探险之行。依靠蒙蒙亮的天色和视野开阔的路虎越野车，你将有很大概率在野生动物发现你之前观赏到它们优雅的身影。再向北行驶数小时后，第二次探险之旅在临近黄昏的克鲁格国家公园内开始。探险结束后，你会享用到一顿传统的波马（Boma）晚餐——所有食物完全采取烧烤的方式烹饪，周围点燃一圈篝火以吓阻野生动物。第三天早餐的时候，列车将翻越德拉肯斯伯格山，一道道陡峭的绝壁会令你不由得心跳加速。列车将在当天下午抵达终点比勒陀利亚。

著名景点

■ **姆科哈亚野生动物保护区**由私人管理，是一处珍稀动物保护区。区内有纵横交叉的小路供游客观赏野生动物，是南非境内观赏黑犀牛和其他一些野生动物的最佳地点。

■ **列车包厢**有漂亮的木质嵌板和其他爱德华七世时代风格的华丽装饰，是世界上最豪华的专列之一。

■ 巨大的**克鲁格国家公园**面积相当于以色列。这里栖息着许多野生动物和鸟类，包括南非著名的“五大”野生动物。

■ 从沃特兰昂德（Waterland Onder）至海拔6434英尺（1961米）的贝尔法斯特（Belfast）镇徒步翻越**德拉肯斯伯格山峭壁**（Drakensberg Escarpment），沿途可以欣赏到壮美的山景。

最佳旅行时间：每年1月到4月、10月到11月运行，每周1列。干旱的冬季适于观赏野生动物：草原上的草比较矮，树上也没有叶子，动物会经常聚集在水塘边饮水。

行程：3天2晚。

行前计划：你也可以从比勒陀利亚乘车前往德班，行程会稍有变化，两次探险游分别在姆科哈亚和赫鲁赫鲁维（Hluhluwe）野生动物保护区。记得带上一件褐色或绿色的外套以抵御清晨的寒气。

旅行须知：洛佛斯铁路公司（Rovos Rail）为旅客提供全程饮食。

相关网址：www.rovos.com

对页：南非克鲁格国家公园，一只大象正在行走。近来公园中的象群数量近来剧增。
左一：阳光下的德拉肯斯伯格山，险峻的峭壁极为壮观。
左二：斯威士兰野生动物保护区是观赏珍稀动物黑犀牛的最佳地点。

4 徒步跋涉

徒步旅行是一种最纯粹、最简单的乐趣。你的双腿带给你最大限度的自由，没有门票、时间表和其他限制，只需考虑地形与自己的渴望。每一段短小的旅程都具有重大的意义：纽约格林尼治村中的随意漫步，将为你揭示著名艺术家和作家的生平；伊斯坦布尔大巴扎中流连的几个小时，也能成为一次穿越时空的探宝之旅，同时还是学习砍价技巧的重要一课。也有些旅程沿途崎岖艰辛，历时数天甚至数周，如位于秘鲁的印加古道，能带你升入云端，寻找印加帝国神秘的最后堡垒。介于这二者之间的是更多极具吸引力的徒步线路，从中国的万里长城到美国加利福尼亚的约翰·缪尔小道。即使在最繁华的地方也有只靠双脚才能到达的奇观，如罗马城地下长达数英里的公共墓穴。没有任何一种旅行方式能像徒步旅行这样带你贴近大自然，或是异乡的人文文化。也没有任何一种旅行方式能像徒步旅行这样将我们对这颗星球的打扰降到最低限度，同时又让我们的身心与灵魂得到最大限度的升华。

一位徒步旅行者站在新西兰米尔福登山道的麦金农山口，眺望脚下云海覆盖的克林顿山谷。这条山道位于新西兰南岛峡湾众多的地区，从蒂阿瑙湖到米尔福峡湾，全长33英里（53公里）。

把自行车停在路边，随意浏览两旁的小店，寻找自己喜欢的书籍和小饰品。

美国

格林尼治村

曾经的小村庄早已成为纽约的时尚基地，狭窄曲折的街道绿树成荫，是艺术家和作家的天堂。

同样是在纽约，但格林尼治村（常常被人简称为“村里”）的风格与曼哈顿那种摩天大楼耸立的四方块街区全然不同。这里曾经是波希米亚主义的避风港，聚集着许多艺术家、作家、演员，也是一处著名的同性恋社区。现在村里已经变成一处主流社区，不过如果你多走动，沿着绿树掩映的街道和小巷走一走，仍能看到许多名人的故居和偏僻的房舍庭院。从华盛顿广场出发，北面是一排希腊风格的联栋别墅，亨利·詹姆斯、伊迪丝·华顿、约翰·道斯·帕索斯、爱德华·侯普等作家和艺术家都曾在这里居住。在华盛顿纪念拱门的对面，一群以马赛尔·杜尚为首的艺术家曾在1916年宣布成立“新波希米亚国”。再向西北走几个街区就来到一条名为“夹道”（Patchin Place）的小巷，著名剧作家尤金·奥尼尔就曾居住在这条小巷里。村子中心是谢里丹广场，周边共有7条街道通向这里。你可以浏览古玩商店和书屋，观看外百老汇的戏剧，品尝贝德福德大街上的意大利糖果，或是在查姆利餐馆（Chumley's）吃饭，以前这是一家地下酒吧。

最佳旅行时间：任何时候均可，不过夏天天气会很热。秋天阳光明媚，凉爽的天气最适合游览。

行程：你可能会花上1小时，也可能会花上整整1个下午。这取决于街边的景物和咖啡馆对你的吸引程度。

行前计划：前往格林尼治村最方便的线路是在第五大街乘坐1、2、3号公共汽车，或乘A、B、C、D、E、F地铁线在西四大街/华盛顿广场站下车。

旅行须知：在华盛顿广场公园的长凳上欣赏街头表演是此行的一大乐趣。村里另一项吸引游人的活动是爵士乐，如Blue Note，55 Bar，Smalls，Garage等爵士乐俱乐部都有十分精彩的表演。

相关网址：www.nycvisit.com，www.nyc-architecture.com

著名景点

- 许多作家和艺术家都曾在**麦克道格尔小巷（Macdougal Alley）**寻找经过改建的马棚或马车房居住。这条鹅卵石小巷远离华盛顿广场，很是僻静。雕塑家格特鲁德·范德比尔特就是在她工作室的后面开设了第一家惠特尼博物馆。
- **杰斐逊市场法院大楼**是一栋高大的维多利亚哥特式建筑，现在是纽约公共图书馆的一部分。大楼的花园十分精美，值得细细观赏。
- 杰克·凯鲁亚克（Jack Kerouac）、艾伦·金斯伯格（Allen Ginsberg）和其他“垮掉的一代”的朋友们曾经经常在布里克大街184号**费加罗咖啡馆**中聚会。
- **纽约最窄的房子**位于贝德福德大街75½号，房子宽度只有9.5英尺（2.9米）。这栋1873年建成的房子里曾经居住过著名演员约翰·巴里摩尔和加里·格兰特。
- 小说家西奥多·德莱赛写作《美国悲剧》时就居住在**圣卢克大街（St. Luke's Place）**一栋19世纪50年代的意大利式房子中。

美国

国家广场

华盛顿的国家广场（National Mall）是这座城市的心脏，林立的博物馆与纪念碑吸引着无数游客。

广场中央是一片榆树夹列的宽阔草地，一端是剑指天空的华盛顿纪念碑，另一端则是国会大厦的圆顶。沿着这条2英里（3公里）长的道路漫步，一路上有许多值得一看的景点。国家自然历史博物馆门前摆放着一块来自密歇根、有25亿年历史的砾石，仿佛是在为收藏着上百万件展品的博物馆招揽游客；再往前一座罗马和哥特式的红砂岩式的“城堡”，就是著名的史密森学会（Smithsonian Institution）总部。接下来是国家美术馆及其雕塑花园。在花园里信步浏览，既亲近了大自然，又能欣赏到精美的艺术品。再往前是新建的美洲印第安文化国家博物馆。在草地的尽头，登上华盛顿纪念碑的观景平台可以欣赏到整个城市的风貌。华盛顿纪念碑的草地另一侧是泰德湾（Tidal Basin）公园，那里种植着上千株樱花树，每年春天都是一片粉红色的海洋。1963年，马丁·路德·金的著名演讲“我有一个梦想”，就是在这里的林肯纪念堂前发表的。旁边还有朝鲜战争纪念园，夕阳西下的时候，园中19座真人大小的美国士兵雕像会投射出长长的阴影，令人难以忘怀。

国家广场南侧史密森学会办公楼的红砂岩塔楼与尖顶十分抢眼。远处是华盛顿纪念碑。

著名景点

- **国家美术馆**收藏着中世纪至今的大量精美绘画、装饰品与雕塑。
- **史密森学会**拥有国家广场周边博物馆中的9座，包括国家自然历史博物馆和国家航空航天博物馆。
- **林肯纪念堂**中有高大的大理石林肯雕像，以纪念这位对国家统一作出贡献的总统。林肯纪念堂也是最受美国人喜爱的纪念建筑之一。从这里可以望到远处的国会山。
- **越战军人纪念墙（Vietnam Veterans Memorial）**的设计会令许多游客深受触动。黑色的大理石矮墙上一共镌刻了58209个在越战中丧生的美国官兵的姓名。

最佳旅行时间：首选春季，特别是3月底到4月初樱花盛开的时候。尽量不要选择夏季，华盛顿的夏季天气闷热，而且游客众多。

行程：沿途的景点和博物馆至少需要花3天时间才能看全。

行前计划：樱花开放期间必须提前预订酒店。

旅行须知：华盛顿最好的交通工具是地铁，既干净又经济，而且方便快捷。在地铁史密森站下车即可到达国家广场。没有人指点，光凭自己想要游遍华盛顿是很困难的，不过华盛顿的导游服务全部免费。国家美术馆雕塑花园的滑冰场每年11月中旬到次年3月中旬开放，你可以一边滑冰一边在音乐声中欣赏周围的雕塑。

相关网址：www.washington.org，www.the-district.com，www.nps.gov/nama

美国

大烟山国家公园

在大烟山国家公园境内，你将看到世界上最为丰富多彩的森林生态系统。

大烟山（Great Smoky Mountain）的名字来自于山上笼罩的那层如轻烟一般的雾气——那是雨水从树叶中蒸腾产生的。位于阿巴拉契亚山脉南端的大烟山，有着世界上最复杂的生态系统——超过100种树木，1500种开花植物，还有数不胜数的野生动物。山上的登山路径总长超过800英里（1287公里），对于徒步爱好者来说具有无穷的探索空间。作为尝试，你可以先选择波特溪线路（Porter's Creek Trail）。这条登山线路的起点位于公园北部的格林布里尔（Greenbrier）附近。每年春天，小路刚开始的一段都会淹没在怒放的鲜花丛中。沿着蜿蜒的小径登上山坡，走过森林中茂密的铁杉、木兰和杜鹃树。行至中途，一条山涧阻住去路。一段劈成两半的树干搭在溪流之上，权作桥梁；溪谷两侧长满了黄花延龄草和其他花卉，是一处绝佳的野餐场所。头顶上的树木已换作高大的七叶树和郁金香树。爬上山后，有一条支路通向蕨溪瀑布（Fern Branch Falls），山涧从高处的岩石上跌落，冲入一条长满蕨类植物的山谷。回到原路，从溪谷继续攀登，来到小路终点。这是一处宿营地，很多人选择从这里返回；但也有一些经验丰富的登山者会继续向前，沿着依稀可辨的野径前往“查理的拇指”（Charlies Bunion），一块突出的岩石，从那里可以看到公园美丽的全景。

著名景点

■ 春季这里可以见到**30多种绽放的野花**，如黄花延龄草、拖鞋兰、三叶天南星、熏衣草、矮鸢尾、野姜和紫冠钟穗花。

■ 直到20世纪30年代**绿蔷薇谷**（Greenbrier Cove）还有26户人家居住，他们因建设国家公园被强制搬迁到别处。当你信步走在残存的石墙、烟囱和地基旁（这里甚至还有一座修复的谷仓），小溪的水声听上去就好像是当年这里的孩子愉快的欢笑。

■ 离公园不远处的北卡罗来纳州切罗基（Cherokee）市有一座**切罗基印第安人博物馆**，馆中展示了该地区土著居民的生活风情。

最佳旅行时间： 全年均可。4月、5月间野花最繁盛，10月则可以欣赏到美丽的秋叶。夏天公园中游客众多，天气炎热，还经常有雾。

行程： 波特溪线全长3.7英里（6公里），此外你还可选择5.8英里（9公里）长的大溪线（Big Creek Trial）和其他更长的隔夜线路，如18.4英里（30公里）长的斯特灵山环线（Mount Sterling Loop）等。

行前计划： 大烟山国家公园是美国最受游客欢迎的国家公园，如果你想真正体验大自然，一定要选择淡季。如果无法避开旺季的话，可以选择公园位于北卡罗来纳州的部分，那里游客较少。

旅行须知： 大烟山地区天气变化无常，冬春两季高海拔地区尤其如此。因此一定要带上雨具和保暖衣物。

相关网址： www.nps.gov/grsm, www.adventuresingoodcompany.com

独特的蓝色雾气如轻纱一般笼罩在林木茂盛的大烟山上。

佛蒙特州一处池塘，落叶与蓝天的倒影将水面渲染得五彩缤纷，犹如万花筒一般。

美国

阿巴拉契亚山登山道

一个周末的管中窥豹，也许会激起你对徒步攀登阿巴拉契亚山的浓厚兴趣。

佛蒙特州格拉斯登布里山脉北侧的登山路，只不过是从佐治亚州直到缅因州绵延 2174 英里（3499 公里）的阿巴拉契亚山登山道的一小段而已；但这段山路野趣横生，完全可以看做是整条登山道的一个小小的缩影。登山路的起点，位于本宁顿（Bennington）以东的威廉·D. 麦克阿瑟纪念大桥。沿着一条岩石裸露的溪谷行走片刻后便开始爬山，进入茂密的山毛榉林，林中偶尔还能看到寻找浆果的黑熊。跨过地狱溪谷（Hell Hollow Brook）上架设的独木桥，再向上攀登 1300 英尺（396 米），山路进入一片潮湿的云杉树林。从这里到海拔 3748 英尺（1142 米）的格拉斯登布里山顶，沿途都是茂密的树林，可以见到许多画眉和其他雀鸟。在戈达德营地（Goddardshelter）休息 1 晚，以便领略清早森林的美丽。登上附近的消防观察塔，你会亲身感受到“佛蒙特”一词的真实含义——绿色的山冈。附近的小镇：海斯塔克、塔科尼克、布尔什尔、埃奎诺克斯，全都深嵌在起伏的山峦之中。沿着缓缓下降的山势再走一段，就到了山路与另一条公路的交点。旅程到此就结束了，但你在此行中静思的结果却会伴你一生。

最佳旅行时间： 6月至9月。初夏是野花盛开的季节，秋季则可欣赏五彩纷呈的森林。

行程： 格拉斯登布里（Glastenbury）山登山线路全长22英里（35公里），需要2天才能走完。至于阿巴拉契亚山登山路的全程——从佐治亚州斯普林杰（Springer）山到缅因州卡塔丁（Katahdin）山，大部分人需要至少6个月才能走完。一般来说人们都会采用分段的方式，每次用1周左右时间完成一小段。

行前计划： 所有登山者都需要携带登山包、睡袋、帐篷、登山鞋和防水服。夏季还要带驱虫剂。

旅行须知： 山路沿途有一些斜顶屋，按规矩采用先到先得的原则供登山者过夜使用。消防观察塔是森林中视野最高点，塔顶伸出在树梢之上，甚至能够看到小鸟在下面飞翔。

相关网址： www.appalachiantrail.org, www.greenmountainclub.org

著名景点

- 登山线路沿途**野生动物资源**丰富，有黑熊、猞猁、短尾猫、美洲松貂、鹿、河狸、披肩榛鸡，山上还有许多叫声清脆动听的小鸟。

- 佛蒙特州曼彻斯特市（Manchester）附近的**贝登基尔（Battenkill）河**盛产鲑鱼，可供游客飞钓；河上还可泛舟。

- 曼彻斯特市还有一座**美国飞钓（Fly Fishing）博物馆**，里面展览着安德鲁·卡内基、厄内斯特·海明威等人用过的钓具。当地的**奥维斯（Orvis）公司**则是美国第一家邮购公司。

- 佛蒙特州南部的**布莱特泊罗（Brattleboro）**有当地农民自行开设的市场。每年9月游客还可以在**普特尼（Putney）**的果园中体验摘苹果的乐趣。

巴基斯坦北部的康考迪亚登山线路，远处是雄伟的喀喇昆仑山脉。除了两极，这里是地球上冰川最集中的地区。

十佳长途登山线路

穿好登山靴，带上地图，沿着这些线路去观赏大自然瑰丽的美景吧！

❶ 美国：怀俄明州风河山

位于怀俄明州杜波伊斯市（Dubois）西南的风河山（Wind River Mountains）海拔超过1.3123万英尺（4000米）。印第安部落曾经在这里生活，登山线路沿途还能看到他们留下的岩画。9月底时，你还能看到驼鹿相互追逐着跑过一丛丛雪柳，漫山遍野都是红黄相间的棉白杨树。山路全长超过155英里（249公里）。

行前计划：风河山大部分区域都属于肖松尼（Shoshone）国家森林公园和布里杰—泰通（Bridger-Teton）国家森林公园所有。进入公园区域不需要获得批准，但必须事先登记。最佳登山季节是6月至9月。

相关网址：www.wind-river.org

❷ 新西兰：米尔福德峡湾

从蒂阿瑙湖（Lake Te Anau）北岸的格雷德沃夫（Glade Wharf）至南岛西岸米尔福德（Milford）峡湾附近的桑德弗莱角（Sandfly Point），这条米尔福德登山线路被登山爱好者们诩为世界最佳登山线路。沿该线路走完全程需要4天，沿途经过克林顿谷的山毛榉林，翻过麦金农山口（Mackinnon Pass）的亚高山与高山草甸，再进入山下林木种类繁多，长满蕨类植物、苔藓和地衣的阿瑟山谷。

行前计划：每天只允许40名登山者上山，因此一定要事先预约。环境保护部（Department of Conservation）为登山者提供沿途的食宿供应。

相关网址：www.milfordtrack.net，www.doc.govt.nz

❸ 巴基斯坦：康考迪亚登山线

康考迪亚（Concordia），地处巴基斯坦与中国交界的偏远地区。乔戈里峰（K2）、布洛德峰与加歇布鲁峰均在此，山上融化的雪水还成为印度河的源头。从阿斯科勒（Askole）到乔戈里峰大本营的登山

行前计划：最好参加旅行团。

相关网址：www.concordiaexpeditions.com

线路需要花费14天。艰辛的旅途结束前，你可以在阿斯科勒附近的布拉都峡谷（Braldu Gorge）享受一番当地的温泉。

❹ 希腊：品都斯山

品都斯（Pindos）山脉长达180英里（290公里），从科林斯湾一直绵亘到阿尔巴尼亚边境。最高的山峰超过6562英尺（2000米），即使在最炎热的夏季这里也依旧凉风习习。春天漫山遍野都盛开着绚丽的野花，其风景之美在全欧洲非常少见，沿途还有不少罕见的花卉。

行前计划：最好在5月至10月前往。
相关网址：www.sherpa-walking-holidays.co.uk

❺ 法国：科西嘉岛登山线

这条124英里（200公里）长的登山线（Haute Route）贯穿岛上的主要山脉，从岛屿东南端的康卡（Conca）直到西北端的卡伦扎纳（Calenzana）。沿途山上生长着茂密的松林，山间点缀着清澈的河流与池塘。即使在初夏偶尔也能看到积雪。

行前计划：最佳登山季节为6月至9月。
相关网址：www.corsica.forhikers.com

❻ 法国—瑞士：边境登山线

这条登山线从法国的夏慕尼（Chamonix）到瑞士的采尔马特（Zermatt），沿途经过欧洲海拔最高的勃朗峰与马特合恩峰，走完全程需要2周之久。这条线路平时行人不多，沿途有不少稀有的高山花卉，还有很多野生动物如大角羊、岩羚羊，以及叫声凄厉的土拨鼠。

行前计划：最佳登山季节为6月底至9月初。沿途有小屋可供登山者休息。
相关网址：www.exodus.co.uk

❼ 法国—安道尔—西班牙：比利牛斯登山线

对于追求完美的登山者来说，比利牛斯登山线意味着一场从地中海岸边出发直至大西洋边、历时44天的长途跋涉；而大多数人则只会选择中间的一段，从法国莱斯肯（Lescun）到安道尔的埃尔塞拉特（El Serrat），走完全程大约需要24天。沿途有多座海拔超过9842英尺（3000米）的高山，登山线路往往直接从山顶穿过。

行前计划：最佳登山季节为6月底到9月。
相关网址：www.pyreneesguide.com

❽ 南苏格兰高地

这是苏格兰最长的一条徒步线路，有211英里（340公里），从历史悠久的渔村波特帕特里克（Portpatrick）出发，由西向东直到科克本斯帕斯（Cockburnspath）北海岸边的悬崖。沿途风景变化多样，有时深入茂密的冷杉林，有时则穿过空旷的高地。

行前计划：最佳登山季节为5月下旬至9月。
相关网址：www.southernuplandway.com

❾ 英国：奔宁山脉

奔宁山脉由一系列高地丘陵组成，是不列颠岛的脊梁。奔宁山登山线是一条沿着奔宁山脉走向、长达250英里（402公里）的徒步线路，从德比郡的艾达尔（Edale）一直到苏格兰的耶特霍姆教会村（Kirk Yetholm）。

行前计划：这是英格兰境内最险峻的一条登山线路。人们一般不走全程，而只选择其中一部分。
相关网址：www.thepennineway.co.uk

❿ 英格兰：西南沿海徒步线路

英国最长的一条徒步线路，从萨默塞特郡的迈恩海德（Minehead）向西沿着布里斯托尔湾海岸线经过北德文郡，绕过康沃尔郡再向东，最后到达多塞特郡的普尔港（Poole Harbor），全长630英里（1014公里）。沿途有很多历史古迹，如多塞特郡的侏罗纪海岸（Jurassic Coast），以及康沃尔郡的锡矿。

行前计划：走完全程需要大约8周，可拆分成适合周末、1周或2周的短途线路。
相关网址：www.swcp.org.uk

科罗拉多登山线路

长长的徒步线路穿越科罗拉多州落基山脉鲜花怒放的草原，走过白雪皑皑的山峰。

一只大角羊在岩石嶙峋的山顶俯首盯着你。突然，一群大角羊从近乎垂直的山坡上奔跑而来，在你面前穿过小径，又步履矫健地登上另一侧陡峭的山坡。登山线路带着你穿过幽深的峡谷、茂密的松林和白杨林，跨过水花四溅的山间小溪，来到林线之上的高山苔原。每年春天这里都会变成一片花海——蓝色的“牧师花”、紫色的无茎蝇子草、黄色的委陵菜，还有火焰草等。这条徒步线路大多数区段都在 1 万英尺（3048 米）以上，很多地方海拔超过 1.2 万英尺（3658 米）。它在其他方面也相当卓傲不群：线路全长 479 英里（771 公里），穿越 8 座山脉、7 座国家森林公园和 6 个自然保护区。东北段，从位于丹佛西南沃特顿（Waterton）峡谷的起点到摩纳克山口，较易攀登，西南段进入圣胡安山后则更加险峻。你先要爬上线路的最高点——海拔 1.3334 万英尺（4064 米）的寇尼（Coney）峰，再穿过维米努奇自然保护区，然后才能顺山势而下，到达杜兰戈附近的线路南端——詹克申溪（Junction Creek）。

著名景点

- 在**考顿伍德（Cottonwood）温泉**稍事停留，一洗旅途的劳顿。或是泡在温泉池中舒缓筋骨，或是做一做按摩。

- **维米努奇自然保护区**占地面积763平方英里（1976平方公里），是沿途风景最优美的地区之一，包括艾尼玛斯河峡谷和尼德尔（Needle）山脉、格里纳迪尔（Grenadier）山脉令人惊叹不已的壮丽景色。

- 历史悠久的小镇**杜兰戈**很值得一逛。这座群山环抱的铁路小镇建于19世纪80年代，城市中心建筑还保留着维多利亚时代的风格。杜兰戈—锡尔弗顿窄轨铁路上的蒸汽火车可以把你带到老矿区的小镇**锡尔弗顿**。

秋天，科罗拉多群山上的白杨林变成一片金黄色的海洋。

最佳旅行时间：夏季最佳，5月底至6月初山上仍有积雪。你可以选择7月、8月间前往，以避免遇到暴风雪。

行程：全长479英里（771公里），可分为28段长度11~31英里（18~50公里）的线路。走完全程需要40天，你也可以只选择其中部分段落。

行前计划：事先了解天气情况，避免遇到高山上的恶劣天气。科罗拉多徒步路线基金会官方手册（Colorado Trail Foundation's Official Guidebook）有很多有用的信息。

旅行须知：夏季带上雨衣以防暴风雨，并且还要计算好行程，下午有雷暴时不要在山脊上行走。

相关网址：www.coloradotrail.org，www.coloradotrailhiking.com，www.wildernesstravel.com

鹿皮谷中奇形怪状的红色岩石在透过谷顶的阳光照射下熠熠生辉。

最佳旅行时间：全年均可，其中4月底到5月及10月是最佳时节。

行程：全长38英里（61公里），需要4天3夜。如果要游览鹿皮谷（Buckskin Gulch），还要再多花1天时间。

行前计划：每天只允许20名徒步旅游者进入峡谷，其中10个名额可提前预订，另外10个名额则在头1天随机抽号选出。具体规定可垂询亚利桑那州土地管理局（Arizona Bureau of Land Management，BLM）。旅途中约有40%的时间要在齐膝深的河水中行走，一定要带上合适的鞋子。

旅行须知：你需要在取得入谷通行证时向帕利亚峡谷问讯处（Paria Information Station）了解沿途泉水的位置，因为帕利亚河河水含有大量泥沙，即使过滤也无法饮用。帕利亚河有时会泛滥，但问讯处会适时发出警告。

相关网址：www.blm.gov，www.besthike.com，www.americansouthwest.net

美国

帕利亚峡谷

巨大的峡谷好似地球表面的裂缝。这条线路是公认的世界上最好的峡谷徒步线路之一。

河水成千上万年的冲刷，在地表的岩石中蚀刻下这条深幽壮观的峡谷。它的走势基本上沿着犹他州和亚利桑那两州间的边境。从犹他州白宫市（White House）的峡谷口进入这条迷人的峡谷，一路上都可以看到谷顶透下的阳光在刀削斧凿的红色岩壁上投下美妙的光影。有些地方，峡谷的宽度只有几步，而两侧的悬崖却高达1000英尺（305米）。脚下是奔流的帕利亚（Paria，派尤特语“泥水”之意）河，混浊、湍急的河水冲刷着岸边与河底的泥沙和卵石。偶尔会在峡谷中见到一棵从岩缝中生长出的树木，在它的树冠羽翼之下，各种绿色植物郁郁葱葱，野花盛开，好像一座小小的伊甸园。夜幕降临后，你寻着一处平坦的岩石宿营。第二天清早又开始艰苦却愉快的行程。峡谷之外的世界渐渐会变得不那么真实，当你跟随帕利亚河走向科罗拉多河的汇合口，从里斯渡口（Lees Ferry）离开峡谷时，甚至会对外面的大千世界感觉有些不适应呢。

著名景点

- **鹿皮谷**在帕利亚峡谷的中途，比帕利亚峡谷还要狭窄：谷中平均宽度只有不到10英尺（3米），景色也十分优美，奇形怪状的岩石尤其惹人注目。
- 中途你还可以经由拉瑟峡谷（Wrather Canyon）前往**拉瑟拱门**（Wrather Arch），这座跨度246英尺（75米）的天然岩石拱门是世界第6大岩石拱门，平时很少有游客光顾。
- 很久以前美洲土著居民就在这一带活动。悬崖上的**岩画**记录了他们当年的生活。
- 峡谷中活跃着**叉角羚、草原狼、棉尾兔、地松鼠**等动物，帕利亚河里还能见到偏翼吸口鲤、斑纹鲦等鱼类。
- 帕利亚峡谷以西的郊狼丘（Coyote Buttes）有一座**条纹山**（Wave），山坡的砂岩上有一道道五彩斑斓的斜纹。

对页：位于线路终点附近金斯峡谷国家公园的雷伊湖（Rae Lake），湖面犹如镜子一样映着蓝天白云。
上左：初夏正是野花盛开的季节。
上右：莱尔峡谷中林木茂盛的山坡和宁静的湖水，足以令登山者流连忘返。

美国

约翰·缪尔登山线路

内华达山脉原始的自然之美是这条经典长途线路的基调，惠特尼山则是此行的高潮。

以 19 世纪著名现代环境保护运动先驱约翰·缪尔的名字命名的这条徒步线路，是加拿大至墨西哥太平洋沿岸山脉徒步线路的一部分，长达 2650 英里（4265 公里）。它穿过加利福尼亚壮观的内华达山脉，沿途有清澈的湖泊、开满鲜花的草原、幽深的峡谷和险峻的山口。约翰·缪尔登山线路起点位于约塞米蒂峡谷的快乐群岛，全长 211 英里（340 公里），途中经过三个国家公园：约塞米蒂国家公园、金斯峡谷国家公园和红杉国家公园。从快乐群岛出发，经过 9 英里（14 公里）的攀爬小路就来到山巅。从这里向前，一路上就好像行走在世界的屋脊之上，大部分路段海拔都超过 8000 英尺（2438 米），沿途经过许多海拔超过 1.1 万英尺（3353 米）的高山——多诺休峰（Donohue）、缪尔峰、马瑟峰（Mather）、平肖峰（Pinchot）、格兰峰（Glen）、弗里斯特山口，向你展示着内华达山脉巍峨壮丽的景色。金雕在头顶上空盘旋，四周的岩石缝中则可见到许多土拨鼠忙忙碌碌的身影。接着，小路会带你进入山间的密林，枝头上不时可以看到蓝色的松鸡飞过。最后，小路通向海拔 1.4495 万英尺（4418 米）的惠特尼峰，那是美国除阿拉斯加以外最高的山峰。山上有小屋可供登山者过夜。晚上的天气寒冷，狂风呼啸，条件十分艰苦；但山上的夜空清澈，有如水晶一般，你能看到这辈子见过的最亮的星星。

最佳旅行时间： 6月至9月，其他时候大部分路段都会被积雪覆盖。

行程： 走完全程可能需要3周，但沿途有多处可以下山；你可以只游览其中一段路程。

行前计划： 在路上宿营和进入惠特尼峰都需要申请野外通行证（Wilderness Permit）。由于沿途人烟稀少，所以在行前计划时应考虑好食物供应问题，在线路的南段，必须自行携带食品。

旅行须知： 一开始不要行动过快，以便你的身体逐渐适应高海拔气候。路上每隔一段都会有宿营地。休憩时保护好自己携带的食物，免得被经常骚扰营地的黑熊掠走。个别宿营地上有供游客使用的防熊的保险箱（Bear Box）。

相关网址： www.pcta.org，www.yosemite.org，www.fs.fed.us

著名景点

■ **莱尔峡谷**中的莱尔（Lyell）河河水清澈，盛产鲑鱼，是钓鱼爱好者的乐园。

■ **千岛湖（Thousand-Island Lake）**的岛屿也许没有1000个那么多；但在湖岸边露营，欣赏远处的班纳峰（Banner Peak）和里特山（Ritter Range）却足以给你留下永远的记忆。

■ **魔鬼柱国家公园**800英亩（3.24平方公里）的土地上到处都是火山熔岩冷却后形成的巨型石柱。

■ 埃迪森湖位于行程过半处，你可以乘渡轮前往**朱砂谷休假地（Vermilion Valley Resort）**，在那里稍作修整以便继续艰苦的旅行。

■ **弗里斯特山口**海拔1.32万英尺（4023米），是登山线路上的最高点。山口附近寸草不生，只有满地碎石，如同月球表面一样荒凉；但周围此起彼伏的群山却令人震撼不已。

■ 尽管不在线路上，但著名的花岗岩**约塞米蒂半球峰（Yosemite's Half Dome）**近在咫尺，完全可以顺道一览。峰顶离谷底的相对高度有4737英尺（1444米），站在峰顶可以欣赏到约塞米蒂峡谷的全景。

麦金利河流过寒冷的草原，远处就是北美洲最高峰麦金利山。

最佳旅行时间： 6月至9月初。

行程： 全程38英里（61公里），需要5~6天。此外，如果算上以万德湖为中心游览公园其他地方的时间，还要再加上几天。

行前计划： 出发前应练习如何负全重渡河。你还要准备好野外通行证（Back-country Permit）与能够防止熊乱翻的容器——二者均可在德纳里国家公园游客中心取得。

旅行须知： 带上蚊帐。在背包和鞋子上拴上铃铛，可以帮助你规避灰熊。

相关网址： www.nps.gov/dena，www.reservedenali.com，www.themilepost.com

美国

通往麦克康纳格山口的麦金利河滩徒步线路

小心翼翼地蹚过1英里（1.6公里）宽的麦金利河，去欣赏阿拉斯加德纳里国家公园无比壮丽的雪国风光。

穿过长满云杉和柳树、雾气重重的森林，摆在你面前的是一道不同寻常的障碍：足足1英里（1.6公里）宽的麦金利河上没有一座桥梁可供通行。在渡河前你必须做两件事。首先，你要大喊一声，以便惊走在河岸上抓鱼或嬉戏的灰熊，免得过河时遇上它们。其次，还要找一根木棍——当你深一脚浅一脚地在鹅卵石河床上寻找前进道路时，需要用它支撑身体，免得跌进浅蓝色的冰水中。德纳里国家公园最醒目的风景莫过于北美洲第一高峰——麦金利山，这座山也叫做德纳里（Denali）山，在阿萨巴斯卡语中就是“高山”的意思。攀登2.032万英尺（6194米）高的麦金利山，必须是经验丰富的登山爱好者才能做到。但麦金利河滩徒步线路，则大众皆宜。从公园中心的万德湖（Wonder Lake）出发，一路上穿过河流与树林，夜晚则在野外露营。道路的尽头是麦克康纳格山口（Mc Gonagall Pass），就在麦金利山脚下。一般人都会在那里停留1天，然后再掉头返回，以便欣赏麦金利峰脚下美丽的日出与日落。

著名景点

- 公园中有**观光汽车**，可以带游客欣赏公园全貌。
- 公园中有多种多样的**野生动物**：灰熊、野绵羊、狼、驼鹿、北极狐、北美驯鹿、雷鸟，万德湖和麦金利河上还有许多水禽，如金眼鸭、潜鸟等。
- 夏季观看公园中**雪橇犬**的训练。它们拉的是全地形车（ATV），以模拟冬天巡逻时拉着的雪橇。

美国

卡拉鲁沙滩

夏威夷第三大岛上的卡拉鲁沙滩徒步线路十分刺激诱人，沿途有陡峭的悬崖和蜿蜒的山路，还能在星光下的沙滩上露营。

位于夏威夷考爱岛上的卡拉鲁徒步线路只有 11 英里（18 公里）长，但一路上却有着复杂多变的景色与地形。沿着海边悬崖蜿蜒而行的小路时高时低，不时穿过这座“花园之岛”上浓密的雨林，还要先后穿过 5 条陡峭的山谷。你的情绪会随着劳顿而沉落，又随着脚下小径的上升而重新充满激情。在你的脚下，太平洋汹涌的波涛拍打着悬崖根部的岩石，激起一片片巨大的水花。山谷中瀑布飞溅，还能看到纵跃的野山羊。远处永远是连绵不断的绿色山峦。这条线路也是进出纳帕里（Na Pali）海岸州立公园的唯一通道。线路分成三部分。第一段由科厄（Ke'e）海滩出发到哈纳卡皮埃海滩，是最平坦的一段。第二段从一开始就是 800 英尺（244 米）蜿蜒的山路，走出哈纳卡皮埃峡谷，到达哈纳克阿峡谷。最后一段路更是崎岖，红土小径一直沿着悬崖边伸展，险峻的峭壁令人不敢往下看。线路的终点是卡拉鲁沙滩，沙滩背后是卡拉鲁峡谷，一道瀑布从 3000 英尺（914 米）的悬崖顶上飞流直下。晚上，你会伴着海浪声在沙滩上的帐篷中安然入眠。

著名景点

■ 沿途在哈纳卡皮埃（Hanakapi'ai）和哈纳克阿（Hanakoa）峡谷中都有小径通向附近的瀑布。游客喜欢享受在大自然中沐浴的愉快感受，但请当心崖顶掉下的石块。

■ 土著夏威夷居民过去曾经在哈纳克阿峡谷中开垦梯田。现在他们早已离开这里，荒废的农田上长满了咖啡树。

■ 卡拉鲁峡谷中生长着番石榴、阎浮和杧果，成熟时可以采摘食用。离徒步线路2英里（3公里）远的谷顶有两个美丽的水潭，很适宜游泳。

海浪轻轻拍打在洁白的哈纳卡皮埃海滩上，沙滩被茂密的树林环绕着。

最佳旅行时间： 全年均可，但冬季（10月至次年5月）天气多变，沙滩面积也会缩小。

行程： 至少需要2天——至卡拉鲁（Kalalau）沙滩往返各1天。

行前计划： 从哈纳卡皮埃沙滩再向前走（即使不到卡拉鲁沙滩宿营）需要取得通行证。如果计划宿营，还得取得宿营许可。游客数量有严格限制，尽量提前向夏威夷州立公园当局（www.hawaii.gov/dlnr/dsp）预订。

旅行须知： 沙滩十分美丽，大海也相当迷人。但除非你对那里已经十分熟悉，否则不要游泳。由于不熟悉海流，曾经有人在那里溺水。

相关网址： www.kalalautrail.com

印加古道

印加古道带你爬上俯瞰云海的高山，进入一个神奇的国度。消失的文明在陡峭的绝壁之上等待着游客光临。

沿着山路一直向上攀爬，直到超过海拔 8000 英尺（2438 米），空气变得稀薄起来，每走一步都令人气喘吁吁，但艰辛的旅途换来的却是无与伦比的美景。云彩在你身边飘过，将山路上下笼罩在其中，绝壁之上露出印加古城中巨大的残垣断壁，好似一座座巨型雕塑。印加古道只是一项惊人的古代工程中微乎其微的一部分：在这片北至厄瓜多尔，南到智利与阿根廷的广袤土地上，印加帝国修建的道路四通八达，穿过群山、雨林和沙漠，总长超过 1.4 万英里（22531 公里）。从山下乌鲁班巴河谷中的契尔卡（Chillca）出发，经过印加遗址拉科塔帕塔村后便开始登山。崎岖陡峭的山路一直将你带到此行的最高点，海拔 1.3779 万英尺（4200 米）的瓦米瓦努斯卡（Warmiwañusca，女尸山口）。走到这里通常需要 3 天时间。山口经常被云雾笼罩。偶尔放晴的时候，从这里可以看到四周安第斯山脉中一座座白雪皑皑的山峰和山峰之间纵横交错的沟壑。翻山越岭的艰苦旅程到此可以告一段落了；坐落在云端之上、天宫一般的印加古城已近在咫尺。穿过太阳门（Intipunku），你就能看到失落已久的印加要塞——马丘比丘。这里最美的景色在黎明第一缕阳光照射在旁边的山顶上时出现。

著名景点

■ 沿途经过多种气候与植物带，有长满仙人掌的干燥的乌鲁班巴（Urubamba）河谷，有安第斯山上的高原草甸，还有山顶潮湿的雾林。雾林中生长着各种各样的蕨类植物，还有250多种兰花。

■ 旅途第4天，你会经过韦内瓦纳（Winay Wayna）印加遗址，遗址上有优美的梯田、祭祀用的浴室，以及彩虹神殿和瀑布神殿。

■ 瓦纳比丘突兀的山峰位于马丘比丘遗址以北，一定要爬上去。从山上观看马丘比丘遗址的角度最好。

■ 蓝天上有安第斯秃鹫在盘旋。如果你运气好，还能看到危险的稀有动物眼镜熊。

最佳旅行时间：全年均可，5月至10月天气较为干爽。

行程：全长28英里（45公里）。经典的印加徒步旅游线路包括从库斯科到印加古道起点的往返行程，总共需要5天。

行前计划：秘鲁当局对古道游客数量有严格限制，因此需要尽早预订，特别是在6月到8月的旺季。你不能自己行动，必须跟随一个团队，并配备导游和脚夫。

旅行须知：出发前可在库斯科逗留2~3天，以便适应高海拔的气候。

相关网址：www.peru.info，www.perutravelguide.info，www.andeantravelweb.com

对页：云雾缭绕的瓦纳比丘（Huayna Piccu）俯视着下面的马丘比丘遗址，这座失落的城市直到1911年才被美国考古学家海勒姆·宾厄姆发现。
左一：安第斯山脉的居民喜欢色彩鲜艳的器物，如这些摆在阿瓜斯·卡林特斯（Aguas Calientes）市场中出售的容器。
左二：马丘比丘山下的铁路终点站也装饰得五彩缤纷，还有这些骆驼的头饰。

几位登山者正攀登谢克尔顿隘口附近的雪山。背后是广阔的默瑞雪原。

最佳旅行时间： 1月至2月。夏季气候恶劣，冬天异常寒冷。

行程： 24英里（39公里）。天气好的时候走完全程需3天2夜。

行前计划： 走这条线路需要有穿越冰川及在极端环境下宿营的经验。带上登山睡袋和结实的帐篷，以抵御冰川的寒冷与极端天气。旅行的组织者会提醒你其他需要准备的东西，你也可以从相关机构租用。

旅行须知： 只有勇敢的人才能尝试！恶劣天气有可能导致旅行在最后1分钟被取消，你甚至可能会在途中被暴风雪困住。

相关网址： www.sgisland.org，www.iaato.org，www.jagged-globe.co.uk，www.exploradus.com

南乔治亚岛

谢克尔顿线

在这个南大西洋的小岛上，沿着谢克尔顿当年解救船员的线路，领略壮观的雪原与冰山。

踏上这座位于冰冷的南大西洋中的多山岛屿，你将沿着历史上探险家们的英勇足迹穿越冰川和雪原。1916 年，英国探险家厄内斯特·谢克尔顿（Shackleton）乘坐的船只遭遇浮冰沉没，他当时就是沿着这条线路横穿南乔治亚岛，为被困的船员寻求帮助的。谢克尔顿和两名同伴从岛西面的哈康国王湾（King Haakon Bay）出发，在极端恶劣的环境下走了 36 小时才到达岛屿东面斯特姆内斯的一座捕鲸站。现在，你可以在经验丰富的向导带领下重走这一线路。从哈康国王湾出发，爬上谢克尔顿隘口，然后穿越 5 英里（8 公里）宽的默瑞雪原（Murray Snowfield），到达三叉戟山（Trident Ridge）。在怒吼的狂风中翻过山脊继续前行，来到了宽阔的克利恩（Crean）冰川。再向前穿过克利恩冰川和福尔图娜冰川，来到一个山口，在那里你可以看到下一个前进的目标——山下的福尔图娜湾（Fortuna Bay）。海湾中生活着成群的海象与海狗，还有许多企鹅。线路的最后一段沿着海岸而行，最终到达斯特姆内斯（Stromness）。

著名景点

- 南乔治亚岛有很多鸟类。福尔图娜湾里除了海豹外，还有很多贼鸥、帝企鹅和马卡罗尼企鹅，此外还有南乔治亚岛鹨、南乔治亚岛针尾鸭，在海上还能看到信天翁、海燕和南极鸽锯鹱。
- 从默瑞雪原可以看到海拔超过4000英尺（1219米）的三叉戟山。
- 克利恩冰川的名字取自谢克尔顿两名同伴中的汤姆·克利恩。这是一片巨大的冰雪世界，到处布满纵横交错的裂缝，还有许多零星散布的冰原石山（突出于冰川表面，被积雪覆盖的山头）。
- 斯特姆内斯有一座小小的墓地，埋葬着死去的捕鲸工人，也见证了当地恶劣的生活环境。

阿根廷

菲茨罗伊峰

阿根廷巴塔哥尼亚山脉美丽的冰川、波光粼粼的湖泊和茂密的森林将伴随着你走完这条风景壮丽的徒步线路。

巴塔哥尼亚冰川国家公园面积2300平方英里(5957平方公里),公园中地形错综复杂,有安第斯山脉的崇山峻岭、成片的蓝加(南美山毛榉)树林、山间的河流,还有巨大的冰川——这些冰川组成了希耶罗瑟尔冰原(Hielo Sur),是除南极洲与格陵兰岛外世界上面积最大的冰原。这次旅行的目的地,是位于公园北部的双峰——菲茨罗伊山脉的菲茨罗伊峰(Fitz Roy)与塞罗托利峰(Cerro Torre)。一路上跨过冰冷湍急的溪涧,走过深深的峡谷和宁静的湖泊,穿过清风习习的蓝加树林,长尾小鹦鹉和巴塔哥尼亚啄木鸟在林中飞翔,美洲狮在暗中监视着你的行动——如果你运气好,也可以看见它们。从查尔登村(El Chaltén)出发,先向西北缓缓攀登,来到卡普里湖(Laguna Capri)。之后是一段陡峭的山路,通向特莱斯湖宽阔的蓝绿色湖面。从湖边你可以第一次清楚地看到近在咫尺的菲茨罗伊峰,山顶上时而云雾缭绕,时而在强风吹袭下扬起一阵阵雪花。回到卡普里湖,向南前往托利湖,湖西岸是巨大的冰川,不断有断裂的冰块被风吹到湖岸上。在回到查尔登村之前,还有一段最激动人心的探险等待着你:攀登托利冰川。冰川在阳光下闪耀着刺眼的白色,一直延展到天际,弯曲的地平线连接着蓝天的穹幕,仿佛是世界尽头。

著名景点

■ 清晨在卡普里湖边欣赏初升的太阳照射在**菲茨罗伊峰**上,将山峰染成粉红色或金黄色。或者等待夕阳西下,当云雾聚拢在峰顶时,阳光会把它们变得五彩缤纷。

■ 在托利湖(Laguna Torri)边欣赏**塞罗托利峰**,这座海拔10260英尺(3127米)的巨型花岗岩山峰像一把尖利的匕首刺向天空。对于任何专业登山选手,攀登它都是一个艰巨的挑战。而此刻你却可以静静地坐在湖边,欣赏它壮丽的风姿。

■ **佩利托莫雷洛(Perito Moreno)冰川**也是公园中的一处著名景点。你可以沿着木板铺设的通道走上冰川,欣赏在阳光下变成深紫色或铁蓝色的冰锥,或是观看断裂的冰块落入冰川下面的阿根廷湖(Lago Argentino)。

最佳旅行时间: 11月至次年2月下旬,即南半球的夏天。

行程: 4天3夜。其中有2个晚上在卡普里湖边宿营,另1个晚上住在塞罗托利峰下。

行前计划: 不要单独出行。当地有不少旅游团组织前往菲茨罗伊峰的登山游,配备导游。你通常可以乘飞机先到卡拉法特(Calafate),然后再乘公共汽车到查尔登。

旅行须知: 质量上乘的全天候登山服是必备物品。晚上天气会很冷,风速最高时可以达到每小时100英里(161公里)。尽量多带衣服。

相关网址: www.losglaciares.com, www.amazonadventures.com, www.fitzroyexpediciones.com.ar

白雪皑皑的菲茨罗伊峰投映在群山环抱的湖面上。这座海拔11073英尺(3375米)的山峰是以查尔斯·达尔文曾经乘坐过的英国船"小猎犬号"船长的名字命名的。

对页：初升的太阳照射在百内群峰上，姹紫嫣红的色彩仿佛一出交响乐。
左一：用波纹铁板搭建的铁皮屋被涂成黄色，登山者就在这里过夜。
左二：原驼（Guanaco）正在吃草。原驼是大羊驼（Llama）的近亲，它们的毛很值钱。

智利

百内石塔国家公园

巴塔哥尼亚冰川沿着智利南端的群山伸展，插天的雪峰俯视着艰难跋涉的登山者。

百内石塔（Torres del Paine）国家公园内冰川辽阔，山峰险峻，不但很少有人类活动的痕迹，就连鸟兽也难以栖息——高高的天空中盘旋着秃鹰、兀鹫和老鹰。公园的名字来自于园内三座著名的蓝色石塔——“百内”（Paine），在当地德尔卫彻语中即为“蓝色”之意。陡峭的山岩犹如烟囱一般突兀地耸立在巴塔哥尼亚山脉寒风凛冽的蓝天下。在这条“W”形线路第一天的跋涉中，你就可以近距离地欣赏到它们独特的风貌。从公园东侧出发，先是穿过一条长满山毛榉树的峡谷，紧接着再向上攀登。石块中夹杂着冰碛，陡峭的山坡令你不得不四肢并用，寒风怒吼着吹在你的背上。石塔就在这时出现在你面前，它们突兀地矗立在冰川之上，高度大约 330 英尺（101 米）。第二天的路程中有更多峡谷和山峰在等着你。穿过绿树苍苍的弗兰西斯峡谷，再往西便是犬牙交错的百内群峰（Cuernosdel Paine，Cuernos 是“角”的意思）。每座山峰的名字都恰如其分：霍亚（Hoja，刀）、埃斯帕达（Espada，剑）、卡特德劳（Catedral，大教堂），还有阿列塔·德·提布隆峰（Aleta de Tiburón，鲨鱼鳍）。每天早上，阳光将群峰染成一片深红，背阴的地方则变成紫色。再向西去是格雷湖（Lago Grey），在那里可以看到巨大的巴塔哥尼亚冰原。格雷冰川从冰原上分出，长度足有 38 英里（61 公里），冰川末端不断断裂，落入湖水中成为一座座蓝色的冰山。如果你想尽兴，还可以乘坐小艇在潟湖上泛舟，爬上陡峭的冰崖，或是骑马在旷野上奔驰，或者只是找一块突出的岩石，静静地坐下来欣赏周围的风景。

最佳旅行时间： 百内石塔国家公园的天气变幻无常，只有11月至次年2月晴天较多。

行程： 全长约60英里（97公里）。以每天行走6~8小时的强度，走完全程需要4天。

行前计划： 你需要先从圣地亚哥飞到彭塔阿雷纳斯（Punta Arenas），然后转乘汽车才能到达公园。多层保暖衣物及防风、防水外套都是必备的。温度最低会降到0℃以下；即使在夏季，风速也常常超过每小时60英里（97公里）。

旅行须知： 在“W”形线路的顶端有一条延长线，可以将该线路串连成一条环线。建议你沿逆时针方向前进，以避免顶风。

相关网址： www.torresdelpaine.com，www.welcomepatagonia.com

著名景点

- 从圣地亚哥飞往彭塔阿雷纳斯途中，你将第一次见到**巴塔哥尼亚冰原**。阳光下的冰原耀眼夺目，令人久久难忘。
- 公园中最美丽的风景是那些高高在上的**黑色尖峰**，它们与半山腰的积雪和山麓灰色的花岗岩山体形成强烈的对比。山峰的倒影——投射在诺登斯克约德（Nordenskjöld）湖蓝绿色的湖面上。
- 在格雷湖边，导游会用湖中漂浮的冰块现场为你制作**皮斯科酸酒**（Pisco Sour，一种智利当地的混合酒饮料，原料包括白兰地、酸橙汁、糖和碎冰块）。
- **格雷冰川**宽4英里（6.4公里）、厚200英尺（61米），行走在冰面上时常常会听到震耳欲聋的雷声，那是冰层断裂、大块冰山落入下面的湖泊中发出的。

富士山

清晨的第一缕阳光沿着富士山完美的火山锥体渐渐向下，直到照亮整座山峰。

神圣的日本富士山海拔1.2388万英尺（3776米），山顶上白雪皑皑。富士山是一座死火山，它的美丽形象随着日本著名版画家葛饰北斋的作品《富士山三十六景》而广为流传，成为日本最经典的风景之一。位于半山腰的川口湖5号站是攀登富士山的最佳起点。每天都有许多游客和本地人聚集在这里，趁着天黑的时候开始登山，以便欣赏山上的日出。山路崎岖，不少地方相当陡峭，走不多久就会感受到小腿的酸痛。随着海拔逐渐升高，林木葱郁的青木原（Aokigahara）渐渐被你踩在脚下，身边已变成荒芜的岩石与灌木。天空清澈如洗，银河中群星闪烁，天气越来越寒冷，路边供登山者休息的小屋也逐渐增多。屋门口放着迎客的蒲团，温暖的火光从屋内透出，热气腾腾的小吃引诱着每一位游客。山顶上已聚集了许多人，他们相互簇拥着取暖。而天空就在此刻一点点透出微白。云海在你脚下翻涌，一座座山丘一直延伸到海边。突然，太阳将远处地平线的阴霾撕开一条缝，停留片刻后，夺目的阳光撒向大地，山下的东京城又迎来了新的一天。

站在富士五湖之一的川口（Kawaguchi）湖边，欣赏樱花树与富士山——日本最著名的两道风景。

著名景点

- 从山顶往下看，可以看到山路上**长长的登山队伍**。人们举着**火把**，好像一队小小的蚂蚁。
- **天亮后**留在峰顶上游览火山口及富士山山顶官方认定的最高点——富士山气象站。
- 从**富士山邮局**给朋友发明信片。该邮局是全日本海拔最高的邮局，邮局还出售认证书，以证明你确实登上了富士山山顶。
- 游览富士山脚下的**富士五湖**。在湖边可以观赏富士山美丽的全景。

最佳旅行时间：7月、8月山顶没有积雪，易于攀登。但要避开日本人8月纪念先灵的“御盆节”，节日期间到处人满为患，很多景点都要排队。

行程：登山过程需要6~7小时。下山时最多需要4小时。

行前计划：可乘坐公共汽车从东京市中心的新宿区站驶往川口湖5号站，在大约晚上21：00到达即可。穿上保暖的衣服，还要带上雨具，山顶天气很冷，经常下雨。沿途有些地方需要用手抓住岩石帮助攀登，可以准备一双手套。

旅行须知：山顶上的饮食很贵，建议自带食物和水。有些人会在爬到8000英尺（2438米）以上出现高山反应。爬山时不要过快，注意多喝水。

相关网址：www.jnto.go.jp，www.japan-guide.com

落日将天空染成紫色，古老的城墙也披上了一层暖意。

最佳旅行时间：春天和秋天。夏季天气炎热潮湿；冬季因有结冰和降雪，登山比较危险。

行程：金山岭—司马台段长7英里（11公里），需3小时；司马台东段长3英里（5公里），需2~3小时。从北京市乘车至金山岭还要2小时。

行前计划：部分路段相当危险，建议雇一名导游或跟随曾经来过的人一起攀登。戴上墨镜、瓶装水、便餐，以及买东西的零钱。

旅行须知：在长城景区买东西一定要砍价。在司马台入口处还要交一次费，通过水库上的铁索桥也要交一点钱。

相关网址：www.travelchinaguide.com，www.worldexpeditions.com，www.wildwall.com

中国

万里长城

长城在中国北方的崇山峻岭中绵延伸展，从一个山头到另一个山头，吸引着每一位登山爱好者的脚步。

建于2000多年前的长城蜿蜒伸展在中国北方的崇山峻岭之中，好像巨人的脊梁。时光流逝，当年用来抵御北方侵略者的长城年复一年地经受着风雨侵蚀。金山岭—司马台长城是其中保存较好的一段。它位于北京东北的群山绿野之中，建造于16世纪的明朝。登上长城，你可以将四周起伏的山峦和山下的森林尽收眼底。司马台东段的长城建造历史还要再早200年。尽管残破不堪，但气势却更加雄伟。时而爬上悬崖绝壁，时而跌入幽深的峡谷，即便对于经验老到的登山爱好者也是一个极大的考验；从第12号敌楼向前还要另寻小路才能上去。一条近乎垂直的被称作“天梯”的城墙直通第15号敌楼——仙女台，精雕细刻的石楼令其在众多敌楼中显得卓尔不群。由此再向前，一条银线似的窄墙——天桥——连接着该段长城中最高的一座敌楼：望京楼。由此再向东的山路过于狭窄，已经被管理方关闭。经过如此惊心动魄的艰苦跋涉后，也该下山休息了。

著名景点

- 古老的**敌楼**曾经用来驻扎军队、传递情报；现在则是欣赏四周山川峡谷的绝佳**地点**。你可以在楼中野餐，或是向当年的卫兵一样，向北眺望蒙古高原。
- 站在**金山岭长城**上四顾远眺，长城像玉带一样，沿着陡峭的山脊向远方伸展开去。其中1.8英里（2.9公里）长的一段长城已经得到修复，晚上城墙上还会亮起闪闪的装饰灯光。
- 爬上令人目眩的**天桥**，你可以看到密云水库的全景，还能远眺北京城。
- **“长城脚下的公社”凯宾斯基酒店**位于另一段长城——八达岭长城的脚下，为你提供一种古老与现代融合的奢华享受。酒店价格不菲，但建筑风格独特，并且有着非常优秀的视野，便于观赏旁边的长城。

马来西亚

探访猎头人的足迹

穿行在茂密的雨林中，跨过一条条溪水，蜿蜒而行的小路显得十分宁静。然而当年的猎头武士正是沿着这条小路，前去袭击邻近山谷中的村庄。

沙捞越州(Sarawak)是马来西亚在婆罗(Borneo)洲的两个行政区之一，木庐山国家公园就坐落在这里。三条山脉横贯公园，形成令人拍案称奇的石灰岩景观。突兀的石灰岩山体从热带雨林中拔地而起，犹如尖塔一般；地下则是错综复杂的溶洞—这里有世界上最大的溶洞沙捞越溶洞，其内部空间足足可容纳 47 架大型喷气式客机。猎头人小径(Headhunters' Trail)就穿梭在公园之中，经过一座座溶洞、一道道瀑布，直达阿比山的石灰岩尖峰下。猎头人小径是一条加央(Kayan)族武士曾经使用过的道路，他们乘坐小船沿着梅里瑙(Melinau)河——巴兰河的一条支流——驶入梅里瑙峡谷，然后拉着小舟从路上走到特里坎河。他们从那里继续向下游驶到林邦谷，袭击那里的居民，并割下敌人的头带回作为战利品。猎头人小径就是他们当年从梅里瑙峡谷到特里坎河所走的线路。首先，你乘坐小船沿梅里瑙河上溯到夸拉贝拉(Kuala Berar)宿营地，然后步行到达一片称为 5 号营地的空地，梅里瑙峡谷高达 2000 英尺(610 米)的悬崖就在附近。从 5 号营地出发，沿着蜿蜒的小路穿越森林，到达特里坎河上的夸拉特里坎，那里有船在等着你。晚上，船会将你送到一间伊班人(与加央族关系密切的一个民族)传统的长屋休息。你可以继续沿河而下到南加麦达密特(Nanga Medamit)，再从那里徒步走到林邦镇。

著名景点

■ 在传统的长屋——伊班人称其为“如玛潘加”——中过夜将是一次非同寻常的体验。村子里的人都住这样的房子，房屋用柱子支撑着悬离地面。家人住在房子的一头，另一头则是家中迎客的地方。

■ 木庐山(Gunung Mulu)国家公园中的雨林共有15种不同类型，蕴藏着极为丰富的生物资源，包括170余种兰花、110种棕榈树和10种捕虫草。

■ 公园中有皱纹犀鸟、暴风鹳等鸟类，包括两种奇异的野鸡：鳞背鹇和凤冠火背鹇，后者的雄性有着蓝色、黄色、红色相间、闪闪发亮的羽毛。

■ 顺着公园中的一条小径可以走到蒂尔(Deer)溶洞。太阳下山的时候，洞中栖息的300万只蝙蝠会蜂拥而出，开始夜晚的觅食行动，场面相当壮观。

最佳旅行时间： 全年均可。

行程： 5号营地(Camp5)到夸拉特里坎(Kuala Terican)的路有7英里(11.3公里)长。如果你要去林邦(Limbang)，大概需要3天。如果你还想游览阿比山(Gunung Api)和公园中的石灰岩溶洞，则需要5天时间。

行前计划： 在丛林中的营地过夜所需的食物和饮水需要自己携带，还要带上烹饪用的设备。你需要一双好鞋子，还需要带上睡袋或毯子以抵御夜晚的寒气。当地气候非常潮湿，应准备防水的衣服。路上有导游为你带路。

旅行须知： 记得品尝伊班人的食品。他们将肉、鱼、蔬菜和大米放在竹筒中加工后食用，有一种特殊的香气。调料有藏红花、野姜和山奈——看上去很像姜，但有一些柠檬的味道。

相关网址： www.mulupark.com，www.mmadventure.com

对页：跨过茶色的小溪。在猎头人之旅中，你会碰到一些需要涉水的路段。
左一：长屋里的伊班(Iban)人正在编织他们的传统服装。
左二：阿比山直上直下的石灰岩柱高高地耸立在雨林的树冠之上。

泰国

清迈的山村

一座座青山上蜿蜒的小径带你走进泰国北部的小山村，体验当地人的多彩生活与好客热情。

一段蜿蜒陡峭的山路穿过丛林，带你登上山顶。你虽然累得气喘吁吁，但心情却非常愉快。再走不远，层层种着水稻苗的梯田与果实累累的芒果树出现在你的眼前，那一刻的欣喜将之前跋涉的辛苦一扫而光。这是一座拉祜族的村庄。村民为你送上茶水和晚餐；饭后，你早早就寝。泰国北部毗邻缅甸，山上村落众多，有许多不同的登山线路可供你选择。通常游客会选择从清佬（Chiang Dao）向西，经派伊（Pai）到梅丰颂（Mae Hong Son）的线路（途中有公路处可搭乘交通工具以加快速度）。一路上你会看到多个不同少数民族的村落。在阿卡族的村子里，少女面带笑容，头顶着高高的漂亮头饰从你身边走过。村民会请你盘腿坐在摇摇晃晃的茅草屋中，用光滑的竹杯品尝苦茶。然而坐不多久，你便又要起身继续前行。所幸这次的距离并不远。沿着长满香蕉树的小径下山，就来到了当晚就宿的地方。这里的主人是傈僳族，他们为远方到来的贵客准备了冷饮和舞蹈。第二天一早，又有紧张而愉快的行程在等着你。不同的民族、不同的鲜艳服饰和不同的生活习俗，相同的则是沿途处处可见的瀑布、茶色的河水与青翠的山丘。

著名景点

- 和**村中长老**聊天会让你大有收获。导游很乐意为你翻译，村中的老人也喜欢与游客一起饮茶，并且交流各自的人生经历。
- 当地村民非常**热情好客**。尽管他们脸上总是喜气洋洋，但生活却未必如意。很多人都是从缅甸逃难过来的。
- 随时睁大眼睛，提防蛇的出现，尤其是**眼镜王蛇**。这种蛇样子十分漂亮，但千万不要走得离它太近！
- 很多山路上都可以体验**骑大象**、漂流、山地自行车越野等多种娱乐活动。

来自清佬的两个女孩子，穿着全套色彩艳丽的传统服饰。

最佳旅行时间：最佳游览时段是雨季结束之后，即每年10月至次年2月。3月至5月当地气候炎热干燥。

行程：大部分游览线路需2~3天。也有部分单日线路和更长的线路供游客选择。

行前计划：不要自己单独出发，最好经由当地旅行社安排，与当地导游同行。旅行社会替你准备所需的饮食和装备。

旅行须知：不同的线路相异其趣，但都需要在山路上跋涉，有些路段还相当陡峭，一定要穿着合适的旅游鞋。

相关网址：www.tourismthailand.org，www.chiangmai-chiangrai.com，www.ewsiam.com

脚夫可以帮你背着背包。他们只穿一双简陋的拖鞋，却可以背着沉重的货物在山路上行走。

尼泊尔

安纳布尔纳环山线路

登山的小径穿行在尼泊尔境内的喜马拉雅山上，安纳布尔纳山脉高大的山峰是沿途永恒的背景。

石块垒成的祭坛上插着迎风舞动的旗帜，绿色的稻田、粉红色的杜鹃花树丛与背后高耸入云的雪山相映成趣。登上这条环绕安纳布尔纳山的小路，你能欣赏到多种多样的生态环境和仍然保留着古老面貌的村庄——村中的房舍仍然采用木头或茅草屋顶。从草木茂盛的马斯扬迪（Marsyangdi）山谷出发，进入马南布特峡谷（Manangbhot），跨过河上的索桥，进入生长着云杉与刺柏的树林。从这里出发向上攀登，经过一片牦牛栖息的高山草甸，来到海拔1.78万英尺（5425米）的特龙拉山口。站在山口最高处，你可以眺望安纳布尔纳峰与其他9座海拔2.3万英尺（7010米）以上的山峰。再西行下山，到达卡里干达基，驮着大麦与食盐的骡子商队常常在这里经过。随着山势逐渐低缓，身边的松林又重新出现，然后是稻田、柑橘园和大片的一品红。在塔图帕尼（Tatopani）的温泉中洗去沿途的劳累与疲乏后，就可以向着终点——喧闹的比勒珊提进发了。

最佳旅行时间： 每年的登山季节分为两段，分别为4月至5月和10月至11月。春天正是杜鹃花盛开的季节，秋高气爽的季节最适于观赏美丽的群山。

行程： 全长150英里（241公里）的登山道需要19~21天才能走完。整个旅行需要24天。

行前计划： 从加德满都可乘车前往山路起点贝西萨哈。导游会帮你办好相关的手续。你可以住在沿途的“布哈提”（传统旅馆）中。

旅行须知： 穿越特龙拉山口当天需要攀登3000英尺（914米）再下行5000英尺（1524米）。最好在拂晓前就出发，以便避开山口的强风。

相关网址： www.himalayankingdoms.com，www.terrafirmatravel.com

著名景点

- 在高山深处的小镇**马南**（Manang）住1天，适应当地的高山气候。你可以参观附近的**布拉加**（Braga）寺院，以及村后山上的小庙。
- 翻过特龙拉山口后可到**穆提纳斯**（Muktinath），一个重要的宗教中心，佛教与印度教都将其视为圣地。在一片白杨树林中有一处喷泉，泉水起伏翻滚，泉眼上方是用天然气点着的圣火。
- **卡里干达基峡谷**（Kali Gandaki Gamyon）是世界上最深的峡谷，峡谷两侧分别是安纳布尔纳峰与道拉吉里峰。
- 山路快到终点处有一座**普恩山**（Poon Hill），**古里帕尼**（Ghorepani）村就在山脚下。每当日出和日落时，山上的风景都特别优美。你可以在山上看到安纳布尔纳峰，以及神圣的马恰普恰尔峰（鱼尾峰）。
- **加德满都**的街道纵横交错，犹如迷宫，城中遍布古老的圣坛和喧闹的市场。其中最值得参观的有佛教的**斯瓦扬布寺**（Swayambunath）和印度教的**帕斯帕提那寺**（Pashupatinath）。

肯塔基大洞国家公园的溶洞中已标明位置可供游客探索的线路长达335英里（539公里），其中有不少著名景点，如“胖人的苦难（Fat man's Misery）”，都有灯光照明。

十佳地下线路

走入深幽的地下，探寻大自然与人类创造的奇观。

❶ 加拿大：蒙特利尔地下城

这是世界上最大的人造地下设施，有120个出入口，每天约有50万人光顾这里长达20英里（32公里）的商业街、酒店、银行、办公室、博物馆和大学。地下城中还设有地铁与火车站、公交中心，以及一座冰球馆。

行前计划：别忘记带上信用卡！
相关网址：www.montreal.com

❷ 美国：肯塔基州大洞国家公园（Mammoth Cave National Park）

从洞穴中景点的名字——大干线（Grand Avenue）、尼亚加拉冰瀑（Frozen Niagara）——就能知道这座号称世界上最长的洞穴是个什么样子。洞穴中最古老的部分在1000万年前就已经形成，在那之后950万年中，地球上都还未有现代人类的足迹。

行前计划：距离肯塔基州伯因格林市（Bowing Green）31英里（50公里），该市交通便利。
相关网址：www.nps.gov/maca

❸ 墨西哥：尤卡坦阿克顿琴洞穴生态公园

沿着地下河（当地称cenotes）而行，透过水晶般清澈的河水可以看到白色的河床与天然泉眼。光看地面上茂密的雨林，谁也想不到地下还有这么多由岩石、钟乳石、石笋、化石组成的天然洞穴，里面还生活着许许多多以果实为食的蝙蝠。你可以步行探索洞穴，也可以在地下河中潜泳。

行前计划：在坎昆（Cancún）参加旅行团或租车前往。带好驱虫剂。
相关网址：www.aktunchen.com

❹ 越南：古芝（Cu Chi）地道

从小小的暗门进入狭窄、憋闷的地道，你会看到一个地下村

行前计划：胡志明市内各旅行社都有参观古芝地道的旅游项目，并会为你安排导游。

庄，厨房、卧室、起居室一应俱全，还配备了医院。在越南战争（1954~1975）期间，曾经先后有数千名越军士兵在这里驻扎。尽管多次轰炸，但美军从未占领过这座地下村庄。

相关网址：www.sinhcafevn.com

⑤ 澳大利亚：卡尔古利汉南（Hannan）北矿场

乘坐罐笼下到100英尺（30.5米）的井下，参观19世纪澳大利亚淘金潮时期挖掘的隧道。你可以亲手试一试淘金。卡尔古利现在的黄金产量，仍然占全世界黄金产量的10%。

相关网址：www.mininghall.com

⑥ 波兰：克拉科夫维利茨卡（Wieliczka）盐矿

在中世纪，盐的地位就好比现在的石油。长达9个世纪的开采使得地下形成长长的隧道和巨大的洞穴，最深处达440英尺（134米）。每年有超过100万名游客参观这处世界文化遗产，游览当地的湖泊、教堂、盐雕塑像，以及世界上最大的矿山博物馆、为哮喘及过敏病人建造的疗养院，还有多座建造技巧精湛的音乐厅。

行前计划：可从克拉科夫中央车站（格洛尼）乘火车前往，距离6英里（9.7公里）。矿内步行距离约1英里（1.6公里），设有400级台阶，并有针对残疾人安装的设施。乘坐电梯需要交费，票价并不贵。

相关网址：www.krakow-info.com/wielicz.htm

⑦ 德国：柏林核弹掩体

这座1971年建造的防辐射掩体是冷战的产物。掩体中光线昏暗，需要过一段时间才能适应。在绝对静寂的环境中，你会感受到寒冷一丝丝渗入骨髓。掩体中大部分空间都层层叠叠地摆放着窄小的床铺，一共可以容纳3562人。然而，掩体的防护作用只能维持14天时间，14天后，掩体中的人只能重新回到核爆后放射粉尘飞舞的柏林地面上去。这绝对是一次令人毛骨悚然的体验。

行前计划：只有柏林逸事博物馆（Story of Berlin Museum）才能为游客安排带导游的参观团。地址：选帝侯大街（Kurfürstendamm）207-8号，地铁选帝侯大街站。

相关网址：www.story-of-berlin.de

⑧ 法国：巴黎的下水道

每天有120万立方米废水通过这条总长达1300英里（2092公里）的下水道管网排出。供游客参观的下水道长度为457英尺（139米），其中还有一部手动操作清除碎石的车辆。你可以在这里了解到历史上不同时期废水的处理方式。下水道中只有轻微的气味。据说还有一间“下水道纪念品商店”，出售明信片。

行前计划：免费提供导游。入口在塞纳河与德奥赛河堤（Quai d'Orsay）之间。地铁阿尔玛-马修站（Alma-Marceau）。

相关网址：www.paris.org/Musees/Egouts

⑨ 意大利：罗马的地下墓穴

这座巨大的墓穴位于大理石建造的罗马城之下，那些走廊、房间和教堂会让你想到公元初的年代，那时候的罗马对于基督徒来说还是一个危险的地方，墓穴中常年点着油灯，昏黄的火苗在暗室中闪动。不要错过那些涂鸦——成千上万的祈祷词，每一条都出自一个人之手，有可能是一位教皇，也可能是一名水管工。

行前计划：乘坐218路公交车从圣乔凡尼广场（Piazza di Porta San Giovanni）到地下墓穴（Fosse Ardeatine）。

相关网址：www.showcaves.com

⑩ 埃及：吉萨大金字塔

金字塔是古代七大奇观中唯一保存至今的一个。沿着一条宽3.5英尺（1米）的隧道向下一直走330英尺（101米），你就来到了吉萨大金字塔的中心。摆在宏伟的内墓室中的是一座石棺，用625英里（1006公里）外阿斯旺的花岗岩制成。金字塔已有5000年的历史，它的占地面积是帝国大厦的30倍。许多个世纪以来，人们一直为它的来历、建造方式和建造目的争论不休。

行前计划：开罗任何一家旅行社都可为你安排导游，或租车游览（距离12英里[19公里]）。355、357路空调公交车从开罗（埃及博物馆站）开往吉萨。

相关网址：www.pharaoh.heavengames.com，www.egypt.travel

一名当地小孩站在迎风飘扬的祈愿旗下。

不丹

丽桑格帕小道

曲径深处是与世隔绝的山谷，那里的居民依然在沿袭着千百年来的生活，丝毫未受现代社会的影响。

不丹东部地区山势险峻、沟壑纵横，湍急的河流在峡谷中奔腾，一座座村庄就建在对当地人来说神圣无比的高山脚下。8 世纪莲花生大师第一次将佛教传入不丹，现在这里的村民每日的生活作息，无论是耕种、纺织还是砍伐树木，都成为一种顶礼膜拜的仪式。从扎西冈（Trashigang）向北便是桃花源一般的扎西羊孜（Trashiyangtse）山谷，同时也是环形登山线的起点。沿着斡马囊河一路行进，穿梭于稻田与森林间，直至翻过几道山梁，抵达丽桑格帕（Rigsum Gompa）——三神庙。从庙后下山，穿过班德灵（Bumdeling）野生动物保护区，再沿着库龙出（Kolong Chu）河行进，前方便是彻腾科拉祭坛（Chorten Kora）。森林中时而有熊出没，不过你更可能见到的是四处游荡的牛和正赶去参加普加大会（佛教仪式）的年轻僧侣。除了远处瀑布飞溅的声音与风吹竹动的窸窣外，几乎没有任何其他声音打搅这里平静的生活。

最佳旅行时间：秋天（从10月中旬开始）是游览的最佳季节。如果早春前往则可以看到绽放的杜鹃花。

行程：28英里（45公里）。山地崎岖，行走缓慢，走完全程需要3天。加上从不丹首都廷布出发的时间一共需要4天。如果你沿途还想游览其他地方，就需要再多计划一些时间。

行前计划：带上望远镜。如果你喜欢摄影，胶卷、卡带、存储卡一定要比你认为自己需要的数量多带1倍。对行程可能遇到的变动要有充分准备。

旅行须知：一般人的体力条件都可以走完全程，但考虑到中途最高处海拔达到8200英尺（2499米），你应该控制好步伐，以便逐渐适应高海拔的气候。多喝水。进庙前脱鞋，并给导游留出足够的祈祷时间。

相关网址：www.kingdomofbhutan.com，www.bluepoppybuhtan.com

著名景点

- **扎西羊孜**山谷给你留下的第一印象——稻田、山顶的城堡——会令你终生难忘。
- 沿途遇到的**当地居民**也是此行的精彩之处：老人数着手中的念珠，当地的教师会请你参观学校。他们说话时会用手遮住自己的嘴，以免呼出的气息喷到你脸上。这些居民也十分愿意让你给他们照相。
- 旅途的第一晚你会在河边宿营。但你不知道的是，那里还是一处**圣地**。第二天清早会有热情的喇嘛向你讲述有关它的故事。
- 站在三神庙外你可以看到周围山峦峡谷的全景，并欣赏美丽的**日出**。当地的僧侣则备好了洁净的水碗，以敬献给象征热情、力量与智慧的神祇。
- 在班德灵野生动物保护区中的河边沙洲上可以看到从中国西藏飞来过冬的珍稀飞禽——**黑颈鹤**。

尼泊尔

珠穆朗玛峰大本营

尽管攀登世界最高峰对你来说力所不及，但沿着这条路直达珠穆朗玛峰下的大本营却也能在某种程度上满足一下你的梦想。

沿着山上蜿蜒的小径，翻过崎岖的山坡，趟过山间的小河，走过夏尔巴人的村子和寺庙，在坤布峡谷的前方，就是珠穆朗玛峰脚下的永久大本营。大本营建在坤布冰瀑下面，夏尔巴语中当地的地名为索鲁坤布。要想到达大本营，就必须路过喧闹的古老集市——南彻市场。中国藏族商人曾经在这里用盐交换加德满都运来的衣服和其他商品；现在他们的货物则变成了登山器材。从南彻出发，你很快就能看到中国的珠穆朗玛峰，它的身影在其姐妹峰——努子峰的背后若隐若现。山路缓慢而持续地升高，行者穿过一条条小河和成片的杜鹃林，不断向着目标——1.8 万英尺（5486 米）高的卡拉帕塔峰（Kala Pattar）前进，那里是欣赏珠穆朗玛峰的最佳地点，比从大本营看要清楚得多。山顶上空气稀薄，呼吸困难，但如果你能奋力登上峰顶，绝不会为自己的努力后悔。地球上最高大的山峰就在你的面前，从坤布冰瀑、西谷直到南坳，再向上便是西壁悬崖，直达珠穆朗玛峰峰顶——许多登山运动员和夏尔巴人理想中追求的目标。

著名景点

- 离开南彻后遇到的第一个村子是**坤迥**（Khumjung），村子里的寺庙中有一块据说是雪人的**头骨**。
- **特扬博彻村**（Thyangboche）入口处有一座十分宏伟的寺庙，庙里每天举行两次祈祷及静修仪式，游客也可以参加。
- 在特扬博彻村还可看到**阿玛达布兰峰**（Ama Dablam），夏尔巴人称其为“珠穆朗玛的项链”。
- 站在定博彻村（Dingboche）上方可以清晰地看到喜马拉雅山**壮丽的风景**，阿玛达布兰峰、马卡卢峰、洛子峰和珠穆朗玛峰等高大的雪山均历历在目。

牦牛依然担负着珠穆朗玛峰大本营来往运输货物的任务。背景依稀可见此行的终点卡拉帕塔峰，它的一侧是比它高大的普莫里（Pumori）峰。

最佳旅行时间：10月至次年5月均可，但12月、次年1月天气会十分寒冷。

行程：从南彻市场（Namche Bazar）到卡拉帕塔峰单程19英里（30.6公里），算上休息、沿途景点和适应海拔所需的时间，一共需要大约8天。

行前计划：睡袋一定要用最好的。白天天气通常很温暖，但入夜后十分寒冷。你还需要带上高标号的防晒霜、唇膏。高山上的紫外线非常强烈。

旅行须知：沿途的茶屋供应各种食品，从尼泊尔扁豆饭（Dahl Bhat）到比萨饼应有尽有。住宿条件也相当不错。野外宿营则别有另一番风味。

相关网址：www.welcomenepal.com，www.explore.co.uk

WEL COME TO
OUR BELOVED
HAZIR IMAM 1987

对页：罕萨山谷底部生长着茂密的植被，山谷顶部则是喀喇昆仑山裸露的灰色陡坡。
上左：罕萨妇女在晾晒杏干，这是当地有名的特产。远处是白雪皑皑的拉卡波什（Rakaposhi）峰。
上右：罕萨河边的巴尔提特城堡，坐落在980英尺（299米）高的悬崖顶端。

巴基斯坦

罕萨山谷

登上乌尔塔高山草甸，欣赏喀喇昆仑山雄伟壮丽的风景。

走进位于罕萨（Hunza）山谷中心的卡利玛巴德，当地人会告诉你这里就是真正的“香格里拉”。他们这种自信实在很难被驳倒。你头顶上是世界上最雄伟的山脉之一——喀喇昆仑山。它从喜马拉雅山脉向西绵延，高大的山体直刺蓝天。村子四周生长着杏、扁桃和樱桃；它们环绕着一块块梯田，凿在悬崖峭壁上的古代输水管道灌溉着农田中的作物。谷底是奔流不息的罕萨河。从村子出发，沿着陡峭的山路攀登，穿过一道狭窄的谷地，经过一道道冰川和瀑布，毫无预兆地把你带入一片鲜花盛开的草甸，四周一片空寂，只有脚下几道溪水潺潺流过；稀疏的树木零散地生长在草地上——这就是罕萨河谷夏天的美丽景色。再向上攀登1小时，你会看到一群简陋的房舍，那是夏天牧人居住的地方。想当年，亚历山大大帝就曾率领他的军队走过这片雄伟的山野。这里的海拔有9840英尺（2999米），你可能需要坐下来好好喘一口气了。阳光照射下，乌尔塔冰川中的云母颗粒折射出水晶般璀璨的光芒。北面是海拔2.424万英尺（7388米）的乌尔塔山（Ultar Sar），它的顶峰之下是被称为巴布里马廷的一块直上直下的峭壁，连积雪都难以立足。迄今为止，只有两批登山运动员征服过这座险峻的高山。最显眼的山峰还要属拉卡波什峰，当它被积雪覆盖的时候，你会很容易理解为何它的名字意为“闪耀的墙壁”。

最佳旅行时间：6月至9月。春天则是河谷中果园鲜花盛开的季节。

行程：1天。此外还有许多更长的线路，包括行程12天、穿越冰川和美丽的雪湖直到阿斯科勒（Askole）的线路，沿途风景十分壮丽，但对登山者的身体素质是很大的考验。

行前计划：从巴基斯坦北部的中心城市吉尔吉特（Gilgit）的贾迈特卡纳市场（Jamat Khana Bazaar）乘车前往卡利玛巴德（Karimabad）。由于途经的喀喇昆仑公路经常出现滑坡，行车时间常有变动。

旅行须知：尽管此行只需1天而且完全可以单独行动，但你最好还是带上向导。天气变化无常，暴风雪或山上落下的岩石常常造成道路阻塞。

相关网址：www.tourism.gov.pk，www.hunza.com.pk

著名景点

■ 通往乌尔塔草甸的道路上方是藏式风格、装潢精美的**巴尔提特（Baltit）城堡**，它是古时候一名“米尔”——罕萨统治者迎娶了中国西藏地区领导人的女儿后建造的，距今已有700年历史。

■ 另一座城堡——**阿尔提特（Altit）城堡**远在山谷东面，城堡中有一座带暗门的地牢，当年另一名米尔为了攫取王权，曾经在这里谋害了自己的兄弟。

■ 夏末秋初，山谷中每一片平整的土地上都会铺满晾晒的**杏干**。罕萨地区出产20多种不同的杏子，杏肉汤（Bateringe Daudo）则是当地一道特色美食。

■ 热情好客的**罕萨人**以长寿著称于世。他们大部分是伊斯玛仪派穆斯林，阿迦汗的追随者。伊斯玛仪派教徒妇女头戴筒帽，无须遮掩脸部。她们的刺绣品十分漂亮。

■ **罕萨人的房子**基础结构全都一模一样，大部分有2~3层，面向西方。人们冬季住在楼下，夏天住在楼上。房子很少开窗户，只依靠从屋顶射进的阳光。

吉尔吉斯斯坦/哈萨克斯坦

伊塞克湖

沿着这条跨越中亚两国边境的小径，可以欣赏到雪山环抱下荡漾的碧波，还有辽阔的西伯利亚大草原。

高大的天山山脉占据着中亚小国吉尔吉斯斯坦的东部，群山环抱之中便是仙境一般的伊塞克湖（Ysyk-Köl）。湖边有许多登山路带你走进四周的草甸、刺柏林，或是造访在青山翠谷中放牧羊群的吉尔吉斯游牧部落。你可以从卡拉科尔（Karakol）出发，向南穿过红色砂岩的杰提奥古兹（Jeti-Kögüz）山谷，来到著名的阿拉克湖（Ala Kul）——湖水会在绿色、蓝色和紫色之间迅速变化；最后到达奥丁阿拉善山谷。另一条中等路途的线路从湖东端的巴尔贝向北带你进入邻国哈萨克斯坦。你先要沿着崎岖的山路登上昆盖—阿拉特奥（Kungei Alatau）山脉 1.0745 万英尺（3275 米）高的萨利布拉克（Sary-Bulak）山口，在那里稍作停留，欣赏迷人的风景——向南可以望见伊塞克湖，北面则是广阔的哈萨克大草原，然后继续向前，在美丽的科尔赛湖边进入哈萨克斯坦境内。之后沿着蜿蜒的小路下山来到萨蒂，并从那里继续乘车抵达哈萨克斯坦的最大城市阿拉木图。

著名景点

- 你可以在湖中游泳。**伊塞克湖**湖水温暖，**富含矿物质**，具有保健功效。**奥丁阿拉善**（Altyn-Arashan）山谷中也有多处温泉。
- 当地的**野生动物**有野绵羊、棕熊、狼、猞猁、鼠兔，甚至还有雪豹。
- 伊塞克湖的湖水是蓝色的，但昆盖阿拉特奥山脉脚下与高山草甸和森林为伴的**科尔赛**（Kolsai）**湖**却是绿色的，科尔赛湖是钓鲑鱼的好地方。
- 你可以花1个晚上体验一下**蒙古包**——一种用毛毡搭建的可移动的房子。当地有一些供游客使用的蒙古包，还有用传统工艺编织的精美的**吉尔吉斯毛毯**。

地热使伊塞克湖湖水变得温暖，适于游泳。远处是积雪覆盖的天山。

最佳旅行时间： 最好在7月至9月成行，以便能攀登到较高的山地。5月下旬和6月则适于在9840英尺（2999米）以下活动。

行程： 巴尔贝（Balbay）至萨蒂（Saty）长40英里（64公里），需要4~5天。

行前计划： 吉尔吉斯斯坦的徒步旅游活动尚处于起步阶段，沿途设施相当简陋。到达吉尔吉斯斯坦后，你可以加入旅行团（最好找一名向导），也可以自己旅行。进入吉尔吉斯斯坦和哈萨克斯坦都需要申请签证。

旅行须知： 山区中物资供应匮乏，应尽可能多带食物和饮水。无论你在哪里碰到当地人，对方都可能会请你喝“库姆兹”——发酵的马奶。

相关网址： www.dostuck.com.kg，www.karakol.kg，www.geoex.com

深蓝色的墨累河在这里拐了一个弯，岸上生长着一排桉树。

最佳旅行时间：3月至11月，其他月天气干燥，为预防灌木丛火灾，登山路常常关闭。

行程：到顿基罗50英里（80公里）需3天。如果前往斯普林顿还要再多加1天。道路全长66英里（105公里）。

行前计划：部分路段地势陡峭，需要穿登山靴。带上事先准备好的食品（路上不准点火）和足够的饮水。带上一个滤水器，这样路上一旦需要就可以就地取水。沿途不允许露营，所以你必须事先联系好住处。

旅行须知：走过石沟峡后，你还能在莫纳托动物园的商店和咖啡馆里最后补充一次装备和口粮。

相关网址：www.australia.com，www.lavenderfederationtrail.org.au

澳大利亚

墨累河谷

沿着南澳大利亚的墨累河谷可以体验到当地多姿多彩的自然与人文风光：葡萄园、拓荒者的老屋，以及多种多样的野生动物。

墨累河是澳大利亚最重要的水道，墨累河流域与达令河流域涵盖了全澳大利亚所有的麦田和绵羊牧场。沿着墨累河有一条旅游线路，时而乘船，时而步行，从新南威尔士州积雪覆盖的群山源头，直到澳大利亚南部的入海口。作为比较经典的步行线路，你可以选择从南澳大利亚的墨累布里奇（Murray Bridge）出发，向北沿着历史悠久的码头离开该市，接着离开河边进入石沟峡，顺着劳福提山脚缓缓攀登。登上毕福（Beevor）山，向北可以看到巴罗萨（Barossa）山谷里大片的葡萄园，东面是蜿蜒的墨累河，南面是临近出海口的亚力山德里娜湖。你可以在顿基罗（Tungkillo）停下脚步，也可以继续再走上16英里（26公里）到斯普林顿（Springton），那里是葡萄种植园区的入口。

著名景点

- 刚出发不久就经过墨累布里奇市的斯托特保护区（Sturt Reserve），如果河水比较平缓，还能够看到河中沉没的蒸汽桨船残骸。
- 墨累布里奇市北部的石沟峡保护区（Rocky Gully Reserve）是一片湿地自然保护区，一直深受鸟类爱好者的青睐。当地土著人对这片地方的称呼是穆珀塔翁，意为“鸟类的天堂”。
- 在劳福提（Lofty）山脚下的小桉树林中可以看到灰袋鼠、巨蜥，如果运气好还能看到针鼹鼠和小负鼠。
- 如果你走到了斯普林顿，可以参观那里19世纪50年代建造的第一座“住宅”：来自德国的弗雷德里希·赫尔比希当时就住在一棵挖空的红桉树里面，这棵树现在仍然矗立在城中的大街上。

灰色的火山熔岩环抱下，祖母绿色的湖水带给人惊艳的清新。

新西兰

穿越汤加里罗

在五颜六色的花海与珍珠般星罗棋布的湖泊中间，热气腾腾的火山口成为此次北岛之行最令人难忘的风景。

汤加里罗（Tongariro）国家公园坐落在新西兰北岛的中心，园区中有三座活火山，分别是恩高卢霍、拉佩胡和汤加里罗火山。这座国家公园的建立要感谢恩加提·图华雷图瓦·毛利族酋长蒂·修修，是他在1887年将这片土地捐赠给新西兰政府，以保护其不受农民和伐木者的破坏。汤加里罗国家公园是徒步爱好者的天堂。从曼格提波波山谷出发，沿着“之”字形小径一路爬上裸露的火山岩体，直达南火山口（South Crater）的壁缘。在它的南面，可以看到高大的恩高卢霍火山（Ngauruhoe），火山顶部喷出的热气和烟尘笔直地升入天空。穿过南火山口平坦的顶部，继续沿着陡峭的山脊攀登，就来到了红火山口（Red Crater），这里蒸腾的热气提醒你脚下踩着的是一座货真价实的活火山。不过随后一路上美丽的奥图里热山谷（Oturere Valley）、兰吉波沙漠（Rangipo Desert）、凯马纳瓦山（Kaimanawa Range）和祖母绿色的湖泊会令你忘掉先前的忧虑。你的前方是蓝湖（Blue Lake），湖水呈蔚蓝色，在山顶的寒风中散发着一层热气。回到山下科特塔希停车场的路途相当遥远，不过沿途也有不少可供欣赏的风景——科特塔希小屋旁的温泉，漫山遍野的花朵，还有北面迷人的陶波湖（Lake Taupo）。

最佳旅行时间：11月中旬至次年3月均可。有些人选择冬季登山，但在这个季节登山已经属于相当专业的登山运动了。

行程：从曼格提波波山谷（Mangatepopo）出发到科特塔希（Ketetahi）停车场全长11英里（17.7公里），需9小时。

行前计划：你可以住在拉佩胡山（Ruapehu）脚下的国家公园村，那里是高速路SH4与SH47的交叉点。位于拉佩胡山半腰处的公园管理处可以为你详尽解答各种问题。

旅行须知：山区天气变化无常，需多加留意。出发前一定要准备好防雨衣物、毛衣或外套。通常公园四周的酒店、旅馆和宿营地都可接送游客前往徒步线路的起点和终点。

相关网址：www.tongarirocrossing.org.nz

著名景点

- 在公园中任何地方都能看到**恩高卢霍火山**尖耸的圆锥形火山口——彼得·杰克逊拍摄的《指环王》中的“厄运山口”就是它。
- 天气晴朗的日子里，从**汤加里罗**火山顶峰可以看到西面75英里（121公里）外的另一座活火山——**塔拉纳基**（Taranaki）。
- **红火山口**冒出蒸气和烟尘，刺激着游客的感官，空气中充满了硫黄的味道。
- 如果你运气好的话，可以看到稀有的**北岛知更鸟**，它们的胸口是白色的。

碎石小径沿霍利弗德山谷一侧的山上行进，山谷另一侧可以看到白雪覆盖的山脉。

新西兰

大特拉弗斯线

绿色是这条位于新西兰南岛的徒步线路上不变的颜色，沿着碧绿的河水穿过山毛榉树林，耳边鸣响不断的是伴着水花飞溅的瀑布声。

最佳旅行时间： 11月中旬至次年3月均可，2月、3月天气最晴朗，11月则是赏花的好时节。

行程： 45英里（72公里），一般情况下需要5天走完。

行前计划： 当地旅舍接待能力有限，同时也不允许野外露营，因此必须提前预订。旅舍中备有床垫，你需要自带睡袋，以及炊具和食物。

旅行须知： 你可以以蒂阿瑙（Te Anau）湖东岸的蒂阿瑙镇作为大本营。新西兰环境保护部（Department of Conservation）在镇上设有办公室，能够为你提供很多帮助，在镇上也很容易找到前往大特拉弗斯线路起点和终点的车辆，几乎所有旅游车运营公司都在镇上设有办公室。

相关网址： www.ultimatehikes.co.nz

大特拉弗斯线（Grand Traverse）穿越新西兰南岛南部的分水岭，是一条行程5天的徒步线路。峡湾地区的雨林延展到这里，逐渐被白雪覆盖的南阿尔卑斯山脉上的针叶树林所取代。线路起点位于瓦卡蒂普（Wakatipu）湖附近的格林斯通（Greenstone）停车场，沿途一直在格林斯通河谷中行走。这条河的名字来源于其河水绿玉般的颜色——玉在当地的毛利人眼中玉非常珍贵，常常用于装饰，也镶嵌在武器或工具上。河谷在图斯（Tooth）峰脚下收窄成为一线，格林斯通旅馆就在半山腰上。跨过分水岭后，迎接你的是豪登湖冰冷的湖水。线路从此开始向上攀登，沿途都是山毛榉林，绿色的林子深浅不一，一直延展到山下的霍利弗德（Hollyford）山谷。这里十分安静，只有啄羊鹦鹉（山地鹦鹉）偶尔的鸣叫，它们红色的翼羽在微风中滑过，在游客眼前留下一道鲜艳的残影。接下来，你可以在伊尔兰瀑布（Earland Falls）稍作修整，享受清凉的水雾扑面而来。经过麦肯基旅馆（Mackenzie Lodge），来到溪水潺潺、山亚麻丛生的霍利弗德山坡（Hollyford Face）。下一个标志性景观为海拔4190英尺（1277米）的哈里斯山脊，在晴朗的日子里可以从那里看到哈里斯湖。这时你已然可以听到鲁特伯恩（Routeburn）瀑布传来的水声，越过瀑布即是此行的终点——鲁特伯恩旅馆。

著名景点

- **豪登（Howden）湖**是游泳、午餐的好去处，湖南岸有一家旅舍。不过你要当心，湖水温度很低。从旅舍里向下俯瞰，可以透过山毛榉林的树叶看到霍利弗德山谷的谷底。
- 攀上**哈里斯山脊（Harris Saddle）**附近的**圆锥山（Conical Hill）**，可以看到达兰（Darran）山脉壮丽的全景。山脊上设有两处掩蔽所，如果遭遇风暴或大雪，可以在此躲避。
- 此行可以遇到**啄羊鹦鹉**（一种很淘气的鹦鹉，喜欢偷游客的鞋带，或是躲进游客的背包里），在里斯河（Rees）与达特河（Dart）岸边的平地上可以看到**黑胸麻鸭**，在森林中则可以听到**钟雀**和**吸蜜鸟**的叫声。

悉尼港大桥的美丽无与伦比，是澳大利亚最著名的建筑。走在桥上，可以观赏到港口、悉尼城和周围的全景。

十大桥梁

这些或古老或现代的桥梁有的是优越的观景平台，有的是重要的交通要道，还有的则已成为当地的象征。它们给现代城市带来了独特的风光。

❶ 美国：纽约市布鲁克林大桥

这座大桥代表着19世纪美国的繁华，同时也传达着纽约这座大都市的生活脉搏。它建于1883年，横跨东河，连接着曼哈顿区与布鲁克林区，是当时世界上最大的吊桥。

行前计划：曼哈顿一侧的入口在市政厅附近，布鲁克林一侧的入口靠近联邦法院。
相关网址：www.nyc.gov

❷ 阿根廷：布宜诺斯艾利斯市女人桥

布宜诺斯艾利斯市马德罗港（Puerto Madero）附近的街道几乎全用女性的名字命名，这座2001年建成、跨越废弃港口的女人桥也不例外。这也是这座惊艳的悬臂梁桥唯一符合传统的地方。桥梁的设计师是西班牙建筑家桑地亚哥·卡拉特拉瓦，据说他的设计灵感来自于一段双人探戈舞。

行前计划：乘坐地铁（Subte）A线至五月广场（Plaza de Mayo）或乘B线至LN Alem下车。
相关网址：www.galinsky.com

❸ 秘鲁：阿普里马克河凯斯瓦查卡（Q’eswachaka）索桥

这座看似摇摇欲坠的索桥用芦苇编成，距离谷底湍急的河水足有1.3万英尺（3962米）高。如果你有胆量走上桥去，不但能够欣赏到阿普里马克河谷动人心魄的景色，还能一瞥当地的古老文化。

行前计划：建议参加旅游团前往。
相关网址：www.southamerican-quality.com

❹ 中国：天津大沽桥

站在大沽桥边蜿蜒的人行道上，你能体会到这座直辖市新与旧的交汇。造型优美的大桥十分坚固，可以抵御洪水和地震的威胁。桥梁的形状寓意着日月和群星，桥下的海河则像一条翻滚的巨龙流向大海。

行前计划：可从北京乘车前往（全程75英里[121公里]），交通相当方便。

相关网址：www.travelchinaguide.com

❺ 柬埔寨：磅开石桥（Spean Praptos）

这座风格独特的12世纪石桥地处磅开（KampongKdei）附近的热带丛林深处，是当年吴哥窟的主人——高棉“神王”们建设的全国道路网中最大的一座石桥，长280英尺（85米），共有21个拱洞，桥两端有四座巨大的石蛇神像守护着石桥。

行前计划：石桥不在旅游线路上，从暹粒（靠近吴哥窟）至菲迈（Phimai）的6号公路出发，向南还要再走43英里（69公里）。你需要雇一辆车及司机，并做好心理准备应付沿途颠簸的道路。

相关网址：www.tourismcambodia.com

❻ 澳大利亚：悉尼港大桥

悉尼港大桥和附近贝壳状的歌剧院已成为澳大利亚的象征。建成于1932年的大桥至今依然是世界最高的钢拱桥，形似衣架的钢梁最高处离水面有440英尺（134米）。

行前计划：东南侧的桥塔上有一个瞭望台和大桥历史展览室。入口位于昆布兰大街香格里拉饭店附近。攀桥（Bridge Climb）公司的游览项目可以带你爬上大桥的最高处，观赏难得一见的风景。

相关网址：www.bridgeclimb.com

❼ 捷克：布拉格查尔斯大桥

优美的大桥具有中世纪风格，桥头是巨大的哥特式门廊，桥上雕刻着巴洛克式的塑像。据说建桥时工人在砂浆中加入蛋清，使桥梁更加坚固。据当地人讲，如果你希望将来再次光临，一定要摸一摸已被磨得发亮的捷克烈士——尼波姆的圣约翰（St. John of Nepomuk）的塑像。大桥上人来人往，是连接旧城区与小城（Mêla Strana）的重要步行通道，从桥上望去，最显眼的建筑物便是布拉格城堡，它令布拉格犹如一座童话中的城市。

行前计划：地铁A线斯塔洛迈斯卡（Staromestska）站。如果你想一个人静静地享受桥上的风景（绝对值得一试），可以在早晨或傍晚前往。

相关网址：www.myczechrepublic.com

❽ 意大利：佛罗伦萨的维奇奥桥（Ponte Vecchio）

早期文艺复兴时代的自信与活力在这里得到尽显。建于1345年、横跨亚诺河的“旧桥”早已成为艺术作品和歌剧中永恒的风景。从16世纪起，桥上就挤满了珠宝商人，他们的商店、首饰，还有桥上三三两两的恋人使这座桥声名远扬。瓦萨里亚诺走廊1565年由吉尔吉奥·瓦萨里设计建造，它横跨维奇奥桥上方，连接着亚诺河两侧的乌菲兹美术馆（Uffizi Gallery）和碧提宫（Palazzo Pitti）。

行前计划：参观瓦萨里亚诺走廊需要在乌菲兹美术馆提前预约，参观过程需要3小时，配有讲解。

相关网址：www.tours-italy.com

❾ 英国：布里斯托尔克里夫顿（clifton）吊桥

这座经典的吊桥集优雅、实用与坚固于一身。桥梁的设计师是19世纪初天才的工程师伊萨姆巴德·金顿·布鲁内尔。桥下是风景秀丽、绿树丛生的埃文河谷。尽管设计之初只考虑到了马车和行人，但现在每天有1.2万辆汽车从它上面驶过。热爱维多利亚文化的人尤其不可错过它。

行前计划：可参加配有讲解的团队游览。

相关网址：www.clifton-suspension-bridge.org.uk

❿ 北爱尔兰：卡里克索桥（Carrick-a-Rede）

这里有山峦起伏的自然风景和大西洋上清新的空气，附近丰富的植被和鸟类也十分有名。索桥连接着大陆与离岛上的捕鱼场，离桥下的岩石有80英尺（24米）高，行走其上令人惊心动魄。这里300多年前就已经有了索桥，如果没有足够的胆量，最好不要尝试。

行前计划：3月至10月底全天开放（据气候影响调整）。可提供导游。同一时间桥上最多只能站8个人。

相关网址：www.northantrim.com

国王之路

拉普兰高地之巅的国王之路是一条恬静的徒步线路。

始自瑞典极北地区阿比斯科国家公园的国王之路(Kungsleden)是一条历史悠久的道路,它横跨西欧最后一片世外净土——瑞典的拉普兰地区,总共穿越4个国家公园和一片自然保护区。国王之路所在地区位于北极圈以北100英里(161公里),沿途可见茂密的森林、长满白桦树的山坡、广袤的沼泽地,以及峡谷和冰川,还有湍急的河流注入人迹罕至的湖泊。美丽的风景和周边的景点令人流连忘返。走在深达66英尺(20米)、峭壁耸立的阿比斯科河谷中,你可以停下脚步,品尝纯净的河水。河谷中有珍稀的兰花、紫色的虎耳草,以及无茎蝇子草。湍急的河流上建有结实的吊桥,供游人通过。植被的变化极为显著,往往从一地走出几百英尺四周就已面目全非。离开阿比斯科约尔再向上攀登,就越过了林线,进入北极的荒野。那里唯一的生命迹象是拉普兰人放养的驯鹿。这些斯堪的纳维亚半岛北部的土著居民还保留着一万多年前的生活方式。过了塔克他山口,在你脚下的是一片狭长的绿色山谷——塔克他维奇山谷(Tjäktjavagge),山谷中植被茂盛,郁郁葱葱,与来路上光秃的山坡相比,显得生机勃勃。

一丛丛虎耳草为北极圈内的冰土地带来鲜艳的色彩。

著名景点

■ **诺尔加山(Mount Nuolja)**位于道路北端的阿比斯科以西,5月下旬至7月中旬是观赏白昼的最佳地点。可乘坐椅式提升机登山。

■ 6月在**阿列斯约尔地区(Alesjaure)**可以看到拉普兰人用匕首在年幼的驯鹿耳朵上刻画记号。

■ **塔克他维奇山谷**是拉普兰地区最壮观的山谷,全长超过30英里(48公里),谷中植物随季节呈现出或绿或琥珀般的色彩,好似大地上优美的缎带。

最佳旅行时间:6月至9月中旬。

行程:走完全程275英里(443公里)需要1个月,最北端的线路——从阿比斯科山(Abisko Mountain Station)到克内凯斯山(Kebnekaise Mountain Station)的50英里(80公里)路程需要1周。

行前计划:从斯德哥尔摩乘飞机至基律纳(Kiruna),然后乘火车或汽车前往阿比斯科旅游中心(Abisko Tourist Station)。国王之路沿途设有供游客休憩的小屋,之间的间隔差不多为1天的徒步行程。屋子里有洗漱和烹饪设备,甚至还有桑拿房。大一些的休息站还设有商店和餐厅。当地没有对宿营进行限制的规定。

旅行须知:双向均可通行,但最好是从北往南走,以便阳光能把脸上照得暖些。初夏时要准备好驱蚊剂。

相关网址:www.svenskatouristforeningen.se

收获过的田地中，高高的草垛用木棍支撑加固。这些干草将供牲口在山区漫长的冬季中食用。

罗马尼亚

喀尔巴阡山脉

在特兰西瓦尼亚的喀尔巴阡山里，有冰川、洞穴、峡谷、森林和丰富的野生动物。当然，那里还有著名的吸血鬼——德拉古拉。

清早的第一缕阳光钻进山坡上缓缓流动的雾气中，穿过蓝绿色的冷杉树林，将一片片树叶染成金黄。悬崖上迷雾笼罩下是一座城堡，还是仅仅几块突出的岩石？这里就是喀尔巴阡山脚，在罗马尼亚中部的特兰西瓦尼亚地区呈弧状绵延621英里（999公里）长，它突兀险峻的地形与当地历史上恐怖的传说相得益彰。基于历史人物而来的文学作品中著名的大反派、拥有不死之身的吸血鬼德拉古拉就生活在这里。阿普塞尼山（Apuseni Range）地区是熊、狼、岩羚羊和野生猫科动物的家乡，现在这里已辟为国家公园，园区中有多条登山线路可供选择。克鲁日南线（South of Cluj）可带你进入图尔达峡谷（Turda Gorge），峡谷中有天然形成的石塔和石拱门，还有原始人类曾经居住过的洞穴。与外界隔绝的独特气候环境养育着上千种植物和一些珍稀鸟类与蝴蝶。其他的登山线路有的穿过森林，有的进入风雕雨蚀、河流纵横的侏罗纪石灰岩山地，有的则带你领略冰川之下的神秘洞穴，阳光穿过冰层照射在洞穴中的水汽上，会形成漂亮的彩虹。

最佳旅行时间： 5月至10月。而根据当地传说，吸血鬼最活跃的时节恰好在旅游旺季开始之前（4月22日，圣乔治夜）和结束之后（11月29日，圣安德鲁夜）。

行程： 大多数线路1天之内即可游览完。你至少应该安排1周时间，以便多走几条线路。

行前计划： 乘坐公共汽车可从克鲁日（Cluj）到达图尔达（Turda）和其他位于徒步线路起点的村庄。阿普塞尼地区到处都有供游人休憩的小屋，其中只有部分供应食物；你也可以自己搭帐篷宿营。有些旅行社会组织旅游团并配备导游。

旅行须知： 克鲁日地区是著名的马扎尔人（讲匈牙利语的部族）居住区，路上能碰到身着艳丽民族服装的当地人售卖各种手工艺品。

相关网址： www.romaniatourism.com，www.visit-transylvania.us，www.out-doorholiday.com

著名景点

- **帕蒂斯高原（Padis Plateau）** 位于锡吉什瓦拉（Sighisoara）西北，是一片十分壮观的喀斯特（石灰岩）高地。**斯卡利什瓦拉冰洞（Scarisoara Ice Cave）** 就位于这里，冰洞深处有欧洲最大的地下冰川。
- 你还可以在那里探访长4920英尺（1500米）的 **大熊洞（Bear Cave）**，以及号称 **“落水洞大本营”（Citadelsof Ponor）** 的地下暗河群。
- 游览 **锡吉什瓦拉**。这里有未受打扰的中世纪城市，也是 **刺穿者弗拉德（Vlad Tepes）**——魔鬼之子德拉古拉（Dracula）的故乡。尽管他是一个残酷无情的统治者，但罗马尼亚人却很崇敬他，因为他曾击败过土耳其人。

斯维尔德绿意盎然的草地上石砌的围墙纵横交错，远处是地势逐渐升高的荒野。

最佳旅行时间：全年均可，春夏两季是最佳时节，因为白日较长，易于在野外跋涉。

行程：190英里（306公里）。大部分人需要14天。

行前计划：夏季需尽早预订食宿。你也可以全程都做一名背包客，沿途有很多宿营地和可供留宿的谷仓。

旅行须知：大部分路段都有清楚的指路牌，但有些地段较为偏远，雾天或下雨时穿越开阔的荒野路段很容易迷路。即使在夏天，山上的天气也常常说变就变，需携带足够的保暖和防雨衣物。

相关网址：www.coast2coast.co.uk，www.sherpa-walking-holidays.co.uk

英国

横穿英格兰岛的韦恩莱特线

由著名的徒步旅行家阿尔弗雷德·韦恩莱特开创的线路，带你横穿英格兰岛，领略辽阔的山野风光。

这条线路从英格兰西北海岸红色悬崖上的圣毕斯镇出发，穿越三座风景壮丽的国家公园——湖区国家公园、约克郡溪谷公园和北约克沼泽地公园——直到东北海岸边的罗宾汉湾。它的名称来自于首创这条线路的伟大徒步旅行家阿尔弗雷德·韦恩莱特（Alfred Weinwright）。湖区一段路程最为艰辛，海拔最高点2635英尺（803米）的基斯蒂峰是面积广大的山区的一部分，当年罗马士兵曾经长途跋涉经过这里，前往北方边界上的哈德良长城。从基斯蒂峰下山的路程陡峭崎岖，但山下宁静的哈韦斯瓦特湖（Haweswater）却在召唤着旅行者加快步伐。再向前行是约克郡山谷（Yorkshire Dales）国家公园，其中就有风景如画的斯维尔德山谷，谷中到处可见石块垒就的围墙和棕脸、弯角的绵羊。开满石楠花的北约克荒野最终引领你到达罗宾汉湾，这里的出名倒和那位家喻户晓的绿林好汉毫无关系，而是拜当地北海边美丽的沙滩和拔地而起的峭壁所赐。

著名景点

■ **埃诺尔德湖（Ennerdale）**是湖区国家公园（Lake District National Park）中位置最靠西、最偏远的湖泊，车辆无法到达。即使在游人最多的季节，那里也显得十分安详寂静。

■ **哈韦斯瓦特湖**边有一处鸟类栖息地，是英国本土唯一可看到**金雕**的地方。从湖边回头可以欣赏到你刚刚攀登过的崎岖山地。

■ 沿着河岸边的草地前行可抵达距哈韦斯瓦特3.7英里（6公里）的**夏浦修道院**（Shap Abbey）。那里还保留着12世纪修道士们追求的孤独感。

■ 约克郡山谷国家公园中有很多**废弃的铅矿**，如斯维纳吉尔（Swinner Gill），格纳塞德（Gunnerside），哈德莱维（Hard Level）等，可以带你一起回顾当地的工业发展历史。

丁格尔环岛线

沿着海边的沙滩与峭壁而行，走过古老的凯尔特遗迹，穿过爱尔兰西南原野上一座座古色古香的村庄。

丁格尔环岛线（The Dingle Way）位于爱尔兰最西端的一个半岛上，那里有荒凉的海岸峭壁和陡直的山峰，有广阔的农田和星罗棋布的村庄，还有大西洋海水日复一日拍打着的沙滩。线路起点在特拉利，沿顺时针方向绕半岛海岸线一圈，大部分路段都是被称作“伯灵”（boreen）的乡间小道。从特拉利出发，经过布兰讷维尔（Blennerville），爬上斯里弗米什山（Slieve Mish），可以欣赏前方特拉利湾的景色。穿过科林（Corrin）山口，进入一片低矮丘陵和森林，再向前便是位于半岛南端海岸边的阿纳斯考镇。经过丁格尔镇，向西是一片长长的沙滩可供你漫步游览，之后绕过半岛最西端，折而向北便是鹰山（Mount Eagle）。登上山顶四望，荒凉的半岛形似一只篮筐，远处渐没入地平线；山坡上零星散布着年代久远、石块垒成的蜂箱式小屋（Clochain），均已破败不堪、摇摇欲坠。3127 英尺（953 米）高的布兰登峰是此行途中的最高点，那里可以看到半岛北岸及布兰登湾的全景。这一段路程只能在天气晴好时攀登，因为海边的悬崖相当陡峭，稍有不慎便可能失足坠落。下山之后的路程轻松了许多，但风景却依然美丽壮观。在回到特拉利之前，你还会途经爱尔兰最长的沙滩，从菲尔莫伊（Fermoyle）至卡斯尔格雷格里，足足有 7 英里（11.3 公里）长。

著名景点

- 沿途的**古代遗迹**有史前石柱、刻有盖尔人欧甘文字的石头，以及隐居的基督徒居住过的蜂箱式石头小屋。
- 建于15世纪的**米纳德城堡（Minard）**遗址位于阿纳斯考前方不远的一片荒凉的海滩上，是当地一处很有名的标志性景观。
- 位于丁格尔以西的**范特里港（Ventry Harbour）**是夏季游泳的好去处。
- 中世纪早期建筑**圣盖拉里斯祷告所（Oratory of St. Gallarus）**位于贝里戴维德（Ballydavid）附近，是爱尔兰最早的基督教遗址之一。
- 长途跋涉1天后找一家**村中酒舍**，喝一品脱冰凉的吉尼斯（Guinness）黑啤酒，或是参加一场载歌载舞的**凯利（Caleigh）晚会**。

中世纪早期，凯尔特隐士就在这些石块垒成的蜂箱式小屋中祈祷、冥思，以寻求安宁。

最佳旅行时间：5月至9月。

行程：111英里（179公里）。可分成8~10天进行，每段路程10.5~18英里（17~29公里），需6~9小时。

行前计划：全年都可能遇到阴雨天气，应提前做好准备。性能良好的徒步鞋、保暖的衣服和防雨外套都必不可少。

旅行须知：沿途会经过许多村庄和小镇，之间距离均只有数小时路程。可以提供食宿供应的地点很多，但应提前预订，以确保无忧。

相关网址：www.dingleway.net，www.irishways.com

1999年上映的《诺丁山》使西伦敦这片地区成为世界闻名的旅游胜地，这里是伦敦的时尚中心，每到周六，波特贝洛大街（Portobello Road）上就挤满了到古董市场淘货的人。

十大购物街

流连于闹市中，品味五彩的街巷生活中最令人兴奋的点点滴滴。

❶ 美国：纽约“地狱厨房”跳蚤市场

位于西曼哈顿社区的这片街区曾是穷苦爱尔兰移民聚居区，如今每个周末都熙熙攘攘。古玩、收藏、纪念品乃至破烂——所有岁月的遗留之物都聚集于此。时尚设计师、艺术家、社会名人和影视明星也常常光顾此地。尽兴游览之后，还可在当地众多异国风味的餐厅中用餐。

行前计划：“地狱厨房”（Hell's Kitchen）跳蚤市场位于第39大街，其与西25大街市场（West 25th Street Market）和古玩城间有往返公交车，票价1元。

相关网址：www.hellskitchenfleamarket.com

❷ 阿根廷：布宜诺斯艾利斯多列戈广场（Dorrego Plaza）

每到周日，多列戈广场上的圣彼得塔尔莫古玩市场（Feria de San Pedro Telmo）都挤满了人。探戈演奏者、舞者、卖艺人和木偶表演者给广场四周的鹅卵石街巷带来勃勃生气。你可以坐在街边的咖啡馆中，边品尝当地美食边欣赏丰富多彩的表演活动。

行前计划：周日上午9：00或10：00直到傍晚。当地的非营利性导游组织（www.cicerones.org.ar）提供免费的导游讲解。

相关网址：www.buenostours.com/plaza-dorrego

❸ 中国：香港庙街夜市

夜幕降临后，沿着位于九龙的庙街漫步，呼吸香港特有的气息。从工艺品到衣服、手表、电器，沿街的数百家商铺中应有尽有。数不胜数的小吃摊和街边餐馆飘来的香气令人垂涎欲滴。

行前计划：开业时间为16：00至23：00。

相关网址：www.discoverhongkong.com

❹ 泰国：曼谷帕彭（Patpong）夜市

这里的步行街上到处是酒吧、艳舞和按摩房，天黑以后则成为一个喧闹的市场。如果你想要最新款的古奇（Gucci）、李维斯（Levi's）、耐克或劳力士的仿制品，来这里就对了。

行前计划：乘火车至萨拉丹（Sala Daeng）站。小心扒手。

相关网址：www.bankok.com

❺ 印度：德里月光集市（Chandni Chowk）

置身于这座亚洲规模最大的批发市场中，呼吸到的是辛辣的空气，大象和滑板争道，拥挤的人群挑选着香料、纱丽，浏览古董，或是漫无目的地闲逛。

行前计划：带一些矿泉水饮用；零钱越多越好。

相关网址：www.chandnichowk.com

❻ 土耳其：伊斯坦布尔大巴扎（Grand Bazaar）

进入漂亮的努罗斯曼尼耶门（Nuruosmaniye，意为"奥斯曼之光"），面前是一片巨大拥挤的闹市，小巷中有清真寺、银行、餐馆和超过4千间店铺。作为土耳其最大的室内市场，这里出售各种各样的传统商品：地毯、珠宝、瓷砖、陶器、金银，还有用雪花石膏、海泡石（一种优质白色硬土）等名贵材料制成的物品。一定不要忘记砍价！

行前计划：乘泽汀布尔努—卡巴塔斯—贝西克塔斯（Zeytinburnu-Kabatas-Besiktas）有轨电车到卡西卡皮（Carsikapi）下车。周日休市。小心保管好自己的钱包。

相关网址：www.mygrandbazaar.net

❼ 意大利：米兰纳维里古玩市场

坐落于曾经为修建大教堂运送石材而开挖的运河网之中，曾经贫穷的纳维里区（Navigli）现在已经成为时尚先驱和一座不夜城。走在慵懒的河道边，处处是咖啡馆、艺术廊和工艺品商店，一色低矮的房子配着厚重的木门，色彩艳丽的庭院中一定会有艺术家正在工作。每月1次的周日集市吸引了众多人流，400多个摊位上出售的都是各种各样的古董和小装饰品。其他店铺、酒吧、餐厅和部分艺术廊集市那天也会照常营业。

行前计划：位于大运河（Naviglio Grande）与帕维斯运河（Naviglio Pavese）之间，乘地铁可在热那亚门（Porta Genova）站下车，或乘3号有轨电车在提齐内塞门道（Corso di Porta Ticinese）下车。除7月外，每月最后一个周日有集市。

相关网址：www.navigliogrande.mi.it

❽ 荷兰：阿姆斯特丹达帕市场（Dappermarkt）

这座"真正的人民市场"坐落于阿姆斯特丹多元文化社区的中心，并不在通常的旅游线路上。这里有250多家摊位，众多种类各异的服装、食品和异国货物供你仔细挑选，价格非常合适。

行前计划：乘9号及14号有轨电车到Eerste van Swindenstraat大街。

相关网址：www.dappermarkt.nl

❾ 法国：巴黎旧货市场

跳蚤市场（LesPuces）的历史源远流长，可算是欧洲最大的跳蚤市场。店铺中出售的是昂贵的古董、珠宝和高档商品，但街边摊上的旧衣服、玩具、老式电器、唱碟和美丽时代（Belle-epoque）漂亮的明信片足够你逛上几小时。只要你想得到的东西，在这里的某个角落里就一定可以找到！

行前计划：乘地铁在克里尼昂古尔（Porte de Clignancourt）站下车。小心窃贼，入夜后不要继续逗留。

相关网址：www.parispuces.com

❿ 英国：伦敦波图贝罗大街（Portobello Road）

每个周六，人们成群结队涌入这条世界上最长（1.5英里[2.4公里]）的商业街，挑选各种各样的古董、旧衣服、小饰品、工艺品和新纪元（New Age）运动的物品，咖啡馆、酒吧、连廊、画廊和小餐馆令这里的城市氛围活力十足。每年8月这里举行欧洲最大的城市集会—诺丁山狂欢节，整条大街五彩缤纷，仿佛一片音乐与舞蹈的海洋。

行前计划：地铁兰仆林（Ladbroke Grove）站（古玩市场）或诺丁山（Notting Hill Gate）站下车。

相关网址：www.protobelloroad.co.uk

村庄教堂红色的尖顶在乡村绿野间格外显眼。

奥地利

蒂罗尔

在气候宜人的时节造访蒂罗尔，不为滑雪，只为攀登风景如画的阿尔卑斯山。

奥地利蒂罗尔主要以滑雪胜地而闻名，但这里风景如画的阿尔卑斯山区同时也是徒步旅游的天堂。这里没有长途跋涉的线路，你可以选一处大本营，尝试一些当天即回的线路。位于下因河河谷（Inn Valley）、历史悠久的库夫施泰因（Kufstein）市就是一处很好的大本营，从那里可以沿着曲折的线路一路登上6560英尺（1999米）的威尔德皇帝山（Wilder Kaiser）。从山顶下来，穿过草地与森林，你可以欣赏到美丽壮观的扎莫尔皇帝（Zahmer Kaiser）峰、瑙恩（Naunspitze）峰和金字塔（Pyramidenspitze）峰，然后来到沃希（Walchsee）湖边的自然保护区。此外还有前往基兹布勒角（Kitzbüheler Horn）、库夫施泰因东南部和美丽的山村索尔（Söll，滑雪胜地）等地的线路。

最佳旅行时间： 春季至秋季。春天和夏初山上有盛开的野花，7月、8月是旅游旺季，游客很多。秋天山野间则是一片鲜艳的黄色和金褐色。

行程： 所有线路都可当天返回。

行前计划： 出发前最好在家进行一些基本锻炼，以适应部分线路的体能要求。无论何时都要随身携带防水外套、太阳镜、瓶装水（或者热茶，根据天气而定），鞋子也要事先穿过，以更好地保护脚踝。

旅行须知： 出发远足前了解一下当地的天气情况，山上气候变化很快。大部分50岁以下的奥地利人可说流利的英语。

相关网址： www.tyrol.com，www.tannheimertal.com

著名景点

- 还有一条攀登**威尔德皇帝山**的线路也很不错。从希佛（Sheffau）出发到圣约翰（St. Johann），沿途可以欣赏到基兹布勒角和南面胡赫萨夫（Hohe Salve）的美丽景色。

- 你可以乘缆车从**布里克森**前往**索尔**，在那里过夜，然后徒步返回库夫施泰因。沿途的景色美丽如画。

- **塔恩海默山谷**也是一处徒步游览的绝佳基地。这里位于蒂罗尔西部，很多地方人迹罕至，附近有2座湖泊，5个世外桃源般的村庄，还有很多小客栈（Gasthof）提供当地的特色菜肴。

- 边境另一边的意大利**南蒂罗尔**自治区境内有更多优秀的徒步线路。那里还有中世纪建造的蒂罗尔城堡，是整个蒂罗尔地区的象征。

法国/瑞士/意大利

勃朗峰

沿勃朗峰环绕1圈的旅程，能够带你走过3个国家、穿越6座山口和无数开满野花的草场。

勃朗峰游览线路（Tour du Mont Blanc）是一条历史悠久的经典线路，它环绕着西欧最高峰——海拔1.577万英尺（4807米）的勃朗峰，穿过7条山谷，途经3个国家——法国、瑞士、意大利，每个国家都有着自己的语言、文化和建筑风格，欣赏到的勃朗峰风景也各不相同。线路起点位于法国度假胜地夏慕尼。沿顺时针方向前进，穿过6个高海拔山口中的第一个——巴尔莫山口（Col de Balme），进入瑞士境内，来到湖边小村珊佩。海拔8465英尺（2580米）的大费雷特山口是此行的最高点，穿过山口就来到了意大利风景如画的瓦莱达奥斯塔区（Valle d'Aosta），之后再通过赛格密山口回到法国境内。沿途有针叶林，也有高山草甸，草原上开满粉红色的杜鹃、紫色的老鹳草，还有深蓝色的龙胆；山口道路平坦，山路多因袭动物长年累月走出的小路，算是很好走的徒步线路。在你两边是尖耸的石峰和冰川，中间夹着一道道绿色的谷地。耳边只有远处响起的牛铃、溪水溅落的叮咚声和岩石群中土拨鼠细声细气的叫声。

在6500英尺（1981米）以上的山地，你可能会看到羱羊（ibex）在山坡上敏捷地跳跃。

著名景点

■ 攀登位于特里昂（Trient）与珊佩之间的**阿佩特之窗**（Fenêtre d'Arpette）。你可以通过一道深沟（即Fenêtre，意为“窗子”）穿越特里昂冰川。

■ 尝试攀登险峻的**勃朗峰**。攀登过程并不太困难，但你可能会因海拔太高而感到头痛。可从夏慕尼或意大利的库尔马耶雇一名向导。

■ 从夏慕尼乘**缆车**登上南针峰（Aiguille du Midi），欣赏壮观的勃朗峰全景与远方的马特合恩峰。

■ 由夏慕尼乘火车前往蒙特维尔（Montenvers），欣赏欧洲最长的冰川——冰海（Mer de Glace）。

最佳旅行时间：6月下旬至9月。

行程：约100英里（161公里），共需10~11天，每天走5~8小时，晚上在庇护所、乡间旅馆或宿营地休息。

行前计划：常规登山装备，包括指南针。常见的走法为逆时针，但顺时针游览可以躲避拥挤的人群，特别是在8月的时候。

旅行须知：从意大利库尔马耶（Courmayeur）至法国夏皮欧（Les Chapieux）之间的路程长达19英里（31公里），中途还需跨越一个山口。你可以在途中的埃利撒贝塔（Rifugio Elisabetta）休息1晚，将这段路程分为两段；或是由意大利的瓦尔维尼（Val Veni）取捷径缩短行程。

相关网址：www.sherpaexpeditions.com，www.alpineexploratory.com

对页：葡萄园遮掩下的马纳罗拉，色彩鲜艳的房子紧密相连，矗立在突出于利古里亚海中的山体上。
上左：走走路会让你胃口大开，里奥马乔列的一家熟食店陈列着部分当地特产。
上右：韦尔纳扎附近小路边的罂粟花。

最佳旅行时间： 3月至5月。

行程： 7英里（11.3公里），算上在村庄里游览的时间需要整整1天。

行前计划： 瓶装水和防晒霜是必需品。如身体不适不要强行攀爬克里日亚至韦尔纳扎的山路，此段山路需要走1.5~2小时。

旅行须知： 村民有午睡的习惯，商店下午13:00~16:00关门。这段时间最好用来爬山路，而不是在村子里逗留。如果你不愿或没有时间走完全程，也可以乘坐火车。五座渔村都有铁路线连通。

相关网址： www.cinqueterre.it，www.cinqueterreonline.com

意大利

五渔村

蓝色之路连接着五座渔村，仿佛一串晶莹的项链。在你脚下，淡蓝紫色的利古里亚海波光粼粼，一直延展到天际。

一条紧靠海边的道路——蓝色之路(Sentiero Azzurro)连接着仙境般的“五渔村”(Cinque Terre)：里奥马乔列(Riomaggiore)、马纳罗拉(Manarola)、克里日亚(Corniglia)、韦尔纳扎(Vernazza)和蒙特罗索(Monterosso)，它们散布在意大利利古里亚海滨西北部的两个海角之间，犹如灿烂的宝石。村庄的建筑物融合了传统渔村的特色与意大利人特有的风雅，彩绘喷刷的房子紧紧挨在一起，矗立在利古里亚海岸边陡峭的岩石坡上，令人心旷神怡。狭窄的街道和小巷(称为carugi)如迷宫般蜿蜒穿梭，一不留神便把大海带入你的眼帘。在你的头顶上，是挂在晾衣绳上随风摇晃的衣服，本该停满小汽车的广场却摆放着一条条漆过的木船。连接村庄的道路两旁是橄榄树和柠檬树，还有枝繁叶茂的栗子树；当地特色之一的葡萄园梯田一片片伸展到山顶。每个村子都有自己与众不同的地方。从最东南端走起，里奥马乔列是五座渔村中最美丽的一个；接下来是通往五个村子中最古老的马纳罗拉村的恋人之路(Via dell' Amore)，20世纪20年代在峭壁上开凿的小路是全程中最为平坦的一段，同时在许多人眼中也是最为浪漫的一段；再向前行是位于一段陡峭的368级台阶之上的克里日亚村，它深深陷入内陆，是五座村庄中最偏僻的一个；沿着山路继续攀登，就来到安静的韦尔纳扎，这里住的全是渔民；此行的终点是蒙特罗索，那里挤满了游客，熙熙攘攘。

著名景点

■ **贝尔弗特塔楼**位于韦尔纳扎一块伸入利古里亚海的岬地上。它曾经是一座瞭望塔，其名称(Belforte，意为“大喊”)即来自当时守望人的喊叫声。你可以爬到塔上，欣赏海湾的壮观风景。

■ 每个村子里都有一座**圣母神坛**，位于橄榄树和柠檬树环绕的小山上。幸运的话，你会遇上一年一度的狂欢节，其中有游行、焰火和其他庆祝项目。

■ **凤尾鱼**(Anchovy)是当地的特产，此外还有两种特产**葡萄酒**：“五渔村”干白和一种叫做沙克特拉(Sciacchetrà)的甜酒。此外，利古里亚地区还是**意大利青酱**(Pesto Sauce)的原产地，这里的气候最适宜罗勒生长。当地人把罗勒与奶酪、大蒜、松子、橄榄油混在一起食用。

■ 如果你觉得蓝色之路还不够过瘾，可以试一试更具挑战性的**高地之路**(Alta Via)，从珀托维内莱(Portovenere)至里万托(Levanto)，全长25英里(40公里)。

意大利

多洛米蒂的山间小路

白天在意大利境内的阿尔卑斯山雄伟的石灰岩山地间行走；晚上则可以品尝当地著名的玉米粥和格拉巴酒。

郁郁葱葱的森林逐渐让位给高山草甸，亮丽的百合与龙胆点缀其间，草地背后是高耸入云的山峰，山顶上还偶尔能寻到海洋生物的化石——这就是难以匹敌的多洛米蒂山，阿尔卑斯山脉东段的一片神奇的崇山峻岭。位于意大利北部的这片石灰岩山系像磁石一般吸引着登山爱好者和滑雪爱好者。而对于徒步爱好者来说，有了那8条著名的被称为高山之路（alte vie）的长途山路，以及架设在最崎岖路段的钢索和阶梯——著名的钢铁之路（vie ferrate），他们也可以在崎岖的山岭中一展身手。这些山路最初是第一次世界大战中由奥地利与意大利的山地部队修建，经过修葺延长后，成为探寻山中野趣的捷径。Alta Via 1（AV1）号山路是其中最好走的一条，也是游客最多的一条山路。它贯通南北，从靠近奥地利的布赖斯湖，到威尼托地区的贝卢诺，沿途经过多洛米蒂山区最著名的几座山峰。晚上你可以住在露天的休息站（rifugi），当地人会热情款待远道而来的游客，并且奉上山区传统的食品，如现熬的玉米粥。每到清晨和黄昏时，尖耸的山体被染成淡红色，犹如童话里的城堡。夜晚的天空繁星点点，人们边品尝当地知名的格拉巴酒（Grappa），边交换白天探寻山林的故事。

峻峰险壁、苍翠的密林和近处绿意盎然的草场——这就是走在“高山之路”上看到的多洛米蒂山区壮观的景色。

著名景点

■ **拉加佐伊山**是AV1线路上的最高点，日落时的景色尤其美丽。可乘缆车抵达山顶路边的休息站，休息站旁边就是1915~1918年**白色战争**的遗迹——其名称得自于四周白雪皑皑的环境。遗迹包括隧道、山洞和藏在山腹之中的一段阶梯。

■ 多洛米蒂山区是**植物爱好者**的天堂。这里有许多种植物，如香荚兰、紫色鸢尾、金莲花等。

■ 如果你在7月里游览AV1线路，不要错过潘佩莱特（Pramperet）休息站举行的**周日午餐音乐会**。乐团成员们从山谷下徒步来到这里，在岩石形成的天然露天音乐会场演唱咏叹调。

最佳旅行时间：6月下旬至9月下旬。

行程：AV1号山路全长80英里（129公里），分成10段。走完全程需要15天。

行前计划：做好遇到雨、雪、冰雹、暴晒等各种坏天气的准备，即便在夏天也是如此。休息站能接待的人数有限，你需要提前向意大利登山俱乐部（Club Alpino Italiano）预订。“钢铁之路”中部分较轻松的路段无须使用专门的登山器械，比较危险的路段则需要戴上头盔并使用特制的绳索，这些绳索上装有减速器和称为“竖钩”(carabiner)的金属环，以便固定在钢索上。

旅行须知：休息站的管理员能为你提供前方道路和附近“钢铁之路”的详细信息。他们还为遭遇风暴的游客提供临时庇护所。

相关网址：www.dolomiti.it

信步山林间，一座座小镇和村庄就这样被葡萄园、橄榄树和其他果树簇拥着矗立在路边的山坡上。

意大利

翁布里亚

阿西西的圣徒弗朗西斯的灵魂始终寄托在这片美丽的意大利土地上，风光秀丽的田野是徒步旅行的绝好去处。

托斯卡纳与翁布里亚两地就好像是同胞姐妹，只不过后者的名气由于道路不便的原因在游客及徒步爱好者中间始终稍逊一筹。和托斯卡纳地区一样，这里也具有意大利典型的地貌特征：起伏的丘陵、稀疏的柏树，还有伊特鲁利亚星罗棋布的古老山村。但翁布里亚地区显得更为自然、原始。这里的岩石更加嶙峋，山峰更加陡峭，山路也更荒芜崎岖。这里是步行者的天下。想要好好体验这隔绝于世的自然风光，你可以从圣徒弗朗西斯的出生地开始：阿西西（Assisi），一座顺着山势伸展的小城，白色的石塔映衬着碧蓝的天空。离开阿西西，有多条线路可供选择。其中一条带你向东进入海拔4230英尺（1289米）、雾气腾腾的苏巴修山（Monte Subasio），登上山顶后可以浏览四面全景。山上是野猫、苍鹰和秃鹰的家园。或者你也可以向南走，进入翠绿的山谷，那里簇生着芬芳的橄榄树，还有古老的冬青栎林。向北的山路沿着基亚肖河（Chiascio）前进，河边野花烂漫，阳光明媚。四面八方都有通向山间的蜿蜒小路，供你在漫漫长日里悠闲地散步，完全不必考虑要去哪里，会碰到什么。这正是翁布里亚吸引人的地方。

最佳旅行时间：3月至8月。春夏之交的阳光特别灿烂，日落的景色格外迷人。

行程：走遍该地区至少需要整整1周。各种长短不同的线路可供选择。

行前计划：或者在阿西西预订一间酒店作为大本营，或者随着游览线路在斯佩罗（Spello）、斯珀莱托（Spoleto）、拉维纳（Ravegna）、蒙特法科（Montefalco）、托蒂（Todi）、奥维埃托（Orvieto）等城镇歇脚。部分旅行社能够安排全包徒步旅行游，其中包括了沿途的食宿。

旅行须知：尽量不要租车，意大利人的驾驶习惯很糟，当地道路又特别陡峭曲折。

相关网址：www.umbriatourism.com，www.assisionline.com

著名景点

- 长途跋涉1天后，尝一尝翁布里亚味道浓烈、肥嫩可口的**野猪肉火腿**。如果你钱包充足，可以放开肚皮尽情享用翁布里亚的**块菌**——世界上最昂贵的美味之一。
- **狼**和**野猪**在当地已不多见，如果你能在野外看到它们，实在算是很幸运的人。
- 翁布里亚的**夜空**繁星灿烂，没有受到半点城市灯光的侵袭。
- 不要错过阿西西古老宏伟的**圣弗朗西斯科教堂**（Basilica of San Francesco），还有**古罗马智慧女神密涅瓦**（Minerva）的**神庙**。

中国陕西省省会西安市的宏伟城墙。大队士兵可以在城墙顶上快速移动到受攻击的地点。

十大城墙

这些古老的城墙曾被用来保卫城市，砖瓦灰浆之中积累的是一段段陈年的回忆。

❶ 哥伦比亚：卡塔赫纳

自从西班牙人把这里当成他们的金库以来，卡塔赫纳城（Cartagena）在加勒比海的烈日下已经一成不变地矗立了500多年。从城墙上眺望城外风光时，一定不要错过圣菲利普城堡（Castillode San Felipe），这座城堡当年曾保护运送黄金的船只免遭海盗洗劫。圣彼得克莱弗教堂中安放着新大陆的第一位圣徒“奴隶的奴隶（Slave of Slaves）”的玻璃馆。

行前计划：学一些西班牙语会对你很有帮助。

相关网址：www.cartagenatravel.com

❷ 中国：西安

当你在城墙上步行或骑自行车游览时，感受到的是3000年的悠久历史。扩建于明代（1368~1644）初期、长8.5英里（13.7公里）的城墙守卫着这座作为连接中国与小亚细亚的“丝绸之路”的起点城市。不要忘记参观附近的秦始皇陵兵马俑。

相关网站：www.cnto.org

❸ 印度：法提坡西克里（Fatephur Sikri）

16世纪下半叶，这座“被遗弃的城市”曾经短暂地成为莫卧儿王朝的首都。红色的城墙保卫着华丽典雅的城市，所有莫卧儿王朝强权的象征—宫殿、清真寺、马厩、拴象柱，还有为皇帝的基督教与印度教妻妾修建的后宫，都保留了下来。

行前计划：在阿格拉（泰姬陵所在地）租一辆车，并雇好司机。最好在清晨或傍晚参观。

相关网址：www.agratourism.org

❹ 阿塞拜疆：巴库

站在12世纪阿拉伯城堡的围墙上，你可以看到欧洲与亚洲的分界线。巴库老城鹅卵石铺就的街道好似迷宫一般，你可以欣赏到漂亮的城市、皇宫（里面有过去伊朗君主的清真寺、蓄水池、浴室和陵墓）、商队下榻的旅舍，还有巨大的处女塔（Maiden Tower）。

相关网址：www.advantour.com

⑤ 也门：萨达（Sa’dah）

相关网址：www.yementourism.com

站在16世纪建造的城墙上，你可以看到大清真寺、伊玛目城堡，还有用当地独特的泥土建成的白色“摩天大楼”和种满葡萄、石榴的花园。身着艳丽围裙、头戴花环的商人在喧闹的市场里叫卖货物。

⑥ 以色列：耶路撒冷

行前计划：可从迦法门（Jaffa Gate）或大马士革门（Damascus Gate）进入。

相关网址：www.jerusalem.muni.il

来到耶路撒冷，无论如何也要到环绕老城的城墙上走一走。站在城墙上，庄严的寺庙圆顶、堡垒和尖塔尽收眼底，与城市中点点滴滴的生活场景交织在一起：晾衣绳上的床单，踢足球的孩子，退休的老人在摆弄柠檬树，一场犹太婚礼，还有阿拉伯商贩……凌驾于这一切之上的是圆顶清真寺（Dome of the Rock）辉煌的圆形金顶。清真寺建于公元7世纪，城墙则在1536年苏莱曼一世重修之后再未变动过，现在开放参观的城墙共有2.5英里（4公里）。

⑦ 克罗地亚：杜布罗夫尼克

行前计划：在城西门（Pile Gate）处购票。

相关网址：www.dubrovnik-guide.net

数英里长的城墙是一道坚固的军事防御工事。站在城墙之上眺望，红色的屋顶在阳光下分外耀眼，蓝色的亚得里亚海波光粼粼。老城中的著名景点有美丽的巴洛克风格的圣伊格那提斯（St. Ignatius）教堂，以及弗朗西斯科修道院（Franciscan Monastery）。白色的鹅卵石海滩是欣赏城墙的绝佳地点。每年夏天这里有狂欢节，活动包括音乐、戏剧和歌舞。

⑧ 意大利：卢卡（Lucca）

行前计划：可以租自行车。

相关网址：www.welcometuscany.it

这座精致的托斯卡纳小城是意大利唯一一座有完整城墙环绕的城市。城里有宫殿、高塔、教堂和迷人的花园，使游客在周围一片葡萄园、丘陵和别墅的环绕中得以一瞥古老的托斯卡纳风情。建于文艺复兴时期的城墙长3英里（4.8公里），可步行或骑自行车游览。周围绿树成荫，还有为游人服务的餐馆。贵尼基塔（Guinigi Tower）的顶端生长着一棵古老的橡树；塔高130英尺（40米），尽管登上去很费力气，但上面的风景却绝对不容错过。

⑨ 西班牙：阿维拉

行前计划：从马德里出发，1天内可返回。4月至10月开放。

相关网址：www.avila.world-guides.com

中世纪的人们对安全渴望迫切，却常常以武力的形式表现出来。环绕阿维拉的城墙就是一例。长达1.5英里（2.4公里）的城墙如铜墙铁壁一般，城垛、瞭望塔和城门都坚固无比。阿维拉是西班牙基督徒与摩尔穆斯林冲突的必争之地。城墙融合了双方的建筑文化特色，又被双方的后代骄傲地保存完好至今。

⑩ 津巴布韦：大津巴布韦城

行前计划：可从哈拉雷或布拉瓦约乘公共汽车到达。附近的姆迪利科维（Mutirikwi）湖是一处著名的水上运动活动中心。

相关网址：www.zimbabwetourism.co.zw

假如这些城墙能够开口说话该多好！这些石头垒成的城墙不用灰浆，高32英尺（9.8米），最厚的地方有17英尺（5.2米），蜿蜒地矗立在非洲稀树大草原上，面对着远处荒凉的山丘。在它最辉煌的14~15世纪，大津巴布韦曾是一个幅员辽阔的修纳人帝国的首都，它的商业活动甚至远达中国。考古学家已在此地研究了很久，然而仍然有无数神秘的历史隐藏在这些石头遗迹中。

树木在峡谷峭壁上顽强地生长。雄伟的山势会让你感到自己的渺小。

克里特岛

撒玛利亚峡谷

深深嵌入西克里特岛山脉中的峡谷是一处野外天堂，这里的空气充满芬芳，溪流如水晶般剔透。

撒玛利亚峡谷（Samaria Gorge）从西克里特岛白山（Levkà Óri）上的奥马卢斯（Omalos）高原一直延伸到岛南端温暖的海岸边，是欧洲最长、最深的峡谷之一。它的起始处位于希洛斯卡罗（Xiloskalo），这个名字来源于当地人为进入峡谷而开凿的简陋的石阶。在那里，峡谷仿佛是一条深入地髓的陷阱突然出现，陡峭的小径穿过松柏树林垂直下降近3300英尺（1006米）才到达谷底的阿基欧斯尼古拉斯（Ágios Nikólaos）小教堂。谷底的小路比较平坦，但两边的景色却极为壮观，空气中弥漫着草药的味道。经过废弃的撒玛利亚村庄，峡谷变得更加狭窄，在被称为铁门（Iron Gates）的地方达到最窄。通向海滨的剩余路程逐渐变得平缓，但你的双腿却越来越疲乏不堪，四周也找不到可以遮阴的地方。只有位于终点的阿基亚洛梅丽村（Agía Rouméli）才能带给你最后的惊喜。

最佳旅行时间：峡谷只在5月初到10月下旬开放，如遇阴雨天也要关闭。5月是游览的最佳时节，天气不太热，游客较少，野花也正开放。

行程：从奥马卢斯村步行到海边全长12.5英里（20公里），算上中途休息和午餐需要5~7小时。

行前计划：在奥马卢斯过夜，黎明时出发，这样可以躲避拥挤的游客群。你可以考虑参加当地旅行社组织的团队，由当地导游带队。带上食物，因为峡谷里什么都没有。

旅行须知：你可以饮用谷中的泉水，因此饮用水不必带太多。某些路段十分崎岖，鞋子要具有保护脚踝的功能。7月、8月下午最热的时候不宜在峡谷中走动。

相关网址：www.great-adventures.com，www.west-crete.com，www.explorecrete.com

著名景点

- 你可能会在路上看到**山羊**。如果你的运气非常好，还有可能看到**克里特瓶羊（Crete Ibex）**。撒玛利亚峡谷中还有一些大型猛禽，如珍稀的**髭兀鹰**（Lammergeier）。
- **阿基欧斯尼古拉斯（圣尼古拉）教堂**坐落在一片柏树林中，如果你在这里感觉到更加古老的气息，那是因为据说教堂下面还埋着一座阿波罗神坛的废墟。
- **撒玛利亚村**废墟是中途休息的好地方。你可以参观村中古老的拜占庭式的“撒玛利亚”（Óssia María，圣玛丽）教堂，村子和峡谷的名字都是由这座教堂而来。
- **铁门**处的峡谷宽度仅有11英尺（3.4米），高度却超过宽度的100倍。
- 峡谷终点是**阿基亚洛梅丽村**，那里有诱人的酒馆和餐厅，还有铺满鹅卵石的海滩。你可以在利比亚海温暖的海水中嬉戏。

阿特拉斯山

在前往最高峰图卜卡勒峰的路上，你会体验到柏柏人一贯的热情好客。

峭壁上矗立着阿拉伯式的城堡（kasbah），一条河从干旱的土地上流过，河水好似一条碧绿的缎带。一排排平顶房屋远看去与周围的石头山坡融为一体。村子里居住着浅皮肤的柏柏人，他们或以放牧为生，或在梯田里种植小麦、大麦和玉米。这就是你要探访的地方。每天天刚亮的时候，你的旅程就在赶骡人一声“呀啦”的喊叫中开始。骡子负责替你驮着行李。到了晚上，青蛙在小溪中鸣叫，清澈的溪水带着浓浓的夹竹桃的香气。阿特拉斯山脉几乎完全与现代社会隔绝，繁忙的摩洛哥大城市离这里还有好几百英里远。冬天，通向海拔 1.367 万英尺（4167 米）的托布卡尔山（Jebel Toubkal）的道路会被大雪封锁——这座北非的最高峰正是游客们最喜欢的目的地之一。从洋溢着玫瑰红色的城市马拉喀什出发，沿公路乘车到达密扎尼山谷（Mizane Valley），那里便是徒步旅行的起点。起初的一段路程较为平缓——你可以利用这段时间适应当地的高海拔气候，山路在山谷中绕着托布卡尔山脚展开，经过一座又一座村庄，每一处都有热情的孩子欢迎你。一同迎接你的还有烤杏仁和清新醒目的薄荷茶。向托布卡尔山攀登的 4 小时路程要艰辛得多，陡峭的山路令你不得不手脚并用。但当你登到山顶后，西阿特拉斯白雪皑皑的群山的壮丽景色一定会令你欣喜不已。

土砖砌成的村中屋舍一排排挤在山谷一侧的石坡上，村子下面是碧桃树和胡桃树林。

著名景点

■ 花些时间游览**马拉喀什**。你可以在城中的大街上看到驴车与汽车一起行进，晚上在火把照耀的中心广场（Djemma el Fna）上还有耍蛇、杂技、说书等表演活动。

■ 游览被杏树林和胡桃树林环绕的**阿罗姆德村**。村中泥土建造的房子一间连着一间，几乎没有缝隙。从村子里还能看到密扎尼山谷中种植的大麦、玉米和蔬菜。

■ 位于托布卡尔山东南方的**伊夫尼湖**（Lac d'Ifni），蓝绿中透着乳白色的湖水。湖岸四周都是布满碎石的陡峭山坡。这是阿特拉斯山区唯一一个比较大的湖泊。

最佳旅行时间：4月至9月。冬季也可以登山，但你需要带上冰斧，并在鞋底安装冰钉。

行程：包括在山下柏柏人村落中游览的线路和登山线路，全长50英里（80公里）。最好准备2周时间。

行前计划：轻便结实的登山靴、充足的防晒霜，还有遮阳帽。夏季可带一只薄睡袋。净水药片是必带物品之一，此外还可以带上一支手电筒。

旅行须知：在托布卡尔山下的伊米利尔（Imlil）、阿罗姆德（Aroumd）、塔什迪特（Tacheddirt）三个村子里可以雇到向导和骡子，还可了解到旅途有关的信息。但村子里没有大型商店。

相关网址：www.explore.co.uk，www.nomadicmorocco.com

对页：林木掩映下，古老的石渠将“廿五源”引来的水输送到山谷另一侧。石渠一侧的小路，是为维护引水渠而修建的。
上左：春天，水渠两旁开满鲜艳的野花。
上右：里沃峰矗立在阿利洛峰与阿沙达特西拉之间的小路边。

葡萄牙

马德拉岛的灌溉渠

马德拉岛上的灌溉渠和沿水渠修建的小路是游览这座天堂之岛瑰丽风光的最佳线路。

人称“天堂之岛”的马德拉岛（Madeira）上建有一套非常惊人的灌溉渠网，通过隧道和水渠将山上的雨水输送到岛上种植甘蔗与葡萄的梯田。最早的灌溉渠（evadas 来自于葡萄牙语 levar——运送）是15世纪第一批葡萄牙移民建造的。现在，岛上灌溉渠总长超过1240英里（1996公里），既有平缓如溪流般、两岸种着芳香植物的水道，也有几个世纪前由吊在悬空的柳条篮中的工人在大山上开凿出来的陡峭的石渠。灌溉渠所到之处代表了岛上各种各样差异极大的气候——这也是人们建造灌溉渠的原因之一。沿着水渠走遍全岛，你一定又可以增添许多新的探险经历。就拿位于岛东北部偏僻角落里的圣乔治山引水渠（Levadada Serra de São Jorge）来说吧，从高出海滨城市桑塔纳2950英尺（899米）的奎马达斯（Queimadas）出发，向西穿过一片片翠绿的树林。由山谷向下望去，一座座村庄仿佛模型一般，越发显得山势雄伟挺拔。在经过一道瀑布和几条不长的隧道后，山路带着你来到一处被称为“绿锅”（Caldeirão Verde）的景点，另一道瀑布在这里陡然直落1000英尺（305米），冲入谷底的水潭中。如果你自我感觉良好，也没有恐高症，你可以继续向前直达“地狱熔炉”，那里有更多的瀑布从峭壁上落下，带着呼啸声卷入狭窄的山谷中。

最佳旅行时间： 全年均可。夏季少雨，冬季的气候也温暖宜人。

行程： 从奎马达斯出发到“绿锅”往返长度为8英里（13公里），需要4~5小时。游览其他引水渠还要再花上四五天时间。

行前计划： 一些年代久远的水渠地势陡峭，只适合身体条件足够好的人游览。很多灌溉渠相当长，如果从头走到尾可能需要10小时，甚至更长时间；因此你可以安排汽车在路上接送，或者租岛上的出租车代步，车费非常便宜。

旅行须知： 根据马德拉岛的法律，个人意外受伤或物品损失只能由自己承担。所以旅行途中一定要小心，并且不要独自行走。可以参加配备向导的旅游团。

相关网址： www.madeiratourism.org，www.madeira-explorers.com

著名景点

- 岛上最有名的一段引水渠位于马德拉首府丰沙尔（Funchal）以北的**里贝拉弗里奥**（Ribeira Frio）至**波特拉**（Portela）之间，长度7.5英里（12公里）。尽管路途不短，但在途中可以看到克鲁兹港（Porto da Cruz）与鹰岩（Eagle Rock）最美的一面。
- 岛西侧**阿利洛峰**（Pico do Ariero）与**阿沙达特西拉**（Achada do Teixeira）之间的小路长8英里（13公里），一路上古树参天、怪石嶙峋。岛上的最高峰、海拔5380英尺（1640米）的**里沃峰**（Pico Ruivo）就在这条路边。
- 从阿利洛峰出发，沿着巴雷洛引水渠（Levada do Barreiro）有一条较短的道路穿过桑塔卢基奥山谷（SantaLuzio Valley），经过奥托峰（Pico Alto）最后到**达波萨达内维**（Poça da Neve）。
- **“廿五源”引水渠**（Levada das 25 Fontes）从拉巴萨（Raba al）通向一个峭壁下的湖泊，共有25眼泉水倾注到该湖中。

坦桑尼亚

攀登乞力马扎罗山

从炎热的热带稀疏草原直到山顶白雪覆盖的冰川，攀登非洲最高峰将是一次奇妙的旅程。

随着海拔升高，森林和沼泽逐渐被高山荒漠所取代，最后又变成蓝白色相间的冰川。攀登乞力马扎罗山的旅程是从乞力马扎罗国家公园入口处开始的。一路上的空气中弥漫着乌伽里(一种玉米粥)的香气，身边是成群聊天的妇女和嬉闹的孩子。很快热带雨林就出现在眼前，空气中凝聚着水汽，巨大的树冠上全是长满苔藓的藤蔓。黑长尾猴（Vervet Monkey）在你行走的前方叫喊示警，等你停下脚步来它们却陷入沉寂，用好奇的眼光打量着你。上路的第二天，森林小径走到了尽头，展现在你面前的是一片广阔的原野，零星生长着高大的巨型半边莲与木本千里光，山路就从这里开始。随着海拔升高，在穿过一片好似月球表面风光的高山荒漠后，你来到两座顶峰， 基博与马温西之间的山梁上——乞力马扎罗山顶有三个火山口，是基博（Kibo）、马温西（Mawenzi）和希拉（Shira）。夜幕下，你开始最后的登顶沿着一条碎石小路向基博峰挺进.经过一番奋斗之后，你终于在晨曦的第一缕阳光将山顶积雪染成粉红色之前，登上了非洲的最高点——海拔 1.9336 万英尺（5894 米）、位于基博火山口边缘的乌胡鲁峰（Uhuru）。

一只觅食的长颈鹿在开阔的平原上停下脚步，它身材高大、气质庄严。远处是白雪皑皑的乞力马扎罗山。

著名景点

- 谷雨林中有许多**野生动物**，如疣猴和青长尾猴（Blue Monkey），以及从犀鸟到翅膀红红的蕉鹃等一批珍奇鸟类。森林里有美洲豹，但游客很少能够看到它们。
- 你可以在途中攀登位于林线之上的另一座火山——**芒蒂**（Maundi）。天气晴朗时，从这里可以欣赏到白雪皑皑的基博火山口。
- 站在乌胡鲁峰顶，你会体验到**攀登非洲屋脊**带来的无与伦比的兴奋。越过身边的冰川与积雪，你能一直看到山下的热带平原。

最佳旅行时间：1月、2月或9月。

行程：单程约30英里（48公里），往返需要5天。

行前计划：攀登乞力马扎罗山的线路有数条。马兰古线（Marangu）是最流行的线路，途中设有供游客休憩的小屋，并规划了遇到紧急情况时的撤离方案。多家旅行社可组织攀登活动，并提供向导和脚夫。出发前，至少在5000英尺（1524米）以上海拔停留1周，以适应高海拔的气候。

旅行须知：即使你觉得自己体力很好，也一定要慢慢行走，并大量饮水（每天5.5~7品脱[3~4升]）。带上一支小三脚架，以便在峰顶上拍照，那里温度太低，你的手很可能会不听使唤。

相关网址：www.climbingkilimanjaro.com，www.responsibletravel.com

红色、褐色和蓝色是德拉肯斯山最常见的色彩，砂岩地貌与玄武岩山峰混合的地形极为壮观。

南非

德拉肯斯山

南非最雄伟的山脉是徒步旅行者的天堂，提供从最基本的短途休闲到严肃的登山运动等各种线路。

溪流在高耸的山脉一侧化成瀑布倾泻而下，落入深幽的峡谷；砂岩峭壁与高耸的山峰相得益彰。这就是德拉肯斯山脉（Drakensberg，阿非利堪语意为“龙之山”）。它从南非东部的开普省东北经过莱索托一直延伸到夸祖鲁—纳塔尔省。徒步旅行者主要选择其位于莱索托与夸祖鲁—纳塔尔省边界地区的大教堂山（Cathedral Range），那里有大教堂峰、贝尔（Bell）峰、内外合恩（Inner and Outer Horns）峰、切斯曼（Chessmen）峰等多座陡峭独立的山峰。在这片雄伟的崇山峻岭中有无数条山间小径，有带你参观刻有远古桑族人（又称布希曼族——Bushman）岩洞壁画的平缓小路，也有带你领略顶峰无限风光的铁链索梯。当天往返的游客可以选择巨人城堡自然保护区（Giant's Castle Nature Reserve）中的线路前往“俯瞰世界（World's view）”景点，从那里欣赏四周 360° 的全景。喜好攀登险径的游客可以攀登奥克索斯山（Mount Aux Sources），看山上 3120 英尺（951 米）高的图盖拉（Tugela）瀑布。还可以前往修道士斗篷（Monk's Cowl），在瀑布背后的祖鲁洞穴中宿营，然后在清晨出发，探索迪迪马（Didima）峡谷。终极登山线路（Grand Traverse）则是留给那些经验丰富的登山爱好者的真正考验——沿着德拉肯斯山脉的东部峭壁走完全程，需要 12~16 天。

最佳旅行时间：全年均可。冬季（5月至8月）气候最稳定，白天天气晴朗温暖，夜间则很凉爽。夏季（9月至次年4月）气候则变化无常，常有突然的暴风雨。

行程：最少需3天。

行前计划：大部分人选择在岩洞中过夜，不少洞穴可容纳12人，但需提前预订。你也可以带上帐篷，如果遇到坏天气，就不必因附近没有洞穴可以躲避而着慌。带一条厚睡袋，即使是夏天，晚上也很冷。

旅行须知：多带饮用水，并随时从溪水或河流中补充。出发前填写一份山区救援注册表，返回时交还。

相关网址：www.kznwieldlife.com，www.bergfree.co.za，www.antbear.com

著名景点

■ 倾听岩狒狒（Rock Baboon）的叫声；或是分辨各种不同的羚羊：树羚、侏羚、山地苇羚、小麂羚（tiny duiker）、非洲大羚羊（eland）。晚上还有机会看到食蚁兽或豪猪。秃鹫和鹰从你头顶呼啸而过，它们栖息在高高突出的岩石上。

■ 春天草地上开满地毯般的野花，秋天各色野花更长到齐腰高。山沟里零散地生长着苏铁和山龙眼。

■ 鼓起勇气，在砂岩岩床中隐藏着的晶莹剔透、寒冷刺骨的湖泊中沐浴。

5 追寻文化

本章是一系列探索人类思想与心灵的旅程，每一段旅程都向我们展示了人类社会多彩的一面。有些旅程带我们来到世界闻名的伟大奇迹，有些则带我们发现那些久被遗忘的精彩角落，有些可以追溯到人类历史的起点，有些则是与你我同时代的人们创造的杰作。它们是神圣的殿堂，是艺术的摇篮，是亘古流传的辉煌，是精心保存的记忆。让法国印象派画家笔下诺曼底的光线与色彩激发你的灵感吧！如果你喜爱表演艺术，可以加入挑剔的观众群，品评日本艺伎的传统表演。尼罗河之旅将带你见识古埃及的宏伟遗迹。或者，你可以前往南非的祖鲁社区，体验那里多彩的文化生活。精彩的文化之旅分布在世界各地，吸引着每一个向往艺术、历史与不同文化的人们。

这座有着法老面孔与狮子身体的斯芬克斯雕像已经在埃及吉萨金字塔前守卫了至少4500年。它由一整块砂岩雕成，日复一日俯视着尼罗河的滚滚逝水，它的来历与用途至今仍然是人们争论的议题。

美国

弗吉尼亚的殖民地文化

沿着弗吉尼亚南部海岸，追寻英国文化 200 年来在北美落地生根的历程。

威廉斯堡（Williamsburg），是美国规模最大、最生动的殖民地文化博物馆。林荫大道两旁是经过精心修复的18世纪建筑，身穿当年服饰的工作人员三三两两在大街上活动。你会发现自己回到了1776年的殖民地，反抗的怒火正在蔓延。街道和商店里每天都有表演活动，展现当年殖民地的居民和政治领袖讨论当时的热点问题，如奴隶制、妇女权利以及独立战争的正义性。威廉斯堡只是展现殖民地时期弗吉尼亚历史的“弗吉尼亚殖民历史三角地”中的一处。在詹姆斯镇（Jamestowne）你可以参观英国殖民者成功建立的第一个定居点（1607年）的遗址，以及正在进行中的考古发掘。附近的詹姆斯镇定居点包括一座形似詹姆斯镇的城堡、一个波瓦坦土著村庄和当年承载着移民来到新世界的三艘小船的复制品，演员们正在表演当年的生活片段。驱车慢慢到达约克镇（Yorktown），那里是1781年英军司令查尔斯·康沃利斯将军向乔治·华盛顿将军投降的地方，它标志着美国独立革命的结束。镇中心有一个很大的历史文化区，附近则有约克镇古战场。

在威廉斯堡，身穿18世纪服装的车轮工匠用传统工艺制作马车轮。

著名景点

- 在威廉斯堡你可以与由演员和历史学家比尔·巴克（Bill Barker）扮演的**托马斯·杰斐逊**对话，比尔·巴克一生致力于对杰斐逊的模仿。
- 参加威廉斯堡的18世纪**夜间体验活动**，诸如在手提灯的指引下步行、参加音乐会或观看演出。
- 在詹姆斯镇，观看**玻璃工人**用原始的户外火炉制作漂亮的日用玻璃制品。
- 詹姆斯镇定居点的**新博物馆**里展出了很多早期殖民时期的艺术品。

最佳旅行时间：全年开放（只有圣诞节与新年当天休息）；这里很受游客欢迎，学校放假期间可能会非常拥挤，因此春、秋两季是最佳游览时间。12月虽然很冷，但可以感受到圣诞节的欢快气氛，包括路上唱圣诞颂歌的人们和烛光音乐会。

行程：你至少应该在威廉斯堡待1天，然后再花一两天时间走访詹姆斯镇和约克镇。

行前计划：预定含2~4天食宿的全套接待服务，包括全程热门景点的门票。

旅行须知：所有热门景点都需要步行，请穿舒适的鞋子，并多穿几层衣服，以便随时增减。

相关网址：www.gowilliamsburg.com，www.virginiaisforlovers.com

摩尔-杜格（Moore-Dugal）宅第是莱特在橡树公园独立设计的第一栋建筑。

美国

弗兰克·劳埃德·赖特的橡树公园

骑自行车欣赏由弗兰克·劳埃德·赖特设计的世界上最大的住宅群。

很多人都不知道位于芝加哥西部的这个宁静、内敛的橡树公园（Oak Park）住宅区，但它却是新风格建筑的爱好者们最向往的地方之一。美国著名建筑家弗兰克·劳埃德·赖特（Frank Lloyd Wright）在19世纪最后10年中就是在这里开始他的建筑设计生涯，也正是在这里，他第一次引入激进的“草原风格”（Prairie Style）。这种风格的建筑物低矮、狭长，有着缓坡斜屋顶、多层露台，其外悬的突出结构是赖特建筑设计的典型特征。骑自行车走上不长的一段，就能看到赖特设计的十多栋住宅；如果再走远一点，一共可以看到由他设计的27栋建筑，另外还有其他设计师设计的几十栋风格各异的建筑。此外，你还可以参观赖特的故居和他第一次创造出新风格建筑时使用的工作室，还有附近有着高高的窗户和近乎完美的声学设计的统一教堂（Unity Temple）。赖特曾称其为“我的掌上明珠”。

最佳旅行时间：5月至9月是骑自行车游览橡树公园的最佳时间。每年5月当地的保护委员会（Preservation Trust）都要组织一次为期1天的建筑与历史游览活动——赖特住宅游（Wright Plus Housewalk），向游客介绍那些赖特设计的、现已成为私人住宅的建筑中精美的内饰设计。

行程：橡树公园住宅区及附近河林（River Forest）地区的住宅区共有约80座值得一看的建筑。至少需要一整天才能看完。

行前计划：你可以在游客接待中心附近的橡树公园自行车行（Oak Park Cyclery）租到自行车。游客接待中心出售地图，上面标有所有值得一看的建筑物的位置。

旅行须知：5月的“赖特住宅游”人数有限，报名的人常常很多，因此需要提前很长时间预订。如果你参加了游览活动，最好再留出1天时间以便参观橡树公园的其他地方。

相关网址：www.oprf.com/flw

著名景点

- 参观**赖特故居和工作室**，聆听导游的讲解，深入了解赖特作为建筑家的成长之路和他的理想。房间中还陈列了他设计的经典家具。
- **弗兰克·W.托马斯（Frank W. Thomas）宅第**是橡树公园住宅区中第一栋草原风格的住宅。
- **阿瑟·B.霍特利（Athur B. Heurtley）宅第**外观是各种不同颜色和图案的砖墙，与周围环境融为一体。
- **统一教堂**是赖特设计的第一栋公共建筑，内饰采用了大胆的立体派艺术风格。

美国

阿米绪人的家园

宾夕法尼亚偏僻的乡村正是阿米绪人的家园。

在宾夕法尼亚宁静的兰开斯特县（Lancaster County）里，经常可以看到阿米绪人的身影，他们驾着漆黑锃亮的马车，驶过精心照料的田地，或是跨过河上的廊桥。这里是美国最著名的阿米绪人居住区。兰开斯特县的阿米绪人仍然按照一个世纪以前的方式生活着。他们避免使用电力和车辆，晚上只用蜡烛和油灯照明，只有公共场所才安装电话。最正统的老派阿米绪人（Old Order Amish）不使用任何现代设备；新派阿米绪人（New Order Amish）则较为开放（允许使用部分现代机械）；更开放的则是孟诺派（他们可以拥有公用的车辆）。行走在乡间小路上，你常常可以看到老派阿米绪人赶着挽犁的马在田间劳作，或是周日在农场集会。兰开斯特县有许多乡间小路；花一个周末的时间，即便是经常到乡下旅行的人，也同样能在这里找到乐趣。很多人会在诸多路径中随便选一条游览。沿途到处都是引人入胜的风景。阿米绪人在路边新开设的商店里和摊位上出售他们精心制作的被子和家具。兰开斯特人文历史博物馆、兰迪斯谷（Landis Valley）博物馆等地方，则向游人展示着阿米绪人丰富多彩的历史与文化。

对页：阿米绪人穿着朴素，热情好客。他们大多以务农为生，相信这样可以最好地维护他们的生活方式。
上图：一名阿米绪农民驾着两头骡子拉的大车运送玉米。

著名景点

■乘坐阿米绪人的马车慢慢欣赏乡间的风景。

■在农场度过一晚。那里设施简朴但非常整洁，人们使用油灯，没有电话。你还可以参加农场上的传统活动。

■参加阿米绪人春天的集市（Mud Sale），在农场上举行的集市会吸引成百上千阿米绪人，许多附近的人也慕名而来。集市上可以买到精美的被子、古董甚至马车。

■乘坐19世纪的斯特拉斯堡（Strasburg）蒸汽列车游览阿米绪人的土地。

■在阳光下的草地上野餐，享受清新的空气、小鸟动听的歌唱，偶尔还会飘过一阵浓烈的肥料或刚刚割下的青草的气味。

最佳旅行时间：春天田野绿意最浓，而且容易赶上阿米绪人周六举行的拍卖会。

行程：1个周末的时间足够你驱车游览乡间小路、参加拍卖会、参观著名的景点，并享用家庭风味的晚餐。

行前计划：在宾夕法尼亚荷兰裔旅游中心（Pennsylvania Dutch Visitor Center）领一份详细的地图，以免在游览过程中迷路。如果你想沿公路游览，可以从伯丁汉（Bird-in-Hand）村出发，沿340号公路向东到82号公路，然后向北到23号公路，再沿着23号公路向西南到达雷奥拉（Leola），最后再向西南上772号公路直到回到340号公路上。

旅行须知：建议沿乡间小路行驶，不要走大路。路上可以参观廊桥，并品尝当地的食品，如糖浆馅饼（Shoofly Pie）等。

相关网址：www.padutchcountry.com

蒂卡尔的神庙遗迹半掩在密林中。在前景神庙的右侧可以看到第四神庙的条脊。

最佳旅行时间：当地属亚热带气候，干季为每年12月至次年4月。雨季时下午常有短时暴雨，飓风季节（8月至10月）不适于旅游。

行程：你需要计划2~3周时间，以便参观沿途的主要玛雅遗迹。

行前计划：你可以从坎昆或梅里达出发参观墨西哥境内的遗址，以奥兰治沃克为基地参观拉马奈的遗迹，还可以弗洛雷斯为基地参观危地马拉境内的蒂卡尔遗迹。

旅行须知：大部分遗址都能找到英语流利的当地导游，官方导游都持有证件。潮湿的气候和经常光临的降雨使神庙上的台阶变得很滑，你需要带几双抓地力强的鞋子。

相关网址：www.mayasites.com，www.southerncrossings.com

墨西哥/伯利兹/危地马拉

玛雅神庙

这是一次丰富多彩的旅程，除了探索宏伟的玛雅遗迹，你还能看到各种各样的野生动物与热带植物。

在你攀登蒂卡尔第四神庙那嵌入几乎垂直的外墙中，踏上刚刚能容下一只脚的台阶时，向下看绝对是不明智的举动。站在神庙的最高处，你可以看到周围密林中露出的其他神庙的顶端。玛雅文化曾经主宰了中美洲数百年，恢弘的建筑是其城邦国家最明显的特点。从采石场运来的石灰石建成宫殿、广场、神庙、观星台和球场，组成一座座壮观的城市。你的旅程从墨西哥平坦、贫瘠的尤卡坦半岛开始，在游览完乌斯马尔和奇琴伊察的遗迹后，经坎昆前往图卢姆，来到碧蓝的加勒比海，参观气势宏大的海边遗址。从那里再前往位于伯利兹热带雨林深处、新河潟湖（New River Lagoon）附近的拉马奈。最后，再穿过危地马拉边界，到达世界闻名的蒂卡尔玛雅遗址。蒂卡尔最早的建筑可以追溯到公元前600年，在此之后1500年中，它一直是一处重要的宗教和政治中心。最盛时期，那里有10万居民。被浓密的雨林与丰富的野生动物包围着的庞大神庙建筑群，是美洲大陆上最宏伟的建筑遗迹。

著名景点

■**奇琴伊察**遗址保存着玛雅遗迹中最大、最完好的一座**球场**。

■**图卢姆**的**城堡遗址**（El Castillo）坐落在海边悬崖上，俯视着加勒比海。你还可以佩戴潜水管在伯利兹海边的堡礁区**潜水**。

■**蒂卡尔的第四神庙**是现存最高的玛雅神庙。

■**黎明时分**从蒂卡尔第四神庙顶端向下俯视，随着阳光照亮四周雨林的树冠，林中的猴子、鸟类开始了新一天的大合唱。

墨西哥的殖民城市建筑

墨西哥中部城市华丽的新西班牙殖民建筑风格，会给你此行带来许多意外的惊喜。

墨西哥城以北地区，是墨西哥西班牙殖民文化的中心地带。西班牙征服者一边采掘当地的金银矿藏并源源不断运回本土供王室享用，一边在当地建立起一系列漂亮的殖民城市。大教堂和巴洛克式宫殿拔地而起，一条条蜿蜒的鹅卵石街道围绕着形状不规则、如手掌般伸展开来的广场。这些殖民城市明显流露出欧式建筑华丽、夸张的风格；但那明亮的色彩和川流不息、生机勃勃的人群则是典型的墨西哥风情。你的第一站是莫雷利亚，从墨西哥城向西乘车 4 小时便可到达。那里有许多大厦与教堂，大多用粉红色的石块建成，面向街道的一面装饰精美。不远处是宁静的高原小镇帕兹库瓦罗，它的中心广场异常迷人，建筑物则同时体现着殖民地风格与本土文化。在这些“银色城市”中，建在山坡上的瓜纳华托应该算是最漂亮的一座。它的附近是迷人的圣米盖尔－德阿兰德老城，那里有着大都市风情的高楼大厦与鹅卵石街道，以及丰富的人文景观。旅程的终点是萨卡特卡斯，它标志着西班牙在新大陆所建帝国的北部边界。

著名景点

■**瓜纳华托**城中有极为典型的巴洛克式殖民建筑，如瓜纳华托圣母教堂（Basilica Senora de Guanajuato）、圣迭戈神庙（Templo de San Diego）和格拉纳蒂塔斯谷仓（Alhóndigade Granaditas）。

■**萨卡特卡斯大教堂的正面**是西班牙殖民时期巴洛克式建筑典型的豪华装饰风格，称为“巴洛克建筑”（churrigueresque）。

■**乘缆车**由拉布法山（Cerrodela Bufa）至格利洛山（Cerro del Grillo），欣赏萨卡特卡斯的迷人风光。

圣米盖尔—德阿兰德建于17世纪的圣迈克尔大天使教堂（Parroquia of St. Michael）。

最佳旅行时间：墨西哥中部高地的气候温和干燥，降水多集中于6月至9月。

行程：公路交通便捷，10天时间足够你游览完该地区的殖民地文化景点。

行前计划：可以考虑将旅游安排在复活节期间（Semana Santa），以便观赏当地热烈精彩的庆祝活动。酒店需提前预订。

旅行须知：位于马德雷山脉中的土著村庄惠乔尔（Huichol）和科拉（Cora），向世人展示着另一种完全不同的文化。

相关网址：www.visitmexico.com

阳台上的铁艺诉说着新奥尔良法国区殖民时代的历史。这种西班牙风格的装饰是在18世纪末老城大部分毁于一场火灾后传入的。

十佳历史古迹

从北京的皇城到维多利亚时期的伦敦，再到万花筒般的伊斯坦布尔，造访这些世界各地的伟大城市，就仿佛是一次回到过去的时空之旅。

❶ 美国：马萨诸塞州波士顿“自由之路”

游览殖民地时代的美国，了解革命爆发的始末。这里是第一批美国公民居住的地方，也是他们捍卫权利、进行斗争直至入土为安的地方。在那之后，波士顿继续成为自由的象征，曾经接纳了许多逃跑的黑奴。这条2.5英里（4公里）长的道路沿途共有16处重要的历史遗迹和建筑。

行前计划： 从波士顿公园（Boston Common）沿红砖路（或看路边的指示牌）而行。导游每90分钟讲解1次，从国家大街（State Street）15号游客信息中心出发。
相关网址： www.thefreedomtrail.org

❷ 美国：伊利诺伊州芝加哥环线（The Loop）

一条极尽繁华的都市线路，商业化和彻底的功能主义是其最显著的特征。环线沿高架铁路线而行，围绕的地区正是芝加哥的商务中心区，近现代美国150年建筑发展的精髓全都展现于此。这里也是摩天大楼的诞生地。如果你走累了，还可以在现代都市的大峡谷里补充一只芝加哥热狗——实打实的牛肉，随意取用的酱汁，还有点缀其上的芥末、腌菜和土豆粒。

行前计划： 导游讲解从密歇根（Michigan）大街与华盛顿（Washington）大街路口的西北角出发。
相关网址： www.walkchicagotours.com

❸ 美国：路易斯安那州新奥尔良法国区

游览法国区（French Quarter，也称Vieux Carré）可算是一次感官

行前计划： 可从法国区内多个地点开始游览。
相关网址： www.tourneworleans.com

的盛宴，那里有色彩鲜艳的墙壁、造型多彩的铁艺，有夏夜回荡在街道上空的爵士乐，以及从餐厅窗口飘出的秋葵海鲜汤的香气。高卢文化、拉丁文化、非洲文化和凯尔特文化融合在一起，产生了大量吸血鬼和鬼魂的故事。每年4月的法国区庆典是展现当地音乐、艺术与美食的最佳舞台。

④ 中国：北京故宫

这座世界上最大的皇家宫殿已不再是一座禁城。在青铜狮子和明瓦雕龙的注视下，走在宽阔的皇城内，一座座木制的宫殿重檐叠脊，飞挑起的屋檐上装饰着各种仙兽。顺着连廊漫步而行，攀着汉白玉栏杆观赏金水河。参观完御座，在珍宝馆里五颜六色的黄金、翡翠、象牙面前大饱眼福后，还可在御花园中稍事小憩。

行前计划：从天安门广场、午门开始参观，有多语音讲解。
相关网址：www.beijingpage.com

⑤ 印度：德里红堡（Lai Qila）

砂岩基质的巨大红墙环绕着这座面积达124英亩（50公顷）的城堡，这就是印度的“紫禁城”。这座城中之城是1648年建成的，它的建造者沙贾汗同时也是著名的泰姬陵的主人。两者的建筑风格同样复杂、豪华、精美。大厅、大理石宫、珍珠清真寺（Pearl Mosque）、浴池等处的镶嵌装饰尤其令人叹为观止。

行前计划：10月至次年3月天气较凉爽。景区内有英语语音讲解。
相关网址：www.exploredelhi.com

⑥ 阿拉伯联合酋长国：迪拜

精美的建筑艺术、传统的阿拉伯民居、市场和清真寺令人目不暇接。古老的露天市场依旧人声鼎沸，迪拜湾中的木船仍然在静静地航行。但另外，充满未来感的新景观——如形似椰枣树、世界最大的人工岛“朱美莱棕榈岛”（Palm Jumeirah）——则使迪拜成为世界上建筑艺术最富于活力的城市之一。

行前计划：仔细阅读签证的要求。有导游讲解。
相关网址：www.turnertraveldubai.com

⑦ 土耳其：伊斯坦布尔老城

两个大洲、四片海洋在此汇聚，三个帝国都曾以此作为首都，伊斯坦布尔这座古老的文化大熔炉真可说是千变万化、活力十足。你可以参观圣索菲亚教堂气势夺人的穹顶，以及罗马竞技场（Hippodrome）、蓝色清真寺、托卡比（Topkapi）皇宫，还可以在室内大巴扎（Covered Bazaar）上尽情购物。

行前计划：可对照地图寻找游览景点，可从苏丹阿赫迈德广场（Sultanahmet Square）开始游览。
相关网址：www.istanbulwalks.com

⑧ 爱沙尼亚：塔林老城

走在鹅卵石铺就的街道上，你能看到哥特式的市政厅，令人眩晕的教堂尖塔，以及仍然用手工制作玻璃制品和瓷器的作坊。长久以来多次外国侵略留下的不同建筑式样和谐地相处在一起，十分吸引人。

行前计划：在游客接待处预订你的行程。
相关网址：www.tourism.tallinn.ee

⑨ 英国：伦敦白教堂区（Whitechapel）与开膛手杰克

来看一看维多利亚时代伦敦的丑陋一面吧。游走在伦敦东区雾气弥漫、灯光昏暗的狭窄街道上，你仍可以触摸到那位著名的连环杀手留下的印记。19世纪80年代，开膛手杰克（Jack the Ripper）在此地残害并肢解了至少5名妓女，并且始终未被捉拿归案。

行前计划：可从塔山（Tower Hill）地下出口开始游览。
相关网址：www.walks.com

⑩ 西班牙：巴塞罗那黄金区

黄金区（Quadrat d'Or）是这座城市艺术气息最浓郁的地方。这里犹如一座民俗村，样式各异的现代主义和先锋派建筑汇聚于此，彩色玻璃、雕花铁艺、马赛克，还有安东尼奥·高迪建筑（Gaudí's）上超现实主义风格的曲线与色彩，全都在这里争奇斗艳。

行前计划：乘地铁至卡塔卢尼亚站（Catalunya）、普赛日·德加西亚站（Passeig de Gràcia）或斜角站（Diagonal）。
相关网址：www.cataloniatours.com

戏台上身着华丽服装和假发的歌舞伎演员正在表演。

最佳旅行时间：演出全年都有，日场通常11：00开始，晚场下午16：30开始。

行程：歌舞伎座很少有完整的剧目上演。通常一场演出包括取自不同剧目的三段戏，有时还穿插着歌舞伎的舞蹈表演。总表演时间约4小时，包括2~3次幕间休息。

行前计划：必须提前订票。可电话订票，也可在售票处购票，可使用信用卡。

旅行须知：着装应得体。大厅里出租英语讲解器。四层有少量只能观赏一段戏的站票出售。

相关网址：www.shochiku.co.jp/play/kabukiza/theater

日本

日本的歌舞伎表演

英勇无畏的武士、感天动地的爱情，还有血腥的阴谋与背叛，这些故事在戏台上由歌舞伎演员们娓娓道来，栩栩如生。

坐在东京银座“歌舞伎座（Kabuki-za）”剧院的前排座位上，眼前的舞台格外宽大，以至于你想要从舞台的一侧看到另一侧，就必须像网球比赛中的裁判那样使劲转动脑袋。被称为“尺八”的日本传统竹笛演奏出诡异的尖锐音符，台下的观众似乎都在全神贯注地聆听。然而随着第一名演员的登场，叫喊声立刻从剧院里的每一个角落里滚滚而来。呼喊演员的艺名是一种表示欢迎的方式。英语讲解不但仔细介绍了复杂而生动的剧情，而且还体贴地考虑到了文化差异的问题，如介绍何时应该鼓掌。歌舞伎的明星往往在日本家喻户晓，特别是被称为“女形”（onnagata）的扮演女角的男演员。再如18世纪木版画般优雅的舞台上那颈白如雪、头饰华丽、举止沉静的淑女其实是一名男演员（实际上，大多歌舞伎演员都是男性），甚至可能是已到中年的男子。

著名景点

- 花道（hanamichi）是一条穿过观众席的狭长舞台，演员登场与退场时都要从此经过，并做出夸张的亮相。

- Kabuki no mie是一种特殊的亮相，演员会做出斜眼、古怪的鬼脸等表情。如果表现得当，会赢得观众如雷的掌声。

- 伴奏乐器中有一种乐音凄凉感人的三弦琴——“三味线（Shanmisen）”，还有被称为“尺八（Shakuhachi）”的竹笛，它的乐声令人毛骨悚然。

- 演员角色不论男女都身着华丽的服饰，并配以样式多变的发型。

日本

古老的京都

这是一个由精美的寺庙与幕府将军的城堡组成的世界，仿佛仍然停留在古老的封建时代。

走在京都这座日本封建时代的首都里，你在每个角落都能发现历史的痕迹。新开的便利店旁也许就是古老的茶社；从一群对着手机叫喊的日本商人身边走过的则是一名已很难见到的艺伎，她身着的传统和服很可能价值数百万日元。俯瞰城市的山坡上，始建于8世纪的清水寺（Kiyomizu-dera）绿树环抱，无数小神龛点缀在林间的空地上。传说喝了寺中三道瀑布的水可以使人长寿、好运。京都西北面有金阁寺（Kinkaku-ji），它的大殿曾经在1950年被一名不安分的僧人烧毁，但修复一新的建筑依旧令人赞叹不已。三十三间堂（Sanjusangen-do）位于京都以东，是日本最长的木制建筑，内藏1001座千手观音雕像。市中心的二条城则是德川幕府的第一位将军德川家康所建，城中有著名的夜莺地板，这种木地板被设计成一旦有人走动就会发出声音，不管你多么小心都无法避免，以便提醒屋子的主人防范刺客。

著名景点

■在参观清水寺时不要错过**地主神社**（Jishu Shrine）。如果你能闭着双眼走完两块爱情石间的路，就会获得真正的爱情。

■位于京都以东的**南禅寺**（Nanzen-ji）有一条不长的小路穿过森林，通往坐落在幽谷瀑布边的**奥院**（Oku-no-in Shrine），有时候你能看到虔诚的信徒在瀑布下修行。

镜湖（Kyo-ki）畔的金阁寺。

最佳旅行时间：尽管全年均可参观，但当地夏天天气太热，步行游览将会使你乐趣全无。京都秋天的景色最美丽，此外就是4月里短暂却非常著名的樱花盛开时节。

行程：至少留出1周时间。

行前计划：当地有可以讲英语的导游。

旅行须知：在樱花盛开的时候，可与日本人一起在公园或鸭川（Kamo River）岸边赏花、野餐，体验日本文化的精髓。

相关网址：www.pref.kyoto.jp/visitkyoto/en

泰国的寺院

近 3 万座佛寺分布在泰国全国各地，随处拈来皆是赏心悦目的风景。

每当清晨的第一缕阳光照亮曼谷黎明寺的屋顶，投射在昭披耶河（湄南河）清爽的水面上，你总能看到成队的僧侣沿着河岸行走，化缘用的钵系在藏红色的长袍上。向僧侣布施已经成为虔诚的泰国人每天必做的功课，成为他们精神信仰的一部分。小乘佛教是在 13 世纪素可泰王朝的黄金时期传入的，泰国今天有 95%的居民信仰佛教，男子（包括皇室成员）一生中至少要进入寺庙修行 1 周或更长时间，这已成为泰国家庭引以为豪的传统。泰国的寺庙风格受到周边国家的诸多影响，然而那些层叠的屋檐、金光闪闪的贴饰、佛像、魔兽、莲花、金叶、熏香和闪烁的油灯则毫无疑问是泰国特有的。这里有迷宫一般的庭院、回廊，殿堂里挤满了唱经的僧侣，耳边是随风绕梁的铃声与锣声。人们在这里测算自己的命运，遇上佛教的节日，还能看到寺庙中的集市。这条寺庙之旅的线路从曼谷开始，看过那里金光闪闪的寺庙（也称 wat）后，再向北进入泰国平原的腹地，寻找大城与素可泰的古老遗迹，最后直达北部的清迈和夜丰颂，欣赏那里具有缅甸风格的宝塔。一路上遇到的宗教庆祝活动会为行程增添声色。

著名景点

■卧佛寺（Wat Po）是曼谷最古老、规模最大的寺庙，供奉着一尊长150英尺（46米）的卧佛。

■位于曼谷的玉佛寺（Wat Phra Kaeo）供奉着著名的玉佛，佛像体积虽小，却极受信徒尊崇。

■金佛寺（Wat Traimit）中的金佛是用5吨纯金铸成。

■位于曼谷以西的佛统舍利塔（Phra Pathom Chedi）高410英尺（125米），塔内保存有佛祖的舍利，被认为是全世界最高的舍利塔。

■镀金的素贴山（Doi Suthep）舍利塔位于清迈附近，舍利塔高居于290级台阶之上，四周雕刻着守卫佛塔的7头蛇像。

素可泰一座佛寺中的佛像手上放着供奉的鲜花。

最佳旅行时间： 11月至次年2月的气温依然很高，但湿度大大下降。这段时间的庆祝活动也很多。

行程： 从曼谷至夜丰颂全长574英里（924公里）。仔细游览需要3周。

行前计划： 应根据时间安排，合理选择火车、汽车及飞机旅行。从曼谷可参加大城一日游，乘坐轮船返回。具体情况可向当地旅行社咨询。

旅行须知： 着装应得体。坐下时脚不要朝向佛像，不要与僧侣发生身体接触（可将布施物品放在钵内），不要给玉佛拍照。

相关网址： www.travelindochina.com

阳光下的泰姬陵有着无与伦比的美丽，是世界上最宝贵的历史遗迹之一。

最佳旅行时间：全年均可，最佳时间为10月至次年4月。

行程：全程约155英里（249公里），大部分旅游团的行程为5~6天。

行前计划：可乘公共汽车、火车、出租车或自驾车往返于城市之间。德里的旅游中心可以提供私人司机，驾驶传统的白色大使牌小汽车带你观赏沿途的景点。泰姬陵每周五只对印度教徒开放。

旅行须知：只喝瓶装水，不要喝加冰的散装饮料或酒。驱虫剂是必备物品，最好再带上治疗疟疾的药物。

相关网址：www.goldentriangleindia.net

印度

印度旅游金三角

回到土邦林立的时代，每块土地上都有君王和他们光彩夺目的宫殿与城堡。

印度是一个幅员辽阔、多姿多彩的国家。仅凭一次游览很难全面了解它的复杂与多变。但是有一块面积不大的地方可以作为一个很好的开始,帮助你感受这个国家富有的浪漫与迷人,那就是印度北部处于德里、斋浦尔与阿格拉之间的、被称为“印度旅游金三角”的地区。作为印度的首都,新德里展示了印度各种各样文化的巨大反差,从依旧保留着英国殖民时代回忆的康诺特环岛(Connaught Circus),到无论何时永远熙熙攘攘、空气中弥漫着香料浓郁的香气的月光集市(Chandni Chowk),繁忙的店铺出售传统的午餐盒、纱丽、地毯,以及其他各种各样的货物。斋浦尔则有粉红色的风之宫和精彩绝伦的琥珀堡,当你骑在大象背上走进古老的建筑群时,那种难以名状的震撼足以令人重新感受到当年尊贵的王公们生活的华丽与辉煌。最后是阿格拉,那里有世界最著名的建筑之一——全部用大理石建成的泰姬陵。这座浪漫与爱情的永恒象征建于1632年,1648年竣工,是莫卧儿皇帝沙贾汗为爱妻蒙泰姬·玛哈(Mumtaz Mahal)建造的永恒的纪念物。除了这三座城市外,你还可以看到现代印度北部的乡村,体验乡下的风情,那里田间劳作的农民依然像以前一样戴着穆斯林头巾。

著名景点

- 在德里**月光集市**的露天咖啡馆品尝传统的苏打水和印度小吃。
- 乘坐斋浦尔街头**人力车**的经历可谓惊心动魄，所有的大小汽车、骆驼、大象在你身边和你共用一条道路。
- 参观斋浦尔的**詹塔曼塔天文台**（Jantar Mantar），你会惊讶于这位18世纪的印度王公所掌握的科学知识。
- **泰姬陵**经常人满为患，但它的花园则是一个安静的场所，与浪漫的泰姬陵相比更适于静思。

佩特拉的宝库有数层高，其精致的正面是在矗立的砂岩上雕刻而成的。

最佳旅行时间：全年均可。

行程：安曼至亚喀巴行程共计163英里（262公里），至少需1周。

行前计划：可在安曼租一辆汽车。国王之路沿途有完善的旅游服务设施。马代巴（距安曼30英里[48公里]）、阿尔卡拉克（距安曼77英里[124公里]）和佩特拉（距安曼163英里[262公里]）均有旅店。

旅行须知：清晨和傍晚的佩特拉最富有浪漫气息，阳光照射在古城的正面，令其玫瑰红色的岩石色彩分外浓郁。大门外有导游。

相关网址：www.atlastours.net/jordan，www.onthegotours.com

约旦

约旦的宝库

沿着有5000年历史的道路，寻访古老的佩特拉和约旦沙漠中伟大的历史遗迹。

汽车从安曼出发，沿着国王之路一直向南行驶。这条摩西与以色列人曾经走过的古道，如今已变成双车道的公路。在马代巴稍事停留，欣赏博物馆里陈列的拜占庭式的马赛克装饰——那曾经是城中每一栋建筑都流行的式样。从这里你可以前往尼波山（Mount Nebo），在据说是摩西坟墓的地方建有一所修道院。这所修道院曾经是一座十字军的城堡，现在城堡已成了空壳，只留下巨大的穹顶（曾经是士兵们的休息室、马厩和武器库），俯视着阿尔卡拉克城外前往埃及和麦加的驼队。最后，你来到佩特拉这座被称为“红似玫瑰、起自亘古”的城市。它深藏于大山之中，初建时间已不可考，但城市历史至少覆盖了亚述、埃及、希腊和罗马时代。公元前4世纪，纳巴泰人（Nabataean）占领了这座城市，他们控制的运输香料的驼队远达中国。与欧洲的乳香、没药、丁香和肉桂买卖使这座城市富裕一时。佩特拉的繁荣一直延续到7世纪，那时候发生了一场地震，城市赖以生存的水源被切断了。12世纪穆斯林征服中东地区后，这座城市才被彻底废弃。

著名景点

■马代巴的圣乔治教堂中的**马赛克地图**制作于6世纪的巴勒斯坦与尼罗河三角洲地区。

■从尼波山顶**远眺**，可以看到约旦河谷、死海及更远处的耶路撒冷与伯利恒。

■当你进入佩特拉所在的山谷，第一眼看到**宝库**（ElKhazneh）的时候，一定会被它深深地震撼。这座华丽的建筑物是佩特拉最著名的景点。没有人知道它的原始用途——但它显然不是用来藏宝的，而可能是一座皇家墓地或神庙。

丹麦/瑞典/挪威

维京传说

在漫长的夏日里，游览挪威水手和武士的家乡，寻找维京人生活的踪迹。

维京人是一群骇人的强盗，出色的航海与造船技术帮助他们进入前人未知的水域，他们的足迹遍及整个北欧。公元8~11世纪，维京人的势力扩大到英国和法国的北部、冰岛，甚至包括北美洲的一小部分。但无疑，斯堪的纳维亚的家乡才是追寻他们传说的最好的地方。我们的旅行从里伯开始。里伯是丹麦最古老的城市，其维京文化中心（Ribe Viking Center）完整地复制再现了8世纪维京人的一个村落，包括集市和农耕的场面。奥尔堡位于日德兰半岛北部，维京人在这里的足迹始于1300年前，目前建有一个维京文化博物馆，并保存有多个大规模的维京墓地。在挪威首都奥斯陆，你可以参观维京航船博物馆。还有奥斯陆城外展现维京文化的主题公园——维京园（Viking Landet），园中有一个维京人的定居点和港口，身穿维京服装的工作人员通过表演再现当年维京人的生活场景。最后一站是斯德哥尔摩附近一个岛屿上的城市博卡（Birka），它是瑞典最古老的城市，建于公元8世纪，并逐渐成为整个北欧地区最重要的商业中心。经过发掘的城市遗址与博物馆中的模型和复制品一起，向游客展示着维京人的日常生活和文化传统。

著名景点

- 里伯维京博物馆里有关于**维京文化**的丰富多彩的展品。
- 奥尔堡附近有多座大规模的维京**墓地**。
- 奥斯陆的维京航船博物馆内展出有3艘从奥斯陆峡湾中打捞的木制**维京船只**，保存完整的船只上雕刻着龙头。
- 游客可在奥斯陆郊外的维京主题公园中乘坐传统的维京船在水面**航行**。
- 位于瑞典博卡的**考古发掘现场**对外开放，游客可以进入参观。

丹麦北部奥尔堡附近林德尔霍姆山（Lindholm Hoje）上的维京人遗址有700余座古墓。

最佳旅行时间：全年均可，5月至9月间最佳。

行程：维京文化之旅并没有正式认定的线路，上述景点全部游览一遍最少需要1周。各大城市间有航班、火车和渡轮通航。

行前计划：离里伯最近的机场在埃斯比约。斯堪的纳维亚地区，特别是挪威，是整个欧洲消费水平最高的地区，因此你需要计划好自己的出行预算。

旅行须知：斯堪的纳维亚地区夏季蚊虫很多，一定要携带有效的驱虫剂。

相关网址：www.visitdenmark.com，www.visitsweden.com，www.visitnorway.com

英格兰

英格兰的花园

英格兰南部是花园设计大师汇聚的地方，6 月芬芳的玫瑰欢迎着来自世界各地的游客。

英格兰南部地区有着历史悠久的园艺传统。沿着伦敦外围的萨里郡、苏塞克斯郡和肯特郡一路走下去，你将看到许多绿意盎然的园艺经典之作，既有乡间巨宅规模壮观的花园，也有园艺界的传奇人物如薇塔·萨克维尔－维斯特（Vita Sackville-West）、克里斯托弗·劳埃德（Christopher Lloyd）等人精心创建的个人天地。每到春夏之际，这里到处都是五彩缤纷的鲜花和迷人的芳香，实不愧“美丽的绿色原野”的称号。出伦敦向西，郊外有著名的亨利八世的汉普顿宫（Hampton Court Palace）、位于克佑区的英国皇家植物园和温莎公园的萨维尔（Savill）花园。皇家园艺协会则在萨里郡沃金附近拥有一座占地 200 英亩（81 公顷）的韦斯利（Wisley）花园，除精美的园艺展览外，还设有苗圃，并提供园艺指导。波利斯登·蕾希（Polesden Lacey）花园也位于萨里郡，每年冬天和夏天那里都会举行园艺展览。谢菲尔德庄园（Sheffield Park）则位于苏塞克斯郡东部，由 18 世纪著名的兰斯洛·“天才”·布朗（Lancelot “Capability” Brown）设计的花园占地 100 英亩（40.5 公顷）。此外，还有位于泰斯赫斯特浪漫的帕什利庄园（Pashley Manor），以及位于莱伊（Rye）附近、坐拥由克里斯托弗·劳埃德设计的花园的迪克斯特大宅（Great Dixter）。位于肯特郡克兰布鲁克的希辛赫斯特城堡（Sissinghurst Castle）的花园则是薇塔·萨克维尔·维斯特毕生创作的结晶，她精美的绘画作品至今仍由英国名胜古迹托管协会（National Trust）精心收藏着。海弗城堡（Hever Castle）靠近爱丁布里奇，安妮·波琳 （Anne Boleyn）曾在此度过童年。城堡的园林建于 1904~1908 年，包括一个意大利花园、一个玫瑰园，以及一个都铎花园。

著名景点

■汉普顿宫中的迷宫很值得一游。

■波利斯登·蕾希花园位于多金附近的布克汉姆（Bookham），其围墙环绕的玫瑰园十分宁静。

■阿克菲尔德附近的谢菲尔德庄园是英格兰杜鹃花展的举办地，花园秋天的景色也十分迷人。

■希辛赫斯特的花园被设计成10个不同的“房间”，其中最著名的是白色花园（White Garden）。

■海弗城堡的意大利花园里除了灌木和草本植物外，还有从罗马到文艺复兴不同风格的雕塑。

最佳旅行时间： 4月至9月。

行程： 以参观园林为主的旅行团一般会用1周时间带你观赏该地区的所有园林。但如只观赏主要的园林，3天时间就够了。

行前计划： 整个春天和夏天都是花园鲜花盛开的季节。但如果你是在5月游览，则可以参加在伦敦举行的一年一度的切尔西花卉展（Chelsea Flower Show）。

旅行须知： 切尔西花卉展的门票数量有限，可尽早在www.rhs.org.uk网站预订。

相关网址： www.britishtours.com

对页：希辛赫斯特的花园被设计成一系列房间的模样，围绕着中央伊丽莎白时代建筑的残存部分。
左一：初夏色彩艳丽的罂粟花和缤纷的野花。
左二：波利斯登·蕾希花园的位置十分有利于观赏北部丘陵（North Downs）的风光。

荷兰

追寻绘画大师的足迹

领略伦勃朗、弗朗斯·哈尔斯、佛梅尔等生活在荷兰黄金时代的大师们的作品。

荷兰是一个很小的国家，其面积只和美国的缅因州差不多大。然而17世纪时的荷兰曾是一个领土遍及世界各地的大帝国，无论在商业、科学还是艺术领域都进入了一个黄金时代。很多荷兰艺术家在这一时代脱颖而出，其中最著名的便是伦勃朗·范·莱茵。阿姆斯特丹是年轻的伦勃朗初露头角的地方，他的故居现在已是伦勃朗博物馆（Rembrandt House Museum）。屋内房间经过修复，展出很多伦勃朗的油画与版画作品。从阿姆斯特丹向西旅行，穿过荷兰的田野来到哈勒姆（Haarlem），你会看到那曾经吸引了雅各布·范·雷斯达尔（Jacobvan Ruisdael）、艾尔博特·库伊普（Aelbert Cuyp）等人的辽阔天空和美丽平原。哈勒姆的弗朗斯·哈尔斯（Frans Hals）博物馆设在一所救济院内，那里也是这位著名人像画家度过晚年的地方。你可以看到他晚期画风忧郁的作品，以及来自哈勒姆艺术学校学生们的佳作。接下来，我们一路向南，经过大片种植球茎的田野——花卉在荷兰人的生活和艺术中都占有很重的分量。在海牙的莫里斯美术馆（Mauritshuis）还可以看到扬·佛梅尔（Jan Vermeer）著名的“代夫特的风景（View of Delft）”。佛梅尔的绘画数量不多，但其宁静的画风与珍珠白色的用光即使在荷兰画家当中也属别具一格。而邻近的代尔夫（Delft）绿树成荫的运河与山墙耸立的房屋，则是这位高深莫测的画家的作品在真实世界中最详尽的注脚。

尖顶屋和风车曾经是荷兰近代绘画大师们最喜爱表现的主题之一。

著名景点

■**阿姆斯特丹国立博物馆（Rijksmuseum）**收藏有许多著名的画作，如伦勃朗的《夜巡》、佛梅尔的《读信的女人》，以及哈尔斯的《快乐的酒徒》等。

■**乘坐游船**是欣赏阿姆斯特丹运河风光的最佳方式，运河两岸有许多商人的住宅。

■如果你想在阿姆斯特丹找个地方喝杯啤酒稍事休息，那就找一家**“棕色咖啡馆”**吧。这些咖啡馆中的地板与木墙围看上去就好像是一幅挥洒涂抹后的画布一般。

■**莫里斯美术馆**的展品还包括伦勃朗的《尼古拉斯·杜尔医生的解剖课》、杰拉德·特·博赫（Gerard ter Borch）的《扪虱（Hunting for Lice）》，以及佛梅尔的《戴珍珠耳环的少女》。

最佳旅行时间：全年均可。莫里斯美术馆每周一关闭。

行程：阿姆斯特丹与代夫特相距40英里（64公里），沿途观赏景点并停留休息共需5天，往返需时更长。

行前计划：可乘坐火车或公共汽车前往各景点。在荷兰骑自行车很方便，也很适合在市内或各城市间沿途游览。驾车旅游也很方便舒适。

旅行须知：建议购买博物馆年票（Musem-jaarkaart），可参观荷兰国内400余处景点，价格也很合理。

相关网址：www.cycletours.com，www.traveleditions.co.uk，www.holland.com

蒂耶普瓦尔纪念碑上镌刻着当年索姆河战役中失踪士兵的名字。

法国

寻访索姆河战场

这片宁静安详、散布着墓地与纪念碑的田野就是当年惨绝人寰的战场。

很难想象眼前这片皮卡第省北部闪耀着金黄色麦浪的肥沃土地会变成一片泥泞的海洋，树木连根拔起，宽阔的地平线消失在令人作呕的黄绿色烟雾里。然而，这里的确就是1916年7月1日~11月18日那场旷日持久的索姆河战役的战场。在这场由英国发起的针对德国战线的孤注一掷的战役中，超过50万士兵阵亡，却只换来数英亩土地的易手。从巴波姆（Bapaume）出发沿着古罗马时代留下的小路前行至阿尔贝（Albert），你就走完了英军历经整个战役向前推进的短短8英里（13公里）路程。从这里开始，你可以参观一系列遗址，每一处遗址都有着自己的故事。在靠近塞尔（Serre）的前线北端，第一次发起进攻的战士就从“雅各布阶梯”战壕与古道的堑沟中出发，与此同时，一颗巨大的地雷在山楂脊（Hawthorn Ridge）被引爆。稍靠南一些的地方是蒙托班（Montauban），那是战役第一天取得的仅有的几个战果之一。而由一颗重达6万磅（27吨）的地雷引爆形成的巨大的洛赫纳格（Lochnagar）弹坑则是另一处战争的遗址，向我们提示着那场为占领波瑟村（La Boisselle）而进行的旷日持久的殊死搏斗。在南非军团曾经战斗过5天5夜的戴维尔伍德（Delville Wood），你还可以试想当年人们在树林间的那场战斗是怎样的艰苦卓绝。

最佳旅行时间： 最佳游览时间为3月至10月，这段时间日照较长，天气也比较适于旅游。犁过的田野上可以清晰地看到当年的战壕体系。

行程： 最少3天。

行前计划： 最好参加有组织、有导游的旅行团。阿尔贝旅游中心可以为你提供导游，此外还有日租自行车。你也可以参加战争研究协会战场考察游览团（War Research Society Battlefield Tours）。如果想要单独参观某个目的或纪念遗址，你可以与英国战争墓地管理委员会（Commonwealth War Graves Commission）联系。

旅行须知： 你脚下的土地里仍然有当年遗留的弹片、手榴弹和子弹。不要碰这些东西，它们可能仍然具有杀伤力。

相关网址： www.cwgc.org，www.battlefieldtours.co.uk

著名景点

■阿尔贝市内的**掩体博物馆**（Musée des Abris）建在当年的空袭掩体中，馆内陈列着当年的物品与地图。

■**蒂耶普瓦尔（Thiepval）失踪人员纪念碑**是世界上最大的纪念碑，共有7.3万余名未能安葬的年轻人的姓名镌刻在碑上。

■**蝴蝶谷纪念碑**上刻着1330名在索姆河战死的新西兰士兵的姓名。

■比奥蒙哈姆纽芬兰公园（Newfoundland Park Beaumont-Hamel）中保存着英、德双方修建的**战壕**。那里还有一个为加拿大军团设立的纪念碑。

法国

法兰西印象派之旅

来到莫奈水园中的日本桥上，就好像踏进了印象派大师的画作。

“印象派”的名称来自于克劳德·莫奈的一幅名为《日出印象》的作品，画中表现了诺曼底海滨城市勒阿弗尔雾气蒙蒙的景色。莫奈幼年时就居住在那里，他曾跟随比他年长的画家欧仁·布丹（Eugène Boudin）在这里的街道和乡间作画，并崭露出捕捉光影和气氛的天赋。从勒阿弗尔出发，首先你可以游览多维尔和特鲁维尔海滨，以及小渔村翁弗勒尔（Honfleur）。然后，沿着雪花石膏海滩（Alabaster Coast）前往东面的迪耶普（Dieppe），欣赏埃特勒塔（Etretat）和费康（Fécamp）的峭壁。这些地方的景色不止一次吸引着以莫奈为首的法国印象派画家们：毕沙罗、马奈、德加、雷诺阿，还有贝尔特·摩里森（Berthe Morisot）。下一站的目的地是内陆城市鲁昂，莫奈在这里以大教堂的正面为素材创作了许多作品。继续循河而上，在塞纳河的东岸是莫奈后半生居住的城市吉维尼。你可以在这里参观莫奈精心打造的花园，这座美丽的花园又反过来激发了莫奈的灵感，创作出一系列以睡莲为主题的作品。当我们来到巴黎时，同样可以遇到印象派画家们所钟情的城市景物。在那个年代，巴黎已经初步现代化，艺术家们当年描绘的城市街景和今天呈现在你面前的几无二致。想象一下路上的行人身着19世纪服装，马车在你面前驶过，那情形就仿佛踏入了雷诺阿的《新桥》或德加的《协和广场》。

莫奈画作最著名的主题之一——位于吉维尼的水园至今仍保存完好。

著名景点

- 在诺曼底岸边的悬崖上，欣赏变幻莫测的**北极光**。
- 位于吉维尼的**莫奈故居**房内色彩艳丽，四壁悬挂着莫奈收藏的**日本画**。
- 吉维尼的**美国艺术博物馆**陈列着自1750年至今美国画家的作品，包括玛丽·卡萨特（Mary Cassatt）、温斯洛·侯默（Winslow Homer）、詹姆斯·迈科内尔·韦斯特勒（James Mcneill Whistler）等。
- **布劳涅森林（Bois de Boulogne）**是巴黎以西的一座公园，雷诺阿和摩里森都曾创作过以此为素材的绘画作品。

最佳旅行时间：4月至10月莫奈故居、花园和吉维尼的美国艺术博物馆都对外开放。春天和初夏花卉最为艳丽。

行程：从翁弗勒尔经勒阿弗尔沿海岸至迪耶普及巴黎的线路全长约200英里（322公里），最少需要3天，如果想行程不那么紧张则需要5天。

行前计划：游客可以很方便地沿塞纳河谷乘火车或汽车旅行。去吉维尼可从巴黎或鲁昂乘火车在韦尔农（Vernon）下车。诺曼底地区的滨海塞纳省当局（法语称为département）为游客安排了沿海岸线的印象派主题游览项目，内容相当不错。

旅行须知：想真正体验吉维尼风情的游客可以下榻Le Bon Maréchal旅馆，这是一家咖啡馆式的小旅馆，只有3个房间，曾经是莫奈及其朋友经常光顾的地方。

相关网址：www.francetourism.com，www.lehavretourisme.com，www.giverny.org，www.marmottan.com

巴黎圣母院西侧壮观的立面，其中尤属顶端的塔楼最为精美。

最佳旅行时间：全年均可。

行程：沿最短线路途经各大城市，全长约860英里（1384公里），至少需8天。

行前计划：法国铁路通票（France Rail Pass）每月可在4天中任意乘坐火车。如果两人以上结队而行，还可以购买更加优惠的铁路特惠票（France Saver Pass）。铁路公路联票（France Rail'n Drive Pass）则可以在2天内任意乘坐火车及租车。

旅行须知：彩绘窗的内容全是教谕人们的圣经故事。具有丰富宗教知识、了解中世纪绘画象征含义的导游可以帮助你更好地理解画作的含义。

相关网址：gofrance.about.com，www.sacred-destinations.com，www.raileurope.com

法国

法国的教堂

站在精雕细刻的石像和五颜六色的彩绘玻璃前，古老的哥特式杰作依然令人浮想联翩。

位于法国北部的这个环形旅游线路主要着眼于当地宏伟的哥特式教堂。无论是穹顶高耸的中殿、飞拱、肋拱、尖拱还是圆花窗，每一处都是精美的艺术品。位于起点的亚眠有着此行中最大的教堂，站在它的面前，你会惊讶于当年人们修建教堂及其装饰时所具有的高超的技术和精湛的手艺。途经拉昂（Laon）来到兰斯，你会看到美丽的兰斯圣母教堂，当年的法国国王们就在这里完成一代代加冕仪式。斯特拉斯堡则拥有法国最高的教堂，一座直插向蓝天的尖塔和精美得好似蕾丝花边的砂岩浮雕是它独特的标志。再向西前往沙特尔，在很远就可望见那座哥特式教堂建筑的集大成者——沙特尔圣母大教堂，它的彩绘玻璃面积足有2.8万平方英尺（2601平方米）。在巴黎，圣母院则是法国的象征，它的每一块砖石上都印刻了太多的回忆和传说。最后一站，鲁昂大教堂内外精美的石雕将给此行画上一个圆满的句号。

著名景点

■亚眠教堂的中殿内部有126个纤细的立柱，外部则用两排飞拱支撑。橡木唱诗班席上雕刻了4000多个《圣经》、神话和历史中的人物。

■日落时欣赏兰斯教堂精美的圆花窗（Rose Window）。教堂后部最后一个礼拜堂的窗子上的图案是由马克·夏卡尔（Marc Chagall）创作的以撒的献祭。

■沙特尔教堂的西花窗（West Rose Window）描绘的是末日审判的景象。耶西之树（Tree of Jesse）展示了耶稣的家谱。还有蓝色圣母窗（Blue Virgin Window）也不容错过。

■巴黎圣礼拜堂（Sainte-Chapelle）以其优雅的建筑结构和精美的彩绘窗著称，被人们称为通向天堂的大门。

罗马尼亚

摩尔达维亚的教堂彩绘

壁画上明亮的蓝色、美丽的田野和修道士的吟唱将带你回到遥远的过去。

位于罗马尼亚北部的这些修道院的外墙就好像一张张放大了的手稿插图，画满了来自《圣经》和历史上的故事。在大约15座保存下来的修道院中，沃罗耐特（Voronet）修道院、胡摩尔（Humor）修道院、摩尔多维塔（Moldovita）修道院和苏瑟维塔（Sucevita）修道院最受游客青睐。修道院内外的墙上都绘满艺术风格独特的壁画，它们具有生动丰富的想象力，吸引了游人全部的目光，以至于游人对美丽的建筑本身和周围丝毫不受现代文明浸染的自然风光都熟视无睹。其中，沃罗耐特修道院大概是最受关注的一座，精美的壁画令其获得了“东方西斯廷大教堂”的称号；苏瑟维塔修道院地势优越，修筑得异常坚固；摩尔多维塔修道院地处偏僻，规模较小；充满艺术气息的胡摩尔修道院则以令人惊叹的内墙壁画著称。这些修道院都已被列入世界文化遗产，它们大多修建于16世纪，目的部分是为了巩固摩尔达维亚获得这片土地后的统治，部分则是为了团结当地的人民——壁画内容均着眼于鼓舞当地不识文字的东正教居民，激励他们抵抗奥斯曼土耳其持续不断的扩张侵略。现在这些修道院仍然具有东正教堂的全部职能，每天都举行数次弥撒，并在当地人的生活中扮演着重要角色。它们还是朝圣者向往的地方，特别是在复活节和其他节日期间。

对页：胡摩尔16世纪修建的修道院外墙涂刷成亮丽的蓝色和红褐色。
上左：胡摩尔修道院建筑群中的防御塔楼。
上右：沃罗耐特修道院的壁画《末日审判》，从图上可以看到壁画亮丽的色彩和细致的画工。

著名景点

- **沃罗耐特的壁画**——以《末日审判》最为著名——有着令人叹为观止的生动色彩和艺术魅力。其大面积亮丽的蓝色是使用了**青金石**做颜料所致。
- **苏瑟维塔外墙的壁画**以《通向天堂的阶梯》最著名，巨大的屋檐保护着壁画免遭风雨侵害。
- 苏瑟维塔**博物馆**收藏了一系列宗教用品，包括银器、书籍和插图手稿。
- 摩尔多维塔修道院的壁画**《耶西之树》**色彩亮丽，被誉为“浸满蓝色的羊皮纸”。
- 胡摩尔与苏瑟维塔及苏瑟维塔至摩尔多维塔修道院间有**美丽的山毛榉林和丘陵**可供游人漫步。
- 可挑选一个**节日**进入修道院，欣赏朝圣者和当地居民聚在一起的庆祝仪式。

最佳旅行时间：4月至10月。

行程：走遍该地区的大部分景点至少需要3天。

行前计划：罗马尼亚的这片地区公共交通十分匮乏，如果你没有参加旅行团，自己开车将是走访修道院的唯一选择。如果你是独自旅行，可以住在古拉胡莫鲁维（Gura Humorului），那里离沃罗耐特和胡摩尔都很近；如果你想住得更舒适一些，可以选择苏撒瓦（Suceava）——这是当地最大的城镇。另有为期1周的步行游览团可供选择。

旅行须知：每座修道院名义上都有开放时间，一般为8：00~20：00，每天至少要举行4次弥撒。不过不管你什么时候去，很少会被拒之门外。进入修道院要交费。着装应得体，不能穿短裤，女性要戴头巾。

相关网址：www.beyondtheforest.com，www.romanianmonasteries.org

约翰·施特劳斯的音乐是维也纳的一大骄傲，城市雕塑中亦不乏他的身影。

最佳旅行时间： 全年均可。

行程： 2~3周。

行前计划： 该线路上没有贯通的铁路，因此只能沿公路旅行。可购买欧洲公路运输公司（Eurolines）的通票。欧洲公路运输公司也承接旅客食宿和租车业务。

旅行须知： 听音乐会时不要穿牛仔裤或套衫。

相关网址： www.pis.cz，www.wien.info，www.Salzburg.info，www.budapestinfo.hu

捷克/奥地利/匈牙利

中欧音乐之旅

跟随音乐大师的足迹，游览他们的故乡，聆听世界最著名的乐队演奏他们的音乐作品。

这里是欧洲的心脏，也是欧洲最著名的古典音乐大师们生活过的地方。这里有曾经启发过他们创作灵感的文化与生活，也有世界上最著名的音乐厅和剧院在演奏他们的伟大作品。捷克首都布拉格是此行的第一站。这里的德沃夏克（Dvořák）博物馆曾经是作曲家的故居，他在这里居住，直到 1901 年逝世。在博物馆举行的音乐晚会上，乐队仍然会穿着那个时代的服装。第二站维也纳是奥地利的首都。贝多芬曾在这里接受海顿的指导，圆舞曲之王约翰·施特劳斯也是在这里创作出了世界闻名的《蓝色多瑙河》。海顿、莫扎特、舒伯特、贝多芬都曾居住在这里，每位作曲家都有专门的博物馆供游人参观。莫扎特的出生地萨尔茨堡离维也纳只有 3 小时路程，萨尔茨堡音乐节是这里一年中最隆重的活动。从 6 月下旬开始，来自世界各地的著名音乐家纷纷在城里的剧院和音乐厅登台献艺。此行的最后一站是匈牙利首都布达佩斯。这里有布达佩斯音乐学院，学院中的大礼堂曾经是布达佩斯音乐厅，拥有 1200 个观众座位。

著名景点

■ 在18世纪修建的**贝特拉姆卡别墅**（Bertramka Villa）听一场午后音乐会。莫扎特曾在这里举行过《唐璜》的首演。

■ 维也纳最著名的音乐盛会是由维也纳爱乐乐团举办的**新年音乐会**。喜欢跳华尔兹的人应该选择**狂欢节期间**（1~2月）成行，那时候每周末城里都要举办舞会。

■ 布达佩斯**歌剧院**每年9月至次年6月为演出季。李斯特和马勒都曾在此指挥乐队演出。另外也可去**李斯特音乐学院**新艺术大楼（Art Nouveau Liszt Academy of Music），那里除7月、8月外，均有演出。

威尼斯的传说

这次旅行中不单有美丽的威尼斯式建筑，还有阳光灿烂的希腊和塞浦路斯诸岛。

从 12 世纪至 18 世纪，威尼斯人一直从他们遍布运河与潟湖的城邦里控制着一个庞大的商业帝国——包括希腊的一部分。当他们最终失势后，在曾被他们统治的地区里留下了别墅、民宅、城堡、仓库等大量建筑。在威尼斯，我们可以看到总督宫，以及沿着大运河两岸的许多由富有商人留下的豪宅，充分体现了这座城市当年的富庶与权威。接下来，我们将要经过科孚（也称 Kérkira），顺着当年威尼斯人的足迹，沿着希腊海岸线直到塞浦路斯。科孚曾经被威尼斯占领达 400 年之久，坐落在迷宫般的科孚老城中的豪宅与市政厅都具有强烈的威尼斯风格。附近的科法罗尼亚岛（Kefaloniá）和扎金索斯岛（Zákinthos）上也保留着威尼斯人留下的大量遗迹。位于伯罗奔尼撒半岛上的纳普良是威尼斯人在希腊大陆的统治中心，这里的遗迹包括港口要塞和老城。克里特岛是威尼斯人的又一个重要基地。在哈尼亚（Chania），你可以沿着古老的威尼斯港口的大堤漫步直达灯塔，一路上有许多时尚的酒吧和餐厅；雷西姆农（Réthimno）的城堡则是威尼斯人修建的最大的建筑物之一。旅行的终点是塞浦路斯，当年威尼斯人曾在这里修建了多座坚固的城市以抵抗奥斯曼土耳其的频繁进攻。

站在纳普良的帕拉米迪要塞遗址上，可以清楚地看到港口的全景，以及伯尔奇岛（Bourtzi）上威尼斯人建造的城堡。

著名景点

■**威尼斯总督宫（Doge's Palace）**用粉红色大理石建成，具有复杂的哥特式风格，是威尼斯最经典的建筑物之一。

■纳普良的**帕拉米迪（Palamidi）要塞**是威尼斯人在希腊本土建立的最大的要塞。现在，位于悬崖顶上的这座堡垒依然是城市最大的亮点。

■克里特岛上的**伊拉克利翁（Iráklio）**还保留着威尼斯人的仓库和军工厂，由这些建筑可以想见当年威尼斯帝国在这里的统治。

■北塞浦路斯的法玛古斯塔（Famagusta/Ammochostos）和科里尼亚（Kyrenia/Keryneia）仍保留着**威尼斯人**遗留下来的城堡和城墙。

最佳旅行时间：全年均可。

行程：威尼斯至北塞浦路斯全长1310英里（2108公里），至少需要1周时间游览。

行前计划：你可能需要为此行租一条小艇。希腊的部分地点可以乘坐渡轮，方便快捷。

旅行须知：你无法从希腊进入北塞浦路斯。你需要先进入土耳其，再从那里进入塞浦路斯。

相关网址：www.enit.it，www.ferries.gr/booking

维琴察的帕拉迪亚纳教堂（Basilica Palladiana）是帕拉迪奥的杰作之一，他生平大部分时间都在参与其建设工作。

最佳旅行时间：5月至9月各大主要景点全都开放。春天和初夏可以避开威尼托地区的酷热天气，田野和花园的景色也最美丽。

行程：维琴察至弗斯卡利别墅（Villa Foscari）约80英里（129公里）。算上沿途的弯路和休息时间，需要一整天。维琴察至巴尔巴罗别墅约30英里（48公里），至少需要半天时间游览。

行前计划：别墅的开放时间各不相同，有一些只在5月至9月或10月间开放。如果你能够留下过夜，将可以小小地圆一下在乡村别墅居住的梦想。

旅行须知：夏天可乘船沿布伦塔河（Brenta Riviera）拜访弗斯卡利别墅，这也是从威尼斯前往帕多瓦最传统的交通方式。

相关网址：www.boglewood.com/palladio，whc.unesco.org/sites/712.htm，www.tours-italy.com

意大利

帕拉迪奥的意大利

帕拉迪奥是一位精于对称与和谐之美的建筑大师，他的精美作品至今仍然保存完好。

远处的多洛米蒂山映衬着起伏的丘陵，绿葱葱的威尼托原野上点缀着不少乡间别墅，它们都是 16 世纪文艺复兴时期的建筑大师安德烈·帕拉迪奥（Andrea Palladio）的杰作。在威尼斯共和国统治这里的时候，城市人口需要维持足够的粮食供应。因此，威尼斯人修建这些别墅以控制乡村的土地。帕拉迪奥则为此确立了一套经典的建筑标准：传统的对称结构，以及对古希腊与罗马建筑形式的生动运用。首先是维琴察，这是帕拉迪奥的出生地，位于威尼斯以西不远。在帕拉迪奥的主持下，这座城市成为一颗文艺复兴时期精美的建筑明珠。沿公路向南再向东，在贝里齐山脉（Monti Berici）之中点缀着许多帕拉迪奥的作品，如位于巴诺罗（Bagnolo）古阿（Guà）河岸边的皮萨尼别墅（Villa Pisani）。由维琴察向北便是帕拉迪奥现存的建筑瑰宝中最著名的一个，位于马瑟尔（Maser）的巴尔巴罗别墅（Villa Barbaro）。参观过它及附近范佐罗（Fanzolo）的埃莫别墅（Villa Emo）后，你一定可以看出美国首都的建筑灵感源于何处。

著名景点

- 由维琴察步行即可到达**罗丹达别墅**（Villa Rotonda）。这是帕拉迪奥最有影响力的建筑作品。别墅的每一面都建有神庙式柱廊，中央屋顶的设计灵感则来自于罗马万神殿。

- **弗斯卡利别墅**（也称La Malcontenta）位于布伦塔河边，靠近威尼斯。别墅内部有帕拉迪奥同时代画家詹巴迪斯塔·泽罗蒂（Giambattista Zelotti）和巴蒂斯塔·弗兰科（Battista Franco）绘制的壁画。

- 巴尔巴罗别墅中有**帕奥罗·维罗尼斯**（Paolo Veronese）创作的充满魔幻色彩的壁画。这座别墅的建筑完美地体现了帕拉迪奥的平衡哲学：中央居住区域前面有爱奥尼亚式的圆柱，农场建筑对称排列在两侧，并通过一系列拱门连接到鸽舍。

意大利

追寻文艺复兴的足迹

托斯卡纳，意大利文艺复兴的中心。

文艺复兴运动肇起于托斯卡纳地区。以佛罗伦萨为中心的游览，将使你重温欧洲世界的复兴。这座城市在 14 世纪时曾富极一时，富裕的市民阶层促进了城市的建设，宅第环绕的城市广场雅然生趣，教堂里绘满了壁画，豪华的宫殿现在则成为文艺复兴艺术精品的展览馆。城市的中心是为佛罗伦萨圣母修建的大教堂，它精美的穹隆是文艺复兴缔造者之一、著名的菲利波·布鲁内莱斯基（Filippo Brunelleschi）的杰作。乌菲齐美术馆（Uffizi Gallery）被很多人认为是世界上最好的艺术博物馆，馆中收藏着乔托、波提且利、达·芬奇、拉斐尔、米开朗琪罗和许多其他文艺复兴时期艺术家的作品。参观过美术馆的收藏后，让我们离开佛罗伦萨向南，前往下一站的目的地锡耶纳。沿途目力所及之处，托斯卡纳招牌式的起伏的丘陵和山顶的村镇历经数百年风雨，依然与皮耶罗·德拉·弗朗西斯卡（Piero della Francesca）画作中的风景几无二致。锡耶纳的繁荣受惠于文艺复兴，然而它的中心广场——漂亮的坎伯－波（Piazza del Campo）的历史却可以追溯到 12 世纪。离开锡耶纳前往罗马，你将看到文艺复兴极盛时期的辉煌——米开朗琪罗、拉斐尔等人的经典作品。

佛罗伦萨的教堂里有很多文艺复兴早期的壁画。这是圣玛丽亚新教堂（Santa Maria Novella）中由多米尼克·吉兰达约（Domenico Ghirlandaio）绘制的壁画局部。

著名景点

■佛罗伦萨有一些名气不大的博物馆和教堂也很值得一看。如**碧提宫**（Pitti Palace）里梅第奇家族的私人收藏品，还有**圣马可女修道院**（Conventof San Marco）里弗拉·安吉里柯（Fra Angelico）创作的壁画。

■登上钟楼的顶端，俯瞰**佛罗伦萨全景**。

■锡耶纳市政厅（Palazzo Pubblico）中有文艺复兴早期艺术家安布罗吉奥·洛伦泽蒂（Ambrogio Lorenzetti）创作的壁画《良好政府》（*Good Government*）。

■在梵蒂冈博物馆欣赏米开朗琪罗为**西斯廷大教堂**绘制的壁画，以及**拉斐尔室**中保存的拉斐尔的作品。不要错过米开朗琪罗在圣彼得大教堂中的壁画《圣母怜子图》（*Pietà*）。

最佳旅行时间：春秋两季气候最适宜。

行程：你可以每个城市用1天，总共3天结束旅行。但最好还是花上1~2周时间，好好欣赏每座城市中的街道、广场、美术馆和花园，并游览沿途的托斯卡纳原野。

行前计划：火车票和汽车票随时可以买到。租车则最好在抵达意大利前就联系好。

旅行须知：提前1天预订主要景点的门票，否则你只能在门前排很长的队才能进去。

相关网址：www.enit.it，www.italiantourism.com，www.tuscanytours.com，www.globetours.com

拉普兰德地区的萨米人（Sami）依然保持着放牧驯鹿的传统。一名手握鹿角、身穿传统服装的妇女正在召集鹿群。

十大怀旧线路

在这些地方，你将体验到完全不同于21世纪现代社会的古老生活方式。

❶ 美国：马萨诸塞州普利茅斯定居点

走在“五月花”号（尽管这是1620年自英国普利茅斯港起航的那艘船的复制品）吱嘎作响的木板上，徜徉在1627移民村街边的木板房前，参观芦苇搭成的美洲土著的房屋，还有那些毛皮、篝火和织毯。聆听清教徒为什么要离开英国，以及当地土著如何用自己的语言谈论他们的到来。

行前计划： 可乘火车、汽车游览，也可徒步（夜间用马口铁提灯照明）。

相关网址： www.visit-plymouth.com

❷ 美国：路易斯安那州新奥尔良法国区秘鲁乌鲁班巴山脉

离开14世纪的印加古道，直接进入库斯科以北白雪皑皑的大山中。那里的村民在安第斯山坡上耕种梯田，放牧羊驼和大羊驼，并且能够编织质量上乘、色彩艳丽的织品。回到印加古道上，经由普马镇（Puma）穿过一片广阔的农田，眼前便是宏伟的奥兰泰坦波遗址（Ollantaytambo）。它曾经是印加帝国时的一个运输中转站，村子里至今还在使用印加时期的道路。

行前计划： 建议参加有导游的团队。对身体条件有一定要求。

相关网址： www.inkanatura.com

❸ 阿根廷：巴塔哥尼亚省秋波河（Chubut）流域的盖曼镇

1865年，一群不愿接受英国统治的威尔士拓荒者决定在安第斯山脚下人迹罕至的潘帕斯草原上开拓一片自己的“家园”（威尔士语为Y Wladfa）。今天，这座人口约6千人的盖曼镇（Gaimān）看上去就好像被神力从威尔士的丘陵间连根拔起，然后完好如初地安放在地球另一头的南美大陆上。你可以在安静的街道上漫步，欣赏迷人的田园风光，参观公园和教堂，或是找一间茶室，品尝店主自制的烤松饼。附近还有企鹅栖息地可供游客参观。

行前计划：在特雷利乌（Trelew）租一辆车，或是参加旅行团。特雷利乌距离盖曼镇11英里（18公里）。

相关网址：www.patagonia-argentina.com

❹ 巴布亚新几内亚：基里维纳岛

绿松石色的大海边是浓密的热带雨林，林间星罗棋布地点缀着兰花。站在雨林边上，你能听到天堂鸟清脆的叫声。岛上的村民如同几百年前一样，依然用传统的方式打鱼、种地、烹饪红薯、建造茅屋、用蔷薇木和乌木雕刻饰品。海滩上人们放歌、起舞，还有人在讲故事。夜幕降临后，你将住在没有电力设施的茅屋中，睡在编织的吊床上。

行前计划：基里维纳岛（Kiriwina）是特罗布里安德群岛中的最大岛屿。机场位于罗苏亚（Losuia），距离15分钟车程。建议参加旅游团。

相关网址：www.em.com.pg

❺ 蒙古：特勒吉国家公园（Gorkhi-Terelj）

你可以拜访蒙古人家，并在传统的帐篷中留宿。在公园中的原野上漫步，可以看到棕熊和近250种不同的鸟类。喜欢长途跋涉的人可以沿溪流而上，前往50英里（80公里）外的卡金卡努（Khagiin Khar Nuur）——一个深66英尺（20米）的冰川湖。

行前计划：距蒙古首都乌兰巴托约50英里（80公里）。建议参加旅游团。适宜喜欢徒步游览或骑马（骆驼）的游客。

相关网址：www.mongoliatourism.gov/mn

❻ 瑞典：萨托斯约卡（Sautosjohkka）

乘坐雪地摩托跨过冰封的湖面，再穿过一片银光闪闪的森林，就来到了萨米人——拉普兰地区土著居民——的家园。坐在萨米帐篷中的篝火堆边，品尝涂抹酸果蔓酱的烤驯鹿肉和自制面包，所有这些乐趣自然要靠当地独特的“冰旅馆”来帮忙实现。这种旅馆每年冬天到来时用冰块建成，里面甚至还配有桑拿浴室。

行前计划：必须参加旅游团。

相关网址：www.icehotel.com

❼ 爱沙尼亚：佩普西（Peipsi）湖

自从17世纪俄罗斯旧信徒派（Old Believer）躲避宗教迫害来到此地，宁静的沙滩、浓密的芦苇丛和砂岩峭壁的景色至今依旧。顶着洋葱头顶的木结构小教堂里，各种仪式上依然能听到响亮的古教会斯拉夫语（Old Church Slavonic）。旧信徒博物馆建于科尔科加（Kolkja）的一处校舍里，展品中包括有美丽的刺绣服装和粉红色的卡夫坦（Caftan）寿衣。

行前计划：可在据此22英里（35公里）的塔尔图市（Tartu）旅游中心安排参观博物馆事宜。当地有公共交通，但租一辆车更合适。

相关网址：www.vm.ee/estonia/kat_174/pea_174/4990.html

❽ 拉脱维亚：里加露天民俗博物馆（民俗村）

体验一下19世纪拉脱维亚农民自给自足的艰苦生活吧。穿过湖边高高的树林，你可以参观木头农舍、风车、渔民的小屋、教堂，还有美丽的小花园。你还可以参观手工艺人的工作过程，或在小酒馆里享受当地人的好客热情。

行前计划：距离里加8英里（13公里）。要提前预订有导游的旅行团，一定要选择会英语的导游。

相关网址：www.ltg.lv/english/brivdabas.muzejs

❾ 立陶宛：德鲁斯基宁凯（Druskininkai）的古鲁塔斯公园（Grūtas Park）

2001年建成的这家环境优美的公园是苏联时代遗留雕像的最后安息之所，包括了列宁、斯大林和其他立陶宛前共产党领导人的雕像。

行前计划：距离维尔纽斯75英里（121公里）。可乘坐2路公共汽车，或租车前往。

相关网址：www.grutoparkas.lt

❿ 埃及：西奈沙漠

深入西奈沙漠深处，看一看贝都因人的生活。学习如何在沙漠中生存、骑骆驼、住贝都因帐篷，以及用篝火烘烤扁面包。

行前计划：只能参加严格有组织的游览团。

相关网址：www.sheikhsalemhouse.com/safaris.asp

罗马式教堂

博伊谷（Vall de Boí）村庄的教堂见证了中世纪比利牛斯山脉两侧文化的交流与融合。

博伊谷深藏在西班牙一侧的比利牛斯山中，高山草地、清澈的溪流和小山村美得充满魔力，四周则是埃格斯托特斯国家公园（Parc Nacional d' Aigüs Tortes）中那些高耸的山峰。然而真正令这里被世人瞩目的则是山谷中的那些古老的村庄——博伊村、陶尔（Taull）村、埃瑞拉瓦尔（Erill la Vall）村、巴若拉（Barruera）村、杜罗（Durro）村、卡德特（Cardet）村和科尔（Coll）村。这些村庄小到恨不得能一把抓在手里，住宅都用天然的灰色石头砌成，然而每一个村子里都至少有一座令人叹为观止的教堂。教堂的历史可以追溯到11~12世纪，每一座教堂都是独一无二的罗马式建筑的瑰宝。这种建筑风格沿朝圣者的足迹在欧洲传播，其特点是厚重的墙壁、圆形拱门、方塔和半圆形拱顶。除了醒目的高塔与石板屋顶，有些教堂内部还有色彩艳丽的壁画，描绘着各种《圣经》故事。这其中，最引人注目的大概要数陶尔的圣克莱门特教堂（Sant Climent de Taull）：它的中殿被石柱分为三间，六层高的钟楼楼体装饰着假拱廊和壁柱。巴若拉和杜罗比较适宜作为游览的大本营，或者你也可以在其他古老的村庄中找一间房舍或公寓租住。

著名景点

■第一次走进**圣克莱门特教堂**时，你会被壁画上明蓝、深红、金黄、墨绿等鲜艳的颜色深深吸引。

■登上**埃格斯托特斯**高高的山坡，观赏山间的溪流、瀑布，还有翱翔天宇的金雕。

原汁原味的罗马式教堂，周围的天然风景为其更添声色。

最佳旅行时间：全年均可。5月至9月最佳（12月至次年3月偶有暴风雪）。

行程：游览所有教堂和附近风景需要3~7天。

行前计划：最近的主要城市是维尔哈（Veilha），公共交通资源有限。每个村子间的小路长度不超过12英里（19公里），喜欢走路的游客可以步行游览整个山谷。

旅行须知：部分旅馆出租自行车。

相关网址：www.lleidatur.com

塞维利亚的阿尔卡扎宫内部富丽堂皇，镀金的木制穹顶令人叹为观止。

最佳旅行时间： 全年均可。

行程： 约150英里（241公里）。3~4天可参观完沿途城市的大部分景点。

行前计划： 着轻便服装和舒适的鞋子。带上长袖衣服以备参观宗教建筑内部时穿。

旅行须知： 夏天主要景点外都会排起长队。你可以提前在旅游中心订票，阿尔罕布拉宫的票可以在www.alhambratickets.com网站预订。进入王宫后需要步行约3英里（5公里），请准备一份导游地图。

相关网址： www.andalucia.org

西班牙

西班牙的摩尔文化

进入西班牙南部腹地，寻访精湛华丽的伊斯兰式建筑。

公元8世纪，摩尔人从北非来此，占领了西班牙南部。他们将其称为阿尔—安达卢斯（Al-Andalus），即现在的安达卢西亚地区。他们在干旱的平原上修建灌溉系统，种植新的作物：石榴、柑橘、柠檬、杏、藏红花，以及糖类作物和大米。在大约400年的时间里，摩尔人统治下的西班牙是整个欧洲最为开化，也最富饶的地方。从坐落在山顶上、因附近的悬崖峭壁而著名的隆达出发，沿着一条“U”形线路先后走访塞维利亚、科尔多瓦和格拉纳达，你将能看到摩尔文化最辉煌的一面。塞维利亚曲折窄小的街道、带露台的白色矮房子和广场上凉风习习的喷泉都是传统阿拉伯城市的特征。科尔多瓦曾经作为摩尔人的首都长达250年之久。70余座图书馆汇集于此，使这里成为医学、哲学、科学与音乐的知识宝库。城中的大清真寺——现在已经改建成为基督教堂（Mezquita）——是欧洲最大、最美丽的宗教建筑。当西班牙的天主教势力重新夺回安达卢西亚地区后，格拉纳达成为幸存的摩尔王国的首都。今天，城中的阿拉伯区（Albaicín）依旧兴旺发达，迷宫般的小巷里到处是面包房、杂货铺和咖啡馆。站在圣尼古拉斯眺望台（Mirador de San Nicolas）上，背靠内瓦达山（Sierra Nevada）的阿尔罕布拉宫（Alhambra）尽收眼底。

著名景点

- 塞维利亚的**阿尔卡扎宫**（Alcazar）内有许多漂亮的灰泥拱门，花园里长满了柑橘树，并有清凉的泉水。

- **科尔多瓦大教堂**内双层拱门林立，殿堂中的米哈拉布壁龛（Mihrab）极为华丽。

- 格拉纳达的**阿尔罕布拉宫**是一组摩尔式宫殿建筑，周围环绕着水池和花园。阿尔卡扎巴（Alcazaba）是整个城堡中最古老的部分，站在建筑顶端可欣赏到壮观的风景。

- 格拉纳达的**阿拉伯区**有很多摩洛哥风格的茶室，你可以品尝一下著名的薄荷茶。

希腊古典艺术

雅典和其周边的景点向你展示着希腊艺术的辉煌。

雅典卫城坐落在小山上，俯视着雅典狭窄的街道、喧嚣的车流和飞扬的尘土。山顶上是恍惚超脱尘世的帕提农神庙，雅典娜女神的祭坛。城市中的熙熙攘攘对于亘古不变的它如过眼云烟。精致的大理石建筑与粗犷的岩石地基形成鲜明的对比，令人不禁感叹古人对征服自然的尝试。第二天清晨，登上一辆公交汽车，沿着海岸公路行驶，穿过科林斯运河边刀切斧凿的悬崖，便可直达埃皮达鲁斯大剧场。山谷之中是一排排凿刻出来的石头座位，一直到舞台前。远处是橄榄树林、岸边的峭壁和波光粼粼的海水。迈锡尼就在不远处，那里有宏伟的狮门大道和阿伽门农的陵墓。顶着下午的烈日一路奔波在伯罗奔尼撒半岛陡峭的山路上，终于在夕阳的余晖下走进奥林匹亚遗址。接下来的一天，先是徜徉在神庙和沙土小路间，缅怀奥林匹克运动会的发源；然后向北进发，重新回到希腊本土后，再向东到达此行的终点德尔斐，女祭司曾经在这里传达过太阳神阿波罗的预言。

著名景点

- 沿着雅典卫城（Acropolis）上年代久远的道路登上山顶，参观**帕提农神庙**。
- **站在埃皮达鲁斯剧场的舞台上**，试着向面积巨大的观众席讲话。精心设计的声学结构能使每一位观众清楚地听到舞台上演员的声音，即使是最后一排也不例外。
- 夏季不能错过的旅游项目——**埃皮达鲁斯戏剧节**。戏剧节上将用古希腊语演出部分古希腊剧目。
- **德尔斐**博物馆中收藏了著名的**纳克索斯的斯芬克斯像（Naxian Sphinx）**，这座石雕的原型就是俄狄浦斯为拯救底比斯城而在一场智斗中战胜的怪物。

雅典帕提农神庙是古希腊建筑艺术的典型范例，它美丽、安详、浪漫的气质无与伦比。

最佳旅行时间： 夏季埃皮达鲁斯戏剧节与希腊艺术节同时举行，世界各地的艺术家会相继在古希腊剧场中登台献艺。注意避开7月、8月拥挤的人流和炎热天气。

行程： 3天时间足够游览主要景点。再增加几天可以将行程安排得更加轻松，并保证有时间参观雅典的博物馆及雅典卫城。

行前计划： 很多旅行社都提供包括以上所有景点在内的旅游线路。如果你选择单独旅行，可以自由地分配在每个景点停留的时间。

旅行须知： 路上一定要带足防晒霜和瓶装水。

相关网址： www.athenstourism.gr，www.culture.gr

开罗收藏的诸多文物之一，为去世的法老图坦卡蒙用金箔和珠宝打制而成的面具。

埃及

古埃及

欣赏开罗保存的古埃及珍贵文物，参观辉煌的古埃及文化留下的诸多城市与神庙遗址。

埃及古文物博物馆（Museum of Egyptian Antiquities）坐落在繁华拥挤、尘土飞扬的开罗城里，博物馆中保存着数量众多的古埃及珍贵文物。天气好的日子里，从城中向西眺望，越过市郊的沙漠，可以看到远处朦胧的吉萨金字塔。4500 年来，它的庞大身影留给一代代人磨灭不去的深刻印象。附近的萨卡拉（Saqqara）是古埃及首都孟菲斯的巨大墓地群，有阶梯金字塔和墓室壁画可供参观。古埃及的另一座首都底比斯（现今的卢克索）位于开罗以南 310 英里（499 公里）处。卢克索神庙完成于拉美西斯二世时期，并与巨大的卡纳克神庙相连。尼罗河西岸地处底比斯丘陵之中的国王谷则埋藏着许多贵族的墓地。你可以在卢克索乘坐游艇，沿尼罗河逆流而上，走访一系列建于河边的古代神庙，以及伊斯纳、考姆翁布和阿斯旺。从阿斯旺出发还可前往位于阿布辛贝的拉美西斯神庙。

最佳旅行时间：全年均可。尼罗河水上游览最繁忙的时候是每年12月至次年2月。夏天最热的时候（6月至8月），气温可突破40℃。

行程：开罗至阿斯旺560英里（901公里），阿斯旺至阿布辛贝174英里（280公里）。最理想的行程安排是14~17天，但1周时间也足够游览主要景点。

行前计划：主要景点集中在两处：开罗附近及南方的卢克索周边。两地间交通有飞机、火车和汽车可供选择。

旅行须知：如果想最大限度地感受古埃及文化的历史气息，可以住在金字塔旁的Mena House Oberoi饭店，它的前身是一个打猎营地。在南方则可以入住建于19世纪90年代、摩尔风格的阿斯旺索菲特—卡特拉克特（Sofitel Old Cataract）饭店。

相关网址：www.egypt.travel，www.touregypt.net，www.audleytravel.com，www.martinrandall.com

著名景点

- 开罗古埃及文物博物馆收藏有图坦卡蒙宝藏，它还收藏有一系列古埃及的日常生活用品，帮助参观者想象当年的繁荣景象。
- 吉萨金字塔是世界古代七大奇迹中唯一留存至今的一个。
- 卡纳克神庙中祭祀阿蒙神的多柱式大厅共有134根排列紧凑、雕刻着象形文字的石柱。
- 阿布辛贝神庙的入口处雕刻着四座巨大的拉美西斯二世像。20世纪60年代因修建阿斯旺高水坝，这些雕像被从纳赛尔湖蓄水后将要淹没的地区迁移至此。

卡帕多西亚的岩石教堂

在土耳其中部地形奇特的山区中，深藏着数百座在岩石中凿刻出的、装潢精美的拜占庭式教堂。

土耳其中部的卡帕多西亚地区以其奇特的岩石地貌和美丽的自然风光而闻名。这里还是早期基督教发展的重要中心之一。寂静的山谷中深藏着数百座在火山岩中开凿出来的教堂。其中最著名的一组教堂建筑位于格雷梅民俗村（Göreme Open Air Museum），包括名为“苹果”、“蛇”、“黑暗”、“便鞋”等多座教堂。踩着摇摇晃晃的梯子进入岩壁上幽暗的入口，你可以看到教堂内绘制的圣徒壁画，还有凿刻出的拱门、立柱等装饰物，所有这些都是700~1300年前当地基督徒们的杰作。有些立柱贴近地面的部分已经被凿去，只剩下上半部悬挂在天花板上，看似摇摇欲坠。部分教堂内部只画着简单的几何图形，有些则有描绘耶稣和其他圣徒生平的壁画。从格雷梅向东北进发，不远即可到达泽尔夫山谷，这是附近人口最多的聚居地。房屋、鸽舍和教堂全都是在色彩浓重的岩石壁上凿刻出来的。格雷梅以南是索甘利山谷，那里有大约150座岩石教堂，教堂中的壁画历史可以追溯到9~13世纪。格雷梅西南是长10英里（16公里）、地势险峻的伊拉拉山谷，山谷中绿树掩映，隐藏着很多古老的拜占庭式教堂和岩石洞屋。

对页：格雷梅山谷中的教堂，入口处墙壁上绘制着几何图案。
上左：教堂就隐藏在这些外貌奇特的岩锥之间。
上右：由于教堂内部光线昏暗，很多壁画得以完好地保存至今。

著名景点

- 格雷梅民俗村中11世纪建成的**黑暗教堂**（Dark Church）内绘有精美的壁画。**搭扣教堂**（Buckle Church）是山谷中最大的教堂。
- 泽尔夫山谷附近的帕萨巴奇（Pasabag）地区拥有被称为**岩锥**（Rock Cone）的奇特地貌。
- **德林库尤**位于格雷梅以南，有著名的地下城，当地居民利用它躲避历史上从远古的赫梯人到新兴的土耳其帝国的各色入侵者。地下城中有宿舍、餐厅、储存室、教堂、水井和通风口，一次可容数千居民躲藏数月之久。
- 留出1天时间**徒步**游览美丽的伊拉拉山谷。
- **乘气球**升空观赏风景，随着阳光角度的改变，岩石上呈现出各种不同形状的阴影，令人叹为观止。

最佳旅行时间：春、秋两季，其中4月中旬至6月上旬和9月至10月是最佳旅游季节，天气凉爽，游客数量也不很多。冬季有降雪时，整个地区银装素裹，分外吸引人。

行程：3天可以看完主要景点，仔细游览整个地区则需要1周。

行前计划：尽管当地城镇中有公共汽车，最好的游览方式还是租车。旅馆数量很多，包括一些岩洞中的旅馆，即旅馆房间是开凿的洞窟。可参加有组织的旅游团。

旅行须知：如果自己开车游览，一定要提前买好地图，离开伊斯兰堡后很难买到有详细标志的地图。赶在早晨参观景点可以避开拥挤的人群。如果你参加旅行社组织的游览团，一定要与导游协商好，避免把时间浪费在数不胜数的地毯商店和陶器商店里。

相关网址：www.middleearthtravel.com，www.great-adventures.com

希巴姆市内拥挤的土坯高楼，号称沙漠中的曼哈顿。

最佳旅行时间： 9月至次年5月（6月至9月为季风季）。

行程： 至少10天。各城市之间距离很远。

行前计划： 建议参加正式的旅游团。进入沙漠地区需要请贝都因向导，他们拥有实用的当地知识，并能为旅游团提供保护。人质劫持事件偶有发生，特别是在远离大城市的地区。部分地区禁止游客进入。

旅行须知： 不要对任何军事工事或基础设施拍照。当地的妇女不喜欢被拍照，拍摄男人和小孩时也应事先征得同意。女性着装应严谨得体，为避免不必要的骚扰，请勿与当地男子对视。

相关网址： www.intrepidtravel.com，www.acaciatours.com

也门

也门的土坯建筑

作为一名勇敢的旅行者，也门泥土筑就的城市和棕榈树环绕的绿洲正等待着你的光临。

萨那老城区的1.4万余座塔楼，以及希巴姆近500座瘦高的塔楼所组成的独特的城市风貌，都已被联合国列入世界文化遗产名录。它是也门独特的泥土建筑艺术的典范，所有建筑全用晒干的泥土坯砖在岩石地基上建造而成。当地的天气和防范入侵者的需要使也门人从2000年前就独创出这一建筑手法。出发前，你可以先仔细游览萨那老城。在前往瓦地哈达拉马瓦杜（Wadi Hadramawt）和16世纪建成的沙漠绿洲希巴姆古城的路上，你可以看到高高的土坯建筑矗立在山丘上。希巴姆是一座历史悠久的古老城市，它建立在岩石地基上，四周环绕着枣椰树和干旱的河床。在希巴姆以东的赛温停留一晚，然后继续向东前往泰里姆，那里有365座清真寺等着你去参观。阿尔穆赫德哈（Al-Muhdhar）清真寺是世界上最高的泥土坯建筑，寺周围环绕着高达175英尺（53米）的尖塔，塔身涂满石膏。在沿海滨公路返回萨那的路上，你还能看到曾经是犹太银匠聚居地的哈班，那里的房屋也都是泥土坯结构，一排排建筑背后是连绵的阿尔希拉特山脉（Al-Sirat）。

著名景点

- **日落前**沿着希巴姆郊外的山坡漫步，欣赏城中高高的土坯房屋。
- 泰里姆的**阿赫贾夫图书馆**（Ahgaf Library）收藏着古老的《古兰经》手稿。
- 阿尔劳德哈（Al-Raudha）的乡村土坯房屋与萨那的建筑风格相同，当地**每周日有集市**。
- 在“范都克”（Funduk，客栈）中进午餐，品尝传统的**鸡肉胡芦巴拌饭**（Saltah）。

南非

祖鲁文化之旅

祖鲁是南非最多姿多彩的民族，有着独特的历史文化与生活习俗。

在开始旅行前，请先参观位于德班的基里坎贝尔非洲博物馆（Killie Campbell Africana Museum），初步了解祖鲁民族的文化，以便更好地游览周边的历史遗迹与祖鲁村庄。离德班不远的埃斯赫维，有一座俯视乌姆赫拉图西（uMhlatusi）河的小山，山上便是沙卡兰（Shakaland）民俗村。你可以在这里了解到祖鲁人的生活方式、社会结构，以及他们的艺术和舞蹈。接下来前往位于埃斯赫维与乌伦迪之间的伊玛克西尼，也称“国王谷”。这里是伟大的武士、祖鲁王国第一任国王沙卡·祖鲁的出生地，也是7位祖鲁国王长眠的地方。温蒂尼博物馆（Ondini Museum）收藏了大量历史文物和艺术品。从埃斯赫维乘小公共汽车前往蒂尼祖鲁国王镇区（King Dinizulu Township），你可以与镇区中的店铺老板和行人交谈，了解现代祖鲁人的生活。要想充分了解当代祖鲁的乡村文化，体验祖鲁民族热情好客的性格，你可以前往德班西北的千山谷，那里的祖鲁居民会热情地邀请你到家中做客。

著名景点

■祖鲁舞蹈节（Zulu Royal Reed Dance，祖鲁语Umkhosi woMhlanga）每年9月初在埃斯赫维附近诺恩格玛（Nongoma）的夸恩约克尼宫（KwaNyokeni Palace）举行。身着艳丽服饰的祖鲁少女会在舞蹈节上表演歌舞。

■在夸祖鲁－纳塔尔省北部的杜马祖鲁村，游客可以体验到祖鲁人的传统生活。

■每年9月中旬在夸祖鲁－纳塔尔省北部海滨城市夸都库扎（KwaDukuza）举行的沙卡国王节是一个欢快热闹的节日。

■神医（Sangoma）可以用撒骨头的方式看到你的过去与未来。

位于祖鲁中心地带的杜马祖鲁（Dumazulu）村，人们身着部落服装起舞。

最佳旅行时间：全年均可，祖鲁舞蹈节每年9月初举行，沙卡国王节则在9月中旬。

行程：你需要安排至少5天时间来了解祖鲁文化、参观历史遗迹，以及体验当代祖鲁人的生活（一定要在祖鲁村庄或镇区中过一夜）。

行前计划：你可以自己驾车参观祖鲁文化村（在德班可以租到车），但雇用一名当地导游可以为你详细讲解并提供翻译。祖鲁生态探险（Zululand Eco-Adventures）公司可以提供导游服务。

旅行须知：沿T4公路进入千山谷，在因都纳卡西商店（Indunakazi Store）对面的伊希图姆巴（Isithumba）村下车，你会受到当地人热情的欢迎。

相关网址：www.sa-venues.com，www.smunyelodge.co.za

阿纳姆地文化纪行

这里是澳大利亚的最北端，这里是真正偏僻的原野，这里有世界上现存最古老的部落文化。

阿纳姆地（Arnhem Land）是澳大利亚最后一块未受现代文明影响的原土著文化聚居地。大约2万名土著居民居住在这一地区，他们分属于多个不同部落，语言也各不相同。当地旅游业的发展也以不影响环境和传统文化的保护为前提。前往此地的最佳方式是从达尔文、卡恩斯（Cairns）或贾毕鲁乘飞机或驱车至博拉戴乐峰。博拉戴乐峰附近保存着许多令人惊叹的土著岩画。这些岩画最古老的有4万年历史，画中的内容包括了史前人们的日常生活场景，以及关于开天辟地的传说——在当地土著信仰中，那是万物创生的时代，是关于土地、植物和动物最初产生的故事。博拉戴乐峰还是一片原始亚热带稀树草原的中心，拥有大量野生动物，如咸水鳄、小袋鼠、乌龟和许多仅见于当地的植物。博拉戴乐峰再向北是壮丽的科堡半岛与加里格·古纳克·巴鲁国家公园（Garig Gunak Barlu National Park），那里有人迹罕至的红树沼泽、白沙滩，以及丰富的海洋生物与鸟类。阿拉弗拉海清澈见底的海水极适合潜水。你还可以由此再向东行，进入东阿纳姆地，那是澳大利亚仅存的原始自然风景区之一。或者向南前往昂佩利，该地以独特的土著树皮画和因加拉克（Injalak）山上的岩画艺术著称。

对页：此为卡本纳德加格拉维（Karbenadjarlnglawe）的岩画，画中的白袋鼠采用了传统的有如"X射线"光片似的画风，袋鼠的骨骼与内脏器官清晰可见。
上左：露兜树（Pandanus）叶可以编织成色彩鲜艳的篮子。
上右：因加拉克山上的岩画，其形式与内涵对今天的艺术家们仍有启发。

著名景点

- 博拉戴乐峰上的**彩虹蛇**岩画（Rainbow Serpent）长18英尺（5.5米），它在土著文化有关开天辟地的传说中占有很重要的地位。
- 夜晚围坐在**篝火**边，看着头顶的南十字星座，听当地土著讲关于开天辟地的故事。这也是你品尝土著食品的好机会。尝一尝美味的木蠹蛾幼虫（Witchetty）吧！
- 在死水湾或小溪中**钓尖吻鲈**或**游泳**——请先询问导游附近是否有鳄鱼出没。
- 参加一场真正的**狂欢会**（corroboree，当地土著的一种神圣的仪式），这是土著居民与土地和祖先联系的方式。
- 参观**土著艺术**及**手工艺品**中心，带一些纪念品回家。
- 在博拉戴乐峰附近的库珀河（Cooper Creek）中亲眼看一看**鳄鱼**，并拍照留念。

最佳旅行时间：阿纳姆地属热带气候。旱季（5月至10月）气温为15℃~27℃，适宜旅游。雨季（11月至次年4月）道路积水，不适宜驾车。

行程：1周。

行前计划：由达尔文市可前往该地区。持有许可证的旅行社会为你安排旅游线路。所有游客必须申请进入阿纳姆地的书面许可，因为该片地区属于土著居民所有。旅行社可帮助你办理手续，你也可以直接向北部土地委员会申请（www.nlc.org.au）。

旅行须知：当地行车路况不好，甚至旱季有时也不宜行车，除非你有足够在此类地形驾驶的经验，否则不建议自己开车。

相关网址：www.northernaustralia.com

6 美食天堂

对于那些喜欢美味的人来说，旅行中最快乐的事莫过于品尝世界各地的传统菜肴，在原产地寻访最正宗的美食，或是参观葡萄园和酿酒厂，了解如何将看似平凡的葡萄和粮食用或古老或现代的手段酿造成神奇的葡萄酒、威士忌和啤酒。追寻美食之旅不单是一次感官的盛宴，也是一次增长见识的旅程。每一种美食都能向我们讲述当地的地理、气候、历史与文化的故事。在本章中，你将有机会拜访世界最著名的葡萄酒产区，见识令美食爱好者顶礼膜拜的烹饪天堂。与此同时，更多的旅行线路就在你我身边：日本百货商店中的美食街，越南集市上一碗散发着芫荽香气的汤面，或是路易斯安那美食节上的阿卡迪亚辣香肠。除此以外，你还将结识农民、渔民、面包师和厨师，正是他们将大自然慷慨的馈赠变成一道又一道色香味俱全的大餐。

五颜六色的水果在集市的摊位上吸引着过路人的注意。展现食物的色香味是所有烹饪技术的精髓。

纽约的熟食店

品尝美味的黑麦面包夹熏牛肉或咸牛肉，配上腌莳萝和其他熟食。然后到曼哈顿大逛一番，消耗掉多余的卡路里。

纽约最著名的食品店有很多是犹太人开的，在这些店铺中都能品尝到纽约名扬四海的熟食。安排一次结合美食与风光游览的旅行轻而易举。早餐在上西区号称“鲟鱼王”的巴尼·绿草店（Barney Greengrass）品尝面包圈、熏鲑鱼或其他熏鱼，然后出发参观美国自然历史博物馆。接下来，在百老汇大街的阿蒂熟食店（Artie's Delicatessen）吃午餐，点一份塞满咸牛肉的三明治或遵照犹太法典的要求制作的热狗。进剧场前，先去卡内基熟食店（Carnegie）或舞台熟食店（Stage）买一只薄饼卷（blintze，薄煎饼卷上加糖的农家干酪，再浇上酱汁或苹果汁）或分量十足的黑麦面包夹咸牛肉。想去梅西百货店购物吗？先到本氏犹太熟食店（Ben's Kosher Deli）点一碗犹太薄饼汤圆（matzo ball soup）垫垫肚子吧。这家熟食店还有一项很有名的活动——吃薄饼汤圆大赛。下东区古老的犹太聚居区正在迅速改建，但休斯敦大街（Houston Street）的卡兹熟食店（Katz's Delicatessen）以及其他几家熟食外卖店的生意依然红红火火。下东区的美食可不是只有熟食。其他的犹太传统食品，诸如休斯敦大街上的约拿·西美尔犹太馅饼店（Yonha Shimmel's Knish Bakery，Knish是一种塞了洋葱味土豆的软馅饼）和1900年开业的罗斯父女店（Russ & Daughters）都十分有名。

著名景点

- 影片《当哈利遇到萨丽》中的高潮片段就是在**卡兹熟食店**拍摄的。这家纽约著名的食品店于1888年开业。
- 伍迪·艾伦的影片《百老汇的丹尼·罗斯》第一个场景就是**卡内基熟食店**。这家食品店自1937年开业一直是百老汇大街一景。顾客们常常要合用店中的长桌。
- 在参观下东区出租屋博物馆（Tenement Museum）前，尝一尝**格斯腌菜店（Guss' Pickles）**里的传统犹太腌莳萝。

最佳旅行时间：在纽约，一年到头都是美食家的活跃季节。

行程：1天即可，当然多几天也行。

行前计划：推荐两家位于上西区的酒店，卢塞思酒店（Lucerne，207 West 79th Street，212-875-1000，www.newyorkhotel.com）和伊克赛斯酒店（Excelsior，45 West 81st Street，212-362-9200，www.excelsiorhotelny.com）。霍华德·约翰逊快捷酒店（Howard Johnson Express Inn）是一家靠近下东区美食天堂的平价酒店，地址：休斯敦东大街135号，第一大街和第二大街之间，212-358-8844，www.hojo.com。

旅行须知：卡内基熟食店和舞台熟食店的三明治足够两个人的食量。老顾客都会几人分享三明治，以便留出肚子品尝招牌食品——奶酪蛋糕。

相关网址：www.nycvisit.com

卡兹熟食店已服务了好几代纽约人。这里每周售出5000磅（2268千克）咸牛肉、2000磅（907千克）萨拉米香肠和1.2万只热狗。

在橡木桶中陈化的波旁威士忌。

美国

波旁酒乡

沿着肯塔基起伏的田野前行，品尝美国本土出产的精品威士忌。

当你驾车驶过肯塔基蓝草地区培育纯种马的牧场时，在迎面吹来的空气中都能够闻到陈年波旁威士忌散发出的焦糖和香草香气。是什么原因在 16 世纪后期吸引着第一代波旁酒酿造者来到这片土地，又是什么原因使这里一直能盛产世界顶尖的波旁威士忌？人们会告诉你答案——秘密就是这里的水。位于肯塔基路易斯维利东南部的这片地区地下是石灰岩层，岩层过滤掉了水中的铁离子，而纯净的泉水正是酿造优质波旁威士忌最重要的原料之一。肯塔基波旁酒乡之旅是一条自驾车旅游线路，包括了沿途 6 家酿酒庄园：布法罗印迹（Buffalo Trace）、四玫瑰（Four Roses）、天堂山（Heaven Hill）、占边（Jim Beam）、酿酒人（Maker's Mark）和野性土耳其（Wild Turkey）。《导游手册》上详细介绍了波旁酒从烘制、研磨到发酵、蒸馏，以及在橡木桶中陈化的酿造全过程。品尝活动则会教你分辨蜂蜜型、辛辣型、橡木型、浓香型和醇香型等多种堪称美国骄傲的本土波旁佳酿。

最佳旅行时间：在秋高气爽的日子里喝暖洋洋的波旁威士忌是最宜人的享受。部分酒庄周日休息。

行程：1天内可以走完所有的酒庄，但2天的行程对你更合适，以你便有时间慢慢浏览、品尝。

行前计划：肯塔基酿酒协会网站可以下载此行的地图和宣传册。酒庄的开放时间和预订方法都可在上面找到。

旅行须知：伍德福德酒庄（Woodford Reserve）设在一座年代悠久的石头别墅中，风景很优美。虽然它不在官方手册列出的酒庄名单上，但很值得一看。

相关网址：www.kybourbon.com，www.kentuckytourism.com，www.woodfordreserve.com

著名景点

■每年9月的第3周巴德斯镇（Bardstown）都要举行**肯塔基波旁酒狂欢节**。狂欢节为期5天，有大约5万名喜爱威士忌的人从各地赶来参加活动。从1776年以来，波旁威士忌已成为当地人深爱的传统饮料。

■巴德斯镇号称“世界波旁威士忌之都”，镇上的**奥斯卡·盖茨威士忌博物馆**（Oscar Getz Museum of Whiskey History）收藏有亚伯拉罕·林肯的酿酒执照。

■意犹未尽的游客可以在酿酒人酒庄购买纪念品，包括波旁口味的咖啡豆、巧克力和樱桃（当然是用来装饰你的曼哈顿鸡尾酒的）。

■**布法罗印迹酒庄**历史悠久。甚至在禁酒令期间它也一直继续营业，因为它生产的是“一种具有药用效果的威士忌”。未列入旅游项目的酒库也可开放供游客参观。

当地特色的海鲜大餐（Boil），有用香料煨过的小龙虾、土豆、洋葱和玉米。

美国

路易斯安那州的阿卡迪亚美食

伴着柴迪科（Zydeco）乐队奏出的节奏起舞，深入阿卡迪亚腹地探索美食的精髓。

人们提起阿卡迪亚（Cajun）烹饪时，一般都会想到新奥尔良。其实两者相距还有100多英里（160多公里）远。尽管新奥尔良庞大的加勒比—克里奥尔菜系确实深受阿卡迪亚烹饪方法的影响，但如果你想体验真正的阿卡迪亚美食，还要继续向西才行。阿卡迪亚烹饪的发源地位于路易斯安那州被称为阿卡迪亚纳（Acadiana）的地区，1755年新斯科舍地区的法国殖民地居民因不愿效忠英国王室而被放逐至此。他们便是后人所称的“阿卡迪亚人”。英国海军将这些人扔在荒无人烟的路易斯安那州沙滩上，但不幸中的万幸，他们将对美食与享乐的向往发展成为一项繁荣的产业，至今长盛不衰。你可以以阿卡迪亚纳地区的实际首府拉法耶特（Lafayette）为中心，游览附近的布豪桥（Breaux Bridge）、艾弗里岛（Avery Island）、奥珀卢瑟斯（Opelousas）、卡伦克洛（Carencro）、曼苏拉（Mansura）、巴斯勒（Basile）等阿卡迪亚城镇。阿卡迪亚人喜爱热闹，每个城镇都有自己的狂欢节日，美食则是节日理所当然的主题，如克罗利（Crowley）的米饭、卡伦克洛的血肠（Boudin，一种用洋葱、猪肉和大米制成的香肠），还有曼苏拉的烤乳猪（cochon de lait），都是节日必不可少的美食。

最佳旅行时间：全年均可，不过仲夏时节的炎热天气和潮湿的气候会使你很快感到精疲力竭。如果你不幸撞上了大斋期（Mardi Gras）之前几周的拥挤人群，请不要着急，保持一份幽默的平常心吧。

行程：留出3天时间以便参加从拉法耶特出发前往附近城镇的一日游。

行前计划：乘飞机抵达新奥尔良后，租车前往拉法耶特，路上约需3小时。从拉法耶特出发至上文提到的其他城镇基本不超过1.5小时车程。

旅行须知：留出时间在路边的熟食店中品尝风味独特的“塔索”（一种长时间熏烤、味道厚重的火腿）。

相关网址：www.louisianatravel.com/festivals，www.lafayettetravel.com/foodtour

著名景点

- 路边小河湾中偶尔可见苍鹭、白鹭，有时还能看到短吻鳄。
- 体验当地方言的特殊表述，如“拯救食品（save the groceries）”、“度过好时光（pass a good time）”等语句。
- 一边听阿卡迪亚乐手演奏风笛和小提琴，一边学习如何剥食小龙虾。
- 在艾弗里岛的迈克亨尼塔巴斯科辣酱油厂（McIlhenny's Tabasco）品尝正宗的辣酱油，看看你对辣味的忍耐力有多强。

美国

纳帕谷

这里有加利福尼亚州的阳光，随季节变化万千的色彩，以及传奇的葡萄酒庄和令人垂涎欲滴的美食。

黎明前寂静的黑暗突然被一束强烈的灯光打破。灯光照射下，一双双长满老茧的手在绿叶簇中翻出一串串饱满的葡萄。葡萄收获季节被当地人称为Crush。每到这个时候，从圣巴布罗（San Pablo）湾以北的卡纳罗斯（Carneros）平原到卡里斯托加（Calistoga）的圣海伦纳峰（St. Helena），夜色中的葡萄园中都被泛光灯照得亮如白昼。这是一场和时间的竞赛。种植葡萄的农民要赶在太阳升起前凉爽的几小时中，将已被最后一阵夏季的热风吹得熟到恰到好处的葡萄收割完毕。每年，纳帕谷都以这种方式向世人展示着神秘的酿酒工艺。站在山顶葡萄酒庄（如斯特灵酒庄）的品酒屋旁，眺望山下的全景，你会看到压榨解百纳和黑比诺葡萄的场景。成熟的葡萄在压榨下皮破浆出，便是靛蓝色的最原始的葡萄汁。纳帕谷一年四季都很迷人。冬季葡萄树叶落枝秃、品酒屋空空如也的时候，正是酒庄一年的闲暇之时。要想仔细了解葡萄酒的秘密，这是再好不过的机会。随着春天的到来，整个谷地被黄色的葡萄花铺满，试尝新酒的时候也就到了。夏天天气炎热，你还可以躲在山坡上的葡萄酒窖中，享受难得的凉爽。

春天纳帕谷中色彩绚丽的葡萄园。

著名景点

■纳帕谷中有多处**温泉**。品尝葡萄酒之余，你也可以享受一下卡里斯托加疗养所（Calistoga）的温泉池和火山灰泥浴。

■部分酒庄的历史可以追溯到19世纪。如弗朗西斯·福特·科波拉（Francis Ford Coppola）拥有的**卢比肯酒庄（Rubicon Estate）**，以及红杉树掩映的维多利亚式别墅的**贝灵格（Beringer）酒庄**。

■从卡里斯托加沿帕里萨德斯路（Palisades Trail）走到山上，可以俯瞰超过**40000英亩（162平方公里）的葡萄园**全景，天上还有红尾鹰和游隼在翱翔。

最佳旅行时间：品酒屋、餐厅和旅游项目都全年开放。收获季节（8月下旬至11月初）是纳帕谷中最热闹的时节，也是各种活动最丰富的时候。

行程：至少留出3天时间，以免你的味蕾因短时间品尝太多的葡萄酒而变得迟钝。避开周末的人群。

行前计划：有名气的酒庄只接待事先预约的参观者。像“法国洗衣房”（French Laundry）这样的米其林星级餐厅则至少要提前两个月预订。

旅行须知：沿以下线路可避开拥挤的车流，从云特维里（Yountville）、奥克维里（Oakville）、鲁特福德（Rutherford）或圣海伦纳峰的金范德路（Zinfandel Lane）附近的任一十字路口东行，不远处即是绿树掩映的谷地东坡和西弗拉多路（Siverado Trail），那里有好几家非常有名的酒庄。

相关网址：www.napavalley.org

萨克蛋糕据说是弗朗兹·萨克发明的。当时梅特涅亲王的大厨病了，亲王需要为客人们准备一道特别的甜点，于是这位年仅16岁的学徒工毛遂自荐，一鸣惊人。

十大美食胜地

这些著名餐厅和它们独特的美食吸引着来自世界各地的人们。

❶ 美国：纽约布鲁克林的彼得·卢格牛排屋（Peter Luger Steak House）

从1887年开始，喜爱牛排的纽约人就络绎不绝地跨过布鲁克林大桥，奔向这里品尝据说是“全美国味道最好的牛排”。这里的牛排选用精挑细选并经干燥冷藏处理的前腰肉（Short Loin），经过简单的煎烤后直接上盘，超大的容量足够两个人吃饱。店中装饰简洁，只有惊人的售价体现着牛排的高贵血统。

行前计划：不接受信用卡。
相关网址：www.peterluger.com

❷ 美国：加利福尼亚州云特维里市“法国洗衣房”餐厅

由著名厨师托马斯·凯勒（Thomas Keller）掌勺的这家餐厅基本上在美国各种TOP10餐厅评选中都榜上有名。他十分注重食品的季节性和产地，餐厅的特色菜不是一道，而是足足九道菜合在一起的“饕餮大餐”，且根据时令每天都在变化。很多菜的名称会让你大吃一惊。比如“牡蛎和珍珠”这道菜，其实是在牡蛎和鱼子酱上浇上可口的木薯淀粉粒做成的。

行前计划：一道道美味佳肴很可能会让你忘记时间，在桌旁一坐就是3~4个小时。
相关网址：www.frenchlaundry.com

❸ 美国：路易斯安那州新奥尔良市安东尼餐厅（Antoine's）

这家高级餐厅从1840年起一直由同一家族经营，包括美国总统、外国皇室和好莱坞明星在内的众多知名美食爱好者都曾经光顾过这里。它最著名的特色菜是“洛克菲勒牡蛎（Oysters Rockefeller）”，这道菜发明于1899年，因其格外浓厚的酱汁而以当时美国著名富翁洛克菲勒的名字命名。许多人都曾试图揭开其独特配方的秘密，但至今仍一无所获。

行前计划： 男士在安东尼餐厅就餐时需着外衣。

相关网址： www.antonies.com

❹ 中国：北京大董烤鸭店

品种繁多的北京烤鸭——焦脆的鸭皮、香嫩的鸭肉蘸上浓厚的酱汁一起裹在饼里吃——现在在世界各地的超市都能买得到了。但北京大董烤鸭店的烤鸭才是最好吃的。不信就请亲自前往品尝一番，相信你一定会觉得物有所值。除烤鸭外，餐厅还有其他各种菜肴供应。

行前计划： 一定要提前预订座位，你可以让入住的酒店帮忙联系。

地址： 北京市团结湖北口3号楼。电话：（010）65822892。

❺ 越南：河内市Bat Dan大街49号

越南有一种人人爱吃的河粉（pho），浓汤下面，加上肉片、葱姜、蔬菜和香料。街边的咖啡馆和小摊上都卖这种面条。这家位于Bat Dan大街49号的店铺则是被当地人和外国游客公认的越南粉做得最好的一家。

行前计划： 等候的顾客常常在店外排起长队，就算你本来没有兴趣，看到这样的情形也免不了心血来潮品尝一下了。

❻ 奥地利：维也纳市萨克酒店

世界上最著名的巧克力蛋糕——萨克蛋糕（sachertorte）是由弗朗兹·萨克（Franz Sacher）在1832年发明的。这种双层巧克力夹杏仁酱和奶油的蛋糕在甜点界的地位宛如施特劳斯的音乐一般。吃着萨克蛋糕，你就能想象出19世纪维也纳咖啡馆的繁荣景象。萨克酒店由弗朗兹的儿子于1876年建立。

行前计划： 萨克酒店是一家豪华酒店，即使只是在其咖啡馆中品尝蛋糕，也应尽量着装得体。

相关网址： www.sacher.com

❼ 意大利：威尼斯市哈利酒吧

在威尼斯，自我放纵的最佳选择是一杯鲜白苹果汁和普莱斯柯起泡酒勾兑的贝利尼（Bellini）鸡尾酒。它的名字来自于15世纪威尼斯著名艺术家吉奥瓦尼·贝利尼（Giovanni Bellini）。哈利酒吧（Harry's Bar）本身也是文化标志之一，海明威的小说《渡河入林》中就有它的身影。

行前计划： 这里的菜价格非常昂贵，除非你有钱无处花，否则只要坐在吧台边喝酒就够了。

相关网址： www.cipriani.com

❽ 法国巴黎市拉特利尔餐厅

罗布群（Joël Robuchon）是同时代人中影响最大的法国菜厨师。他的菜一贯以自然、简约见长，并且灵活多变，不拘一格，比如块菌和鱼子酱就可能会搭配花椰菜，或者他亲手制作的、蓬松柔软的土豆泥。

行前计划： 拉特利尔餐厅（L'Atelier de Joël Robuchon）中没有桌子，所有高凳都面向柜台。

相关网址： www.hotel-pont-royal.com

❾ 英国：贝克郡布雷（Bray）镇肥鸭子餐厅（Fat Duck）

英国人最爱吃的炸薯条在赫斯顿·布鲁门索（Heston Blumenthal）手里已经变成一门传奇式的烹饪艺术。从准备熏烤的柴草到各种最先进的厨房设备，制作出一份干脆可口的炸薯条需要整整3天时间。

行前计划： 店内每桌最多只能容纳6位客人。

相关网址： www.fatduck.co.uk

❿ 西班牙：加泰罗尼亚卡拉蒙蒂约（Cala Montjoi）市布利餐厅

加泰罗尼亚的著名厨师弗兰·阿德里亚（Ferran Adrià）正在尝试一种革新性的烹调艺术，他将美食、艺术、科学，还有幽默有机地结合在一起。有时他会将一些名菜分解，然后按照不同寻常的方式重新组合在一起。如果你在布利餐厅（El Bulli）点一份馄饨，那馄饨皮很可能不是面，而是用一张薄薄的鱿鱼片做成的。

行前计划： 仅夏季开业，但是每年要求来此就餐的人却超过了80万，因此你很可能需要提前1年预订才有座位。

相关网址： www.elbulli.com

蓝山咖啡

气势雄伟、林木茂盛的蓝山山脉景色美丽如画，同时还出产世界上最优质的咖啡豆。

醇香浓滑的蓝山咖啡享有“世界最好咖啡”的美誉。位于牙买加境内的蓝山山脉山势雄伟，最高处高出其首都金斯敦7000英尺（2134米）。山上多数时间被浓雾笼罩，呈现出一片神秘的蓝色。这正是此地咖啡优秀品质的由来。雾气让咖啡豆的成熟过程变缓，从而集聚了浓郁的香气。从金斯敦出发，向北深入大山，经过一番跋涉便可到达库珀里奇镇（Cooperage），制作好的咖啡豆就是在这里被装入木桶，运出深山。沿瓜瓦山脉（Guava Ridge）前行可到马维斯班（Mavis Bank）。著名的极品蓝山咖啡（Jablum）的生产工厂就设在这里。工厂允许游客参观，见识咖啡豆从筛选（包括将咖啡豆倒入水箱中，以便将浮在水面的坏咖啡豆剔除）、晾干到烘烤的全过程。回到瓜瓦山脉向北行，经过一段崎岖的山路，路过悦谷（Content Gap）和银山（Silver Hill）后，来到塞克逊（Section）。这里的居民全部以种植咖啡为生。再向西行，从酣战谷（Hardwar Gap）越过分水岭，就到了纽卡斯尔（Newcastle）镇。镇子下方是冷泉山庄（Cold Spring Estate），你在那里可以看到18世纪人们制作咖啡豆时使用的水池和火塘。最后沿着山路蜿蜒而下，欣赏过一路亮丽的风景后，回到金斯敦。

肥沃的火山灰土壤使蓝山咖啡豆带有一种独特的香气。

著名景点

■ 在马维斯班可欣赏美丽的亚拉（Yallhas）河谷与海拔7402英尺（2256米）的牙买加最高峰——蓝山主峰。

■ 在悦谷和银山之间的克里戴斯德尔（Clydesdale）镇有一片牙买加林业部设立的苗圃。沿着一条2.5英里（4公里）的山路可以到达被大多数游人所忽略的、美丽的辛绰那（Cinchona）植物园。

■ 塞克逊的老酒馆山庄（Old Tavern Estate）属以阿莱克斯·特维曼（Alex Twyman）为家长的特维曼家族所有，他们也是蓝山地区唯一一家一站式生产咖啡豆的家族企业。

最佳旅行时间： 12月至次年4月最适宜旅行，可以避开夏季的酷热、4月至11月的雨季及8、9月间的飓风。

行程： 约40英里（64公里）。山路崎岖，破损严重，至少需要1整天时间，如果能留出2天时间更好。

行前计划： 鉴于路况很差，你应该租一辆四驱车。参观阿莱克斯·特维曼的老酒馆山庄需要预约。

旅行须知： 蓝山上主要是许多农民自有的小型咖啡园，这些咖啡园主会很乐意带你参观他们的土地。

相关网址： www.discoverjamaica.com，www.oldtaverncoffee.com

3月、4月是智利中央谷葡萄收获的季节。

最佳旅行时间：4月至5月（秋季）和9月至10月（春季）是参观酒厂的最佳时节。

行程：3天可以逛遍下美宝谷和上美宝谷中的主要景点。

行前计划：美宝谷位于圣地亚哥以南约50英里（80公里）处。你可以住在圣地亚哥，然后租一辆车慢慢游览。在去酒厂参观前，最好先打电话核实其开放时间，以及能够提供的葡萄酒种类。

旅行须知：如果你希望品尝智利最新的葡萄酒品种，可向西前往圣地亚哥与瓦尔帕莱索之间气候较凉爽的卡萨布兰卡（Casa-blanca）地区，那里的圣安东尼奥谷（San Antonio Valley）中的一些葡萄园（如马特提克[Matetic]和卡萨马林[Casa Marin]）种植了一些新品种的赤霞珠和黑比诺葡萄。

相关网址：www.visit-chile.org，www.winesofchile.org，www.santiagoadventures.com

智利

中央谷的葡萄酒

肥沃的智利中部平原千百年来接受着安第斯山雪水的浇灌，使得这里生长的葡萄格外与众不同。

站在中央谷的每一座葡萄园中，都能看到不远处高耸的安第斯山脉。这里地处连绵不断的安第斯山以西，广袤的太平洋东岸，背面则是世界上最干旱的沙漠——阿塔卡马沙漠。独特的气候条件使得在这干旱环境下生长的作物免受病虫侵害。奔流不息的河水不断滋润着肥沃的土壤，保证了果实能够顺利成熟。美宝（Maipó）河发源于西边的安第斯山脚下，从圣地亚哥南面流入大海，正好穿过中央谷。美宝河谷的谷底土壤肥沃，是智利历史最悠久的葡萄酒产区，新开辟的葡萄园大多建立在河谷上游被称为“上美宝谷”的地方。这里的葡萄种类有赤霞珠、夏多内，还有智利本地品种佳美娜（Carmenere）。质量最上乘的葡萄酒主要产自上美宝谷地势较高的葡萄园。在这些葡萄园中，有以生物动力学技术生产小批量葡萄酒的智利第一家“车库酒厂”安提耀（Antiyal），有依靠现代技术生产葡萄酒的佩雷兹·克鲁兹酒厂（Perez Cruz）。下美宝谷地区的大型葡萄酒厂也相继配备了各种最新的葡萄酒生产设备，并且建有多家高级餐馆。

著名景点

- **圣地亚哥市**占地广阔，由市中心向外，喧闹的城市慢慢被安静的葡萄园取代。
- 在谷底皮克镇（Pirque）上智利最大、历史最悠久的葡萄酒厂之一——**康采托洛（Conchay Toro）**葡萄园品尝美酒。
- 比较生长在安第斯山脚的葡萄和谷底的葡萄的**巨大差别**。前者味道硬而涩；后者则较圆润，有明显的水果香气。
- 在**阿玛维瓦（Almaviva）**葡萄园就餐。罗斯柴尔德家族拥有该葡萄园的部分股份，它在日常经营中结合了来自波尔多的酿造技术和智利本地的管理方式。

门多萨的伯德加·温拿特葡萄酒庄里，葡萄酒正在拥有百年历史的巨大法国橡木桶中陈化。

最佳旅行时间：在阿根廷葡萄收获季节（3月、4月）前往最佳。春季（9月、10月）也适宜旅游。每年一度的收获节（Vendimia）在3月的第一个周末举行。

行程：少则2天，多则5天。

行前计划：许多葡萄园只接待预约游客，你应该提前1周左右进行联系。此外，大多数葡萄园周六、日不开放。收获节期间的酒店房间至少要提前6个月预订。

旅行须知：一旦离开主要的高速公路，你就再也找不到路标了，地图也帮不上什么忙，很容易迷路。因此建议雇一辆车及司机，价格大约是每小时10美元。

相关网址：www.ontheroadtravel.com

阿根廷

门多萨的马尔贝克葡萄酒

在晴朗无云的日子里，访问安第斯山脚下的葡萄园，品尝最迷人的马尔贝克葡萄酒。

位于阿根廷西部的城市门多萨温暖的白天、凉爽的夜晚和富含矿物质的雪融水使当地出产的果香浓郁的葡萄酒味道更加丰富，平添了一份神秘色彩。离开门多萨老城宽阔的街道向南驶去，一路上你可以看到许多生产世界闻名的马尔贝克（Malbec）葡萄酒的酒庄，包括卡提纳扎帕塔（Catena Zapata）、阿查沃费勒（Achaval Ferrer）、保罗霍布斯（Paul Hobbs Vina Cobos）、多米里奥（Dominio del Plata）、博德加诺顿（Bodega Norton）、博德加斯萨勒坦（Bodegas Salentein）等。前往乌科谷（Valle de Uco）的100英里（161公里）行程风景如画，同时也是一次对葡萄酒鉴赏能力训练的旅程。在靠近门多萨的北部地区出产的马尔贝克葡萄酒味道更加爽口、大众化，而地处南方高地的葡萄园出产的酒则有着更为高雅、芬芳的香气。山形险峻、峭壁嶙峋的安第斯山始终在远处伴随着你穿行于门多萨的丘陵之间，阳光照射下投射出缤纷的色彩和变幻的阴影。建于迈普（Maipu）的圣菲力浦葡萄酒博物馆（Vino San Felipe）收藏着世界上最丰富的葡萄酒制造设备和相关工艺品，很值得一看。每到夕阳西下的时候，在葡萄园中漫步而行，周围颇具欧洲风情的景色、家庭自制的意大利冰激凌和世界一流的美食一定会令你陶醉其中。

著名景点

- 日落时分坐在门多萨凯悦酒店的房间露台上，俯瞰自由广场，身边放上一两张肉馅卷饼（empanada）和一瓶色浓如墨、味道上乘的马尔贝克葡萄酒，享受一段悠闲的时光。

- 周日前往位于门多萨以南20分钟车程的查克拉斯·德·科利亚（Chacras de Coria）镇，游览中央广场上的古董集市，在露天咖啡馆品尝一瓶气味芬芳、用高海拔山区特产葡萄酿造的夏多内葡萄酒。

- 品尝门多萨市内1884餐厅、弗朗西斯科餐厅（Francesco Ristorante）及祖卡尔蒂家庭葡萄酒庄（Familia Zuccardi）的精美菜肴。

日本

东京百货商店的地下食街

东京百货商店的地下食街让你享受最高档次的购物体验。

来到东京市日本桥区高岛屋（Takashimaya）百货商店的地下商街，扑面而来的各色食品、令人垂涎欲滴的香气和商贩此起彼伏的叫卖声会令你不知所措。大多数东京大型百货商店都有地下食街（depachika），众多商铺在这里贩卖各种各样的精美食品——礼盒、著名餐厅的外卖、日本各地的土特产和来自国外的食品。在面包店中，你可以看到正宗的法式羊角包和长棍面包。肉食区中则陈列着一排排精选的和牛肉（wagyu，日本本土牛肉），切成比纸还薄的肉片，专门用来在"虾涌虾涌"（火锅）中食用。以寿喜烧（sukiyaki）著称的著名餐厅"今半"（Imahan）也在这里的肉食区设有一个柜台，提供入口即化的优质肉供顾客品尝。熟食区则摆放着香气诱人的烤鸡串（yakitori）、制作精美的天妇罗（tempura），以及五颜六色的午餐盒。饭后甜点一定不要错过名店"虎屋"（Toraya）设立的柜台上销售的日式点心——和菓子(wagashi)，这种点心造型精美、别出心裁，包括代表各种不同季节的樱花、枫叶等各种形状。

糖果礼盒是地下食街常见的商品。

著名景点

■ 高岛屋百货店和伊势丹百货店楼顶设有屋顶花园，你可以在那里享受一顿惬意的午餐。

■ 购买巧克力的最佳去处是伊势丹百货店（Isetan）的让-保罗·赫文（Jean-Paul Hevin）店。店内摆放巧克力的样子就好像是在陈列珠宝首饰。

■ 坐在水果店柜台边，品尝一片你吃过的最好吃的、大概也是最贵的瓜果。

■高岛屋百货店中来自米兰的派克（Peck）店出售意大利进口的奶酪和腌肉。

■Yoku Moku店出售的黄油雪茄华夫饼干会让你吃过后欲罢不能，是去别人家做客时最适宜的礼物。

最佳旅行时间：全年均可。

行程：几小时即可。你也可以在游览其他景点的中途，抽空逛一逛附近商场的地下食街。

行前计划：东京多数大型百货商店都设有地下食街，其中很多都离地铁站不远。最值得一逛的有新宿站（Shinjuku）附近的伊势丹百货店、涩谷站（Shibuya）附近的东急百货店（Tokyu）、银座站（Ginza）附近的三越百货店（Mitsukoshi），以及日本桥站（Nihonbashi）附近的高岛屋百货店。工作日前往可以避开周末拥挤的人群；同样，尽量不要在公众假日前往。营业时间一般至20：00。

旅行须知：如果你狂爱巧克力，可以在2月头两周前往东京。情人节前所有地下食街都会摆上大量巧克力食品供顾客选购。

相关网址：www.virtualtourist.com，www.wcities.com

寻找寿司

在寿司之都品尝各种各样的寿司，挑选你最喜爱的口味。

早上出发第一站是筑地市场（Tsukiji）——世界上最大的鱼类市场。这里的商铺一般7：00开门，8：00~10：00是市场里最繁忙的时候。从冻金枪鱼到海胆子（uni），这里出售的海产品无所不包，其中大部分最终都被运到这座城市众多的寿司店里。市场中也有寿司店，如Sushi Dai和Daiwa Sushi。这些寿司店门口往往排起长队，因为在这里能够品尝到世界上最新鲜的寿司。如果你没有时间等候，也可以到市场外面找一家更普通的餐厅，尝一尝海鲜盖饭（donburi）——很大一碗米饭上盖着新鲜的金枪鱼肉、三文鱼肉、三文鱼子（ikura）、螃蟹肉和海胆子。离开市场，沿着晴海通大道（Harumi-dori）来到银座，在三越百货店和松屋百货店（Matsuya）的地下食街可以看到许多不同类型的寿司：将鱼肉、蔬菜随意撒放在米饭上的叫“散寿司”（chirashizushi），压实的方形米饭块上放上蔬菜或熟鱼肉的叫“押寿司”（oshizushi），卷成卷儿的则叫“卷寿司”（makizushi）。逛了一天商店后，你可以在银座的久兵卫寿司店（Kyubey Sushi）享用一顿难忘的豪华晚餐。鱼肉被轻轻地切成长长的细条，拌好调味醋的米饭被仔细压成可以入口的小块，上面放一点绿芥，然后再盖上鱼片。吃的时候夹起寿司，在盛酱汁的碟边轻轻蘸一下，然后放入嘴中，享受那浓郁鲜美的滋味。

东京有上千家供应寿司的餐厅。吃寿司是东京最吸引人的旅游内容之一。

著名景点

■参加**超洁净筑地鱼市**游览项目。你会发现，尽管每天这里售出的鱼以吨计，但却完全闻不到鱼腥味。

■略烤过、涂上甜酱的**康吉鳗**（anago）、奶油花一样的**海胆子**，还有配上香葱和姜的**鲣鱼**（katsuo），都是无上的美味。

最佳旅行时间：全年均可。

行程：可以1天逛完，也可分成几天，每天游览其中一部分。

行前计划：筑地市场可乘地铁日比谷线（Hibiya）或大江户线（Oedo）到达。传统的寿司店价格不菲，最好事先找人打听一下。去寿司店时最好带上一名翻译，店里的菜谱一般没有英文。价格相对较低的是回转寿司店（kaiten-zushi），这些店里寿司被放在盘子里，在一条传送带上围绕着就餐区转圈，顾客可以随时取食。

旅行须知：在吃不同口味的寿司前先吃一片腌姜，这样可以清除口腔里原有的寿司味道，更好地体会不同口味的区别。日本人吃寿司时通常不喝米酒，只喝茶或啤酒。

相关网址：www.holidaycityflash.com/japan，www.tsukiji-market.or.jp

船上卖包子的小贩。

最佳旅行时间：最佳旅行时间通常为11月至次年4月，此时越南大部分地区都处于旱季。6月至8月全国气候炎热潮湿，还经常有暴雨光临。

行程：10~14天，以便你有足够的时间品尝沿途的美食。

行前计划：带一名熟悉业务的导游同行，以便更全面地体验越南的美食，同时避免错过沿途的重要景点。

旅行须知：街边的小摊是品尝地方特色食品的最好场所，但吃生食物时要小心。

相关网址：www.artisansofleisure.com，www.visit-mekong.com/vietnam

越南

越南的美食

参加一次贯穿越南全境的美食之旅，体验美食与文化的完美结合。

切碎的香菜叶漂浮在热气腾腾的河粉碗里；浓厚的黑咖啡从小钢丝网中滤出，滴入专门用来品尝浓咖啡的小杯子；一筐满满的法式长棍面包在轻便摩托的后座上随着颠簸来回摇晃。越南的大街小巷里到处飘溢着清新愉快的食物芳香，一次精心计划的美食之旅同时也是观察当地文化的最佳方式。河内的炸鱼（cha ca）、顺化的米饼摊大虾，配上葱和鱼露（banh beo）、胡志明市（西贡）街头的长棍面包夹心三明治（banh mi）都会令你胃口大开。许多越南菜受到其他国家的影响——部分来自中国，部分来自柬埔寨，还有一些来自法国。在此基础上再加上当地特有的食材：鲜草药和各种调味料——香菜、罗勒、青葱、豆芽和鱼露。我们的越南美食之旅是从遍布城乡的集市开始的。那里有一筐筐中国柑橘、成堆的椰子，晒干的虾米堆成尖尖的小山，与旁边商贩头戴的尖斗笠相映成趣。你不必担心打搅他们，这里的商贩几乎都迫不及待地想要与你搭讪攀谈，争取把他们的商品卖个好价钱，即使你们之间能够达成的共识只有点头和数钞票。

著名景点

- 河内市里一栋修葺一新的法国殖民时代别墅是用餐的好地方，摇曳的烛光和天花板上的吊扇置身于仿佛令人浪漫电影中的经典场景。
- 跟随一位当地的著名厨师走访喧闹的集市，学习她如何在自己的厨房中将买来的食材制作成精美可口的特色菜肴。
- 与河内佛寺的尼姑一起准备素斋，然后一起用餐并了解她们的生活。
- 在顺化一处皇家贵妇的故居中体验越南皇家美食。

PERM

泰国

泰国的美食

美食之旅带你在这片古老的大陆上寻找各种口味奇特、制作繁复的美食。

曼谷的街头总是有着此起彼伏的嘶嘶声响，那是酱汁从烤架上的鸡片和猪肉块滴入炭火中的声音。大街两旁和人行道上摆满了小吃摊，空中弥漫着食物的芳香和各种嘈杂的声音，吸引着路人停下脚步，尝一盘面条，或是烤得焦黄的香蕉、咖喱调味的椰子汁，再或是一碗米粥加一个卧鸡蛋。当地人两人、三人甚至四人骑在一辆摇摇欲坠的摩托车上，带着左摇右晃的食物，匆匆从街道上驶过。受中国、欧洲及印度烹饪的影响，食物在泰国人心目中的作用也同样延伸到了精神领域。在信仰佛教的人当中，送给对方一盘鸡蛋代表着重生或圆满，荷花则表示纯洁无瑕。在曼谷大王宫的佛寺里，你会看到人们将鸡肉、糯米、虾酱、水果、蔬菜和水分别盛在六个白色的小碗中作为供奉。在清迈则可以逛一逛当地的市场，参观制作面条的工厂，并品尝当地独特的传统食品。然后沿公路长途跋涉抵达郭柯（Kok）河岸边的萨通。这里小镇街道旁的桌子上摆满了外形奇特、长满长须的水果。身穿纱笼的当地商贩用刀将其切开或剥开，便可露出里面色彩亮丽、多汁、气味强烈的果肉，吃起来甜蜜可口。清新的椰子汁，也可一解你旅途颠簸的口渴。

对页：丹能沙都水上市场，商贩争相在河道中占据有利的位置。
上左：奇特的红毛丹是泰国特产之一，类似荔枝的红色果实外长满长长的纤毛。
上右：泰国菜以色彩艳丽、造型高雅而著称。

著名景点

- 逛一逛曼谷热闹的市场，寻找最好的高良姜、罗勒、泰国酸橙（Kaffir Lime）和香菜叶，以供在**泰国烹饪课**上使用。
- 清早起来到曼谷西南的**丹能沙都水上市场（Damnoen Saduak Floating Market）**，登上一条细长的小艇，看商贩们边划桨在运河中穿行，边互相买卖热带水果、蔬菜和鲜花。
- 在**清迈文化中心**品尝传统食品，并观赏十二剑舞、烛光舞、指甲舞等表演。
- 参观**拉祜族村落**，坐在竹屋的门廊上，品尝在一旁的竹屋厨房中烹制好的美食。村子里的孩子们会好奇地围在你身边瞧东瞅西，试图了解你的一切。

最佳旅行时间： 只有11月至次年3月泰国各地的气候才能变得较为凉爽、干燥。曼谷4月就已经很热，10月的天气依然潮湿难耐。不过当4月至6月泰国大部分地区都处在干热笼罩下时，南部的一些地区却反而较为凉爽。

行程： 要想深入体验泰国的风情，至少需要9~14天。

行前计划： 请旅行社为你提供一名熟悉当地食品、调味品的导游，以便沿途向你介绍当地特产。也可每到一个城市后访问当地的烹饪学校。

旅行须知： 跟着当地人走就能找到他们平时购买食品和点心的摊位，品尝最正宗的泰国美食。

相关网址： www.artisansofleisure.com，www.gourmetontour.com，www.bangkok.com/thai-cooking-class，www.thaicookeryschool.com

斯里兰卡的茶庄

这是一次轻松的旅行，沿着斯里兰卡的茶叶种植区，欣赏秀美的山川风景，休息的时候还能品尝到清新的香茶。

看到眼前起伏的丘陵上一望无际的茶园，你很难相信茶叶传入斯里兰卡仅仅是一个“幸运的意外”：由于19世纪60年代晚期当地的咖啡树在病虫肆虐中损失殆尽，人们这才将茶树引入。整个斯里兰卡南部都种植着茶树，根据种植地海拔的不同，茶树也有不同品种。最南端的加勒附近多种植香红茶，拉特纳普勒地区种植的茶叶则多用来制作混合茶。离开拉特纳普勒，公路蜿蜒盘上中部山脉，山坡上一片无垠的绿色间星星点点的白色是年代久远的老房子和茶叶工厂。金佰莱（Dimbula）地区的茶叶冬季最佳，乌沃省（Uva）的茶叶夏季味道最浓，古都康提除了有茶叶，还有宏伟的庙宇和宫殿。但是锡兰最好的茶叶却来自努沃勒埃利耶，那里的茶叶颜色金黄亮丽，香气清爽。努沃勒埃利耶气候凉爽，有着美丽的花园和造型奇特的房屋，是寻访茶园的好去处。每天清早，当你驾车或漫步于茶园间的小路上时，都能看到采茶的妇女正在从茶树上摘取“两叶一尖”的茶树芽。远处不停传来瀑布轰隆的水声，空气中弥漫着烤茶叶的香气。

高山茶园中采茶的妇女。

著名景点

- **参观茶厂**，学习如何制作茶叶并给茶叶分级，还可品尝新制的茶叶。
- **清晨的高山**上景色迷人，一道道云雾穿过田野，太阳鸟在空中飞翔。
- **在瀑布边野餐**。越过青翠的山野，你的目光可以一直看到远处神圣的亚当峰（Sri Pada）。每年冬天信徒都会聚集在山脚朝拜。
- **住在茶厂改建的豪华酒店中**。你也许会被安排住在以前的烤茶车间里，甚至连原来的机械都仍然保持原样。

最佳旅行时间：最高级的茶叶均在旱季制作完成（东部地区是夏季，西部则是冬季）。

行程：在高山丘陵地区停留1周，如果要游览加勒和拉特纳普勒则需要再增加4~5天。

行前计划：着装应尽量保守。努沃勒埃利耶海拔6200英尺（1890米），气候凉爽，需要带一些保暖的衣物，其他地区只穿单衣即可。康提佛牙寺庆典（Perahera Festival）每年8月举行。如果你想观赏庆典活动，一定要提前预订酒店房间。岛上政治局势并不稳定，出发前应先了解相关的出行建议。

旅行须知：除非你参加了旅行团，否则最佳旅行方式是从当地信誉良好的旅行社处租一辆车和司机。价钱一定要事先谈妥。斯里兰卡人的生活轻松，节奏缓慢，待人彬彬有礼；他们也希望你会有同样的行为举止。递交和接纳礼物时应用双手。

相关网址：www.teatrails.com

奥塔哥中部的葡萄园周围也许是新西兰最美丽的地方。

最佳旅行时间：从10月至次年5月（春夏秋三季）正好是葡萄发芽到成熟收获的时间。大部分葡萄园冬季不对外开放。

行程：3~4天。你可以住在昆斯顿。旅游项目包括游览葡萄酒庄、美食、湖边休闲和探险活动。在瓦纳卡湖边住一晚，以便第二天参观里蓬葡萄园和酒窖。

行前计划：只要你有钱，旅行社可以提供美洲虎豪华轿车、喷射艇，甚至直升机载着你来往于各景点之间。

旅行须知：当地有很多旅馆，但设施较好的很容易被预订一空，所以应提早动手。部分葡萄酒庄只接待预约游客。

相关网址：www.queenstown-nz.co.nz，www.otagowine.com

新西兰

奥塔哥中部的葡萄园

位于新西兰南岛中部景色迷人的葡萄园历史不长，却是世界著名的黑比诺葡萄产区之一。

6号国道从昆斯顿沿着狭长的卡瓦劳（Kawarau）峡谷在新西兰南岛的南端蜿蜒伸展。峡谷深处是飞流溅起的泡沫，头顶上茶色的页岩山体高耸入云，令人难以相信如此险恶的地势中可以生长植物。突然，你眼前出现了一片葡萄园——在山的南坡上，一排排整齐的葡萄架栽种在宝贵的土壤中，贪婪地吸收着阳光。查德（Chard）农场、吉布森谷（Gibbston Valley）和隼庄（Peregrine）葡萄园出产的葡萄酒芬芳清新，是新西兰国内难得的精品。新西兰种植葡萄已有100多年的历史，而这里最老的葡萄园也只是20世纪80年代才修建起来。尽管如此，这里味道独特的黑比诺葡萄却已经获得了全世界的瞩目。崎岖的山脉将奥塔哥中部分成至少四片区域。其中，吉布森地区距离昆斯顿最近（驾车约25分钟路程），其他地区也很容易到达。位于最北端的是瓦纳卡地区，里蓬（Rippon）葡萄园的葡萄架从雪山脚下一直伸展到瓦纳卡湖边。在东部的克伦威尔，山坡上曾经的金矿已被大片葡萄园取代，成为葡萄酒庄最密集的地区。旁边则是班纳克本，再向南是亚历山德拉，著名演员萨姆·内尔（Sam Neill）的双围场（Two Paddocks）葡萄园就建于此。

著名景点

- 参观**吉布森谷**葡萄园中在页岩山体中开凿的酒窖。你可以品尝葡萄酒，以及奶酪厂生产的奶酪。
- 卡瓦劳桥（Kawarau Bridge）是**蹦极运动**的发源地。即使你不想亲身体验，也可以在桥上观看其他游客勇敢地跃下深谷。
- 在昆斯顿清澈湛蓝的**瓦卡蒂普湖**中泛舟，或乘坐**喷射艇**在奔腾的索托瓦河（Shotover）中**逆流**而上，享受一番惊心动魄的探险。
- 沿着亚历山德拉附近的**中央铁路线**（Central Rail Trail）从米德马契(Middle-march）走到克莱德（Clyde）。你可以徒步、骑自行车或骑马前往。

印度美食之旅

印度本土的文化与来自西方的影响相融合，形成果阿地区特有的文化传统、建筑风格，特别是其与众不同的烹饪艺术。

在宛如天堂一般的热带风景里，一切都是慢条斯理的。阳光明媚的沙滩正好适合躺下来休息，果阿老城（当年葡萄牙殖民地的首府）景色如画的街角则是捧着一杯冰凉的芬尼（Feni）鸡尾酒浅斟缓酌的好地方。无论是在果阿邦现在的首府帕纳吉（Panaji，有时也写为 Pajim）点一份酸辣虾（prawn balchão）做午餐，还是乘出租车前往 6 英里（10 公里）外的果阿老城，游览那里殖民地时代的老教堂，你都能感受到果阿多彩的历史留下的印迹。这里也是印度境内仅有的几个能在菜单上看到猪肉和牛肉的地方之一。慢火烹饪的咖喱猪肉（vindaloo，也写作 vindalho）等食品加入香料后，被用在当地天主教信徒的节日庆祝活动中。不同的调味习惯代表了不同的文化传统：基督徒用少量醋引出食物的香味，印度教徒则用罗望子和印度藤黄（kokum）提味。新鲜的鱼和其他海鲜用柠檬腌过后被制成咖喱味，配上芒果，或是做成 ambot tik——一道味酸的热菜。辣椒是果阿腌制食品和咖喱食品中的必备调味料，但却不是主要的调料。椰子汁也是重要的调味原料，可以使食物味道更加丰富，并减少某些强烈的气味。饭后甜点则要品尝一下 bebinca。这是一种添加许多鸡蛋的多层饼，加入肉豆蔻调味，在果阿人厨房中常见的炭火上精心地加热好几个小时才最后完成。

著名景点

- 果阿邦北部的商业中心马普萨（Mapusa）每周五有**集市**，吸引许多人前往。
- 在果阿的野生动物保护区中，**邦德拉野生动物保护区（Bondla Wildlife Sanctuary）**交通最为便利。除了欣赏野生动物和骑大象外，保护区中还建有一个植物园，展示果阿地区出产的天然草药和香料。
- 果阿的特色食品rechad masala是一种味道极其浓烈的**辣酱**。当地人在咖喱食品中加入它调味，或用它腌制肉和鱼。
- 芬尼是一种高度烈酒，通常以椰子汁或腰果为原料酿制。主要用来与果汁一起配成**鸡尾酒**。

最佳旅行时间：最好在10月至次年3月成行。4月、5月天气炎热。6月至9月则是季风季节，不适宜旅游。

行程：约10天。

行前计划：12月上旬有多个宗教节日活动，应尽早预订酒店房间。此外圣诞节期间也常常客满，而且房间价格常常会翻一番。当地很难租到自驾车，外出活动主要依靠出租车，或是租一辆配备司机的车。

旅行须知：果阿北部地区的海滨原有的茅屋早已被林立的高层酒店代替，但如果细心寻找，仍可以找到游人稀少的偏僻角落。班布林（Bambolin）海滩环境静谧，是安静地享用野餐的好地方。

相关网址：www.goatourism.org，www.goacentral.com

对页：当地农民坐在成堆的辣椒之中。辣椒是果阿烹饪中必不可少的调味品。
左一：帕纳吉街头的水果摊给城市带来丰富的色彩。
左二：市场里的商贩摊位上放满了新鲜的蔬菜。这些菜可以用来制作一道叫做khatkhate的炖菜。

悉尼很多码头餐厅都有这样的座位，可以欣赏美丽的城市夜景。

最佳旅行时间： 春天或夏天，包括圣诞暑假和悉尼一月节；或者选择夏末秋初（2月底至4月初）均可。

行程： 如果想游遍附近的主要景点和餐厅，应至少留出1周时间。

行前计划： 驱车由悉尼至蓝山和猎人谷途中多留些时间，以便随时停下来观赏美丽的景色。

旅行须知： 除消费水平很高的豪华餐厅外，悉尼很多餐馆允许自带酒水（Bring-your-own，简称BYO），但要收取一定的开瓶费用。请事先向餐厅咨询。

相关网址： www.visitnsw.com.au，www.tourism.nsw.gov.au

澳大利亚

吃遍悉尼

从海滨到山脚，悉尼复杂的多元文化和丰富的食物种类催生了当地活跃的餐馆文化。

澳大利亚是一个多元文化的大熔炉，无论是从社会角度还是烹饪角度都是如此。来自西方和东方的烹饪手法在这里融合，成为一种新的独特的菜系；再加上这里丰富的新鲜蔬果和肉类，使得悉尼这座澳大利亚最大的城市成为世界上少有的美食之都。悉尼海产市场（Sydney Fish Market）出售的海产品种类之丰富令人咂舌：这里有人工养殖的澳洲肺鱼和鲑鱼，有堆积如山的对虾、贻贝、章鱼，有来自新南威尔士海滨的饱满肥厚的牡蛎，还有从澳大利亚南部塔斯马尼亚甚至新西兰清澈的海水中捕捞的鱼类。在城里吃过饭后，先游览东面的环形码头和歌剧院，然后继续在海边欣赏美丽的景色和那些时尚的海滩餐馆。随后离开海滨，来到山脚下的葡萄园，蓝山离这里只有几小时车程。在那里逗留一两天后，继续前往猎人谷，参观新南威尔士地区最古老的葡萄园。很多当地最好的餐馆就坐落于酒庄的品酒屋和酒窖附近。

著名景点

- **西环形码头（West Circular Quay）**上的餐厅地处繁忙的码头中心，优美的风景与精致的食品相得益彰。
- 罗斯湾（Rose Bay）的**码头餐厅（Pier Restaurant）**有悉尼最好的海鲜，坐在餐厅里可以欣赏罗斯湾的全景，以及绿树掩映的北滩（North Shore）。
- 在蓝山卢拉（Leura）附近的**索拉特里（Solitary）餐厅**吃过饭后，可以步行欣赏索拉特里山和贾米森谷（Jamieson Valley）的美丽风景。
- 猎人谷胡椒树葡萄园（Peper Tree Vineyard）的**罗勃餐厅（Robert's）**利用本地食材制作出法式、意大利式和亚洲风味的多种菜肴。

玛格丽特河流域的葡萄园

阳光、大海和葡萄酒是澳大利亚大陆西南角地区最吸引游客的三大要素。

眼前湛蓝的印度洋令你很难相信这里就是西澳大利亚最著名的葡萄酒产区—从最南端的立文角直到北端的博物学家角。随着你的脚步逐渐深入内陆，几分钟时间里，两边海风吹拂下的植被就被碧绿的农场、森林，还有无数排列整齐的葡萄架取代。一座座酒庄散布在小镇周围，田野上星星点点都是品酒屋（在澳大利亚人们称其为 cellardoor）—这一带的品酒屋有约 80 座。大部分地区是平坦的田野，间或有一些低矮的丘陵，将农庄分割成不同的小气候区域，正好适合不同葡萄品种的生长。从南端较冷的立文角地区，到较为温暖的寇瓦兰马普、雅林加普和卡普纳普等地，分别产出许多不同品种的葡萄酒。从奥古斯塔出发向北穿过玛格丽特河中心流域到新开辟的葡萄园产区，是一条比较好的旅游线路，特别是如果你希望旅行结束后前往珀斯的话。在一些历史较久的葡萄酒庄，如 Voyager Estate，Vasse Felix，Cape Mentelle，Leeuwin Estate，Xanadu，Cullen，Pierro 等，品酒屋非常豪华宽敞。附近还有一些建在湖边或河边的高级餐馆，便于人们就餐时欣赏优美的风景。咖啡馆和酒庄中的气氛十分惬意轻松，无论你是葡萄酒的狂热爱好者，还是专程享受海滨的冲浪一族，都会受到热情的接待。

玛格丽特河流域的葡萄产量只占澳大利亚全国葡萄产量的3%，但却占据着澳大利亚高档葡萄酒市场份额的20%。

著名景点

- **立文角**是印度洋与南大洋的交会点。站在灯塔附近，你可以看到来自两个方向的波浪相互交叉，拍打着海岸边的礁石。

- 当地**野生动物**资源丰富，有大量鸟类、袋鼠和小袋鼠（wallaby）。5月至9月可**观赏鲸鱼**。6月至8月间可以看到海豚，其他月偶尔也能看到。

- 在**霍华德酒庄**的品酒屋中，你可以一边品尝美酒，一边欣赏窗外迷人的风景。先尝一尝雷司令干白，然后喝一杯加了草药的夏多内，再来一杯色彩艳丽的赤霞珠和味道辛辣的设拉子（Shiraz）。

最佳旅行时间：夏末秋初（2月下旬至3月中旬）学校开学以后。这段时间当地还有音乐节等庆祝活动举行。或者，你也可以选择11月，参加玛格丽特河葡萄酒节，届时可将所有的当地美食和名酒一网打尽。

行程：至少用1~2天参观葡萄酒庄，再花2~3天游览当地主要风景区；最少需要4~5天。

行前计划：当地有各种不同档次的宾馆旅店。参加一个品酒旅游团（你可以按照自己的意愿修改旅游线路，不过需要增加费用），以便能够充分品尝当地的美酒，又可以避免酒后驾车。

旅行须知：参观者在品酒屋购买葡萄酒通常可获得10%~15%折扣。

相关网址：www.margaretriver.com，www.margaret-river-online.com.au

波罗的海沿岸的美食

波罗的海沿岸国家的食品种类丰富、味道鲜美，酸涩的鲜莳萝和令人心情舒畅的酸奶油更是其中的点睛之笔。

这里的饮食习惯受到波兰、瑞典、德国和俄罗斯（以上这些国家都曾经统治过波罗的海沿岸）等国的影响，但又拥有别具一格的口味。波罗的海沿岸地区的食品以肉类、鱼类、根系蔬菜、酸奶油和莳萝为主，不同地区的口味差别微妙，千变万化。这里有素食者爱吃的甜点和糕饼，有节食者钟情的浇着酸奶油或酸酱油（vinaigrette）的蔬菜沙拉。树浆果做成的点心则适合所有人的口味。旅行的第一站是维尔纽斯。这座立陶宛历史悠久的老城坐拥大量融合了哥特、巴洛克和文艺复兴风格的建筑。当地特产的食品包括用猪肉、土豆烹制的菜肴、薄饼、汤团，以及一种有弹性的多层饼（sakotis）。第二站是位于波罗的海岸边的拉脱维亚城市里加。这里有露天啤酒花园（beer garden）、咖啡馆、糕饼店，还有漂亮的新艺术派建筑。甜菜汤、鱼和烤肉串，都是菜单上常见的项目。品尝爱沙尼亚美食的最佳地点则是塔图，这里是爱沙尼亚的文化中心，还是一所著名大学的所在地。腌鲱鱼、猪肉泡菜和涂抹着酸奶油的烤黑面包片都是当地著名的美食。啤酒是当地最常见的饮料，不过当年苏联统治这片地区时，其伏特加的产量有1/10都是出自这里，品质也相当过硬。

著名景点

■ 维尔纽斯的**里多斯酒馆**（Ritos Smukle）只供应纯粹的立陶宛食品。

■ 里加的**斯塔布拉格餐馆**（Staburags）内部犹如迷宫，有许多装饰精美的橡木小房间。**葛缕子奶酪**（Jāņu siers）是这里的特色食品之一。

■ 感受塔图市内**“火药库餐厅”**（Püssirohukelder）别具一格的氛围。这座深邃的地窖曾经是俄国沙皇凯瑟琳大帝修建的军火库，现在被改建成为一家啤酒餐厅。你可以品尝一下餐厅自制的红啤酒（Püssirohu Punane）。

里加市场中的商贩正在整理商品。里加市场是当地最好的食品市场。

最佳旅行时间：除非你喜欢冰天雪地的景色，否则不要在冬天前往。

行程：2周。

行前计划：铁路设施并不发达。欧洲公路运输公司（Eurolines）在维尔纽斯、里加和塔图之间开辟有公共汽车线路。塔图市没有机场，但有很多大巴可以载运乘客前往塔林的机场，行程约2.5小时。

旅行须知：餐馆中的菜量很大，面包——特别是波罗的海黑麦面包——则随处都可以买到。

相关网址：www.inyourpocket.com，www.baltictravel.net，www.eurolines.com

布鲁克莱迪的酒厂就建在艾莱岛海滨。

最佳旅行时间：苏格兰的天气以多变著称，一年之中4月至9月天气较好。

行程：至少在每个地方停留2~3天。如果想两条线一起游览，中间可以在苏格兰过去的首府爱丁堡停留1~2天。从艾莱岛渡轮码头开车不到3小时即可到达美丽的格拉斯哥。

行前计划：部分酒厂需提前预约。你可以从格拉斯哥或爱丁堡乘火车或开车至斯佩塞德（Speyside），格拉斯哥有航班飞往艾莱岛，此外还可从金泰尔（Kintyre）半岛上的基纳克莱格（Kennacraig）乘坐汽车渡轮。艾莱岛上有前往朱拉岛的渡轮。

旅行须知：苏格兰对酒后驾车的处罚很重。一定要保证驾驶员不饮酒。

相关网址：www.maltwhiskytrail.com，www.islay.co.uk

苏格兰

苏格兰威士忌

从苏格兰高地到内赫布里底群岛，这趟旅行将带你见识“生命之水”的故乡。

苏格兰之所以成为数以百计风味独特、口感各异的优质麦芽威士忌的家乡，要归功于那里天造地设的复杂地理环境：既有艾莱岛和朱拉岛优美的海滨和泥炭沼泽，也有开满石楠花的高地与深藏于高山峻岭中的峡谷。一次针对著名酒厂的参观旅行会让你充分了解到那琥珀色的佳酿背后蕴藏的历史与文化。苏格兰境内有不少生产麦芽威士忌的地方，其中有两处最能吸引同时喜爱威士忌和自然风光的游客。斯佩塞地区位于苏格兰东北部，艾莱岛和朱拉岛则位于西部的海岸边。两处地方都聚集着许多威士忌酒厂。两地出产的威士忌口味差别很大，却同样享誉全球：斯佩塞麦芽威士忌的口味最甜，有浓郁的水果香气；艾莱岛和朱拉岛出产的威士忌则口感干爽并带有泥炭气息，口味十分独特。你既可以安排两次旅行，分别游览这两处地方，也可以在一次轻松的旅行中将两处全部游览完。沿途的风景之美在世界上都是少有的。

著名景点

■ 位于斯佩塞地区罗赛斯镇的格兰大酒厂（Glen Grant Distillery）中**巨大的铜制蒸馏器**一定会给你留下深刻印象。参观结束时别忘了留影纪念。

■ 斯佩塞的小酒馆里**自酿的麦芽酒**十分可口。在夏季傍晚金色的夕阳下点上一杯，边品尝边看着附近的格兰皮恩山（Grampian）逐渐在暮色中沉入阴影。

■ 艾莱岛岩石林立的海滩边有许多**小酒厂**都十分欢迎游客参观。站在悬崖上，可以看到远处废弃的城堡、成群的海豹和海鸟。

在捷克北部城市扎泰兹的春季啤酒节（Temple of Hops and Beer Festival）上，喝酒的人表情严肃，十分认真地品评啤酒的质量。

捷克共和国

捷克与拉格啤酒

轻松的旅行带你来到啤酒的故乡，品尝当地口味各异的拉格啤酒，参观历史悠久的城市。

捷克有一句谚语：“有啤酒的地方就有欢乐。”这句话总结了这种令人愉快的饮料从酿造到贩卖、饮用的全过程。捷克共和国（以前曾被称为波希米亚）的拉格（Lager）啤酒是全世界质量最好的，因为这里的气候最适宜啤酒花的生长，也因为捷克人一直严格按照传统的酿造方法生产啤酒。在这里，你不仅能品尝到最正宗的拉格啤酒，还能了解到有关啤酒的悠长的历史。10世纪时，波希米亚国王瓦茨拉夫（Wenceslas）曾经规定，凡是将啤酒花偷运出国的人都将被处死。最早的时候，人们在自己家里酿造啤酒，只为自己饮用。世界上最古老的小酿酒厂之一乌弗莱酷（UFleku）就位于捷克首都布拉格，从1499年起，那里的生意一直红红火火。啤酒是捷克人举国上下都喜爱的饮料。在布拉格，你甚至可以在咖啡馆的早餐中喝到啤酒。从布拉格出发，附近有不少啤酒酿造中心等待你的光临。扎泰兹（Zatec）位于捷克西北部，那里的环境最适合啤酒花生长，当地的啤酒节上不仅可以品尝到新酿的啤酒，还可看到精彩的舞蹈比赛。规模最大的啤酒节在比尔森（Plzen）。1842年，世界上第一桶淡金黄色的拉格啤酒就在这里的匹尔斯纳·乌奎尔（PilsnerUrquell）酿酒厂诞生。它独特的口味得益于当地低硫、低碳酸盐的水质，这是世界其他地方的酒厂都无法仿制其口味的原因。每年第一桶啤酒出厂时，人们都要举行庆祝活动，包括试尝、游行、聚餐，还有盛大的音乐会和烟火。

最佳旅行时间：全年均可，但啤酒节庆祝活动主要集中在每年8月至11月上旬。

行程：1周。

行前计划：当地的啤酒主题旅游项目正在逐渐增多，出发前可查询旅游线路和啤酒节的举办时间。在布拉格兹利辛（Zlicín站）乘地铁B线（黄线）1小时可到达比尔森，往返车次很多。或者也可在弗洛兰斯（Florenc）公共汽车总站乘汽车前往。

旅行须知：比尔森市的啤酒博物馆（Brewery Museum）设在一座中世纪的酿酒屋中，导游身穿古代服装，对啤酒酿造历史非常熟悉。

相关网址：www.myczechrepublic.com，www.mesto-zatec.cz，www.prazdroj.cz

著名景点

- 斯特拉豪夫修道院酿酒厂（Strahov Monastic Brewery）是布拉格市内的一家旅馆，有着600年酿酒历史。旅馆中出售颜色深红的圣诺伯特淡啤酒（Svaty Norbert svetle）和黑啤酒（tmave）。
- 离布拉格不远的威尔克波波维斯（Velké Popovice）有一座考泽尔（Kozel）酿酒厂，你可以在此参观如何用森林中的泉水、啤酒花和大麦经过蒸馏生产带有黑色泡沫的卡拉米尔麦酒（caramel ale）。你可以在酿酒厂里品尝啤酒，附近也有餐馆。
- 在比尔森酿酒厂可以品尝到存放在老木桶中，未经过滤、消毒的“标准”啤酒（工厂留作品质控制使用），味道绝对无与伦比！

比利时

特拉比斯修道院的啤酒

比利时宁静肃穆的特拉比斯（Trappist）修道院中，有世界一流的啤酒。

全球共有6家比利时特拉比斯修道院获准使用纯正特拉比斯产品标志，它们是靠近伊珀尔（Ieper）的西弗莱特伦圣希克特斯（Saint Sixtus）修道院、智美的斯考蒙特（Scourmont）圣母修道院、弗洛伦维里村（Florenville）附近的奥尔沃圣母（Our Lady of Orval）修道院、罗彻福特的圣雷米（Saint-Remy）圣母修道院、阿奇尔的圣班内迪特（Saint Benedict）修道院和威斯特马勒的圣心圣母修道院（Our Lady of the Sacred Heart）。最后只有在特拉比斯修道院内，由特拉比斯派修士操作或监督下完成生产的产品才能使用该标志。尽管认证制度极其严格，但特拉比斯修道院啤酒的产品特性和口味仍然可以有变动的余地。实际上，这6家修道院一共生产有20多种口味各异的啤酒。建于11世纪的奥尔沃修道院是其中最古老的，你在这里喝到的啤酒中可以说传承着足足1000年的悠久历史。用来制作啤酒的天然原材料都是质量最好的，整个酿造过程完全不使用现代机械。修道院的酿造车间并不对外开放，但其酿造的啤酒可以在修道院的商店买到，附近咖啡馆中也有出售，供大家品尝。此外，除了西弗莱特伦生产的啤酒，其他啤酒在比利时全国各地都能买到。所有销售啤酒的收入都被用来维护教堂或举行宗教慈善活动。

地处宁静小乡村中的特拉比斯修道院生产的啤酒名气最大。

著名景点

■ 在西弗莱特伦圣希克特斯修道院旁边的雷尔德（In De Vrede）咖啡馆可以品尝到该修道院出产的味道醇厚、麦芽香十足、产量非常少的艾博特（Abbott）啤酒。

■ 品尝智美修道院经典的蓝啤（Blue beer）和啤酒味的奶酪。

■ 参观奥尔沃中世纪的修道院教堂遗址和博物馆，并品尝号称“特拉比斯啤酒之冠”的佳酿。啤酒和奶酪都可在商店买到。

■ 罗彻福特的甜味黑啤酒分为6°、8°和10° 3个不同品种。

最佳旅行时间： 全年均可。奥尔沃修道院的酿造车间每年向公众开放2天，你可以在修道院的网站上查询开放时间并进行预约。

行程： 2~3天。

行前计划： 可在安特卫普租车，沿环线逐个拜访修道院。环线总长度450~500英里（724~805公里）。大多数修道院除附属教堂外均不对外开放。

旅行须知： 私人购买者和零售商只能在西弗莱特伦修道院的教堂里买到该修道院出产的啤酒。啤酒产量有限，需要事先预定。具体事项可查阅修道院网站。

相关网址： www.visitbelgium.com，www.orval.be，www.sintsixtus.be，www.trappistes-rochefort.com

匈牙利品酒之旅

周游匈牙利东北部的偏远农村，寻找世界上用最古老的传统工艺制作的金色葡萄酒。

车子离开布达佩斯，在高速路上疾驰，公路两边是一望无际的金黄色向日葵，在夏日灿烂的阳光下一直延伸到远处的地平线。你的目标是喀尔巴阡山脚下一座田园牧歌式的城市——托考伊（Tokaj-Hegyalja）。那里出产的名贵的琥珀色葡萄酒曾被伏尔泰赞誉为“编织精神的金线”。自 17 世纪起，托考伊地区的葡萄生产就纳入了严格的管理，是世界上确立时间最早的名葡萄酒产区之一。托考伊葡萄酒最著名的品种是阿苏（Aszú），这种葡萄酒用当地种植的福尔明（Furmint）葡萄和哈斯莱福露（Harslevelu）葡萄酿造。这两种葡萄的收获时间很晚，葡萄一直挂在葡萄树上，直到秋天来自博德罗格（Bodrog）河的雾气使葡萄染上贵腐病（botrytis），感染使葡萄糖分含量提高，从而给酿成的葡萄酒带来浓重的甜味。葡萄酒窖建在山坡上古人开掘的山洞中，泛着霉味的酒窖内，木制的品酒台紧靠着一排排橡木桶，一切仍然和上百年前没什么两样。葡萄酒产区包括南起托考伊，东北至萨洛斯帕塔克（Sárospatak）的整个地区，两座城镇周围都有很多酒庄，如马德（Màd）酒庄、塔尔考（Tarcal）酒庄，以及托克斯伐（Tolcsva）酒庄。托克斯伐酒庄中还建有一座小型博物馆。沿途的村庄中尽是红色屋顶的低矮房舍，不时可以看到男子吃力地扛着大包干草，或是驾着驴车经过，偶尔还能看到一名年长的妇女提着刚打满井水的水桶赶回家中——那简陋的村舍屋顶上居然架着一口卫星电视接收器。

著名景点

- 如果你有幸的话，可以喝到非常稀有而珍贵的**埃森希亚葡萄酒**（Essencia）。那葡萄酿造而成的美酒一瓶瓶地叠放在木箱中，看上去好像液体黄金。
- 托考伊**博物馆**中有当地的宗教艺术作品和有关葡萄种植与酿酒的展览。
- 你可以在**葡萄园**中随意**散步**，还可登**山一游**，山上的森林中有橡树、角树和山毛榉。
- 马德酒庄附近**19世纪**建造的**迪斯诺克**（**Disznoko**）**品酒屋**设有餐厅，饭后，游客还可品尝酒窖中珍藏的葡萄酒。
- 一定要尝一尝托考伊最好的酿酒商之一，**伊斯特凡·泽普希**（**Istvān Szepsy**）酿造的葡萄酒。

最佳旅行时间：4月、5月天气晴朗，山上野花盛开。10月至11月初是葡萄的收获季节，摘下来的葡萄进行手工分拣后装进一个个篮子里。在这个月偶尔会遇到小雪。

行程：从布达佩斯向东驾车3小时即可到达托考伊。托考伊和萨洛斯帕塔克都位于N37号公路旁，两座城镇相距25英里（40公里）。5天时间足够你游览城镇和附近的村庄，观赏美丽的风景并品尝美酒。

行前计划：很多酒庄都开放供游客品尝，你只需付很低的费用，或者按杯付费。大部分酒庄需要提前24小时预约才可参观。

旅行须知：在匈牙利驾车者血液酒精含量必须为零，所以你们必须商量好选一人专职开车。有些酒店可以提供司机，但收费很贵。

相关网址：www.tokaji.hu，www.vendegvaro.hu/en/4-32

对页：迷宫般的酒窖内放满正在陈化的葡萄酒。酒瓶外和酒窖墙上的霉菌使葡萄酒得以长期陈化。长期储藏的葡萄酒拥有醇厚、甜美的口感。
左图：托考伊葡萄酒产区是全球唯一被认定为世界文化遗产项目的葡萄酒产区。

兰斯市玛姆（Mumm）香槟酒屋始建于1827年，其酒窖内保存着2500万瓶香槟酒。

法国

香槟胜地

徜徉在香槟地区的葡萄园，连空气中都似乎飘浮着金灿灿的泡沫，每一天都是狂欢的日子。

尤利乌斯·恺撒，曾在这片土地上训练军队；几百年后，罗马人在这里击败了匈奴王阿提拉；今天，香槟地区的田野里种满了一排排整齐的葡萄树，成串的葡萄在烈日下分外诱人。白色的是夏多内，黑色的是黑比诺（Pinot Noir）和明尼尔（Pinot Meunier）；这些葡萄酿制出来的酒，就是誉满全球的香槟。罗马人还在北至地区首府兰斯，南至艾佩内这片广阔而肥沃的黑土地上挖掘了许多地道，这些地道现在成了储藏香槟酒的最佳地点。大部分大酒庄都位于兰斯和艾佩内周围，其中很多酒庄允许游客参观并品尝。除此以外，位于南部艾佩内和塞萨内之间的白丘地区（Côte des Blancs）也有许多小型酒厂。其中一些酒厂如“白中白”（Blanc de Blancs），只使用夏多内葡萄酿制香槟；维尔图附近的酒庄则同时使用夏多内与比诺葡萄。离开特鲁瓦，你还可前往位于塞纳河和奥布（Aube）河附近的奥布葡萄园，那里也聚集着许多小型酿酒厂。

最佳旅行时间：最佳时间为5月和6月。

行程：兰斯和艾佩内等地离巴黎不远，驾车游览1个周末的时间足够了。如果能够安排1周时间，可以更全面地参观整个地区，包括那里古老的村庄和小一些的酒厂。

行前计划：你可以自驾车游览，也可以参加旅游团。大酒庄上品酒（也称dégustation）费用往往包含在酒窖门票中。出发前请提前预约。

旅行须知：梅丽－香槟村（Mailly-Champagne）每年5月有狂欢节。在村子里的地区葡萄酒合作社可以买到种类丰富、物美价廉的香槟酒。

相关网址：www.destinationchampagne.com，www.ot-epernay.fr

著名景点

- 在艾佩内市卡斯特拉尼（Castellane）酒庄参观香槟酒的制作过程，并品尝那里的佳酿。随后你可以爬上市内高216英尺（66米）的高塔，欣赏城市的全景和远处的马恩河谷。
- 站在艾佩内市南面的库斯（Cuis）村外，可以看到整个香槟地区辽阔的葡萄种植园。
- 参观白丘地区梅斯尼尔奥格（Le-Mesnil-sur-Oger）的劳诺斯皮尔和菲斯（Launois Père & Fils）家庭酒庄，需要提前预约。游览项目包括参观一个收藏有古代酿酒设备的小型博物馆和品酒活动。
- 参观特鲁瓦市中心保存完好的中世纪街道和建筑。当地还有一些精美的文艺复兴时期的建筑。

法国

诺曼底奶酪

面包、奶酪和葡萄酒，是法国人餐桌上的三件宝；再没有比诺曼底更适合品尝它们的地方了！

一座座村庄掩蔽在诺曼底林木葱郁的山谷中，同时被完好保护下来的还有当地享誉全球的奶酪制作技术。这里有甜美的卡门贝尔奶酪、气味浓重的利瓦罗奶酪、色如凝脂的勒维克桥奶酪——其历史可以追溯到13世纪，以及布雷的诺夫夏特奶酪。奶酪的形状各不相同，有方形的，圆形的，还有做成圆柱形状的。一路上的村庄风景如画，黑白相间的农舍大量使用木结构，村中还有年代久远的教堂。诺曼底从不掩饰自己在美食方面享有的盛誉。卡门贝尔的奶酪展示厅正面就被建造得与装奶酪的传统圆木盒一模一样，附近还矗立着玛丽·阿雷尔（Marie Harel）的塑像。据说，卡门贝尔奶酪的配方就是由她在风云动荡的法国大革命期间完善的。那些参观过山谷中村舍的旅游者常常说，那里就连在被苹果树围起的草地上放养的奶牛，都具有一种与众不同的自信气质，仿佛它们知道自己在美食天地中做出了巨大的贡献。

著名景点

- 光顾当地的露天市场，为野餐准备食品。没有比这里出售的食品更适宜野餐的了：乡村面包、各种诺曼底地区出产的奶酪和肉罐头（Pâté），还有新鲜水果（特别是在苹果成熟的时候）。
- 在生产奶酪的农场现场品尝风味独特的农家奶酪。
- 品尝味道甘醇（但后劲儿很大）的苹果酒。这些苹果酒来自当地农场，通常可以在酒厂里直接买到。
- 当地还有很多其他味道可口的奶制品。如牛奶糖浆（confiture de lait，相当于一般人们说的dulce de leche）。

卡门贝尔村周围环绕着美丽的农场，该村出产的同名奶酪誉满全球。

最佳旅行时间：最佳时间为5月、6月及9月。如果可能的话请避开7月、8月，每到这两个月当地公路会变得十分拥挤（7月14日是法国最隆重的法定节假日）。

行程：驾车游览2~3天或更长，以便访问邻近的历史古城。

行前计划：卡昂与里希约距离生产奶酪的村子很近，可供游客过夜。鲁昂虽然距卡门贝尔稍远，但拥有不少文化景点和餐馆，也是游客停留的好地方。整个地区都可从巴黎乘火车或汽车方便地到达。

旅行须知：你可以学着像当地人一样，在每道菜之间或餐后饮一小杯名为trou normande的苹果白兰地酒，以帮助消化当地饮食中丰富的奶酪、奶油和黄油。

相关网址：www.discover-normandy.info，www.formages.org

那不勒斯一家商店中品种繁多的意大利葡萄酒。意大利各地都种植葡萄，每个地区都有自己的葡萄酒品牌。

十大意大利葡萄酒产地

从皮埃蒙特和西西里岛的山区，到托斯卡纳的丘陵，意大利复杂的地理环境孕育出不少品质一流却罕为人知的葡萄酒。

❶ 瓦莱达奥斯塔区，萨勒的莫尔盖白葡萄酒（Blanc de Morgex et de La Salle）

戴上你的手套，重拾你的法语，来这片位于阿尔卑斯山中的葡萄园看一看吧。尽管这里属于意大利，但很多当地人却说法语。不过，你也许会一句话也不想说，因为四周阿尔卑斯山的迷人风光早已让你惊讶得说不出话了。这里是欧洲地势最高的葡萄种植区，尽管产量很小，但这里出产的白葡萄酒中隐约的高山草甸的清香会令你流连忘返。

行前计划： 如果你乘飞机至日内瓦而不是意大利都灵，再开车到莫尔盖（Morgex）要多走8英里（13公里），但在进入意大利边境前却可以欣赏沿途法国一侧阿尔卑斯山的壮丽风光。

相关网址： www.polanerselections.com

❷ 伦巴第区，弗朗西亚科塔葡萄酒（Franciacorta）

弗朗西亚科塔葡萄园旅游线路包括一系列建在山坡上的古老小镇，意大利最好的起泡葡萄酒就出产在这片地区。喜欢创新的酿酒师们经过长期改进，利用本地一种品系古老的葡萄酿造出味道十足、气泡丰富的白葡萄酒，足以与香槟匹敌。手艺精湛的厨师则令这里成为美食者的天堂。

行前计划： 附近的小镇上有许多过去意大利贵族建造的别墅。法文托（Favento）镇上圣母教堂的壁画和帕希拉诺（Passirano）镇10世纪的城堡也很值得一看。

相关网址： www.stradadelfranciacorta.it/eng

❸ 托斯卡尼区，圣吉米格纳诺的维纳西亚葡萄酒（Vernaccia di San Gimignano）

13座高塔、但丁曾发表讲演的广场，还有清澈透明、富含矿物质的白葡萄酒——它的酿造历史长达800余年，曾在文艺复兴时期被认为

行前计划： 当地有许多葡萄酒商。其中法托丽雅迪酷索纳（Fattoria di Cusona）店就位于大教堂广场上，其葡萄园位于圣吉米格纳诺与波奇庞斯（Poggibonsi）之间。

相关网址： www.seetuscany.com

是意大利最好的葡萄酒——使这座古老的中世纪城市名扬四海。城内有许多葡萄酒商和纪念品商店。在你忙着购物、品酒之余，千万不要错过城内大教堂中修复一新的壁画及其所在的广场（Piazza del Duomo）。

❹ 托斯卡尼区，蒙塔奇诺的布鲁尼洛葡萄酒（Brunello di Montalcino）

踏进这座古老的托斯卡纳小镇，就好像是进入了梵·高的一幅名画——向日葵、玉米田，镇外的田野上生长着茂密的柏树，在这样浪漫的环境中品尝当地出产的、世界闻名的红葡萄酒，怎能不令人心动呢。

行前计划：蒙塔奇诺位于锡耶纳以南25英里（40公里）。镇上建于14世纪的城堡内设有酒吧，可以品尝到当地出产的布鲁尼洛红葡萄酒、腊肠及佩科里诺干酪。还可游览卡斯特罗班菲（Castello Banfi）葡萄园。

相关网址：www.consorziobrunellodimontalcino.it，www.castellobanfi.com

❺ 翁布里亚区，蒙泰法克的萨格兰蒂葡萄酒（Sagrantino di Montefalco）

蒙泰法克小镇上的罗马教堂、壁画、城堡和镇外广阔的田野都是意大利最为传统的小镇风景。然而真正吸引无数游人到来的还是这里出产的萨格兰蒂诺葡萄酒。据说，葡萄园中的葡萄是中世纪时法国僧侣从小亚细亚地区带来的。

行前计划：从镇上沿SS316公路开车10分钟即可到达保罗·贝伊（Paolo Bea）葡萄酒庄。你可以尽兴游览酒庄和附近的橄榄农场。

相关网址：www.italianmade.com

❻ 坎帕尼亚区，塔奥雷西葡萄酒（Taurasi）

美国著名电视剧《黑道家族》（Sopranos）中，主人公虚构的祖先来自意大利阿韦利诺（Avellino）附近伊尔匹尼亚（Irpinia）山上的葡萄庄园。我们现在所说的红葡萄酒则是酿自阿格里亚尼科（Aglianico）种植的一种古老的葡萄品种，这种葡萄据说是古希腊人引种过来的。

行前计划：如果你在那不勒斯附近，可沿A-16公路至阿特里帕达（Atripalda），参观当地马斯特罗贝拉迪诺家族（Mastroberardino）的酒窖。该家族一直生产塔奥雷西和其他几种葡萄酒。

相关网址：www.mastroberardino.com

❼ 巴西利卡塔区，武尔图雷的阿格连尼科葡萄酒（Aglianico del Vulture）

这种产自意大利南部巴西利卡塔地区的红葡萄酒很少出口，酒瓶上也没有任何华丽的装饰和宣传，有的只是优质的葡萄原料和精湛的酿造工艺。如果你买几瓶带回家，朋友们一定会放下手中的巴罗洛（Barolo），转而拿起这种价格便宜，但浓郁的香气却丝毫不输于巴罗洛的佳酿。

行前计划：可同时游览马泰拉（Matera）附近萨希地区（Sassi）在岩石上开凿的教堂和穴屋。

相关网址：www.italianmade.com

❽ 撒丁岛，加卢拉的弗蒙提诺葡萄酒

当地人的饮食文化颇受西班牙影响，蛤类是人们餐桌上的最爱之一，同时流行的还有口味轻快芬芳的弗蒙提诺白葡萄酒，既可佐餐，也可独饮。赛拉—莫斯卡葡萄庄园位于撒丁岛西北部，是此行的重点。它的葡萄园占地1200英亩（486公顷），是意大利第二大葡萄种植园。

行前计划：如果你住在绿宝石海滩（Emerald Coast），可参观附近阿尔扎凯纳（Arzachena）的史前遗迹——巨人墓（Tomba dei Gigante），那里也正是弗蒙提诺地区的中心。

相关网址：www.sellaandmosca.com

❾ 西西里岛，斯卡拉法尼的康提葡萄酒

这片葡萄产区位于瓦勒伦加（Vallelunga）附近的崇山峻岭深处，很少有游客光临。这里的红葡萄酒采用黑达沃拉葡萄（Nerod' Avola）酿造，味道甜美可口，一定会使你觉得不虚此行。这里既有传统的酿酒工艺，也有最先进的高科技设备，游客可以体验到来自两个世界互相取长补短的杰作。

行前计划：在内陆地区可驾车游览。如果你有足够时间，可以从巴勒莫乘火车沿老铁路线慢慢前往瓦勒伦加，以便欣赏沿途美丽的风景。在蒙德罗广场（Piazza Mondello）可以品尝到全西西里最好吃的意大利式冰激凌。

相关网址：www.italianmade.com

❿ 潘特勒里亚岛，帕希托麝香葡萄酒

在希腊神话中，女神坦尼特曾用这种味道甜美可口的白葡萄酒作为爱情的魔咒送给阿波罗。身处西西里的地中海风情之中，品尝着金黄色凝稠的葡萄酒，你也会被爱情的魔咒击中。

行前计划：从巴勒莫或特拉帕尼乘渡轮前往。站在岛西侧的岸边，可以眺望远处地平线上的非洲大陆。

相关网址：www.pantelleria.com

格拉夫地区的葡萄园中生长着色彩艳丽的罂粟花。

法国

波尔多葡萄酒

典雅的红酒、芬芳的白酒，还有甜美的索特内（Sauternes），这是每一个爱酒人的梦想之旅。

这次旅行的起点是格拉夫（Graves）地区建在平缓山坡上的葡萄园。这里生长着当地最好的葡萄，官方名称为佩萨克－雷奥良（Pessac-Léognan）。格拉夫地区位于波尔多以南的加仑（Garonne）河谷，一直都以其出产的各种红葡萄酒和榭密雍（Sémillon）、沙维浓（Sauvignon）白葡萄酒而著称。佩萨克位于波尔多地区的边缘。驱车经过那里，可以看到著名的豪特－布利昂城堡（Château Haut-Brion）和有着醒目尖屋顶的帕佩－克里门城堡（Château Pape-Clément），这两座坚固的城堡如今都已成为著名的酒庄。公路继续向前延伸，两边的田野越发令人心旷神怡。珀顿夏（Podensac）的尚提格利夫城堡（Château de Chantegrive）为游客准备了一流的红葡萄酒和气味芬芳的白葡萄酒。再往南是派格纳（Preignac），马勒城堡（Château de Malle）就坐落在格拉夫地区和索特内地区的交界处。精美的干白和索特内葡萄酒是这里的特产。城堡中还有17世纪建造的意大利花园，环境幽雅，正适合品尝过美酒后坐下来慢慢地回味。每年收获季节，工人们都要等到葡萄的贵腐病发展到最后阶段，才会将葡萄一粒粒手工摘取下来。正是这种天然处理过程外加希隆（Ciron）河带来的秋雾才使得这里出产的索特内葡萄酒拥有一种独特的丝滑般甜美的口感。

最佳旅行时间：游览巴萨（Barsac）和索特内应选择3月、4月，或10月至11月收获季节快要结束的时候。城堡和大部分其他历史古迹只在复活节至11月初之间开放。春季则是骑自行车旅游的最佳季节。

行程：11月初有格拉夫酒窖展览节（Graves Chais Ouvert），届时储藏葡萄酒的酒窖将对游人开放。你可以选1个周末好好游览。

行前计划：你可以在波尔多租一辆车。如果想参观城堡并品尝、购买葡萄酒，应事先检索其网站并预约。

旅行须知：雷奥良可以租到自行车。

相关网址：www.vins-graves.com，www.otmontesquieu.com，www.activegourmetholidays.com

著名景点

- 10月下旬可以看到迁徙的**灰鹤**飞过吉伦港上空，它们的鸣叫声在天空中久久回荡。
- **拉勃烈德城堡（Château la Brède）**是18世纪著名哲学家、作家和葡萄酒庄庄主孟德斯鸠男爵的故居。D108公路边穿过拉勃烈德镇即到。
- 坐下来好好享受一杯用马勒城堡葡萄园熟透了的葡萄酿造成的**优质索特内葡萄酒**。

意大利

块菌与蘑菇

白块菌（white truffle）物以稀为贵，是餐桌上最珍贵的美食。

对一个热爱美食醇酒的人来说，一年中不管什么时候，去意大利都不需要任何借口。然而如果你能在秋天走访位于都灵东南、被郎格（Langhe）丘陵上漫山遍野的葡萄园环抱的小镇阿尔巴（Alba），哪怕只待上几天，就能有机会体验到意大利美食中的精华。这段时间，在意大利北部的田野与林间，正是各种野蘑菇——牛肝菌、鸡油菌和其他各种香气浓郁的蘑菇——迅速生长的季节；也是人们在专门训练过的狗帮助下，从树根下挖掘最珍贵的真菌——香气四溢的白块菌的季节。根据寄生树木的不同，白块菌分成五种，分别寄生在橡树、白杨、垂柳、椴树和葡萄的根部。颜色也有白、灰、褐等多种。这些被称为“白色钻石”的美味在阿尔巴及附近的块菌市场上，往往被闻讯而来的厨师和美食爱好者们以天价购走。如果天气不好，块菌不容易被找到，价格甚至有可能在一周之内翻一番。附近餐馆在这段时间中纷纷推出块菌制作的菜肴，整条大街上都会飘荡着块菌那浓郁的香气。

著名景点

■ 当地独特的意大利细面（tajarin）汤汁浓厚，上面再撒一层仔细切碎的生白块菌，香气四溢，令人食欲大开。

■ 点一份制作精美、味道宜人的意大利肉汤炖饭（risotto），品尝里面色彩艳丽、香气扑鼻的鲜牛肝菌。

■ 在当地的农产品展销会和集市上搜寻美食：巴罗洛（Barolo）葡萄酒调味的腊肠、栗子蜂蜜，还有布鲁兹（Bruz）、皮多蒙特兹-里科塔（Piedmontese ricotta）等多种奶酪。

一名专业挖块菌者正在看着他的狗挖掘块菌。

最佳旅行时间： 秋天。全国块菌展览会每年10月在阿尔巴举行。其他城市如阿斯蒂（Asti）、阿克特美（Acqui Terme）等地的块菌展销会和集市也在10月或11月举行。从9月下旬到冬季，在当地餐馆中都可以吃到用块菌或其他蘑菇制作的菜肴。

行程： 驾车慢慢游览需要3~4天。

行前计划： 如果在块菌展览会期间前往阿尔巴，一定要提前预订酒店。

旅行须知： 白块菌不能加热，只能生着搓碎撒在食物上面。瓶装块菌或块菌罐头没有鲜块菌那种独特的香气，并不值得购买。

相关网址： www.saporidilanga.com

托斯卡纳的慢食

忘记快餐吧！放慢节奏，在意大利迷人的土地上，好好享受精心烹制的传统美食。

当代旨在鼓励和保护地区性烹饪传统、特色食品和对环境无害的食品生产工艺的国际运动——慢食（Slow Food），就起源于意大利。尽管理论上说慢食运动的中心位于北方很远的皮埃蒙特区，托斯卡纳却是体验这一饮食哲学内涵的最佳起点。托斯卡纳人对于精美传统的食品充满热情。他们为老菜谱的不同版本激烈争论，对刚上市的新鲜食材充满期待。冬天有用豆子做成的浓汤（托斯卡纳人对此无比热爱，以至于其他地方的意大利人称他们为“吃豆子者”），有深绿色的甘蓝汤（cavolo nero，在美国被称为 lascinato kale），还有法罗（farro，一种古老的小麦品种）。春天和夏天是各种时鲜蔬菜上市的季节，如绿蚕豆（baby broad bean），配上新鲜的佩科里诺干酪，分外好吃。秋天，人们纷纷到森林中搜寻野味、牛肝菌和栗子。农家酵母面包、烤肉和浇上野兔炖汤的宽面条（pappardelle）则是一年到头都不下餐桌的。托斯卡纳充满文艺复兴艺术气息的城镇和风景优美的田野似乎天生就该日日与盛宴为伴。

这家锡耶纳街头的老熟食店橱窗里挂满香肠和火腿。

著名景点

- **费诺奇欧纳香肠（Finocchiona salami）**是当地许多种咸肉、香肠和火腿的总称，其名字来源于野生的茴香（Fennel）籽。当地的小餐馆和葡萄酒吧（osteria）里经常提供这种香肠，放在一个浅浅的大盘子里。
- 你可以在当地的磨房中买到新鲜的**特级橄榄油（Extra-virgin）**，附近种植橄榄的大小农庄有上百家。
- 品尝肥厚多汁的**丁骨牛排（Bistecca alla Fiorentina）**，牛排取自珍贵的基亚尼纳（Chianina）牛，并用木柴烧火烤制而成。
- 参观当地的**葡萄酒庄**。著名葡萄酒品牌包括基安蒂（Chiantis）和布鲁尼洛（Brunello di Montalcino）红葡萄酒，以及弗纳希亚（Vernaccia di San Gimignano）等白葡萄酒。

最佳旅行时间：不同季节有不同的特色菜肴，所以对于一个美食爱好者，很难说有什么“不适宜”的时间。不过托斯卡纳乡间的景色在春、秋季最美丽，而很多家庭餐馆和食品店8月关门歇业。

行程：驾车至少需5天，如果想游览充满浪漫情调的城镇、村庄与田野风光，还要多待上些日子。

行前计划：锡耶纳、佛罗伦萨和卢卡都很适合作为大本营，每天早上出发可以遍览周边的景点。此外乡间也有一些参加农业旅游项目的农场，可以接待游客住宿。

旅行须知：来到一座村镇上后，注意浏览当地市政厅门前或中心广场上的告示牌，上面介绍了本地萨格拉斯（sagras）活动的内容——这是一种全镇或全村人参加的饮食节，活动包括盛大的聚餐，并非常欢迎游客加入。

相关网址：www.slowfood.com，www.agri-turismo.com

即使是在工作日里，卡塔尼亚早晨的鱼市也是一片繁忙景象。

最佳旅行时间：避开夏季的几个月。10月卡普帕赛罗（Capo Passero）海滩的海水仍然温暖得可以游泳，同时在锡拉库扎西南的葡萄园中，此时正是葡萄收获的季节。

行程：至少留出2周时间以便仔细游览全岛并品尝精美的食品。

行前计划：带上舒适的鞋子以应付崎岖的山路，因为有很多值得探寻的景点都不在公路边。

旅行须知：沿途路标不全，仅有的路标也常常被树枝或灌木丛遮掩。若租车游览，请仔细研究地图。

相关网址：www.bestofsicily.com，www.winesofsicily.info，www.thinksicily.com

意大利

西西里的美酒佳肴

沿着巴勒莫至锡拉库扎的公路驱车前行，可以亲身感受到古老的西西里岛上丰富多彩的烹饪传统。

巴勒莫老区里，小贩叫卖着各种各样的鱼类，其中最新鲜的沙丁鱼被制成传统的特色食品——酿馅沙丁鱼（Sarde - a Beccafico）。离开巴勒莫，车子驶入岛上多山的内陆地区；沿途不但能欣赏醉人的风光，还能了解西西里多彩的历史。在山城埃纳稍事停留、参观城里15~16世纪建造的教堂后，可在十二月六号广场（Piazza 6 Dicembre）吃午餐以补充能量，品尝一下西西里排骨（Braciole alla Siciliana），这道菜是将猪排骨用新鲜牛汁腌泡后烤制而成，在当地十分流行。西西里的葡萄酒也多种多样，既有用深紫红色的黑达沃拉（Nero d’Avola）和味道浓郁的科里奥尼（Corleone）酿制的红葡萄酒，也有用卡塔尼亚白葡萄（Catanese Bianco）和格里卡尼科（Grecanico）白葡萄酿制的白葡萄酒。来到埃特纳火山以南，爱奥尼亚海岸边，花上一个早晨逛逛卡塔尼亚鱼市——地中海地区最大的鱼市。最后，在俯瞰奥蒂基亚（Ortigia）老港口的锡拉库扎城里喝一杯泛着泡沫的葡萄酒（Castelmonte - Frizzante），吃一块杏仁软糖（Frutta Martorana），给此行画上一个圆满的句号。

著名景点

- 西西里人不分老幼，日落后都喜欢外出**散步**，城市广场和大街小巷挤满了人。你可以坐在街边的咖啡馆中，边吃冰激凌边观看。
- 西西里岛中央山区的村镇是**野餐**的好地方。当地市场上可买到物美价廉的辣香肠、佩科里诺干酪和长棍面包。
- 试一试阿兰希尼（Arancine），这是一种圆形的、炸得焦黄的饭团，米饭中加入藏红花，饭团里裹着蘑菇、奶酪、碎菜叶或火腿，非常适合与西西里葡萄酒一起吃。
- 如果你有时间，从巴勒莫向西前往**特拉帕尼**（Trapani），可以看到港口边的盐田和风车磨坊。

Winston

意大利/法国/西班牙

香蒜沙司与什锦蒸饭

沿着地中海岸边横穿西欧，品尝一路上各具特色的美食。

由意大利的利古里亚，经法国里维埃拉和普罗旺斯至西班牙东北部的地中海沿岸，一路阳光明媚，是美食爱好者的天堂。起伏的丘陵上散发着马郁兰、野茴香、熏衣草、百里香等野生花草的芳香。古老的集市中可以见到丰富的水果与蔬菜品种、有水果味和胡椒味的橄榄油、用于沙拉的香草叶、被阳光晒得通红的番茄、辛辣的大蒜，还有许多新鲜的海产。利古里亚的香蒜沙司味道浓烈，配料包括捣碎的大蒜、当地出产的橄榄油、松子，还有当地盛产的罗勒，与你以前在超市中买到的香蒜沙司味道完全不同。普罗旺斯的比萨拉迪埃（pissaladière）则是一种味重可口的比萨饼，上面放有洋葱、鳀鱼并涂抹焦糖酱。鱼汤种类繁多，视每日渔民捕捞的种类而定，其中最有名的要数添加了藏红花的马赛浓鱼汤（bouil-labaisse of Marseilles）。进入西班牙境内，迎接你的是加泰罗尼亚的美食——龙虾沙锅、梨脯鹅肉、罗梅斯科（Romesco）辣酱，还有蜂蜜奶酪。旅行的最后一站是盛产稻米的巴伦西亚，这里是什锦蒸饭(paella)和许多其他米饭类食品的发源地。

对页：尼斯萨勒亚庭院（Cours Saleya）花卉市场中可以买到当地最好的海产、水果和蔬菜。最好在早上光顾。
上图：地中海地区种植橄榄树有1000年以上的历史，橄榄与橄榄油都是地中海地区烹饪的必备材料。

著名景点

■ 手拿一杯开胃酒沿海滩散步，在品尝精美的晚餐前欣赏地中海蓝色的夜景。

■ 在普罗旺斯最古老、名气最大的餐馆之一，拉米尔贝松（La Mère Besson）餐厅品尝历史悠久的普罗旺斯乡村风味。如果菜单上有Grand Aïoli的话，用普罗旺斯著名的蒜泥蛋黄酱拌鹰嘴豆、鳕鱼干和各种新鲜蔬菜，千万不要错过。

■ 在巴塞罗那巨大的室内市场（La Boqueria）中与当地人一起吃早餐或早午餐，品尝厚实的玉米饼（Tortilla）蛋卷。如果你胆子大，可以试着叫一份身边当地人正在吃的菜尝尝，如鱿鱼仔炖豆等。

最佳旅行时间： 如果可能的话请避开7月、8月游客最多的季节，这期间公路交通堵塞，餐馆和酒店也常常人满为患。

行程： 此行全长750~800英里（1207~1287公里），最少需要7~10天。如果有更多时间，可游览沿途古老的海港、美丽的海滨风情和隐藏在山中的村庄。

行前计划： 地中海沿岸吸引着来自全欧洲的游客来此品尝美食，享受阳光沙滩大海的乐趣。因此，你应该在出发前提前预订酒店，去一些著名餐馆或是像米其林星级餐厅那样的高级餐馆就餐也需要提前预订。

旅行须知： 早上可以逛一逛当地市场，看看渔民有什么新打的鱼出售，了解时鲜海产的种类。然后再去餐馆专门品尝一下这些应季的食品。

相关网址： www.deliciousitaly.com，www.francetourism.com，www.spaininfo.com

小吃店里海产、玉米饼、蔬菜、肉类等各种材料制作的小吃种类繁多，令人垂涎欲滴，你尽可以放开肚皮好好享受一番。

西班牙

巴塞罗那的小吃

漫步在巴塞罗那街头，光顾一家家餐馆和酒吧，品尝各种各样盛在小碟子中的精美食物。

热气腾腾的糕饼、浓咖啡和一种叫 xurros 的油炸甜点在博盖利亚（Boqueria）市场中的食品摊上散发着迷人的香气。从兰布拉大街（La Rambla）进入这座市场，你的周围立刻便响起喧闹的叫卖声。根据时节的不同，这里的货物也经常变化，或是海产，或是水果、蔬菜。巴塞罗那最有名的两家小吃店——皮诺奇奥（Bar Pinotxo）和艾尔奎姆（El Quim）都设在市场里面。它们每天早晨和中午营业，用市场里的新鲜食材制作各种小吃。你还可以点一瓶卡瓦葡萄酒（Cava，当地产的一种起泡葡萄酒），或其他葡萄酒、啤酒佐餐助兴。在市中心的老城区（Barri Gòtic）、伯恩区（El Born）、埃赞普区（L' Eixample）和里勃拉区（La Ribera），几乎每条街道上都有小吃店，既有简单的当地小吃，也有异国情调的点心。帕尔玛大街（Calle Palma）上的帕尔玛酒栈（Bodega La Palma）是一家历史悠久的酒馆，那里的葡萄酒都是直接从大桶里倒入玻璃杯或陶杯中，供顾客享用。尤斯卡莱提餐馆（Euskal Extea）位于蒙特加纳广场（Placeta Montcada），它不但是城中众多巴斯克风味餐馆之一，还是一个巴斯克文化的展示中心。餐馆内供应章鱼、辣椒卷等各种小吃。巴塞罗那是高迪（Gaudí）、毕加索、米罗（Miró）和达利（Dalí）的故乡，古老的街巷承载着星罗棋布的酒吧和餐馆，新鲜可口的美食、浓厚的艺术气息和精美建筑相得益彰，吸引着无数游客。

最佳旅行时间：巴塞罗那全年都有各种各样的精彩内容吸引着世界各地的游客，其中春季（3月中旬至5月初）和秋季（9月中旬至10月底）天气较为温和，大街小巷和咖啡馆里的游客也比较少。

行程：至少花3天时间感受市中心不同区域的特色。为了能够最大限度地品尝美食，参观当地建筑和美术馆，最好能够准备1周时间。

行前计划：每年9月24日是圣梅尔赛节（Festa de la Mercè）——巴塞罗那为纪念其守护圣徒而举行的庆祝活动。

旅行须知：点小吃时务必记清数量。有些餐馆里只要你不反对，侍者会不停地向你的桌子上端食物，最后你很可能会为此掏一大笔钱。也有些餐馆中根据你面前的空盘子或塑料刀、木叉等餐具的数量收钱。

相关网址：www.bcn.es/turisme，www.barcelonaturisme.coma

著名景点

■ 高迪建造的**圣家族大教堂（Sagrada Familia cathedral）**位于埃赞普区的高迪大道（Avinauda de Gaudí）旁，教堂高塔上的视野非常开阔。

■ 站在**蒙特尤科山（Montjuïc）**上，可以清晰地望见**巴塞罗那城**和城外的**大海**。你可以数一数城中一共多少座公园和广场。附近还有著名的**米罗基金会博物馆（Joan Miró Foundation）**。

■ **毕加索博物馆**位于伯恩区蒙特加纳大街（Carra Montcada）上，一共占据了5栋建筑。

葡萄牙

波尔图与杜罗河

品尝当地传统美食和世界上最好的加度葡萄酒。

汤尼（Tawny，茶色的）、鲁比（Ruby，红宝石）这些品名形象地道出了波尔图葡萄酒宝石般的色泽。加度葡萄酒是17世纪后期英国商人发明的，他们将白兰地兑入葡萄酒中，以使酒的性质更加稳定，便于用海船长途运回英国销售。直到今天，波尔图葡萄酒仍然采用这种古老的工艺制作，但目的却不再是方便长途运输，而是为了赋予这种葡萄酒独特的香气。波尔图葡萄酒的名称来自于地处其产区咽喉要道上的城市波尔图（Oporto）。许多大型葡萄酒生产商都在城里设有酒窖，将葡萄酒从这里运往世界各地。波尔图市位于杜罗河口的峡谷中，城市依山而建，相当繁华。你可以在城里品尝到波尔图葡萄酒，然而如果你想要了解关于这种酒更多的知识，就要沿杜罗河逆流而上，亲自到产区去看一看。可供游览的线路有好几条，其中风景最美丽的路段要数杜罗河边慵懒的小镇里加（Regua）和宾豪（Pinhão）。你可以乘杜罗河渡轮到里加，然后再乘火车或租车前往宾豪，那里正是葡萄酒产区的中心。你还可以住在附近河岸高处的梅塞弗里奥（Mesao Frio）酒店，那是一座漂亮的18世纪庄园，房间中布置着各种古董，有一间非常好的餐馆和种满玫瑰与柑橘树的花园。夜晚晴朗的时候，从房间阳台上可以看到月光投射在河面上的美景。

著名景点

- 在葡萄园中散步，欣赏美丽的杜罗河谷。
- 参观波尔图葡萄酒产地的葡萄种植园（finca），品尝美酒，了解波尔图葡萄酒的制作工艺。经验丰富的工作人员可以向你介绍关于这种酒性猛烈的葡萄酒的方方面面。
- 乘游船游览波尔图至里加的河谷，两岸是河谷高耸的峭壁和一座座葡萄园。

最佳旅行时间：9月是最佳旅游时间，你可以看到收获葡萄的情景。此外，整个春天和秋天的天气都不错。

行程：2~3天行程可游览周边景点及波尔图港口，时间比较充裕。

行前计划：古宅或古堡改建的酒店（pousada）住宿房间很少，需尽早提前预订。

旅行须知：往返可选择渡轮与火车两种不同的交通工具，尽可能多地欣赏当地风景。

相关网址：www.visitportugal.com，www.douroazul.pt

大桶装的波尔图葡萄酒（Port Wine）被放在这种称为rabelos的特殊船只上沿杜罗河向下游运送。

喝咖啡是贝都因人招待客人的重要仪式。咖啡豆中加入豆蔻以增加香气，主人会在客人面前现煮现喝。

约旦

贝都因部落的盛宴

豆蔻咖啡和酸奶酪烤羊肉散发出迷人的香气，四周则是约旦瓦迪拉姆河谷肉桂色的戈壁。

棕榈叶被装饰在贝都因人居住的羊毛帐篷的入口处。酋长亲切地用撒上豆蔻的咖啡招待客人。一会儿，两名手下铲去地上炽热的沙子，露出一具埋在地下的锅灶，一股香气顿时散发开来——那是著名的酸奶酪烤羊肉（mansaf），用干的酸奶酪涂满羊肉，然后小火慢慢烤熟，吃的时候配上米饭和松子。瓦迪拉姆（Wadi Rum）是一条位于约旦西南部的季节性河流，因第一次世界大战时期著名的“阿拉伯的劳伦斯”在此领导的阿拉伯起义而声名大噪。大卫·里恩（David Lean），1962年以该题材拍摄的经典影片也在这里取景。劳伦斯曾形容这里是“一片空旷、广袤的大地，仿佛来自上帝的时代”。这一形容非常贴切。穿过戈壁滩上棕黄色的岩石群，来到卡哈扎里（Khazali）峡谷。在阳光照射不到的峭壁阴影里，古老的岩画栩栩如生。回到帐篷中，人们纷纷坐在地毯上，从面前丰富的食品中各取所需。烤饼上可以抹上厚厚的鹰嘴豆泥和芝麻茄子酱（baba ghanouj），或者裹着烤好的鸡肉串和大蒜一起食用。塔博勒沙拉（tabbouleh）是当地著名的特色食品，它的配料犹如这片土地一样，坚韧、朴实（碎小麦）却又闪烁着桀骜不驯的光芒（香芹、番茄、洋葱、薄荷和柠檬）。帐篷主人的性格也同这片土地一样——这片贝都因人世世代代生活的瓦迪拉姆河谷尽管布满沙砾、石块和荆棘，每年冬天却又会变成一片肥美的绿洲。

最佳旅行时间：全年均可。冬季气候潮湿，1月的天气是全年最冷的，7月则为全年最热（36℃）。

行程：2天时间可以供你粗略地游览当地。酷爱旅行者或对当地历史文化有兴趣的游客应该准备4~5天时间。

行前计划：瓦迪拉姆游客中心（Wadi Rum Visitor Center）可以为游客安排传统的贝都因大餐。体验干河谷的最佳方式是住帐篷。你可以自己带帐篷，体验星空下入睡的滋味；或者借住在贝都因式的羊毛帐篷（bayt ash-sha'ar）中。迪赛村（Diseh）附近的宿营地较为豪华，比在河谷中住宿条件好得多。你还可以骑骆驼、马或乘吉普车游览河谷。

旅行须知：按照贝都因人招待客人的传统，咖啡要上3道：第1杯敬给灵魂，第2杯敬给剑，第3杯则敬给客人。向主人要更多的咖啡是不礼貌的。

相关网址：www.visitjordan.com，www.wadirum.jo，www.captains-jo.com

著名景点

■ 登上约旦第二高峰，海拔5741英尺（1750米）的**贾巴拉姆（Jabal Rum）**，可以看到壮观的风景。登山必须在游客中心提前登记。

■ 乘坐4×4越野车游览**巴拉（Barrah）峡谷**，每天清晨和傍晚，阳光会将岩石渲染成艳丽的橙红色。此处还有壮观的天然石拱门布尔达赫（Burdah）和乌姆弗劳斯（Um Frouth）。

■ 当地有**叙利亚狼**、**斑鬣狗**和**努比亚山羊**。从2002年开始，当地政府致力于重新引入阿拉伯羚羊——在干河谷中古老的岩画上，就有这些动物的身影。

南非

开普葡萄园

南非的葡萄酒品种丰富，质量上乘；葡萄园风光秀丽，景色迷人。

斯特仑勃大学城位于开普敦以东，那里的街道两旁种植着橡树，古老的建筑还是17世纪遗留下来的。开普葡萄酒之旅的线路就以斯特仑勃大学城为中心，一路上有美丽的风景，多彩的文化，种类繁多的葡萄酒也在不断引诱着你的食欲。沿途可供游客参观的葡萄园多达100多家，可供品尝的葡萄酒种类令人眼花缭乱。一些葡萄园还供应午餐，或安排游客在阳光灿烂的美丽花园中享受野餐。开普的葡萄酒工业始于1655年。那一年，时任开普殖民地总督的扬·范·里贝克（Jan Van Riebeeck）在此地开辟了第一块葡萄种植园。当时开普殖民地还只是荷兰东印度公司开辟的一处供应站。之后在1680~1690年，法国胡格诺派教徒（被从法国本土放逐的清教徒）来到这里，葡萄酒工业随之蒸蒸日上。今天，这一带共有15条葡萄酒主题旅游线路，一般游客在规划行程的时候不免要颇费脑筋。这么多游览线路不可能一次全部看完。斯特仑勃可以作为你游览的大本营，花几天时间，你就可以拜访附近三四家国际知名的获奖葡萄酒生产商，同时还能参观附近荷兰殖民地时期及法国胡格诺派教徒的历史遗迹，或是驾车穿越美丽的开普群山与丰收的葡萄园。

著名景点

■**鲁森伯格（Rustenberg）葡萄园**位于斯特仑勃附近，是南非最好的葡萄酒庄园，主要生产用赤霞珠（Cabernet Sauvignon）、品丽珠（Cabernet Franc）和梅洛（Merlot）等品种混合的波尔多葡萄酒。

■卡农考普（Kanonkop）葡萄园在南非最接近“一等葡萄园”（Premier Cru）质量标准。你可以在这里品尝到用南非特有的葡萄品种酿制的**比诺达吉（Pinotage）葡萄酒**，这种葡萄是由黑品诺与艾米达吉（Hermitage）葡萄杂交而成。

■由扬·米尔蓝德（Jan Meerland）于1702年创立的米尔蓝德（Meerendal）葡萄酒庄以生产**设拉子（Shiraz）精酿葡萄酒**著称，在这里你还能品尝到解百纳和比诺达吉葡萄酒。

南非斯泰伦博斯（Stellenbosch）的葡萄园。密密的葡萄架上，成串的葡萄正在烈日下成熟。

最佳旅行时间：春末（10月）至秋初（5月）最佳。如果你想全天徒步穿越葡萄园，最好选择春天或秋天。

行程：驾车需4~5天。

行前计划：斯特仑勃和附近地区是著名旅游胜地，因此酒店和葡萄园都需提前预约。斯特仑勃旅游中心为游客提供免费地图，并推荐食宿和游览线路。他们的工作人员可帮助你通过网络进行预约。

旅行须知：鲁森伯格葡萄园和酿酒厂周边环境非常宁静，不容错过。

相关网址：www.stellenboschtourism.co.za，www.wineroute.co.za

马来西亚

兼容并包的马来西亚饮食文化

从街边的食摊到小餐馆，马来西亚的饮食向人们展示着丰富多彩的文化背景。

这次旅行从新加坡出发，沿着马来西亚半岛一路北上，从南部炎热的平原，直到北部遍布密林的山区。一路上你可以感受到近 2 000 年来中国、印度，还有阿拉伯文化传统对这片地区饮食文化的影响。在西海岸古老的香料贸易港口马六甲，你可以品尝到用来自中国、印度的食材和马来人独特的烹制手法制作的各种食品，如中国式春饼（popiah），里面卷着豆薯等物和马来传统的花生酱。再从马六甲乘汽车到马来西亚最大的城市——吉隆坡。这里的饮食包含了三个不同民族的文化，他们都将这座城市视为自己的家乡：有马来人、中国人，还有印度人。中国城中有美味的福建、海南菜；马来聚居区“新村”（Kampung Baru）中可品尝其特色食品，具有马来风味的椰奶米粉（nasi lemak），带有新鲜的生姜香气。布里克菲尔兹区（Brickfields）则是品尝正宗印度南部饮食的好地方。或者你也可以品尝一下风味独特的吉隆坡特色食品牛尾拉沙（kare laksa），这种面条综合了中国、印度和马来三种饮食文化的精华，可称得上是整个东南亚甚至全世界最好吃的面条之一。旅程的最后一站是乔治城，建在马来西亚北部不大的岛屿——槟榔屿（Penang）上。南亚的街头美食文化在这里达到了顶峰：满大街几乎每一寸角落中都挤满了高声叫卖的小贩（在当地被称为 hawker）。

著名景点

■ 在新加坡街头可以品尝到溢着生姜、新鲜姜黄和黑胡椒子香气的**黑胡椒蟹**（ketam lada hitam）。

■ 品尝热气腾腾、还带着柴火香气的**烤肉串**（satay）。这种食品据说起源于8世纪阿拉伯香料商人传入爪哇、印度尼西亚的烤羊肉串。爪哇人对其进行了再加工，用当地流行的香料——芫荽叶、姜、高良姜、柠檬叶、大蒜、葱等——腌制而成。

■ 马来西亚是零食爱好者的天堂，街头食品甚至有演变为艺术的趋势。一家**大排档**（hawker center）可以挤下约300家食摊，每个摊位只占很小的地方，喧闹的叫卖声和头顶天花板上的吊扇声响似乎永不停歇。

对页：马来渔民乘坐木船，用手工制作的渔网和捕鱼工具捕捉鱿鱼和其他鱼类，以及龙虾和其他虾等，这些都是烹制马来食品必不可少的原材料。
上左：马来烹饪善用香料。丁香是一种晒干的花蕾，用来为菜肴和咖喱增添风味。
上右：肉豆蔻用于咖喱食品和甜食中。

最佳旅行时间： 当地全年气候温暖。每年有2次雨季，分别在4~5月和10~11月，但暴雨通常持续时间不长。

行程： 最短2周可以走完，但计划1个月时间是最好的。

行前计划： 可全程乘坐火车，也可在部分路段乘汽车。乘火车可在淡边换乘至马六甲的支线。巴特沃思有渡轮驶往槟榔屿。

旅行须知： 当地人吃饭一般用右手抓食，不使用餐具。用你的手指尖拈起一小撮可一口吃下的食物，动作要轻，就好像拿一颗柔软的草莓一样。用拇指将食物送入口中。只有吃面条是例外：几乎所有人都用筷子。

相关网址： www.motour.gov.my

7 运动精神

本章中的旅程最适于那些热爱运动的人。其中，部分线路专为体格强健、勇敢无畏的人而设，供他们挑战自我的极限；其他线路则提供给退而求其次的普通运动爱好者。无论惊险与否，每段旅程都是发现自我的探索过程，因为不管你到哪里，也不管你在路上遇到些什么，都能帮助你更好地了解自己。喜爱野外风情的人，可能会钟情于阿拉斯加的狗拉雪橇；喜欢在暖和的环境中近距离观察野生动物的人，则一次尼泊尔骑象旅行或是穿越博茨瓦纳观赏犀牛、豹、水牛、狮子和大象的摄影之旅定可令你满意。滑雪爱好者可以在勃朗峰上一展身手，或是体验一下热带地区的相应运动——乘滑翔机在里约热内卢上空翱翔。此外，还有些线路则将带你深入地下，去探索位于加勒比海岛波多黎各的地下岩洞群。即使最精力充沛、身经百战的极限运动爱好者，也万万不可以为在布宜诺斯艾利斯跳一场探戈很简单，其实你需要很大的勇气。因为当地久经舞场的高手有着闪电般移动的肢体和饱含激情的眼神，他们乐于与你一起在舞场上分享激情，却绝不会对你手下留情。

全神贯注的漂流者在激流飞扬的非洲赞比西河中。漂流活动（White-water rafting，也称“白水漂流”）是一项全球性的广泛运动，从热带的北澳大利亚到阿拉斯加的北极冻土，只要有河流因两岸峭壁夹峙而变窄的地方都可以进行。

阿拉斯加的因纽特犬以耐力著称，是拉雪橇的好手。

美国

阿拉斯加的狗拉雪橇

因纽特犬拉着雪橇在冰封的大地上风驰电掣，带你领略这片未受人类打扰过的自然风光。

狗群在场院中欢快地叫着——它们知道，马上就要再次在阿拉斯加的雪地上奔驰了。被选中的狗排成一列，个个异常兴奋。当你坐在向导身旁，松开雪钩，狗群的叫声立刻停止，开始拉着雪橇向前飞奔。此时你能听到的只有狗爪子拍打雪面的声音和雪橇滑过雪面时轻轻的摩擦声。狗拉雪橇在这里被称为“mushing”，来自加拿大法语“行走”（marcher）。奔跑的狗群动作节奏整齐，每只狗的嘴中都喷出浓厚的气息。路边是一丛丛云杉，树梢上挂着冰霜。树林背后是高耸的德纳里峰（Denali，即麦金利山），海拔20320英尺（6194米），是北美洲的最高峰。雪地上到处都是驼鹿和狐狸留下的足印，一群乌鸦在雪橇前方的上空盘旋。偶尔，狗群会齐刷刷地将头转向一侧。循着它们的视线，你会看到远处全身雪白的松鸡和北极兔。除此以外，苍茫的原野上渺无人烟，和你做伴的只有拉雪橇的狗。

最佳旅行时间：11月中旬至次年4月中旬，视道路和积雪情况而定。

行程：最短的路线只需1.5小时，长的则需要5天。

行前计划：驾雪橇的向导会为游客准备好全套防寒服和冬靴。贴身衣服不要穿棉制的，要选择毛织品。羊毛秋裤必备。

旅行须知：不要出汗！出汗后会感觉很冷。即使穿得少一些、冻着一点也比出汗好。

相关网址：www.vernhalter.com

著名景点

■ 雪橇线路遍及**德纳里国家公园**。该公园面积约9500平方英里（24605平方公里），保存有完整的亚寒带生态系统，生活着灰熊、狼、白大角羊（亦称道尔羊）、驼鹿等多种野生动物。你不必担心会遇到熊——冬天熊通常都在冬眠。

■ 如果你选择了3日或5日的线路，就有机会自己驾驭雪橇在长达1151英里（1852公里）的**伊蒂塔罗（Iditarod）线**跑上一段。每年3月的同名狗拉雪橇赛就是在这条线路上的诺姆（Nome）和安科拉奇（Anchorage）之间举行。你可以在起点或终点住上1晚，听比赛选手讲讲历年竞赛的往事。

■ 有些线路中途会在**托科沙山林小屋（Tokosha Mountain Lodge）**住宿。那里地处托科希塔纳（Tokositna）河与海盗湖（Pirate Lake）之间，不通公路。雪山风景壮丽，四周万籁俱静。小屋主人烹制的菜肴精美可口，还能吃到点心和馅饼。

加拿大的北极熊

大地只剩下灰白两色，岩石和雪堆背后就可能藏着北极熊。

在野外遇到北极熊时，最让你吃惊的既不是它们能轻易撕碎人体的巨爪，也不是它们盯着你时眼中流露的轻蔑，或它们那庞大突兀的身躯；而是它们如此巨大的身躯居然能够这样好地隐藏在旷野之中，甚至在没有积雪的地方也是一样。蜷伏在岸边的岩石与浮冰之间休憩的北极熊，几乎无法从远处被人发现，只有在你离它们数步之遥时才能注意到它们的身影。观察这种白色巨兽的最佳地点莫过于加拿大马尼托巴省北部的小镇丘吉尔（Churchill），这座小镇因为坐落于哈德逊湾西岸的一条北极熊迁徙路上，镇外总是能见到许多北极熊的踪影。夏天海上冰层破裂的时候，北极熊便转移到岸上寻找食物。虽然在镇子周围就可以见到游荡觅食的北极熊，不过最好的观察方式还是深入野外。坐在有着巨大车轮和高高的悬挂系统的四驱雪地越野车上，可以安全地在野外观赏北极熊。经过 20 多年与人类的接触交往，这里的北极熊已经不再惧怕车辆，甚至经常会走上前来，把它们的鼻子贴在车窗上。你可以每天驱车在野外数小时，追踪它们的足迹。

著名景点

■ 丘吉尔镇东面的野外设有**移动旅舍**，可供游客过夜。你会发现自己好像动物园里被关在笼子里的动物，反而是那些北极熊在外面自由自在地闲荡。

■ 丘吉尔镇每年有超过300个晚上可以见到**北极光**，使这里成为世界上欣赏北极光的最佳地点之一。

■ 夏季光临丘吉尔镇可以观赏**鸟类**。**瓦普斯克国家公园**中可以看到的稀有候鸟包括棕塍鹬、白鸥、里海燕鸥、矛隼等。

■ 7月、8月可以参观**威尔士亲王堡**（Prince of Wales Fort），建于18世纪，是哈德逊湾公司当时的一处皮毛交易市场。

丘吉尔镇以南的瓦普斯克（Wapusk）国家公园，一只母熊带着两只幼崽在雪地上休憩。

最佳旅行时间：观赏北极熊的最佳时间是10月和11月。每年这个时候北极熊纷纷聚集在海岸边，等待海水再次冰封。

行程：至少4天；要想仔细游览附近的极地风光，最好留出1周时间。

行前计划：好一些的旅行社会为你提供一身防寒外套。不过这里的秋天即使中午气温也可能会降至0℃以下，所以你必须自己备好保暖内衣、双层手套、滑雪帽，以及一双防水的全天候旅行靴。

旅行须知：从温尼伯（Winnipeg）至丘吉尔镇除了飞机外，还可乘坐哈德孙湾铁路公司（Hudson Bay Railway）的火车，既方便又可沿途欣赏风景。

相关网址：www.nathab.com，www.townof-churchill.ca，www.viarail.ca

横越加拿大

徒步穿越茂密的森林、骑车游览温哥华岛海滨，或是在阿萨巴斯卡河上泛舟……这条横越加拿大的漫长线路为每一个热爱运动的人提供了无穷无尽的选择。

完整的横越加拿大线路（Trans Canada Trail）全长1.1233万英里（1.8078万公里），它从东海岸纽芬兰的圣约翰（Saint John's）至西海岸不列颠哥伦比亚的维多利亚港，从阿尔伯达省的卡尔加里(Calgary)直到北冰洋；遍布加拿大的每一个省份、每一片土地。部分线路已经整修完毕，有些地方则尚待完成。横越加拿大线路最终要达到的目标是穿越广袤、复杂的加拿大全境，为游客提供自行车、骑马、徒步、滑雪、雪地摩托、划船等各种各样的运动体验。现在，这条线路上已经有多段线路可供你选择。如位于爱德华王子岛上168英里（270公里）长的线路，还有安大略湖沿岸，以及安大略省北部广袤的森林与田野。你还可以驾驭小艇，沿阿萨巴斯卡（Athabasca）河由阿尔伯达省进入不列颠哥伦比亚，或是骑车游览雁翔小径（Galloping Goose）——总长44英里（71公里），由维多利亚至苏克山（Sooke Hills）及里奇敦（Leechtown）的废弃矿坑，将海滨风光与美丽的田野一网打尽。喜欢历史的人可以选择温哥华岛上风景优美的科维昌谷铁路线（Cowichan Valley Rail Trail）、不列颠哥伦比亚省的科特谷铁路线（Kettle Valley Railway Trail）或育空地区（Yukon）的怀特霍斯铜矿线（Whitehorse Copper Trail）。此外，位于西北地区（Northwest Territories）的线路则为那些真正的探险家提供了挑战自我的舞台，重走当年勇敢的探险先驱萨缪尔·赫恩（Samuel Hearne）的线路——尽管不再像当年那样艰苦和危险，沿着铜矿河（Coppermine River）一直走到其位于北冰洋的入海口。

著名景点

■ 沿途有许多**野生动物**，包括黑熊、灰熊、驼鹿、鹿、美洲狮等。温哥华岛旱獭属珍稀动物，现存仅约200只。

■ 育空地区夏季有**白昼现象**，如果你愿意的话，可以一天到晚走个不停。怀特霍斯是该地区首府，有各种杂耍演出，令人回想起当年"黄金潮"时的小镇风情。

■ 位于新斯科舍省（Nova Scotia）总长度27英里（44公里）的**盖斯波拉夫自然风景线（Guysborough Nature Trail）**沿途风景最为优美，短短的线路中包括了瀑布、索桥等各种自然、人工景观，在其东边的终点附近还可观赏到大西洋沿岸最大的海湾——切达布克托湾（Chedabucto Bay）。

最佳旅行时间：全年均可，针对你喜爱的旅行方式，选择合适的线路。

行程：长短皆宜，有仅需1小时的休闲线路（可能还包括观赏沿途的鸟类），也有可长达数月的徒步旅行线路。

行前计划：事先与当地旅游部门接洽，以确定你的旅行方式和线路。

旅行须知：沿途有约800座城镇的人们日常出行都要利用这条线路。路上你会看到一些人工搭建的棚屋，可向游客提供帮助和信息。

相关网址：www.tctrail.ca，www.canadatails.ca

对页：加拿大落基山山区中的谷地空气清新，晴朗无云的天空映衬着草地和落叶树林，风景分外艳丽。
左：阿尔伯达省的班夫（Banff）地区宁静的河流。

云雾缭绕的湖边，一群游客正看着准备接送他们的直升机。

最佳旅行时间： 6月初至9月中旬。8月最适宜登山，那时候头一个冬天的积雪已全部化尽，蚊虫数量也最少。

行程： 通常游客要在山上住3个晚上，只有“穿越线路”（hut to hut，见下文）需要7天。

行前计划： 加拿大假日登山旅行公司（Canadian Mountain Holidays）负责组织该旅游项目。游客从阿尔伯达省班夫市（Banff）起程，游览结束后再回到班夫市。公司提供全套登山所需设备，包括登山靴。

旅行须知： 游客可选择穿越线路及其他更具挑战性的攀登项目（需提前预约）。所有登山项目的安排都要根据实际天气情况而定。

相关网址： www.canadianmountainholi-days.com

加拿大

乘直升机游览不列颠哥伦比亚

雄伟壮丽、人迹罕至的群山深处，只有乘直升机才能到达。

随着“全体集合”的喊声，游客们一个接一个地跑进直升机。登山器具和午餐装载完毕后，直升机呼啸着来到不列颠哥伦比亚省阿达芒特山（Adamant Range）林线之上的高山地区。在这里，游客将在山间一处豪华的“小屋”（hut）中过夜。今天的目标是被称作“沃尔多夫塔”（Waldorf Tow-ers）的“W”形的山间小径，出发点位于一处巨大冰川之上的雪原。卸下乘客和装备后，直升机呼啸而去，把游客和向导留在人迹罕至的偏僻山区，附近没有任何可以获得补给或交通工具的城镇，徒步走到林线以下至少需要好几天。天黑的时候直升机会再次飞临，将游客送回过夜的“小屋”。徒步线路可根据游客的兴趣与体力单独设计。你既可以挑战极限，攀登白雪皑皑的峰顶，也可以花上一个下午，静静地观赏高山上盛开的野花。

著名景点

- 准备好照相机，可从直升机**前排座位拍摄**，高耸的山峰从直升机上看去近在咫尺。
- 随行向导都是**当地生态、地理和自然历史**方面的专家，随时准备解答游客的任何问题（包括登山安全方面的问题）。
- 每天晚上，直升机会将你送回山间小屋——传统高山小屋形式的豪华旅馆，享受**丰盛的晚餐**。
- 留出时间游览**班夫**。这座城市位于加拿大落基山脉中，每年一度的“班夫国际高山电影及读书节”就在该市举行。

美国

卡塔蒙特线

白天在佛蒙特州风光秀丽的田野间滑雪，晚上享受美味的晚餐和温暖的床铺。

寂静的林间只有你的雪橇滑过新雪时的嗖嗖声和远处啄木鸟敲打树干的声音。在滑上一段陡峭的河岸时，一群唧唧喳喳的黑头山雀加入了你的行列，在你身边的树林中跳跃、飞翔。这是一段穿越8英里（13公里）森林的佛蒙特州卡塔蒙特（Catamount）越野线路，是起自加拿大边境，直抵马塞诸塞州边境、总长300英里（483公里）的越野滑雪线路的一部分。从歌珊（Goshen）市的蓝莓山旅店（Blueberry Hill Inn）出发，穿越格林山脉国家森林公园（Green Mountain National Forest）的穆萨拉莫（Moosalamoo）地区，一路上跨越林间的小溪和山坡，然后转向南方，穿过一片片森林。林中生长着松树、云杉，还有冬天叶子已经落光的糖槭树和山毛榉。如果你走支线前往布兰登（Brandon）附近的丘吉尔旅馆（Churchill House Inn），还能看到在林间闲逛的鹿群，但它们很快就会消失在树木之间，只有白色的尾巴在远处整齐划一地跳动。

著名景点

- 沿途可观赏到与公路两旁的景色大相径庭的**野外雪景**。
- 很多动物冬天会冬眠，但你仍然可以看到**驼鹿**、**白尾鹿**等多种动物，甚至还有可能看到**北美大山猫**。
- 出发前一天晚上可以在**蓝莓山旅舍**享受木柴加热的桑拿，品尝旅舍自制的点心。第二天经过一天跋涉后，晚上在**丘吉尔旅舍**的壁炉边喝上一杯葡萄酒，享受运动后的休憩。

穿行在白色的树林中，和你做伴的只有脚下的积雪与美丽的大自然。

最佳旅行时间： 12月至次年3月。出发前请查询当地雪情，以确保线路没有关闭。

行程： 卡塔蒙特线的这段路程需时4~5小时。滑雪走完全程大约需要1个月，通常人们会将整条线路分为数段，每次花几天时间走其中一段。

行前计划： 备好必要的野外用具，包括滑雪设备和衣服，还有线路地图、急救包和修理雪橇的工具。

旅行须知： 除野外旅舍，你还可以住在美国森林管理局（U.S. Forest Service）在野外设立的小屋，或者住在沿途的滑雪中心。

相关网址： www.catamounttrail.org, www.inntoinn.com

美国

沙漠越野

在俄勒冈州地形变幻无常的沙漠中体验过山车般的驾驶感受。

一只毛色艳丽的蓝色树燕从空中掠过，在沙海中投下一片阴影。漫长的时光与当地的气候在这里塑造出起伏的丘陵与深谷。沙丘环绕着一片长满树林的“绿岛”，郊狼和黑尾鹿在林间穿梭，那便是西斯洛（Siuslaw）国家森林公园。风吹起沙粒，堆积成高高的沙丘。突然，引擎传来巨大的轰鸣，休息时间结束了。你是否系好了安全带，带好了眼罩？在1小时的漫游中，向导会带着你和其他乘客以60英里（97公里）时速穿行在沙海之中。周围是一片弥漫的沙雾，每一次转弯都会带来一阵阵沙浪拍打在你身上。驾驶员冲上一座巨大的沙丘，大喊着告诉你，这是此地最大的沙丘，足有40层楼高。没有人寄希望于向导知道沙丘另一面是什么样子，因为这里的地形每天都在变化。越野车跃过沙丘，然后逐渐减速，最后停在一个圆形的谷底。惊险的行程会令你的心提到嗓子眼，很久都无法平静。

著名景点

■ 珍稀鸟类西方环颈鸻只栖息在平坦的沙地上。当地的鸟类还有鹪雀鹛（Wrentit）、棕煌蜂鸟、海鸦和海鸽。

■ 乘电梯下到世界最大的海岸洞穴——海狮洞中，观赏洞中栖息的成百上千只北海狮。

■ 海瑟特灯塔(Heceta Head Lighthouse)位于一座205英尺（62米）高的悬崖顶上，灯塔守护人的小屋现在改建成了供应早餐的小旅馆，那里的早餐内容十分丰盛，有7道之多。

沙丘越野车（dune buggy）沉重的开放式底盘非常适于在沙漠中行驶。

最佳旅行时间：雨季过后的5月至8月。

行程：沙丘漫游行程分为30分钟和1小时两种。在当地待上2~3天可以体会到沙丘每日一变的风景，并游览附近海岸边的渔村。

行前计划：提前1~2周致电旅行社以便安排行程。当地气候温和，但当劲风以每小时20~30英里（32~48公里）的速度卷起沙浪拍打在你身上时，你仍然会感觉到很冷。建议穿着长裤和兜帽上衣，不要穿凉鞋。

旅行须知：尽可能地在清晨风不太大时出发。无孔不入的沙子可以钻入电子设备内部，因此不要带太好的相机。

相关网址：www.sandland.com，www.hecetalighthouse.com

新河峡国家公园（New River Gorge National River），皮筏艇在一处狭窄的激流中旋转。

最佳旅行时间：4月至10月。9月夏莫维里水坝开始开闸放水，是河水最湍急的时候。

行程：有半日、全日和多日行程。

行前计划：西弗吉尼亚州法耶特维里市（Fayetteville）是参加漂流的游客的最佳住宿地点，但一定要提前预订客房。你还要对当地游客的拥挤程度做好准备，2006年来西弗吉尼亚体验漂流活动的游客超过了20万人。

旅行须知：不要穿棉布衣物，它们着水后会变得很沉，而淋水是免不了的。

相关网址：www.naar.com，www.goextreme.com，www.nps.gov/neri

美国

激流勇进

喜欢每秒钟都充满刺激和湿漉漉的感觉吗？来纽－高利河漂流吧！

在你还没来得及喘完一口气的时候，随着耳边“嗖”一声响，你的整个身子又向下急坠了10英尺（3米）。你乘坐的皮筏艇艇首一下子没入水中，然后又重重弹起，带起一片浪花扑打在你的脸上。河床两岸砂岩峭壁对峙，将湍急的河水逼入狭窄的深谷。你为这一刻的到来已经准备了多日，而在这之后许久你都会一遍又一遍地在脑海里重现每一次躲过礁石和旋涡的激荡惊险的历程。但是现在，紧张的局面会令你大脑一片空白，什么都来不及想。这里是西弗吉尼亚州的纽—高利河，美国东海岸激流漂流的最佳地点，从平缓的浅滩到4、5级激流，一应俱全。纽河发源于北卡罗来纳州，流经弗吉尼亚州进入西弗吉尼亚阿里盖尼（Allegheny）山脉深深的峡谷之中，最后在高利布里奇汇入由东向西流淌的高利河。世界上最具挑战性的激流漂流河段就位于高利河的上高利谷（Upper Gauley）中，从夏莫维里水坝开始，全长9.8英里（16公里）。要想战胜这段落差极大，水流湍急犹如子弹的激流，必须具有一流的漂流技术和经验。

著名景点

■9月、10月在高利河漂流可以体验到**最惊心动魄的激流**。每年这个时候美国陆军工程兵团（U.S. Army Corps of Engineers）会启动**夏莫维里水坝**的泄洪闸，每秒钟可向下游排水2500立方英尺（70.8立方米）。

■惊魂稍定时，偶尔可看到头顶上有**游隼**飞过。国家公园管理局（National Park Service）正在纽河两岸的砂岩峭壁上放养这种猛禽，以使它们重新回到这片地区。

■每年10月第3个周六，数百名BASE建筑（Building）、天线（Antenna）、桥梁（Span）、大地（Earth）跳伞爱好者聚集在距水面高876英尺（267米）的纽河峡谷大桥上，举行跳伞活动。

骑在马背上，你多少能感受到当年的早期移民通过这里向美国西南部迁徙的过程。

最佳旅行时间：全年均可，但春、秋季最佳。夏季天气炎热，常有干热风；冬季偶尔会下雪。

行程：1周时间可以尝试多段线路。其中最长的一段骑马线路穿越锡马龙国家草地保护区，长19英里（31公里），1天可以轻松走完。

行前计划：要求自带马匹，沿途租马的地方很少。有时会有人组织沿圣达菲进行长距离的骑马旅行，你可以多在网上搜索相关信息。

旅行须知：带上帽子、墨镜和足够的饮水。锡马龙线两端都设有厕所及给马装卸鞍具的设施。

相关网址：www.naturalkansas.org/cimarron.htm，www.fs.fed.us/r2/psicc/cim

美国

骑马游览圣达菲线

在历史悠久的圣达菲线沿途可以欣赏到美国西南部最为瑰丽的荒漠风景。

马蹄踏起阵阵尘土，酷热的空气扑面而来，四周的荒漠中生长着稀稀落落的仙人掌和山艾树，放眼望去，找不到一个可以遮阴的地方。但是，感受着这荒漠上独有的寂静之美，再想到你正在步着先驱者们的后尘，艰苦旅程带来的一丝不快也就自然而然地烟消云散了。在历史上，圣达菲线曾经是一条连接密苏里州富兰克林与新墨西哥州圣达菲的重要商业、军事通道。1846年，美墨战争后，成千上万移民沿着这条长达800英里（1287公里）的线路从堪萨斯州、科罗拉多州和俄克拉何马州来到新开辟的土地——新墨西哥州。直到19世纪80年代铁路修成后，这条道路才渐渐沉寂。今天，人们开车可以沿着新开辟的国家风景线路（National Scenic Byway）穿越科罗拉多州到达新墨西哥州。可是如果你想重温美国移民先驱者的历史，最好的方式还是骑一匹马沿着老路慢慢游览。其中，位于堪萨斯州西南部城市埃尔克哈特（Elkhart）附近的线路横贯锡马龙国家草地保护区，是现存圣达菲线位于国有土地上最长的一段。

著名景点

- 沿途可以看到许多鸟类——**金雕、草原松鸡、走鹃**及郊狼、豪猪、麋鹿、叉角羚等动物。

- 圣达菲线现在只有约15%的线路仍清晰可见，如果你仔细看，还能看到马车轧出的**车辙印**。

- **水牛坑**（Buffalo wallow）是一些地势低洼的水坑，当年曾经有许多体形巨大的水牛在此打滚（可能是为了除掉身上叮咬的苍蝇），从而使坑内的土质变得疏松下陷。现在在圣达菲线路沿线仍能看到这样的地方，特别是春天坑里积满水的时候更加醒目。

美国

大峡谷漂流

体验大峡谷的创造者——科罗拉多河所孕育的自然力量。

奔腾喧嚣、气势如虹的科罗拉多河水日复一日地冲刷着大峡谷底的河床。如果不是亲眼看到老练的河流向导操纵各种皮筏艇、平底船漂流在利斯费里到米德湖之间280多英里（450多公里）长的河面上，你很难相信在如此汹涌的激流中能够有人完成这样的壮举。1869年，美国南北战争中的独臂英雄约翰·韦斯利·鲍威尔（John Wesley Powell）少校第一次驾船征服了这段不羁的河流。不过，你要完成的旅程和当年鲍威尔少校的壮举时已有很大不同。沿途大部分河段流速平缓，使你有足够时间欣赏两岸的风景。途中你还可每天弃舟登岸一次，参观附近阿那萨齐印第安人的史前遗迹，以及美丽的峡谷风景，如马鞍谷（Saddle Canyon）中开满鲜花的山坳。科罗拉多河源自落基山脉的融雪，因此并不适宜游泳。但峡谷中有一些温泉却是戏水的好地方。再向前行，安静的河段马上就要结束了。随着小船进入被恰如其分地称为“咆哮的20年代”（Roaring Twenties）的急流之中，你将体验到肾上腺素激增的快感。

著名景点

■ 如果你有出色的眼力和一副高质量的望远镜，可以观赏到大峡谷中的美洲狮、大角羊、郊狼、河狸，以及粉红色的响尾蛇。

■ 哈瓦苏派印第安保留地（Havasupai Indian Reservation）居住着约450名土著印第安人，他们仍然保留着自己的语言。保留地中风景优美，有高垂的瀑布和清澈的池塘，是理想的宿营地，并建有一处小旅馆。

■ 科罗拉多河流出大峡谷后进入米德湖。这座因修建胡佛水坝而形成的湖泊沿岸有众多水湾，适合钓鱼、滑水及游艇休闲等多种水上活动。

利斯费里横跨大峡谷的纳瓦霍（Navajo）桥，这里是漂流的起点。

最佳旅行时间： 漂流项目开放时间为每年4月至10月。春、秋两季的天气最适宜旅游，夏季气温最高可达49℃。

行程： 最少3~5天，晚上在河边的帐篷中度过。如果想漂流完利斯费里至米德湖全程需要2周。

行前计划： 漂流活动由有资质的旅游公司组织。公司提供所有食品及烹饪设备；游客需自带睡袋、行李、背包和水壶。

旅行须知： 科罗拉多河漂流是向孩子介绍大峡谷和漂流运动的理想方式。部分漂流项目可接待最小7岁的儿童。

相关网址： www.oars.com

美国

骑骡游览大峡谷

骑着骡子走在上千米深的峡谷中，寻找隐藏其间的美丽风景。

如果之前你还对此行抱有轻松愉快的幻想，那么清晨当你站在畜栏外的寒风中时，这种想法一定会烟消云散了。骡子的主人看上去饱经风霜，正在那里大声叫喊：“心脏不好的人请留下！如果你的呼吸系统有问题请留下！如果你有任何理由怀疑自己完成此行的能力，请留下！”显然，这条经典的大峡谷游览线路对于每一位游客都算得上一种严峻的考验。每年都有好几支骡队因为炎热、寒冷、脱水、海拔变化等种种原因，最后不得不借助直升机撤离。尽管如此，每年仍然有成千上万游客慕名而来，骑着体格健壮、背脊宽阔的骡子，体验这段长10.5英里（17公里）、沿着科罗拉多河深入上千米深大峡谷的经典线路。人们竞相来此的原因很简单：只有这样才能最好地观赏大峡谷内部雄伟的景色。蜿蜒的小路每次转弯都为人们在夹峙的悬崖中打开一道崭新的风景。在你的一边，是城墙一样的岩壁，岩壁上呈现出红、褐、橘、灰等各种不同色彩。另一边则是一条狭窄的裂谷，仿佛巨人张开的大嘴，紧贴着你的脚镫，令人心惊胆战。在峡谷的最底部是远离喧嚣、草色茵茵的幻影农场（Phantom Ranch），80多年来，它一直为这条线路上的旅客提供可口的食物和舒适的床铺。好好休息吧，因为第二天清晨你又要跨上骡背，开始返程的漫长跋涉了。

对页：从秃鹫的视角俯瞰大峡谷，可以充分体会到它的宏伟、壮丽，与你骑在骡背上深入峡谷中看到的景色相比又别有一番风味。
上左：游客骑着骡子依次走在小道上。
上右：沙漠之星——一种雏菊，生长在岩石的隐蔽处。

著名景点

■ 你将有机会一睹**加利福尼亚秃鹫**的风采。它们伸展着巨大的双翼，在峡谷上空高高地翱翔。这种鸟类曾一度濒临灭绝，现在人们采用人工孵化培育增加其数量，并不断将它们放回峡谷中自由生长。

■ 行走在崎岖蜿蜒的山路上，欣赏着峡谷**美丽的风景**，你的耳边会不时响起人们驱赶骡子时“呵！”“哈！”的喊声。在只有骑骡子和徒步才能通行的小道上，这此起彼伏的呼喝声显得格外亲切。

■ 在不断深入峡谷底部的路程中，你身边层叠的沉积岩石将向你展露这一带**20亿年来的地质变化**。

■ 下午，阳光将科罗拉多河水照耀得五颜六色。**科罗拉多河**离幻影农场只有数百码，至今河水仍然在不断冲刷、塑造着谷底的地形。

■ 骑了1天骡子后，你可以在幻影农场让疲惫的身体好好休息休息，静静地欣赏鸟鸣与河水的喧嚣，还可享受晚餐美味的**牛排**，补充一天能量的消耗。

最佳旅行时间：每年3月至5月是游客最多的季节，气温适宜，植被也最茂盛。9月至11月的气候也很适宜，还能欣赏到秋叶。

行程：建议在大峡谷中停留4天。骡队第1天清早开始向谷底进发，第2天下午返回。

行前计划：必须提前预订，游客最多的时候，预订甚至排到了13个月后。登记时可获得旅行相关的指导与警示信息。随身携带的相机一定要能够固定在身体上，因为沿途你经常需要双手驾驭骡子。

旅行须知：长途骑行会使你觉得肌肉酸痛。到达幻影农场后不要马上休息，应在周围走一走以舒展筋骨。可以观赏附近激流澎湃、景色优美的科罗拉多河，或是看看河对岸高达1英里（1.6公里）的峭壁。

相关网址：www.nps.gov/grca，www.grand-canyonlodges.com/Mule-Trips-716.html

美国

冲浪天堂

夏威夷的花园之岛——考艾岛是学习冲浪的好地方。

学习冲浪的第一课：划到翻浪线——海浪开始翻卷的地方——所需的精力远比冲回岸边需要的多。如果你对此作好了心理准备，剩下的只需要学习的欲望和 2 小时时间，就可以在考艾岛南岸风景如画的波伊普（Po’ipu）海滩上学会冲浪的最基本操作。当地冲浪学校教师都是退役的冲浪好手，他们会教你如何辨识海浪、如何正确跃上冲浪板、如何保持身体平衡，还有最重要的一点——如何在冲浪结束时正确地停下来。在波伊普海滩 3~4 英尺（0.9~1.2 米）高的浪头中练习 1~2 周后，你就可以尝试更具挑战性的海域了——瓦基基（Waikiki）海滩位于瓦胡岛上的火奴鲁鲁，猫王曾经经常光顾那里。穿上沙滩短裤，带上冲浪的设备，你可以开车沿着瓦胡岛北岸行驶，见识一下瓦米湾（Waimea Bay）曾经让无数冲浪高手折戟的惊涛骇浪。站在海滩上，不知你是否还有尝试“欢腾”（hang ten）的胆力？其特点是双脚紧勾住冲浪板前端，全速滑行。如果你准备好了，那么请深吸一口气，夹着冲浪板，开始惊险的挑战吧！

练习可以让你逐渐变得自信。然而要想像这名夏威夷冲浪好手一样在巨浪之间泰然自若，还须长时间的经验积累才行。

著名景点

■ **瓦基基海滩**上的浪头可能不是最高的，但却能提供最正宗的夏威夷式冲浪体验。当你在皇家夏威夷（Royal Hawai’ian）度假酒店前的海滩上享受冲浪的快感时，一抬头便能看到远处的钻石山（Diamond Head）。

■ 瓦胡岛北岸的**瓦米湾**和**班仔管道**（Banzai Pipeline）都是著名的冲浪胜地，那里的海浪既高又急。

■别忘记买一件**经典的夏威夷“阿洛哈”（aloha）文化衫**。火奴鲁鲁及夏威夷其他岛上都能够买到。瑞恩·斯普纳（Reyn Spooner）是比较流行的品牌。

最佳旅行时间：全年均可，不过夏天的时候海水最温暖。冬季北太平洋的风暴会带来全年最壮观的海浪，但如果你想要在12月和次年1月冲浪，应穿上保温泳服。

行程：最基本的冲浪课程只需要几小时便可掌握。初次接触冲浪的人必须每日练习，坚持1~2周，才能尝试在浪头比较激烈的海域冲浪。

行前计划：冲浪学校可以为你提供一切设备。最基本的设备包括冲浪板以及一只用来缠绕脚踝的皮带。如果你喜欢上了冲浪运动，当地有不少家出售冲浪板和其他器材的商店。

旅行须知：花园之岛冲浪学校（Garden Island Surf School）每天在波伊普海滩上课。学习内容包括1小时集中讲解和1小时单独练习。

相关网址：www.gardenislandsurfschool.com

绳索是洞穴探险的常用装备，你很快就会习惯利用它在岩壁上上下攀援。

波多黎各

洞穴探险

这是一次难以忘怀的地下探险。深藏在密林中的洞穴错综复杂，激流、泥泞和高强度的运动将是对你的一次严峻考验。

天蒙蒙亮的时候，你就与你的向导一起向着一片茂密的热带丛林进发。这里的环境令你很难相信，你现在所在之处距离波多黎各繁华的首都圣胡安只有不过50英里（80公里）路程。在途中，你要接受使用绳索的简单培训。然后，你们便沿着树林外崎岖的山崖而行。茂密的树冠就在你的脚下，你可以俯视整个丛林，就好像在天空翱翔的鸟。第一眼看到安吉利斯岩洞时，你会为它的奇险折服——脚下是一个巨大而垂直的山坑。你必须下到山坑下面才能进入洞穴。攀着绳索下降250英尺（76米）——大约25层楼房的高度，你终于来到了洞穴口。戴好头盔、顶灯，穿上救生衣，你就可以开始探索这地下的未知世界了。洞中生活着蝙蝠、蜘蛛、蝎子、螃蟹，还有巨大的石笋和钟乳石，岩壁上镶嵌着数百万年前的海生动物化石，脚下则是湍急的地下河。沿着崎岖不平的石灰岩小路前行，身边的洞穴时而狭窄，时而宽广。随后，你还要平躺在水面上，脚朝前，用身体做筏子在卡姆伊地下河（Río Camuy）上漂流。随着你走出洞穴，当阳光又重新照耀到你眼中时，你会立刻开始怀念起刚刚在地下世界中度过的充满神秘的时光来。

最佳旅行时间：全年均可。

行程：1天。早上5:45出发。

行前计划：有导游的旅游团需提前预约。穿越洞穴的旅途相当累人，你必须有强健的体质，同时15岁以下的小孩子也不允许进入。

旅行须知：穿一双旧旅游鞋或登山靴，洞里非常潮湿泥泞。裤子尽量穿薄一些，也可穿短裤。不要穿牛仔裤，牛仔裤被水打湿后会变得很沉。如果你觉得自己的体力不足以完成洞穴旅行，可以选择相对较为轻松的项目，乘电动车游览旁边卡姆伊河洞穴公园（Río Camuy Caves Park）中的洞穴。

相关网址：www.aventuraspr.com

著名景点

- 在山坑底部有一个水潭，你必须跳入水潭中才能到达洞穴的入口。
- 在你仰卧在地下河的水面上，从一个洞穴漂流到下一个洞穴时，唯一的照明设备只有你头上的顶灯；耳中听到的也只有四周的流水声。
- 在蜡烛照明的洞中吃午饭，简单的午餐在摇曳的烛光照耀下会给你带来一种享用大餐的感受。

碧绿的海水清澈见底，四周风景美丽如画，宛若仙境。

最佳旅行时间： 夏季天气炎热，不宜前往。10月至12月初海水温度很高，非常适合潜水。

行程： 1周。每天早上划船3~4小时。

行前计划： 旅行的第1站是下加利福尼亚州首府拉帕兹（La Paz），这里的一艘摩托艇会将你送到埃斯匹利图岛。每次转换宿营地时，摩托艇都会将宿营设备和食物送到新的沙滩宿营地。你划船时不需要的个人物品也可托摩托艇运送。

旅行须知： 当地气候炎热、阳光充足，需经常饮水，并涂抹防晒用品。划船时可将小型相机放在防水包内，用松紧带固定在小艇上。

相关网址： www.kayactivities.com, www.discoverbajacalifornia.com

墨西哥

泛舟加利福尼亚湾

墨西哥西海岸人迹罕至的小岛野趣盎然，是泛舟的绝好去处。

加利福尼亚湾的海水波光粼粼，环绕着多山的半岛。海岸边白色的沙滩就是今晚你将要宿营的地方。双桨有节律地伸入水中，小船在海面上静静前行，岸上是成片的仙人掌，不时有一条崎岖小径通向山中，海浪拍打着岸边的珊瑚礁。这里就是墨西哥下加利福尼亚（Baja California）半岛沿岸面积不大的岛屿埃斯匹利图（Espíritu Santo）。你将在这里度过一周时间。每天早上，你可以划着单人小艇沿顺时针方向环绕小岛，欣赏周边的岛屿、崎岖起伏的海岸、岬角和海湾。岛屿西岸有大片沙滩，游人稀少，风景优美；东侧的海岸则布满高耸嶙峋的悬崖。下午的时间可以在岛上闲逛，或是在清澈见底的海水中享受潜水的乐趣。一天结束时，坐在沙滩上搭好的帐篷前，没有比拿着一杯玛格丽塔鸡尾酒欣赏日落更令人惬意的事情了。

著名景点

- 加利福尼亚湾生活着多达**31种海洋哺乳动物**，还有多种海龟以及500余种鱼类。埃斯匹利图岛上还有一些独有的动物，其中包括**黑尾长耳野兔**和一种个头很小的**地松鼠**。

- 岛屿北端有一个**海狮栖息地**，与这些体态优雅的动物一起潜水乐趣多多。

- 当你在浅海中划船时，偶尔会看到**蝠鲼**追随在小船左右，时而跃出水面滑翔。

- 全世界再也没有比这里更好的厕所景致了：每一个宿营地都配有可移动式厕所，放置在附近一处稳当的悬崖上，从厕所里可以**俯瞰**大海，景色特别优美！

伯利兹的堡礁

西加勒比海的潜水天堂，五彩缤纷的海底世界。

每一位到过伯利兹堡礁链的潜水爱好者都会对此留下难以忘怀的深刻记忆。北半球这条最长的堡礁链虽然长度不如澳大利亚的大堡礁，但生态系统的复杂多样却绝不逊色。这里共有 65 种不同的珊瑚，生活着超过 500 种生物。珊瑚礁与海岸之间是一系列浅浅的潟湖和湿地，栖息着为数众多的鹈鹕与海牛，还有星罗棋布的 450 多座小岛，也称作“cay”（沙洲、珊瑚礁之意），是军舰鸟与鲣鸟生活的乐园。游人落脚的最佳地点是位于堡礁北端的最大岛屿——安伯格利斯岛（Ambergris Cay）上的圣佩德罗（San Pedro）。对于大多数潜水爱好者来说，最令他们难忘的潜水之旅是探索圣佩德罗东南距离不到 50 英里（80 公里），碧绿清澈、光怪陆离的蓝洞（Blue Hole）—— 一处位于灯塔礁群（Lighthouse Reef）中心地带巨大、圆形的海底深坑。伯利兹的浅海中生活着数不胜数的海洋生物，其中最著名的观赏地点有半月岛（Half Moon Cay Wall），以及因为鱼类资源丰富而被恰如其分地称为“水族馆”的长岛（Long Cay），那里经常还有海豚出没。你还可以尝试一下在浅海中夜潜，此时艳丽的水下世界中正是各种生物活动的高峰期，亮绿色的章鱼、发着夜光的龙虾和对虾，还有仿佛毕加索画作风格的鹦嘴鱼，都是你身边的常客。

穿行在湛蓝色的海水之中，到处可见艳丽缤纷的热带鱼和精美的扇柳珊瑚。

著名景点

■ 安伯格利斯岛上的鲨鱼吧（Sharks Bar）是一处观赏鲨鱼的好去处。在甲板下水中的暗礁群里，鲨鱼、海龟和鳐纷纷游动。带上潜水管潜入岛上防波堤下，可以看到一队队鱼类和其他海洋生物不停地穿梭在礁石群中。

■ 龟、绿海龟和玳瑁是岛边浅海中经常可见的海龟，它们会在岛上的沙滩上产卵。有时候你还能看到海牛悠闲地躺在海面上晒太阳。

■ 在三处环礁中——格罗夫环礁（Glover Reef）、特内弗环礁（Turneffe Islands）及灯塔环礁（Lighthouse Cay），部分小岛上有人居住，但大部分岛屿没有居民，只有海鸟和隐藏在沙子中的螃蟹生活在岛上。深海中则是鲨鱼和梭鱼的天下。

最佳旅行时间： 11月至次年6月。7月至10月这里经常有狂风暴雨，不适于潜水。

行程： 至少1周。

行前计划： 先乘飞机到伯利兹城，然后转乘小飞机飞往安伯格利斯岛上的圣佩德罗。其他岛屿可从伯利兹城或圣佩德罗乘船抵达。你不必携带潜水设备，在安伯格利斯岛上可以租到。

旅行须知： 蓝湖（Blue Lagoon）的深度超出了潜水的极限，即使训练有素的潜水者也很难潜到那么深的地方。即使在浅海水域中，也必须先掌握良好的潜水技巧才能确保万无一失，并且潜水时要遵守严格的纪律。即使在浅水中，也必须警惕因过量吸入氮气导致的昏迷——这是一种和醉酒差不多的病症。

相关网址： www.ambergriscaye.com, www.reefandrainforest.co.uk

皮筏冲入激流中时，你根本没有时间思考。国际激流分级制（International Scale of River Difficulty）将激流分为1~5级，其中1级波浪最小，而在5级激流中漂流则需冒着生命危险。

十大漂流胜地

这些分布在世界各地的漂流胜地漂流难度各有不同，最高的甚至可以达到5级。

❶ 加拿大—美国：阿尔塞克（Alsek）河和塔沁希尼（Tatshenshini）河

这两条河流经加拿大与美国阿拉斯加州边界的山脉和苔原，沿途到处是冰山、冰川等极北荒原上的壮丽景色。令人难忘的不仅有丰富多彩的野生动植物——灰熊、驼鹿、洄游的鲑鱼和甘甜的蓝莓，还有波涛汹涌的激流。

行前计划：选择6月至9月成行。沿阿尔塞克河从育空地区的海因斯章克申（Haines Junction）到阿拉斯加州的德莱湾（Dry Bay），再顺着塔沁希尼河从育空地区的达尔顿波斯特（Dalton Post）到与阿尔塞克河的交会处。

相关网址：www.wildernessriver.com

❷ 加拿大：鹊河（Magpie River）

水上飞机将你带到鹊湖（Magpie Lake），穿越魁北克东部荒无人烟的松树林的8天行程就从这里开始。你遇到的第一处激流是离开湖边后见到的鹊河，随着行程不断深入，激流的漂流难度也不断增加，直

行前计划：7月至9月。

相关网址：www.earthriver.com

到最激动人心的一刻——经过鹊河瀑布后的5级激流。晚上你将宿营在河中的小岛上，晴朗的北方夜空中可以看到瑰丽的北极光。

❸ 美国：爱达荷州沙门河（Salmon River）的支流米德尔福克河（Middle Fork）

这是世界上最著名的漂流河段，它可以满足你各方面的需求：有达到4级的激流，雄伟的高山和茂密的森林，还有美国国土中除阿拉斯加外最大的一片没有公路通行的原野。这里的野生动物资源也十分丰富，你将有机会看到母熊带着它的幼崽横渡河流。

行前计划：建议5月至9月前往。由于仰慕这里的漂流爱好者很多，而每次进行漂流的允许人数都十分有限，所以请尽量提前预订行程。

相关网址：www.ioga.org

❹ 厄瓜多尔：乌帕诺河（Río Upano）

置身于茂密的雨林中，犀鸟和艳丽的蝴蝶在林间飞翔。当地的舒阿人（Shuar）用棕榈叶建造茅屋，就居住在这片雨林里，他们的村庄正等待你去参观。从亚马孙盆地西端的偏远小镇马卡斯（Macas）出发，迎接你的将是一系列缓急多变的河段，有平静的水流，也有峡谷中汹涌的巨浪。最吸引人的河段是拥有4+级激流的纳曼戈萨峡谷（Namangosa Gorge），峡谷两边的峭壁上悬挂着无数条飞瀑。

行前计划：11月至次年1月。

相关网址：www.rowinternational.com，www.condorjourneys-adventures.com

❺ 智利：福塔勒弗河（Futaleufú River）

福塔勒弗河湛蓝的河水从安第斯山上的冰川湖倾泻而下，在一片风景如画的湖光山色中，带给你最激动人心的漂流体验。这里有可供初学者练习的河段，也有5级的激流等待着顶级高手的挑战。

行前计划：12月至次年4月。

相关网址：www.visit-chile.org，www.aquamotion. cl

❻ 澳大利亚：北约翰斯顿河（North Johnstone River）

位于昆士兰最北端热带地区的北约翰斯顿河拥有4级和5级激流，火山爆发形成的壮观峡谷与帕美斯顿（Palmerston）国家公园的热带原始雨林。夜晚，岩石缝隙中的发光真菌散发出梦幻般的光芒，萤火虫在树冠间飞舞。如果你对这些还不满足，考虑一下额外的惊喜：旅程的出发点位于无路可通的险境之中，只有乘直升机从空中才能到达。

行前计划：4月至7月。

相关网址：www.raft.com.au

❼ 尼泊尔：桑科西河（Sun Kosi River）

在中国西藏“世界屋脊”脚下，桑科西河带着你从雄伟的喜马拉雅山到宽阔的恒河大平原。穿行在崇山峻岭和密林中的桑科西河一路上经过许多狭窄的深谷，都可以达到5级激流。在惊心动魄的漂流终点，等待着你的是茂密的热带雨林，成群的猴子在树上嬉戏。

行前计划：建议每年9月至12月或2月至5月前往。

相关网址：www.welcomenepal.com

❽ 土耳其：乔鲁河（Coruh River）

乔鲁河是世界上流速最快的河流之一。它发源于土耳其东北部，沿途经过人烟稀少、壮丽雄伟的卡恰卡尔山脉，激流在山体中切出许多险峻深邃的峡谷。这里的野生动物资源丰富，有熊、山羊、野猪；还有拜占庭帝国时期的城堡等一系列引人入胜的历史遗迹。

行前计划：5月至7月前往。阿拉拉特峰（Agri Dagi）就坐落于卡恰卡尔山脉中。你可以将漂流与登山运动合二为一。根据《圣经》的记载，这座山峰便是诺亚方舟最后停下的地方。

相关网址：www.waterbynature.com

❾ 意大利：诺斯河（Noce River）

诺斯河发源于阿尔卑斯山的冰川融水，它穿过意大利北部的多洛米蒂山脉，在偏僻的太阳谷（Val di Sole）中形成咆哮的激流。这里是欧洲最激动人心的漂流河段，拥有多处5级激流。

行前计划：5月至9月是漂流的最佳季节。

相关网址：www.extremewaves.it

❿ 赞比亚—津巴布韦：赞比西河（Zambezi River）

经过维多利亚瀑布后，赞比西河在巴托卡峡谷（Batoka Gorge）中咆哮冲击，在短短15英里（24公里）的河段中形成了23处汹涌的激流，成为非洲最具挑战性的漂流河段。

行前计划：每年6月至次年2月河水水位低，此时全部23处激流均可漂流。3月至7月河水上涨，只有最后13处激流可以漂流。

相关网址：www.zambiatourism.com，www.zimbabwetourism.co.zw

布宜诺斯艾利斯的探戈之行

探戈绝不仅仅是一种舞蹈——这种诞生于布宜诺斯艾利斯贫民区的艺术早已成为阿根廷的精神象征。

时间已过午夜，热爱探戈的人们开始在布宜诺斯艾利斯市内各处的探戈沙龙（milongas）聚集。在这里，探戈不仅仅是一种舞蹈，它的魔力令布宜诺斯艾利斯市的居民（porteños）和来自世界各地的人们如痴如醉。在大型探戈舞厅里享用阿根廷牛排的游客们用不了3分钟就能见识到那些久经沙场的探戈老手；附近地下室的小探戈舞厅，则为他们几十年如一日地保留着座位。如果你来到这里是为了学习探戈或是提高自己的探戈舞技，这座城市提供了许多不同水平的课程供你选择，其中顶级的要算是在阿巴斯图广场酒店（Abasto Plaza）豪华套间中开设的私人课程。起舞的仪式始于一个眼神：人们用相互热切的凝视选择自己的舞伴，他们沿着逆时针方向在舞池中旋转，他们的动作模仿着热恋中人们的迷恋与大胆的进攻，他们的腿相互追逐，像刀锋般划过空气。探戈的历史可以追溯到19世纪，来自非洲的奴隶带来了他们的坎敦布舞蹈（Candombe），并且逐渐与贫民区中各种移民的音乐风格混合。与布鲁斯一样，探戈表现的是劳动人民生活的艰辛与苦难。但是它的影响力很快就遍及世界各地。1913年，善于经营的伦敦沃尔多夫酒店开始在下午茶时推出探戈表演。军人执政时期，布宜诺斯艾利斯的探戈舞被迫转入地下。20世纪80年代中期，它又重新成为城市生活的一部分。

著名景点

■欣赏探戈著名的**“小蛇步”（viborita）**：男方将右腿放在女方双腿间，然后用前后移动的滑步先触及女方的左腿，再触及她的右腿。

■跳舞歇息时，可以前往**帕勒莫（Palermo）**区的帕勒莫森林公园（Palermo Woods），在玫瑰园、湖泊和树林间漫步。

■周日前往**多列戈广场（Plaza Dorrego）的圣塔尔莫（San Telmo）跳蚤市场**，挑选古董银饰、雕像、维多利亚时期的老照片和唱盘。在你身边的街头上，探戈舞者向行人展示着他们熟练精湛的舞步。

最佳旅行时间：春天（9月至11月）和秋天（3月至5月）气候最佳。9月是旅游淡季，各种服务纷纷打折。

行程：布宜诺斯艾利斯丰富的城市生活至少需要6天才能充分体验。

行前计划：出发前学一点探戈的基础动作，以避免临场紧张，并锻炼你的耐力。

旅行须知：布宜诺斯艾利斯人习惯于身着高级时装上班，咖啡馆里经常人满为患。建议你可以在吃晚饭前小憩一会儿，因为在布宜诺斯艾利斯，晚餐和之后的探戈舞很可能一直持续到天明。你可以在《布宜诺斯艾利斯探戈》（*B.A.Tango*）、《探戈舞》（*El Tangauta*）等杂志上了解探戈舞厅的信息，记着带上一份标出探戈舞厅位置的地图。

相关网址：www.turismo.gov.ar，www.borellotravel.com，www.tangueratours.com，www.abastoplaza.com

来到布宜诺斯艾利斯，你才能真正了解这种世界上最富于激情的舞蹈。

巴西潘塔纳尔湿地内，一只裸颈鹳站在树梢的巢上。

巴西/玻利维亚/巴拉圭

潘塔纳尔湿地的野生动物

潘塔纳尔湿地位于巴西、玻利维亚与巴拉圭三国交界处，是地球上最大的湿地，栖息着种类丰富的野生动物。

黄昏到来，透过沉沉的暮霭，你看到一只挺胸昂首的裸颈鹳，个子足足有5英尺（1.5米），正一步步走向水边。每当巴拉圭河北部进入雨季时，大量河水冲入潘塔纳尔地区，把这里变成了一片水上乐园。游客可以乘坐小船进入沼泽深处，观赏（或是聆听）群集的水鸟欢快地享用水中的鱼类和软体动物；或是骑马进入地势较高的地区，寻找那些来此躲避洪水的陆栖动物。落日的余晖将水景染成金黄和粉红，彩虹是这里常见的美景。面积达8.1万平方英亩（21万平方公里）的潘塔纳尔湿地一年到头都是一座野生动物的宝库。即使在旱季，困在水潭中的丰富鱼类也吸引着大批林鹳到来。你还能在这里看到薮犬、草原鹿、貘和臭鼬，天空中还有成群飞舞的蝴蝶。夜间巡游更是别具乐趣，说不定什么时候，你身边就会出现一双美洲狮发光的眼睛。

最佳旅行时间：在潘塔纳尔湿地全年都有丰富的野生动物资源供观赏。旱季（4月至9月）主要依靠步行或乘吉普车游览。雨季（10月至次年3月）部分地区只能通行船只或乘小型飞机观赏。

行程：4天时间足以让你领略潘塔纳尔丰富的野生动物资源。

行前计划：当地有各种不同档次的食宿供应，从最简单的露天吊床到养牛农场中舒适的小屋应有尽有。如果住处比较简陋，建议带上一条睡袋，以及驱蚊剂。

旅行须知：你需要在信誉良好的旅行社或旅馆雇一名向导，不要理会机场和公共汽车站里那些“野导游”。

相关网址：www.pantanal.org，www.caiman.com.br

著名景点

- 傍晚骑马的时候你有可能会遇见一家子**水豚**——世界上体形最大的啮齿动物。它们身材类似于狗，长着肥大的嘴，看上去就像是超大号的豚鼠，体重最大可达176磅（80千克）。

- **风信子鹦鹉**是世界上体形最大的鹦鹉，体长可达3英尺（1米）。尽管在潘塔纳尔湿地中常可见到它们的身影，但风信子鹦鹉已属于濒危动物，它们的蛋被人在黑市上偷偷出售，价格高达数千美元。

- **大食蚁兽**的身形会令你过目难忘。它们体形颀长，嘴部尖巧，皮肤粗糙坚硬，慢跑的样子十分特殊，踪影很容易在野外被发现。

- 早餐时偶尔会有饥饿的**犀鸟**加入，用它们精巧纤细的喙从你手边抢走一颗颗草莓。

瓦尔帕莱索市内的升降电梯系统建于1893年，乘坐这种缆车从港口爬上陡峭的市区街道恨不得能把人的骨头都颠散。

阿根廷/智利/秘鲁

跟随格瓦拉的脚步

让《摩托车日记》带着你走入南美洲的旷野，领略辽阔的大草原、巍峨的群山和酷热干旱的沙漠。

遵循着切·格瓦拉在《摩托车日记》中的记述，由阿根廷出发，沿着同一条线路穿越智利进入秘鲁，既是一次探险之旅，也是一次朝圣的历程。人们以此来表达对这位英雄的崇仰，但旅途本身却绝非一帆风顺的观光之行，包括交通工具在内，在许多方面它都挑战着你的耐力和意志。格瓦拉和他的朋友阿尔伯特·格拉纳多（Alberto Granado）当年旅行时驾驶的是一辆500cc的老式诺顿摩托车，车的名字很具有讽刺性——威力无穷（La Poderosa）。对于这段艰辛的旅程而言，较为安全的交通工具应该是一辆全地形摩托车，外加性能良好的GPS。沿途你会遇到许多极端的路况，或是驶过极险的陡坡，或是涉过清澈的河水。风险无处不在。越过安第斯山脉后，你可以一路轰鸣着驶过阿塔卡玛沙漠，然后再次进入崇山峻岭，抵达古老的印加首都库斯科，以及更北方的马丘比丘。

最佳旅行时间：1月出发，途经巴塔哥尼亚高原时正好可以领略南半球的夏天，随后抵达阿塔卡玛沙漠时天气已入秋，气温也比较凉爽。

行程：全程约5000英里（8047公里），应至少留出1个月的时间。

行前计划：你可以在布宜诺斯艾利斯市仁塔车行（RentaMoto）租到全地形摩托车，沿途地方的信息可以在南美探险者俱乐部（South American Explorers Club）的网站上查询。

旅行须知：格瓦拉和阿尔伯特当年还继续向前进入了哥伦比亚和委内瑞拉境内，但他们没有继续驾驶那辆摩托车，因为地形不允许。所以就在马丘比丘结束你的旅行吧，那里正好可以作为一个辉煌的终点。

相关网址：www.rentamoto.com.ar，www.saexplorers.org

著名景点

■ **圣卡洛斯德巴瑞罗彻**位于安第斯山脉阿根廷一侧的纳胡尔华皮（Nahuel Huapí）湖边，是进入阿根廷南部**巴塔哥尼亚高原**的重要门户。你可以在这里逗留几天，游览附近的湖泊与冰川。其最南端便是地球上除南极洲以外最靠近南极的地方。

■ 智利港口城市**瓦尔帕莱索**依山而建，地形极为陡峭。市内共有15条索道一样的户外电梯，供市民在坡度极大的街道上活动。诺贝尔奖获得者、著名智利诗人**聂鲁达**（Pablo Neruda）的故居便位于此（当地称 La Sebastiana）。

■ **萨堪泰山脉**（El Salkantay）俯瞰着马丘比丘。很久以来，当地人一直将这座山作为神山崇拜。这里还生活着一种个头只有15.8英寸（40厘米）高的小鹿——小墨西哥鹿（sachacabra）。

死亡之路

这是世界上最危险的道路：从玻利维亚境内的安第斯山顶一路疾驰而下，道路蜿蜒曲折，稍有不慎便可能会有性命之忧。

疾风如利爪般撕扯着你的皮肤，在你的身边，大羊驼刨抓着脚下坚硬的泥土。你正站在海拔 1.542 万英尺（4700 米）的科迪勒拉山脉（Cordillera Real）之中，这条石灰岩山系贯穿了整个玻利维亚高原。在耶稣雕像的凝视下，你和其他山地越野车手一起，忍受着低氧的痛苦，边默念祷告词，边最后检查一遍车子的制动器。对于想要征服死亡之路（Carretera de la Muerte）——连接首府拉帕兹（La Paz）与北部亚热带平原的公路中的一段——的人来说，良好的准备工作就可能意味着挽回性命。这条 20 世纪 30 年代玻利维亚与巴拉圭之间的格兰查科战争期间由战俘修建的公路在拉昆布（La Cumbre）山口到科洛伊科镇（Coroico）之间短短 38 英里（61 公里）的距离内陡然下降了 1.1155 万英尺（3400 米）。其中，到达科洛伊科西南的约罗萨村（Yolosa）之前的 15 英里（24 公里）路段更是蜿蜒曲折，即便是最勇敢的自行车手也会觉得心惊胆战。从这里开始，沥青路面消失了，取而代之的是泥土和岩石。仿佛还嫌这里的危险不够多，一连串的汽笛声也加入进来，不断挑战着你的神经。公共汽车在云雾缭绕的狭窄弯路上挣扎前行，路边是一处处严重的交通事故留下的残骸。每一块岩石和每一道车辙带来的颠簸都令你或兴奋或恐惧。科洛伊科似乎远在天边，而脚下的每一步都仿佛能在瞬间将你拽入地狱的深渊。

著名景点

■ 一路上你可以看到许多**大羊驼**，在沿途的休息点还能看到**野狗**和**棕腹籽鹬**等一些**珍稀鸟类**。

■ 路上你的向导会停下来往路边撒一些甜食，这是在向**大地母亲**（Pachamama）献祭品，以保佑你安全抵达终点。

■ 玻利维亚妇女穿戴的色彩鲜艳的**披风**（Poncho）和外形似碗的**帽子**是当地一道亮丽的风景。

■ 沿途可以看到安第斯山脉众多白雪皑皑的高峰，包括海拔1.9255万英尺（5869米）、锯齿状的**穆鲁拉塔峰**（Cerro Mururata）。

最佳旅行时间：3月至10月。11月至次年2月是拉巴斯地区降水最集中的时间。

行程：5~6小时。

行前计划：拉巴斯当地有几家野外运动社成员每天在死亡之路上进行越野练习。在参加运动前，最好先花几天时间适应当地的海拔。

旅行须知：带几件干净衣服，以便到达终点后更换。运动社的随行车可以帮助你携带行李。危险的行程过后，你将在科洛伊科吃午饭，然后等待公共汽车将你送回拉帕兹。

相关网址：www.gravitybolivia.com，www.experiencebolivia.com，www.travel-tracks.com

死亡之路——世界上最危险的道路在安第斯山的崇山峻岭间蜿蜒盘绕，从安第斯山顶一直通向玻利维亚的热带雨林。道路一边是近乎垂直的悬崖。

暖风吹拂着你的脸庞，在你的下面是世界上最繁华的大都市之一。

最佳旅行时间：滑翔游览项目每天都对游客开放。天气不需要十分晴朗，只要没有降雨、山间没有低云即可。

行程：直线滑翔只需12分钟。但如果天气情况允许，你最多可以在城市上空盘旋0.5小时。

行前计划：多带一套衣服——山上由于海拔原因气温较低。为了能够更好地助跑和降落，穿一双舒适的鞋子也是很必要的。

旅行须知：即使你在里约热内卢准备多待几天，也最好一下飞机就立刻联系滑翔游览的组织者，以便他们挑选最适宜滑翔的日期。

相关网址：www.riohanggliding.com，www.riotourismoradical.com.br

巴西

俯瞰里约热内卢

没有哪种方式能够比乘悬挂式滑翔机更好地领略“巴西明珠”里约热内卢那惊艳的风景。

滑翔机在一条上坡道上加速助跑，然后奋力一跃滑入空中。当地面从你脚下消失，里约热内卢在悬崖下向你张开双臂，你很快就会克服恐惧，开始享受这别具一格的愉快旅程。此行的起点是位于里约热内卢蒂祖卡国家公园（Tijuca National Park）中的美丽岩（Pedra Bonita）。蒂祖卡国家公园地处里约热内卢西南，距市中心不远，是世界上面积最大的城市郊区热带雨林。里约热内卢是世界上风景最美的城市之一。它的东面是波光粼粼的大西洋，西面是突兀的群山和茂密的大西洋热带雨林。在你从空中呼啸着滑向萨尔康拉多（São Conrado）的海滩时，里约热内卢市内的著名景点一一展现在你的眼底：苏格洛夫（Sugar Loaf）山、花岗岩体构成的科尔克瓦多（Corcovado，葡萄牙语中意为驼背）峰、著名的耶稣救世像（Christ the Redeemer）、科帕卡巴纳（Copacabana）与伊帕内玛（Ipanema）的白色沙滩，还有瓜纳巴拉湾（Guanabara Bay）里星罗棋布、林木茂盛的小岛，以及海湾另一侧的姐妹城市尼泰罗伊（Niterói）。参加双人滑翔并不需要飞行经验，你的助手会负责完成各种复杂的操作，而你则可以专心致志地欣赏风景。

著名景点

■**起飞瞬间**你会获得独一无二的体验。当你在温暖的气流中轻轻地升高、转弯时，那种自由自在的失重感觉既令你心潮澎湃，又让你感到十分安心。

■从空中领略里约热内卢的风光，你很容易就能发现**这座城市的布局特点**。居民区被**一道道花岗岩山体**分割开来，你可以通过它们附属的长短各异、形状互不相同的沙滩来分辨。

■直到在**萨尔康拉多海滩**上降落很久之后，你的心脏还会因为激动与兴奋而狂跳不已。

阿根廷/智利/秘鲁/厄瓜多尔

安第斯山上的马道

感受安第斯山壮丽的风景和高原上的马背生活。

马队沿着山间的小路行进。布满碎石的山坡上生长着矮小的高原植物，黑白两色、翼展足有10英尺（3米）的安第斯秃鹫偶尔在山谷上空划过。从马背上看到、感受到的一切都和平时有所不同：你好像已与周围的自然环境融为一体。马队的前方是运送装备的骡子，它们载着帐篷、炉灶、锅具和食物，这些都是晚上在湖边野餐使用的。安第斯山脉是世界上最长的山脉，北起委内瑞拉，南到火地岛，全长4500英里（7242公里），其中就有西半球的最高峰，海拔2.2835万英尺（6960米）的阿空加瓜（Aconcagua）峰。这其间可供游人骑马漫游的地方数不胜数。提供马背游的旅行社有几十家，大部分设在阿根廷、智利、秘鲁和厄瓜多尔。其中一条游览线路带着游客进入厄瓜多尔境内的高原草甸，两侧是安第斯山中白雪皑皑的火山，它们中一些还在活动，火山口不时冒出滚滚烟雾。另一条游览线路沿着过去走私贩的路径由智利经巴塔哥尼亚高原进入阿根廷，沿途有多座迷人的高山湖泊。还有的线路可以带你领略当地传统的、数百年来未受外界影响的土著文化。各种不同的体验，全凭你自己选择。

骑马沿着智利安第斯山脉上的小径前进。许多前来体验骑马跋涉的游客都将智利首都圣地亚哥（Santiago）作为他们的大本营。

著名景点

■在安第斯山中骑马漫步完全是一场**视觉的盛宴**。这里有清澈见底的湖泊、高山草甸和灿烂的野花。夜晚的景色也不容错过：在晴朗的山区夜空中，点点繁星看上去格外密集。

■大部分旅途都将在马背上度过。如果你运气好的话，能看到**许多野生动物**，包括大羊驼、羊驼、美洲狮、鹰、南美栗鼠和安地斯秃鹫。

■一路上，不但有赶骡人和向导为你搭好帐篷，烹制**美味菜肴**，许多旅行社还派有随队**乐师**，为游客提供晚餐娱乐。

最佳旅行时间：沿途各地的最佳旅行时间各不相同。安第斯山北部地区如厄瓜多尔的高原地带全年都可骑马旅行；而在南部的智利和阿根廷，最佳骑马旅游季节是从1月至6月。

行程：最短的线路只需要1天，长的则可达2周。

行前计划：部分线路海拔较高，需逐步适应。很多旅行社都告诉你不需要事先练习骑马，但如果你事先对在马鞍上坐一整天的感觉一无所知，那绝对不是一个好主意。

旅行须知：带上高强度的防晒霜和宽檐帽，颈部则可系一条大手帕来保护。一年里无论什么时候，高山上的阳光都很强烈。

相关网址：www.rideandes.com，www.outdoorsargentina.com，www.chilecontact.com

对页：清晨的阳光下，牧牛人正在驱赶牛群。这就是浪漫的澳大利亚内陆。
上左：点起篝火后，还要将这种传统的水壶灌满。
上右：路上一座农场中，牛群静静地等待集合。

澳大利亚

牧牛之旅

白天骑在马背上，夜晚围坐在篝火边……沿着当年赶牛的线路，体验澳洲内陆风情和牛仔们真挚的友谊。

繁星在微蓝的辽阔夜空中闪烁，南十字星的光芒格外耀眼，很容易就能将其分辨出来。经过一天马背上的跋涉后，你坐在自己的帐篷前，500余头牛在周围不断发出各种各样的轻微声响，与周围的环境声融为一体。直到明天早上以前，这里不会再有皮鞭的声响，也不会有人高喊"快点，向前走！"营地外面是一片寂静的沙丘和戈壁滩。你现在是在南澳大利亚州乌德纳达塔小道（Oodnadatta Track）上，这是历史上一条著名的牧牛线路，从澳大利亚内陆深处的乌德纳达塔出发，穿过缇拉里（Tirari）沙漠，到达位于乌德纳达塔东南方大约250英里（402公里）外的马利——当时的铁路起点。赶牛人看上去和内陆戈壁一样贫瘠而粗粝，他们懒洋洋地坐在马鞍上，手舞牛鞭，动作十分娴熟老练。内陆地区的老传统仍然在他们身上保留着，个个都精于自己的工作，言谈睿智幽默。对你来说，此行可以充分体验澳大利亚中部——世界上最偏远的地区之一——那种粗犷的美丽。在清新的空气和辽阔的旷野包围之中，只是凝视着那无垠的平原与沙漠，就能抚平你狂躁的心灵。蓝色的帐篷，蓝色的天空，还有偶尔能够听到的"蓝色的语言"，把你带入了一个完全不同的世界里。当然，这次牧牛之旅本身并没有什么难度。尽管每天都要起得很早，并在马背上度过一整天，但每天的行程都不会超过8.7英里（14公里）。宿营的帐篷十分舒适，甚至还有一间储备充足的酒吧随行。

著名景点

- 部分线路会经过现在世界上最大的牛场——**安娜克里克**。它占地超过1.162万平方英里（3.01万平方公里），差不多有马里兰州那样大。

- **艾尔湖**是**世界最大的盐滩湖**，面积超过46.332万平方英里（120万平方公里）。湖水没有外泄的渠道，随着水分不断蒸发，留下大片白花花的盐。在一年大部分时间中湖里都是干的，但每过大约5年这里就会遇到一次洪水泛滥。在湖水蒸发完之前，这里会变成一片野花的海洋，鸟类的天堂。这个时候，乘飞机游览可以观赏到最美丽的景色。

- 神秘的**马利人像**位于马利以西37英里（60公里）处，最佳观赏方式是从空中俯瞰。人像长2.5英里（4公里），描绘的是一个男人手拿棍棒或飞去来器的样子。

- 沿途你还能多次遇到当地**土著**的长者，探访土著文化，了解采摘果实的过程、神秘的梦，以及他们的手工艺品。这其中就有阿拉布纳人，艾尔湖地区曾经的主人。

最佳旅行时间：目前牧牛之旅游览活动每2年进行1次，从5月上旬至6月底。

行程：牧牛的旅程被分割成数段，每一段行程均为5天4夜。游客可以任选其中一段参加。此外还要留出几天游览南澳大利亚州首府阿德莱德，领略美丽的城市风光。

行前计划：尽可能提前预订——每次旅行只允许最多70名游客参加。遇到干旱气候时，部分旅行还会被取消。路上要遵守关于着装和其他方面的安全规定（每个参加者骑马时都必须戴上头盔）。带上强力驱蚊剂。

旅行须知：篝火合唱晚会可以迅速增进游客和骑手、牧牛人之间的互相了解。如果你会弹奏小型乐器，可以把它带上。路上很容易觉得口渴，所以多带点钱或是带上信用卡吧——这两样在酒吧里都能用上。

相关网址：www.cattledrive.com.au，www.southaustralia.com

尼泊尔

与象共舞

坐在性格温顺的大象背上，游览尼泊尔南部平原皇家奇旺国家公园中的草地和丛林。

奇旺（Chitwan）位于纳拉雅尼（Narayani）河与拉普提（Rapti）河之间，由一系列湿地、丘陵、热带和亚热带森林组成。公园中生活着无数野生动物，其中还有不少是濒临灭绝的珍稀物种。骑大象是接近这些野生动物的最好方法，特别是那些曾经被印度人奉为神明的犀牛。这种身披盔甲的巨兽体形庞大，样子着实很吓人。但在大象面前它们通常很少发脾气。游客坐在大象背上的平台上，在一名驭手指挥下，大象迈着轻快的步伐前行，带动背上的平台有节奏地摇晃。十几分钟后，一行人进入草原，茵茵绿草上星星点点散落着几只鹿。象群在这里分散开，带着游客寻找附近出没的犀牛。当你习惯了象背上的摇摇晃晃时，面前突然出现一片丛林，大象的步伐慢了下来，小心翼翼地走过一段泥泞的下坡路，跨过小溪，又沿着陡峭的山坡爬上对岸。骑在象背上行走要比你想象中稳当得多，每次遇见野生动物，不管看到的是拖着亮蓝色尾巴高视阔步的孔雀、在地上拱来拱去的野猪、身形娇小的鹿，还是骇人的印度鳄，游客都会发出一阵惊呼。

游客骑在象背上涉过河水。大象动作很机敏，行走平稳，是在地形多变的公园内穿行的最佳交通工具。

著名景点

■ 当地生长的大象，可以长得很高，只有骑在10英尺（3米）高的象背上，才能更好地欣赏周围的**风景**。

■ 公园中有**丰富的野生动物**，如懒熊、斑纹鬣狗、多种羚羊和鹿，以及猴子、孟加拉虎和豹。

■ 乘独木舟顺**纳拉雅尼河**而下，可以观赏到长吻印度鳄。这种鳄鱼能够长到18英尺（5.5米）长。此外还可见到许多奇异的鸟类。公园中共有450多种鸟类栖息。

■ 如果你想更多地了解大象，可以参观**象哺育中心**，那里有工作人员负责照顾母象和幼象。

最佳旅行时间：10月至次年5月。12月及1月早晨天气很冷。

行程：如果想游览奇旺的大部分景区，至少要停留3个晚上。每次骑象旅行时间为2~3小时。

行前计划：奇旺位于加德满都西南110英里（177公里），附近最近的城镇是巴克塔布（Bhaktapur），有一个不大的机场。请随身携带双筒望远镜、旅游鞋、驱蚊剂，如果是在11月底至次年2月还要带上几件保暖的衣服。公园中有住宿设施。其中奇旺丛林旅舍（Chitwan Jungle Lodge）和著名的老虎丛林旅舍（Tiger Tops Jungle Lodge）住宿条件舒适，并可为客人安排游览。

旅行须知：大象和驭手之间感情亲密，往往多年如一日。有些游览项目可以安排你给大象喂食、洗浴及参加大象的训练活动。

相关网址：www.visitnepal.com，www.tigermountain.com，www.chitwanjunglelodge.com

在伦腾波尔国家公园中窥视到一头美丽的孟加拉虎在水流中嬉戏避暑，这会是整个旅行中最精彩的时刻。

印度

探寻孟加拉虎的踪迹

威严的孟加拉虎如今已数量稀少，难得一见。观赏它们的最佳地点莫过于拉贾斯坦邦东部的伦腾波尔（Ranthambore）国家公园。

尽管在伦腾波尔只生活着约 20 只老虎，但因公园面积有限（只有 152 平方英里 [394 平方公里]），这里的老虎也不像其他保护区中的那样怕人或喜欢夜间活动，因此想在这里一睹孟加拉虎的风采并非难事。公园以园中一座废弃城堡的名字命名，曾经是斋浦尔的印度王公的私人狩猎场。园内风景如画，有茂密的森林、裸露的山崖、潺潺的溪水和大片草场，生活着相当丰富的野生动物。你可以见到黑鹿（Sambar）、白斑鹿，还有胡狼和斑纹鬣狗。偶尔还可见到懒熊、眼镜蛇或豹。不过，绝不要忘记此行的主要目标。向导不时停下车来检查地下的足迹，或是倾听各种可提供孟加拉虎行踪的声音，如白斑鹿示警的叫声。当你终于见到兽中之王的那一刻，所有为此行付出的努力和辛苦都已成为过去。

最佳旅行时间：3月至5月季风到来之前，此时地表植被最稀疏，动物为了饮水必须四处活动。但此时天气可能非常炎热。冬季（12月至次年2月）也不错，而且天气较为凉爽。伦腾波尔国家公园每年6月至10月关闭。

行程：为了尽可能地提高遇到孟加拉虎的概率，最少要在公园中停留2天。

行前计划：园中设有不同档次的住宿设施。11月至次年2月要准备几件保暖的衣物。

旅行须知：观赏野生动物需要保持安静，并且不能穿戴色彩鲜艳的衣物，也不能抹香水。园中设有许多位置良好的观测点。

相关网址：www.ranthamborenationalpark.com，www.india-wildlife-tours.com

著名景点

- 通往**伦腾波尔城堡**的路上景色十分优美，游客能够欣赏到天空盘旋的鹰和秃鹫，甚至还有可能遇见此行的主角——孟加拉虎。
- 园中有**三座风景秀丽的湖泊**。面积最大的是帕丹湖（Padam Talao），湖边高坡上有一座狩猎旅舍。每当清晨和傍晚，动物们会从四面八方聚集到这里饮水。拉什巴赫湖（Raj Bagh Talao）是沼鹿觅食的地方，它们很喜爱那里的水草。最小的马利克湖（Malik Talao）中生活着许多鸟类，还能见到印度沼泽鳄。
- **拉什巴赫（Raj Bagh）宫殿遗址**位于拉什巴赫湖附近，残垣断壁间偶尔能够见到孟加拉虎出没。
- 游览时间多安排在清晨或阳光灿烂的傍晚，此时的**野外景色**最美丽。

对页：阿兰（Arran）岛上的高尔夫球场。苏格兰的高尔夫球场周围大多地势起伏，景色优美，你在体验高质量的球场之余，还能欣赏到动人的风景。
上图：圣安德鲁斯的老球场和古老的皇家古老高尔夫俱乐部总部大楼。

苏格兰

高尔夫之旅

拥有 500 多座高尔夫球场的苏格兰理所当然地成为高尔夫球运动爱好者向往的天堂。其中，更有极少数球场有着传奇般的历史，每年吸引了无数来自世界各地的朝圣者。

圣安德鲁斯——这里面向北海的沙滩上时常有海豹出没，沙丘环抱的高尔夫球场终年海风吹拂，是高尔夫运动名副其实的故乡。创建于 1754 年的皇家古老高尔夫俱乐部（Royal and Ancient Golf Club），不但是著名的英国高尔夫球公开赛的组织者，还拥有对比赛规则的最终解释权。圣安德鲁斯的一切都与高尔夫球运动密不可分，这里承办的英国高尔夫球公开赛次数比全英任何一座球场都多，预订老球场席位的球手往往要等候几个月甚至一年才能排上队。那些苦苦等候的人最后得到的奖赏将是来自世界上最具挑战性的高尔夫球场的严峻考验。这里有起伏不平的双洞草场和被称为“地狱棺材”的障碍沙坑——那是曾把球打入这些危险陷阱的球手们为它起的名字。同样位于东海岸、圣安德鲁斯以北仅仅 30 英里（48 公里）、泰河湾（Firth of Tay）北岸的是卡诺斯蒂，那里的高尔夫球场比较容易订到。和圣安德鲁斯一样，在这里打球，你也必须要考虑到来自北海强风的影响。对于那些同行伴侣并不喜欢高尔夫球的人，繁华的爱丁堡将同时向你提供两种世界的最佳体验。位于爱丁堡市中心不远处的穆尔菲尔德（Muirfield）是爱丁堡高尔夫荣誉俱乐部（Honourable Company of Edinburgh Golfers）的家乡，这里的球场规格比圣安德鲁斯甚至更胜一筹；另一处是令高尔夫球好手向往的穆瑟尔伯夫球场。在西海岸的阿夏尔（Ayrshire）、特恩贝里和皇家特鲁恩球场与圣安德鲁斯的球场相比也绝不逊色。

最佳旅行时间： 春天（4月至6月上旬）或秋天（9月至10月）。高尔夫球场全年开放，但冬季这里阴冷多风，而且白天光照时间仅有大约7小时；夏季则是高尔夫球比赛旺季。

行程： 苏格兰地方不大，由圣安德鲁斯开车至特恩贝里只需要2小时。如果计划得当，1周之内就可以玩遍附近的各大著名球场。

行前计划： 不管一年什么时候，都必须尽早提前预订。最简单易行的方法是通过专业的代理公司来安排你的高尔夫行程。

旅行须知： 即使是在夏季，这里也气候多变，海岸常吹来旋风，不过这对于真正的高尔夫球好手正是一种不可多得的挑战机会。圣安德鲁斯的老球场每个球洞都很经典，但其中第1洞、第11洞、第14洞和第17洞是公认最好的。第17洞（又称Road Hole）是世界上难度最大的高尔夫球洞之一。

相关网址： www.visitscotland.com，www.golfing-scotland.com

著名景点

- **夏勒顿（Charleton）**公共球场面向福斯湾，风景优美，场内球路宽阔，有着各种令人意想不到的陷阱，深受各层次的高尔夫爱好者喜爱。
- 位于费弗海角（Fife Ness）上的科莱尔巴克密球场（Crail Balcomie）建于1895年。球场面积虽然不大，却具有非凡的吸引力。每年公开赛在附近的圣安德鲁斯举行时，都有世界顶级球手光顾此地。
- 特鲁恩球场著名的富于欺骗性的球洞被戏称为邮票，它能令一个大男人流下失败的泪水。特恩伯里球场则承办了1977年公开赛中杰克·尼克劳斯（Jack Nicklaus）与汤姆·沃特森（Tom Watson）的传奇大战，最终后者胜利。
- 费弗沿岸有高耸的悬崖、海湾和沙滩，可沿滨海公路游览。夏天能看到海面上晒太阳的鲨鱼和海豚，海上的小岛则是大群海鸟的家园。海边的小渔村，包括科莱尔、圣莫南（St. Monans）和皮特温（Pittenweem），和村子里的石头码头也很值得一看。

爱尔兰

乘大篷车游览爱尔兰

悠闲的大篷车是游览这座美丽岛屿的最佳交通工具，可以随时停下来欣赏路边的湖泊、溪水和绿树掩映的山谷。

带上一袋书、一根钓竿，准备欣赏爱尔兰美丽的维克劳山吧。这里景色如画，林木茂盛，每一片土地都在向人们诉说着古老的故事。舒适的大篷车里设有四张床铺、一张桌子、盥洗间，以及一个小小的炉子。驾车人手拿地图，向你一一展示周围那些人迹罕至的小路和景点，供你在夜间停留。在洗过淋浴后，可以边品尝晚餐或端上一品脱啤酒，边欣赏那迷人的风景。旅途的第一天里，大部分时间你都会待在都柏林以南 12.5 英里（20 公里）的加里格默尔（Carrigmore），大篷车旅行社的基地，你要在那里学习如何照料马匹和马车。拉车的马通常是爱尔兰驮马，性情温顺，强壮有力。马车每天的行程为 4~12 英里（6.4~19.3 公里），行程为 2~5 小时——这取决于天气、地形和线路，也取决于鱼儿何时咬上你的钓饵，或是你的高尔夫球比赛准备打上多少洞。你还可参观沿途富丽堂皇的宅院，如 18 世纪建造的鲍尔斯考特大宅（Powerscourt），这座帕拉迪奥式豪宅是爱尔兰最宏伟的建筑之一；或是在基里斯基河（Killiskey River）边美丽的乌舍尔山花园（Mount Usher Garden）中漫步。行程虽然缓慢，却绝不会令人感到无所事事。

著名景点

- **乡村集市**是个有趣的地方。天黑以后马车就不能再上路了，这时候你可以走进一家路边的酒吧，欣赏乐队的表演，度过美好一天中最后的休闲时光。
- 如果你选择**加尔维地区**作为出行目的地，不要错过每年夏天在加维尔市举行的艺术节。喜爱赛马的游客可以选择7月成行，以便参加那里7月底举行的加维尔赛马会。
- 加维尔市每周六的早市上可以买到爱尔兰**最好的鲜鱼和蔬菜**。
- 在马约郡**长长的沙滩上**休憩，或是沿着栈桥前往海边的小岛上游览。

大篷车外表仿佛一只色彩鲜艳的木桶，里面的空间可以供人睡觉，车身很轻，一匹马便可拉动。

最佳旅行时间：4~10月。6月乡间小路的两旁开满了野花。9月天气也很适宜，但慢车道上偶尔会有收割机阻路。

行程：至少1周。

行前计划：首先你需要对照地图检视爱尔兰复杂的地理环境，确定自己想要去的目标。维克劳郡并非唯一的选择，其他地方如野趣横生的加尔维（Galway）、历史悠久的劳伊斯郡（Laois）和风景秀丽的马约郡（Mayo）也都很值得一游。

旅行须知：带上驱蚊剂。道路坡度过大时你可能要下车步行。你也可以租一匹骑乘的马，以便更好地欣赏路上的风景。

相关网址：www.irishhoursedrawncaravans.com

吕贝龙地质公园（Lubéron Regional Nature Park）安静的小路，为自行车爱好者提供了绝好的运动体验。

最佳旅行时间：4月中旬至10月中旬。公园里全年游人都不太多，但对于骑自行车的旅游者来说，如果想追求最佳路况，可以选择4月中旬至6月和9月至10月中旬前往。

行程：以公园中心地区任一座村庄作为基地，4天时间可以骑车游览完全部景点。

行前计划：最近的机场在马赛，最近的火车站位于阿维尼翁（Avignon）。公园中那些美丽的小山村大多设有小型酒店、供应早餐的旅馆（chambres d'hôtes）和按周出租的公寓（gîtes）。

旅行须知：即便在最僻静的山路上，你也应该注意骑在公路的最右侧。尽管法国人很尊重路上骑自行车的人，但山区公路上疾行的车辆总是在你不经意时出现。风景好的路段通常都很狭窄。

相关网址：www.beyond.fr，www.velovacations.com，www.provenceweb.fr

法国

骑车环游吕贝龙山

这里有峻美的群山和普罗旺斯最美丽的风景。

为数众多的小镇和村庄点缀在吕贝龙地质公园的群山之中，安静的乡间公路四通八达，使得骑自行车游览变得十分方便。从罗斯隆（Roussillon）出发，一路上两边尽是颜色斑斓的悬崖峭壁与红褐色的丘陵——这正是该地区土壤富含的氧化铁矿所特有的颜色，自从罗马时代起人们便在这里开采铁矿。向西行便是坐落于沃克卢斯高原（Plateau de Vaucluse）南端山顶的小村高德（Gordes），村中有一座12世纪的古堡。如果你不想骑得太辛苦，也可以选择以下的线路：从公园西侧的卡瓦隆出发，沿着62英里（100公里）长的公路向东骑至福卡奎尔，沿途可以欣赏到一系列美丽的小山村。梅诺比便是其中之一。村庄坐落在山顶上，附近还有一座建于13世纪的圣伊莱尔（St. Hilaire）修道院的遗迹。如果你还有时间，可以沿南侧的公路再骑回卡瓦隆，从而走完147英里（237公里）的自行车环线，并参观沿途的马诺斯克、卢马林和美因多等村镇。

著名景点

- 距离高德村2.2英里（3.5公里）远有一座古代的村落遗址，可以见到被称为“伯里斯”（bories）的圆形石砌建筑格局，普罗旺斯地区传统的房舍、谷仓等都采用这种建筑方式。
- 梅诺比和卢马林均入选法国最美的村庄。
- 喜欢挑战的人可以尝试征服位于卢贝龙以北的凡图山（Mont Ventoux）。凡图峰海拔6273英尺（1912米），是环法自行车赛常选用的路段之一。在那里的山路上骑车要当心旋风，此外还要随身带些零钱——山顶上有点心出售，可不要错过哦！

一群训练有素的滑冰者在多克姆附近的冰上马拉松线路上前行。

荷兰

弗里斯兰的城市风光

由冰封的河流、湖泊与运河串联而成的线路全长124英里（200公里），是对滑冰者耐力的一大考验。

在弗里斯兰省北部的冰面上，成千上万名身穿尼龙运动服的滑雪者沿着曲折的线路在雪堆间穿行，寒冷的天气使他们的眉毛上都结满了白霜。他们一大早就出发，黄昏时才能抵达终点——弗里斯兰省首府吕伐登（Leeuwarden）。当精疲力竭的选手们从远方出现时，冰面两旁早已挤满了观看的人群，人们纷纷喊着“快！快！快！别泄劲儿！”（Hop! Hop! Hop! Volhouden!）。这项起点、终点均设于吕伐登的著名冰上运动已经延续了几个世纪，并从1909年起成为一项官方赛事。从那时到现在，11城市赛（elfstedentocht）一共只举办过15届，因为赛事的组织者，由沿途参加城市共同设立的联盟协会（Vereniging）规定只有冰面厚度超过5.9英寸（15厘米）时才能举行比赛。当检测到冰面厚度达到标准后，从发出通知到比赛正式举行往往只有几天甚至几个小时的时间。比赛举行的当天，整个荷兰都会为此放假。人们不是亲自参加比赛，就是坐在电视前观看比赛的转播。比赛最多允许1.6万名选手参加。但是等到冰化以后，任何人都可以乘小船，或是沿着河边的牵道步行、骑车或滑旱冰沿同样的线路游览。

最佳旅行时间： 如果你想观看这场滑冰比赛，一定要在12月至次年2月逗留在荷兰或附近。如果你只是想沿着这条线路旅游，那么最佳时间是在7月、8月。荷兰的夏季气候温暖宜人。

行程： 骑车1天可以很容易地走完全程（每年5月这里还会举行11城市城市自行车赛），多数旅行团会组织游客游览1周或更长时间。

行前计划： 当地旅行社会向你推荐夏季沿途游览的最佳方式。如果你想参加滑冰比赛，则需要向联盟协会（Vereniging）咨询并提出申请。

旅行须知： 如果你喜欢滑旱冰，请做好思想准备。在荷兰，人们从婴儿时候起就开始练习滑冰或旱冰了，要想和他们滑得一样又快又灵活，还真不那么容易呢。

相关网址： www.visitfryslan.com，www.elfstedentocht.nl，www.11steden.nl，www.cycletours.com

著名景点

■ 11城市赛的现场十分具有感染力。很多欧洲人认为荷兰人对滑冰的喜爱近乎过分。甚至皇室成员也热心这项运动。1986年，皇太子威廉—亚历山大就曾化名W. A. 范布伦（Van Buren）参加了比赛。

■ 参加比赛并滑完全程的选手将得到一份特别的“护照”。不过其实即使你不参加比赛，只要沿这条线路游览完全程，也能得到这张盖上11个印戳的特殊“护照”。

■ 弗里斯兰省本身也有很多值得游览的地方。荷兰全国有1200余座风车，而弗里斯兰省就有大约200座。此外，这里的人还有自己的语言，与英语十分接近。

荷兰

美丽的花田

骑行在亮丽眩目的花野间，参观世界顶级的花园，享受花卉带给你的高雅艺术。

每到春天，南荷兰省（Zuid-Holland）遐迩闻名的郁金香花田就会绽放出无与伦比的鲜艳色彩。这里是荷兰花卉栽培的中心，每年数以百万计的郁金香花球从这里销往世界各地——花球才是贸易的真正主体，鲜艳的花朵不过是它的一道副产品罢了。想要尽情欣赏田野中盛开的花海，最好的途径是参加一次自行车旅行。这一自行车游的线路从海滨度假胜地诺德韦克（Noordwijk）出发，其中最美的景点自然是展现荷兰花卉栽培技术之大成的库肯霍夫（Keukenhof）公园。这座占地 79 英亩（32 公顷）的公园由一系列花园组成，最初建造于 15 世纪，当时是此地很有权势的贵族夫人雅科芭·范·比恩（Jacobavan Beieren）的菜园。每年春天，荷兰最大的几家球茎花卉生产商都会向花园运来几百万棵郁金香、水仙和风信子，将这里装点得花团锦簇，令人目不暇接。一群群蜜蜂和蝴蝶在花海中翩翩起舞。每年花展都有不同的主题，作为“启发灵感的花园”，库肯霍夫能给你带来无穷的想象力。公园中还有郁金香博物馆，向人们展示着这种美丽的花卉如何从它远在中亚的家乡经由奥斯曼土耳其的传播最终来到阿姆斯特丹千家万户的窗前。

一眼望不到边的郁金香花田，笔直的田垅，鲜艳的红黄两色花朵赏心悦目，是摄影爱好者出行的理想场所。

著名景点

■ **库肯霍夫培育温室（Groei and Bloei greenhouse）**内摆放着超过5万株、根据颜色精心摆放的郁金香。在刮风或下雨时，这座巨大的温室还是游客歇脚的好地方。园内有免费的英语导游。

■ 只有极少数地方能够买到珍奇的**黑郁金香（Black Parrot tulip）**，库肯霍夫花园就是其中之一。这种花实际上是深紫色的——即便是精心培育郁金香长达400年的荷兰人也没能真正创造出全黑色的花朵。

■ 如果你经过莱顿，可以参观那里欧洲最古老的植物园，**植物学家花园（Hortus Botanicus）**。花园建造于1590年。莱顿市内还有一个历史文化中心和藏品丰富的拉肯哈尔艺术博物馆（Lakenhal Museum）。

最佳旅行时间：3月下旬至6月中旬，其中最佳观赏期是在5月，那是各种花卉开放最集中的时候。

行程：自行车线路全长15.5英里（25公里），行程需1天。

行前计划：自行车游览线路的起点位于诺德韦克市的VVV旅游中心。全程有向导陪同，出发前可在街边咖啡馆享用早餐咖啡和点心。你也可以从莱顿（Leiden），一座规模不大的大学城乘坐公共汽车前往库肯霍夫。从阿姆斯特丹中央火车站和施普霍尔机场每小时有两班火车开往莱顿，再从莱顿乘54路公共汽车便可到达库肯霍夫。

旅行须知：库肯霍夫公园的商场每周末举行花卉促销，你可以买到大丽花、百合、唐菖蒲、秋海棠等各种花，当然也少不了各种颜色的郁金香。

相关网址：www.holland.com，www.hollandrijnland.nl，www.keukenhof.com

南非开普敦阿格斯巡回自行车赛的参加者既有野心勃勃的运动员，也有只想欣赏沿途美丽的山峰和海滩（虽然需要费些力气）的普通游客。

十佳自行车线路

以下线路短则1日，长则数周；你可以按照自己的需求进行挑选。

❶ 加拿大：绿色线路

新建成的“绿色线路”（La Route Verte）从东向西横贯魁北克省，由全长超过2485英里（4000公里）的自行车优先道路和乡间公路组成。公路沿途配备有详细的指示牌，不但免去了迷路之苦，附近景点的信息也在路牌上一一标明。公路两旁的风景变化万千，既有圣劳伦斯河边恬静的小乡村，也有气象雄伟的洛仑底德山（Laurentides）。

行前计划： 加拿大政府资助的自行车爱好者鼓励项目Bienvenue Cyclistes和Welcome Cyclists在国内创造了良好的自行车运动环境，你可以很方便地找到适合骑自行车旅游者的酒店和宿营地。

相关网址： www.routeverte.com.ang

❷ 美国—加拿大：骑自行车漫游地下铁道

这条从美国阿拉巴马州莫贝尔市（Mobile）至安大略省欧文桑德（Owen Sound）市的“地下铁道”自行车线路由自行车探险协会（The Adventure Cycling Association）开发，用以纪念当年勇敢地穿越地道走向自由的黑奴，以及那些曾经帮助过他们的人。地道分为五段，总计全长2057英里（3310公里）。沿途有奴隶市场、非裔美国人历史博物馆等许多历史遗迹，向人们讲述着有关这条地下铁道的背景。

行前计划： 早春和秋季，部分北方线路沿途的宿营地不开放。

相关网址： www.adv-cycling.org

❸ 智利：南方之路（Ruta Austral）

这条碎石路全长超过810英里（1304公里），起点位于智利中部的蒙特港（Puerto Montt），向南经过卡利塔云盖（Caleta Yungay）到达巴塔哥尼亚高原北部的村庄奥希金斯（O' Higgins）。沿途有许多地方需乘渡船过河才能继续前行。野外的风景十分美丽，还可经过两个国家公园——奎拉特（Queulat）国家公园和卡斯蒂洛山（Cerro Castillo）国家公园。在奎拉特国家公园不远处是普育华匹（Puyuhuapi）温泉，周围生长着大片原始森林，茂密的树林间还可见到巨大的蕨类植物。

行前计划： 沿途要经过几片渺无人烟的土地，应尽可能带上一切所需物品。

相关网址： www.gochile.cl

❹ 西澳大利亚：门达毕迪线

在当地努加土著人（Noongar）的语言里，“门达毕迪”的意思是“穿过森林的小路”。这条自行车线路沿途穿越大片长满“贾拉树”——这是当地人对桉树的称呼——的森林。从马达林（Mundaring）至考利

行前计划： 避开澳大利亚酷热的夏季（12月至次年2月）。

相关网址： www.mundabiddi.org.au

（Collie）的这条线路全长206英里（332公里），于2004年对外开放。此外，第二期道路完成后还能一直通到阿尔巴尼（Albany）。在路上，你有可能会遇到当地森林中生活的动物，如黑拳袋鼠、灰袋鼠和帚尾负鼠。

❺ 越南：河内—胡志明市

如果你既喜爱自行车运动，又向往沙滩和大海，那么位于越南两座最大城市之间的这条746英里（1201公里）长的道路将成为你的最爱。但你可千万不要低估此行的难度。沿途的道路路况好坏不一，地形千差万别，途中还有许多天然的地理障碍，如著名的海云关（Hai Van Pass），那里是历史上越南南北地区的分界点。

行前计划：人们通常会乘飞机或火车从河内前往顺化（Hue），从而将骑行的路途缩短一半。

相关网址：www.exitissimo.com

❻ 意大利：坎帕诺罗自行车赛（Gran Fondo Campagnolo）

这项赛事在菲尔特（Feltre）附近的多洛米蒂山脉中举行，用以纪念现代自行车换挡装置的发明人，图利奥·坎帕诺罗（Tulio Campagnolo）。比赛时间选择在每年6月中旬，山路上积雪刚刚化干净的时候。在130英里（209公里）的山路骑行中，你将垂直攀升1.378万英尺（4200米），并穿越4座高山。

行前计划：必须取得体检许可证明才能参加这项赛事。

相关网址：www.infodolomiti.it

❼ 法国：卢松—贝永纳

环法自行车赛第一次选择在高山地区设立赛道是在1910年。那一年道路难度最大的第10站选择了从山区温泉疗养地卢松（Luchon）到贝永纳（Bayonne）之间202英里（325公里）的道路。这条穿越4个大型山口的公路当时还只是一条土路。最终，获得该站冠军的选手花了足足14小时才骑完全程。现在想按照这条路线重走一遍也很方便：你只要沿着穿越那4座山口的公路向前骑就对了，这4座山口分别是贝伊索德（Peyresourde）、阿斯宾（Aspin）、图马勒（Tourmalet）、奥比斯克（Aubisque）。

行前计划：每年秋末至第二年初春，山口公路会因大雪而关闭。

相关网址：www.customgetaways.com，www.clevacances-65.com

❽ 比利时—法国：让伯爵线路

比利时有一个非常有名的福兰德省自行车公路网（Vlaanderen Fietsroute），它整合了乡村公路和小道，构成完整的自行车路网，其中很多路段禁止机动车通行。这条让伯爵线路（Route du Comte Jean）以14世纪著名的福兰德将军的名字命名，全长137英里（220公里），利用自行车公路网的道路从布鲁日（Bruges）一直延伸到法国北部。尽管沿途没有山路，但强劲的海风却会给你带来不小的麻烦。

行前计划：不管什么时候都要记得带上雨具。

相关网址：www.visitbelgium.com

❾ 英国：兰兹角（Land's End）— 约翰奥格罗茨（John O' groats）

这次旅行行程最长可以超过900英里（1448公里），这取决于你选择的线路。季风的风向更适合于从北向南的旅行。你很容易就能打破沿这条线路从一头行驶到另一头的第一个官方记录：65天——由1885年一辆高轮汽车（Highwheeler）创下的。

行前计划：大部分自行车爱好者选择僻静的乡间小路，全程大约要花1周。

相关网址：www.ctc.org.uk

❿ 南非开普阿格斯自行车赛

开普阿格斯自行车赛（Cape Argus Pick'n Pay Cycle Tour）全程长度只有68英里（109公里），肯定算不上世界上距离最长的自行车越野赛。但如果要论规模，它却可以稳居世界第一：每年参加这项赛事的人数达到了3.5万人。比赛线路环绕开普半岛，一路上地势起伏跌宕不停。如果你能够坚持到最后，就能欣赏到路上美丽的桌山国家公园和魅力无穷的海滨。

行前计划：尽量提前预订。

相关网址：www.cycletour.co.za

征服勃朗峰

阿尔卑斯山最高峰上险峻的地形和严酷的气候即使对经验丰富的滑雪者也是一次严峻的挑战。

即便你在前往夏慕尼（Chamonix）的花岗岩山峰“埃古勒杜米蒂”（“正午指针”）峰顶、长达1.2605万英尺（3842米）的缆车上经受住了考验，那么当你走下缆车，看到面前那狭窄的山脊时，也一定会被吓得魂不附体。在开始滑雪前，你必须先要一手抱紧雪橇、一手抓紧向导牵着的绳子，颤颤巍巍地走过山脊上积雪覆盖的岩石。一旦你完成了以上动作，接下来等待着你的就是丰厚的奖赏：从这海拔1.575万英尺（4801米）、紧靠阿尔卑斯山最高峰——勃朗峰峰顶的地方，你将一路滑下长达13.7英里（22公里）、落差达到9200英尺（2804米）的白谷（Vallée Blanche）。尽管巨大的落差听起来很吓人，但白谷并不只属于那些技术精湛的滑雪高手。在合适的器材和夏慕尼当地专业教练的陪同下，即使是技术一般（包括使用雪橇或滑雪板）的滑雪者也都能够征服这片世界上最伟大的滑雪场。在越过岩石嶙峋的塔库冰川（Glacier du Tacul）后，你将沿着法国最大的冰川——冰海（Mer de Glace）滑行。那里的景色真如一片冰雪交织、一眼望不到边的白色海洋。最后，你将根据实际情况的需要，在夏慕尼或蒙坦维尔（Montenvers）火车站结束这次惊心动魄的旅行。

兴高采烈的滑雪者站在南针峰（Aiguille du Midi）上，准备向白谷进发。

著名景点

■ 夏慕尼有众多商店和餐馆，**夜生活**也很丰富，你在这里可以找到许多志同道合的滑雪爱好者。这里是1924年第一届冬季奥运会的举办地，同时也是玛丽·谢理（Mary Shelley）1818年出版的《科学怪人（Frankenstein）》中最后一幕发生的地点。

■ 雪地运动非常消耗体力，这令游客们食欲大增，当地美食因此大行其道。著名的**塔特弗莱特**（tartiflette）就是其中之一，这是一种用土豆、白葡萄酒和当地出产的一种奶酪（Reblochon Cheese）烹制而成的美食。

■ 如果你不幸，无法在滑雪季节成行，也不必感到沮丧。在春、夏两季，你也可以**沿着白谷漫步**；这种游览方式与滑雪相比甚至还有长处：你可以走入滑雪时无法进入的森林深处。

最佳旅行时间：2月、3月雪情最佳，周一上山可以最大限度地避开拥挤的人群。

行程：如果你热爱滑雪运动（当然，夏慕尼正是为你这样的人准备的），最少要在山上待1周，甚至2周。山上有许多条滑雪道等着你，此外也有许多其他的运动项目。

行前计划：寻找向导有好几种选择（参见下面的网址）。最关键的是一定要提前约好，第一次来白谷滑雪的人如果没有向导带领，千万不要贸然尝试。

旅行须知：精心打点好自己的行装：带上一支哨子、必要的零食和饮用水。在白谷中滑雪，必须要做好遭遇冰缝的准备。

相关网址：www.chamonix.com，www.guides-du-montblanc.com，www.piste-hors.com

只有勇敢的自行车手才能欣赏到罗马尼亚大山深处最原始、最美丽的风光。

最佳旅行时间： 4月至10月。其中5、6月的景色最美丽。

行程： 一般行程6~8天。

行前计划： 随着罗马尼亚加入欧盟，自伦敦等西欧城市出发的经济航班的出现，前往罗马尼亚旅游正变得越来越容易，其旅游基础设施水平也正在迅速提高。然而自行车越野旅游在这里还是一种新事物，相关的设施建设尚待完善。大部分人会选择提前预约好的专门旅行线路。

旅行须知： 如果你是单独旅行，可以在锡纳亚或布什泰尼（Busteni）租一辆山地自行车和其他设备。游览目的地则可以选择布瑟基山（Bucegi）或位于布拉索夫以北的波亚纳布拉索夫（Poiana Brasov）滑雪胜地。

相关网址： www.adventuretransylvania.com，www.romaniatravelcentre.com

罗马尼亚

穿越特兰西瓦尼亚

茂密的森林、嚎叫的野狼和偏僻的古老城堡——书中描绘的特兰西瓦尼亚就在你面前，等着你去探索。

特兰西瓦尼亚地处罗马尼亚腹地的喀尔巴阡山脉之中，风景优美，山路纵横交错，是自行车越野运动的理想场地。其中，游客最常去的地方是位于特兰西瓦尼亚东南部布拉索夫（Brasov）附近的喀尔巴阡山麓，那里有著名的旅游胜地锡纳亚（Sinaia）。这里无论山上还是山下的原野都还保留着原始的天然风姿，这在整个欧洲都已不多见。究其原因，大概是因为那种在欧洲其他地方早已普遍存在的集约式农业，在这里却很少见到。骑行在蜿蜒的小路上，两旁到处都是盛开的野花、自由飞翔的鸟儿、古老的森林和青翠的草地。除此以外，你还能看到传统的干草垛和马车，这一切很容易使你产生时光倒流的错觉，你仿佛正行进在那传说中的鲁里塔尼亚王国。

著名景点

- **布瑟基山**位于布拉索夫西南，在锡纳亚与布兰村（Bran）之间，山上生长着茂密的山毛榉和松树林。布瑟基山也是特兰西瓦尼亚与南部的瓦拉几亚地区之间的天然分界线。

- 从布兰向西南有一条风景秀丽的下山小路，它将带你从芬达塔（Fundata）山口穿过**皮亚查克莱乌鲁（Piatra craiului）山脉**。芬达塔村制作的熏奶酪和用森林中采摘的果实酿造的糖浆在附近相当有名。

- 除了享受自行车越野的乐趣外，你还可以游览**皮勒斯（Peles）城堡**。这座19世纪建造的城堡是当时罗马尼亚国王的消夏之处。布兰城堡（Bran Castle）则属于那位著名的吸血鬼德拉古拉伯爵（其实是虚构的人物）。

罗马尼亚

多瑙河三角洲观鸟之旅

平静的水面为种类繁多的鸟类提供了绝好的栖息地，同时也是鸟类爱好者们的天堂。

发源于德国黑林山地区的多瑙河流经长约1800英里（2897公里）欧洲大陆的土地，最后在一片广袤的三角洲的尽头汇入黑海，这便是多瑙河三角洲。这片湿地有世界上面积最大的芦苇荡，也是欧洲仅存的原始生态地区之一。湿地中生活着超过300种鸟类。绝大多数欧洲地区的水鸟和涉鸟种类在这里都能见到：白鹈鹕、彩鹮、黄池鹭、琵鹭；还有许多种食肉猛禽，以及长着五颜六色羽毛的翠鸟、佛法僧和食蜂鸟。此外，你还可能见到水獭、水貂和胡狼等动物。湿地中狭窄的水道有时会扩展成为开阔的湖面，如克里尚附近的弗图纳湖（Fortuna），是观赏鸟类的最佳地点。三角洲中还有部分草地，灌木丛生的荒野，甚至森林，这令三角洲中栖息的野生动物种类变得更加丰富。偏远的地理位置，再加上四周无路可通，使得来到这里的游客都产生了到达世界尽头的感觉。尽管人们提到三角洲时最先想到的是这里丰富的野生动物，然而对于人类来说，它也同样是一片避难的天堂：18世纪时，在俄罗斯受到宗教迫害的老东正教派教徒（也称为里普凡派）就纷纷从国内逃难至此，并渐渐在这里定居生活下来。

一名里普凡渔民划着传统的木船行驶在多瑙河三角洲风平浪静的水面上。

著名景点

■ 如果你时间足够，可以**雇一艘小船**进入三角洲中游览。尽管外挂引擎已成为大多数人的选择，但没有什么能比得上在迷宫般的水面上静静地享受划船的乐趣。

■ **成群的白鹈鹕**利用上升的热气流盘旋飞上天空，景象十分壮观。

■ 你可以住在**克里尚**或**圣格奥尔基**的当地人家里。圣格奥尔基的**沙滩**风景优美，游人也不多。

■ 结束一天观鸟之行的最理想方式，莫过于坐在灿烂的夕阳下，听着沼泽地里青蛙的合唱，品尝味道鲜美的**三角洲鲤鱼**。

最佳旅行时间： 4月至5月、9月至10月是观赏鸟类的最佳时期，此时在非洲与西伯利亚间迁徙的候鸟纷纷在三角洲中歇脚。其中又以5月为最佳，这时候正是夏季繁衍后代的各种鸟类群集于三角洲中的时候。

行程： 大部分三角洲旅游线路需要3~5天。

行前计划： 你可以不参团，单独旅行：从图尔恰市可乘船到达游客的主要集散地克里尚、苏利纳和圣格奥尔基，然后再雇一名渔夫或参加当地的小型旅游团前往观赏鸟类的地点。综合各方面考虑，最好的旅游方式是参加专门观赏鸟类的旅游团。

旅行须知： 里普凡派教徒和乌克兰难民的后裔仍保留着传统的捕鱼方式，他们在三角洲中有自己的村子，仍然居住在木制的房屋中。这些小村庄也是著名的旅游景点。

相关网址： www.traveldelta.ro，www.romaniatravelcentre.com，www.eco-romania.ro

雪上越野爱好者在挪威的雪原上享受最刺激的滑雪体验和独自一人的感觉。

挪威

雪上越野

行走在冬季挪威的野外，看耀眼的雪原上千变万化的风景，体验真正的旅行。

雪原在你面前伸展到远方，偶尔可见一株孤零零的白桦或松树。你可以滑上几小时都遇不到一个人。然后，一群脸颊冻得通红的大人和孩子（最小的孩子坐在雪橇上）出现在你前方，当你超越他们继续向前时，所有人都愉快地向你招手致意。挪威南部的里勒海默地区是雪上越野的理想场所。里勒海默位于穆约萨湖北岸，南距首都奥斯陆只有112英里（180公里）。城镇四周被群山环抱，到处都是长途雪上越野的好地方。以别克拜纳任滑雪馆（Birkebeineren Ski Stadium）为起点的越野线路通向四面八方，其中一条3英里（5公里）长的线路甚至配备有路灯，每天照明直到晚上22：00。在里勒海默以东的群山之中，你还可以以诺德西塔（Nordseter）和苏斯云（Sjusjoen）等过去的奶牛牧场为中心，尝试那里总长约220英里（354公里）、纵横交叉的越野线路。这些线路有的穿越森林，有的环绕冰冻的湖泊，都配有清晰的路标指示。经验丰富的滑雪爱好者还可以选择全长106英里（171公里）的特洛尔线（Troll Trail），从位于里勒海默西北方的赫灵根穿过风景壮丽的隆丹纳国家公园，一直走到里勒海默。

最佳旅行时间：积雪是挪威每年冬天必有的风景。甚至有些地区就连夏天也可以进行雪上越野，但这项运动的最佳时间还是每年12月至次年3月。

行程：2周。前提是你真的喜爱冬季运动——要知道，除了这个，那里可没有什么别的东西可供娱乐！

行前计划：从奥斯陆加德莫恩机场可乘飞机前往里勒海默。你不需要携带滑雪装备，在里勒海默你可以租到所需的一切物品。

旅行须知：准备足够的高能量食品和饮料：橘子、果汁、巧克力块等。在越野途中必须不断进食以补充能量。由于沿途最高的地方——哈夫耶尔（Hafjell）峰——海拔也只有3000英尺（914米），大大低于许多美国滑雪胜地的海拔高度，因此在这里越野不会遇到高原反应。

相关网址：www.telemarkskico.com，www.lillehammerturist.no，www.norske-bygdeopplevelser.no

著名景点

- 在漫无目标的雪原上滑行几小时后，在沿途的小村庄如佩勒斯托瓦（Pellestova）、霍恩斯约（Hörnsjö）等处喝杯咖啡稍事休息，一定感觉非常惬意。

- 雪上越野是挪威人最喜爱的户外运动，当地人称之为“加帕图”（ga pa tur），是家庭出游的首选。大多数滑雪胜地都配备了日托所、保姆、摇篮，以及为孩子准备的滑雪课程。

- 喜欢速降滑雪的人也能找到自己的乐趣。诺德西塔与苏斯云附近都有积雪的山坡，在里勒海默以北9英里（15公里）处还有哈夫耶尔山地滑雪中心。

亚速尔海的鲸鱼

亚速尔众多的小岛是海洋生物的天堂，一年四季都可观赏到身形庞大的鲸鱼。

冰凉的大西洋海水在强劲的海风吹拂下溅落在你的脸颊上，盐分令你的皮肤感到阵阵刺痛。一艘小船载着你和一小群其他游客飞快地行驶在海面上，船头劈开一个又一个浪头。你们的目标很明确，那就是——“看见鲸鱼了！看见鲸鱼了！”（Baleia a vista! Baleia a vista!）饱经风霜的领航员大声叫喊着。未经实地体验，你绝不会想到自己能够离鲸鱼如此之近，而唯一将你与浩瀚的大海分开的只是一艘小小的休闲皮筏艇或轻型双体船。围绕亚速尔群岛 9 座火山小岛的水域有着丰富的食物，吸引着各种鲸鱼，一年到头任何时候都可见到它们的身影。其中体形最大也最常见的是抹香鲸。此外，还可见到巨头鲸、蓝鲸、长须鲸、座头鲸和小须鲸。捕鲸业曾经是这里的支柱产业之一，直到 1987 年以前，猎杀鲸鱼在这里都是合法的。因此，你所乘坐的游艇的船长没准儿在 20 多年前也曾是一名捕鲸船的船长。现在，成群结队的游客和长短镜头代替了梭枪和船员，而水面上标志式的巨大剪形尾鳍依旧是人们热切寻找的目标。不同种鲸鱼的尾鳍都各不相同，通过辨认尾鳍的样式，人们便可以知道不同鲸鱼种群的数量和洄游线路等许多信息。观赏鲸鱼并非此行的唯一乐趣，岛上的风光也十分优美，与同行的游客一起享用丰盛而美味的晚餐和红酒，更是经历了一天辛苦的旅行后难得的快乐时光。

著名景点

- **你将有机会看到体长超过45英尺（14米）的抹香鲸**在小船附近游弋，贪婪地吞食水中成群的磷虾。
- **9座小岛的风光各不相同**：圣米格尔岛（São Miguel）是其中面积最大、人口最多的岛屿，岛上有美丽的山川与湖泊。皮库岛（Pico）上的植物充满异域风情，岩石环绕的湖泊清澈见底，是游泳的好地方。格雷希奥萨岛（Graciosa，意为“白色的岛屿”）上则是一片田园风光，田野上零星点缀着风车、温泉，美丽的海岸边还有众多小岛环绕。
- **海豚**也在这一带海域出没。海豚在心情好的时候会一路跟着游艇，让你有机会欣赏到它们在海面上跳跃、觅食和嬉戏的场面。
- 你还有机会看到其他美丽的**海洋生物**。如迅捷无比的马林鱼、剑鱼，巨大的海龟、鲨鱼和猛鲮，还有红燕鸥等海鸟。

最佳旅行时间： 5月至9月，此时正值夏季，阳光明媚，平均气温为15℃~22℃；同时这段时间岛上娱乐活动也比较多。

行程： 如果你只为观赏鲸鱼而来，那么5天到1周的时间已经足够。如果你还想游览优美的岛上风光，就需要多安排几天时间。

行前计划： 亚速尔群岛离里斯本约2小时航程，从波士顿出发则需要5小时。每天游船的出海线路会根据鲸鱼出没地点的变化而变化。游船将在海上待一整天，直到16:30~17:30才返航。

旅行须知： 如果你想记录下美好的瞬间，应考虑购买一架防水相机或摄像机。

相关网址： www.azores.com，www.whale-watchazores.com

对页：一头抹香鲸巨大的尾鳍刺破水面。亚速尔群岛周围海域清澈的海水深受鲸鱼喜爱，也吸引了许多前来观赏鲸鱼的游客。
左一：皮库岛上的火山与宁静的小村庄。这座位于岛屿南岸的火山是葡萄牙的最高峰。
左二：鲸鱼在当地文化中占有非常重要的地位。

骆驼是撒哈拉沙漠中的游牧部落柏柏尔人传统的交通工具。

最佳旅行时间：10月至次年5月。此时气温较低，旅行比较舒适。深冬季节夜晚天气相当冷。

行程：骆驼游行程约需3天，但你需要待上10天到2周才能真正深入体验摩洛哥的风情。

行前计划：Wilderness Travel等国际旅行社可提供4X4越野车，将游客及宿营设备从马拉喀什（Marrakech）或非斯（Fez）运抵沙漠。一日三餐通常已包括在旅游费用中。

旅行须知：即使是在冬天，防晒霜也是必备物品。骑不惯骆驼的人可以在旁边跟着走，驼队的行进速度和步行基本上差不多。有些旅行社为那些骑不惯骆驼又不愿爬沙丘的旅客准备了4X4越野车。

相关网址：www.wildernesstravel.com

摩洛哥

骑骆驼　游沙漠

骑一匹阿拉伯单峰驼行走在撒哈拉沙漠中，探寻那里未受现代化熏染的传统生活方式，既方便快捷又富于浪漫情调。

在摩洛哥东部著名的瓦迪齐兹绿洲带（Wadi Ziz）与阿尔及利亚边境之间是一片无边无际的浩瀚沙丘，这便是艾尔格切比沙漠（Erg Chebbi）。在皮肤晒成古铜色的柏柏尔向导带领下，你每天将要花5~6个小时，或骑在骆驼背上，或跟随在它身边，游览这片似乎亘古不变，却又每天在风沙吹拂下地形千变万化的沙漠。在沙漠的边缘，偶尔可见一些柏柏尔游牧民的帐篷，他们的骆驼聚集在棕榈树掩映的水井边。到了晚上，当太阳沉落在地平线尽头的阿特拉斯山后时，你也开始搭建自己的帐篷。享用过味美的羊肉和蒸粗麦粉后，当地的柏柏尔人围绕在篝火边，为你献上传统的部落歌曲。之后，你可以爬上附近最高的沙丘，再平躺着从上面滑下来，或是感受星光照耀下万籁俱寂的大地。

著名景点

■ 艾尔格切比沙漠中**金黄色的沙丘**是整个撒哈拉大沙漠中最壮观的风景之一，最高的沙丘可达492英尺（150米）。

■ **利萨尼（Rissani）**是瓦迪齐兹绿洲中一座风景优美的小城。它曾经是穿越撒哈拉沙漠的商旅线路的重要中转站，拥有一座17世纪的宏伟城堡、喧闹的露天剧场，还有味道非常鲜美的枣椰子。

■ 你可以试着从水井里打水、饮骆驼，体验一下沙漠中的生活。早上**观看太阳**在绵延起伏的沙丘后面冉冉升起，景色十分优美。

■ 你还可以在摩洛哥沙漠中体验**滑沙**和**沙丘速降**。前者类似于滑雪，踩一块木板或玻璃纤维板从沙丘顶上滑下。后者也和速降滑雪差不多，是用塑料雪橇或滑雪板完成。

南非

与鲨鱼一起潜水

这是你与地球上最危险的动物之间能保持的最小距离。胆小者请勿尝试！

与恐怖的大白鲨一起在水下嬉戏，听起来有点耸人听闻，这也绝对是个危险的举动——然而，那正是你在这个晴朗无云的早上，在沃克湾（Walker Bay）渔业小镇甘斯拜伊（Gansbaai）附近著名的鲨鱼巷（Shark Alley）的海面下要做的事情。船长已经将一桶剁碎的鱼肉撒入海中，以吸引附近鲨鱼的到来。随后他再次向乘客们保证，在水下将是完全没有危险的——拴在船侧、用结实的铁条制成的笼子可以保护他们免受鲨鱼的侵袭。尽管如此，几分钟后第一条巨大的背鳍划破水面时，你的心还是会突然一阵狂跳。不知不觉中，你已站在笼子里沉入水中，一具潜水面罩扣在你的脸上，呼吸空气用的管子接在你的嘴里，手边是防水相机，一切都已准备就绪。你全身都在发抖，但与其说是因为害怕，倒不如说是因为兴奋。在昏暗的海水中，你看到一个巨大的身影，在它转身之际，灰色的巨大的背鳍与成排锋利的牙齿清晰地展露在你的眼前。鲨鱼朝你越游越近，它的动作小心谨慎，一点点地熟悉着周围的环境。突然，鲨鱼用闪电般的动作发起了攻击，一下子就咬掉一大块鱼肉，吞进嘴里。海洋中动作最敏捷的杀手与你只有咫尺之遥，你几乎可以摸到它——当然，你绝不能那么做，还是保护好你的双手吧。

尽管面前的大白鲨是海洋中最危险的动物之一，但有潜水笼的防护，你完全无须担心。

著名景点

■ 沃克湾中并不仅仅有大白鲨，还有许多鲸鱼活动，如**南方露脊鲸**每年洄游都会经过这里。

■ 沃克湾附近的景色也十分迷人。甘斯拜伊对面是著名的休闲城市**赫马内斯**（Hermanus），当地的沙滩和葡萄酒都相当有名。

■ **好望角**已成为自然保护区，区内沿海岸线有多条小径，野生动物十分丰富，常见的动物有斑马、鸵鸟和狒狒。

■ 开普敦市内的**两大洋海洋馆**（Two Oceans Aquarium）设有大型猎杀动物展览，其中就有鲨鱼。它们长着锯齿形的锋利牙齿，样子十分吓人。

最佳旅行时间：开普敦沿海水域中一年到头都有鲨鱼出没，其中5月至9月（冬季）是观赏鲨鱼的最佳季节。此时水温较低，适宜鲨鱼活动；海中可供鲨鱼捕食的鱼类也比较多。

行程：大约半天。

行前计划：利用潜水笼观赏鲨鱼的活动主要在三个地点进行，分别是开普敦附近的福斯湾（False Bay），开普敦东南约68英里（109公里）处的甘斯拜伊，以及乔治城（George）附近的莫索尔湾（Mossel Bay）。南非全国和地方旅行社都可接待此类形式的旅游。

旅行须知：旅行社为你准备了潜水所需的一切用具，当然也包括钢制的潜水笼、潜水衣、面罩和呼吸管。游客必须具有一定的潜水经验及潜水合格证明。

相关网址：www.visitsaonsaa.com，www.whitesharkdiscovery.com

东非的鸟类

在地面上、树梢里、小河边、天空中，或单栖独飞或成群结队的鸟类成为这里最著名的风景，吸引着全世界鸟类学者的目光。

每天清晨，当第一缕光芒照射到广袤的非洲大草原上的时候，你就已从旅舍出发，向着附近无径可寻的自然保护区深处挺进，比如肯尼亚的桑布鲁国家自然保护区（Samburu National Reserve）。你穿过一片茂密的树林，走向一条小河的河岸——如桑布鲁自然保护区中的艾瓦索—恩基罗河（Ewaso Ngiro），在接下来几小时的跋涉途中，你将遇到数不清的鸟儿。它们的种类繁多，在你携带的鸟类名录上，每一个名字都令人联想到鲜艳的羽毛和醒目的外形：冠鹆、凤头鹧鸪、红冠黑腹鸨、棕榈果仁鹫、短尾鹰、非洲哀鸽、茶鹰、纳马夸鸽、白头鼠鸟、费舍尔八哥、肯尼亚伯劳、东方紫背太阳鸟、紫胸佛法僧，等等。包括肯尼亚和坦桑尼亚在内的东非地区也是观赏鸟类的天堂，带着双筒望远镜的观鸟爱好者来到这里，就好像一个孩子走进了糖果店。这里共有1000种鸟，幸运的话在野外1天之中便能观赏到其中的100种。每天的旅程中你都会发现一些自己从未见过的鸟类。地犀鸟、蛇鹫、鸵鸟和各种白鹭、鸨、鹰和秃鹫生活在辽阔的大平原上；水边则栖息着美丽动人的火烈鸟、非洲鹳、翠鸟、鹤、非洲鱼鹰和水雉。尽管观鸟爱好者的眼中只有鸟儿，但这里的其他野生动物——包括大象、狮子和水牛——也是一般游客十分喜爱的观赏目标。

著名景点

- 肯尼亚纳库鲁湖（Nakuru）边的景色会让你如痴如醉：这里有超过100万只的**粉红色小火烈鸟**，还有长颈鹿、鬣狗和白犀牛。
- 在坦桑尼亚塞伦盖提国家公园（Serengeti National Park），你可以近距离观赏到至少**5种秃鹫**，以及斑马、汤姆逊瞪羚等野生动物。
- **夜晚**也能够观赏到**野生动物**。很多野外旅舍在附近的水塘边安装了探照灯，供你观赏夜晚前来饮水的动物。
- 如果你选择了豪华游，就可以享受到野外的**正式晚餐**——雪白的亚麻桌布、侍者和琳琅满目的葡萄酒，你几乎会忘记这是在一顶帐篷中享用的晚餐！

最佳旅行时间：观赏鸟类全年均可，但建议你在秋天鸟类迁徙的时候前往。在肯尼亚西萨沃国家公园（Tsavo West National Park）的恩古利亚（Ngulia），你甚至能看到正在向南方迁徙的鸟儿从空中直接“跌倒”地面，寻找栖息场所。

行程：观鸟旅游的时间为1周至1个月或更长。

行前计划：随身携带一副上好的双筒望远镜，以及一本东非鸟类指南。起程前请向医生咨询防治疟疾事宜。

旅行须知：从内罗毕（Nairobi）一下飞机就可以开始你的观鸟之旅了。在机场里就可以看到斑身乌鸦、黑鸢鹞鹰和斑身鹡鸰。

相关网址：www.birdingsafaris.com，www.natureswonderlandsafaris.com

对页：一群火烈鸟聚集在肯尼亚境内的一座盐碱湖边，形成一片浩瀚的粉红色。
左一：夕阳映衬着树上垂下的织巢鸟的巢，形成一幅奇异的风景。
左二：一只美丽的白胸食蜂鸟正在枝头鸣唱。

观赏黑犀牛是非洲原野游的经典项目之一。

博茨瓦纳

追踪巨兽的足迹

在博茨瓦纳北部，乔贝盆地、奥卡万戈三角洲与卡拉哈里沙漠会合在一起，形成了观赏大型野生动物的最佳地点。

你正在乔贝河的冲积平原上，四周是100多头大象。象群正忙着吞咽大捆金黄色的草，几乎没有注意到你的存在。那些身形尚小的幼象小心翼翼地躲在母亲的腹下。这是非洲原野游中最激动人心的时刻——在游览途中，你将能够看到著名的非洲“五大”动物的全部：狮、豹、水牛、犀牛，还有这些灰色的巨兽。过去人们把这五种野兽称为“五大”，是因为它们是所有野生动物中最难以猎杀的。现在，“五大”的名声依然响亮，但面对它们的“长枪大炮”中装的不再是火药和子弹，而是胶片和感光元件。乔贝地区是原野游的起点，每天的旅程都格外动人心弦：清早在太阳升起前出发，在微微的寒风中捕捉野生动物的身影；然后回到营地享用早午餐并小憩。傍晚时分你再次来到原野上，迎接你的将是豹子和其他夜晚才出来活动的动物。晚餐在篝火边进行，兴之所至的游客们个个高谈阔论，意气风发。离开乔贝，你将一路向西南进发，前往奥卡万戈河，乘坐“莫科洛”（一种独木舟）游览奥卡万戈三角洲，寻找河马、鳄鱼和驴羚等珍稀沼泽动物的踪迹。最后，你还要折向东南，游览马卡迪卡迪盐沼国家公园，在被卡拉哈里沙漠中炽热的太阳晒成盐滩的湖底，每当夜幕降临便会聚集起大群动物。

最佳旅行时间：5月至10月（南半球的冬季至春季）是观赏这一带“五大”的最佳时间。天气凉爽，植被稀疏，所有野生动物都尽量靠近水边活动，增加了观察到它们的机会。

行程：至少留出1周。如果时间允许，2周或更长时间较为合适。

行前计划：组织原野游的旅行社都有相应的资质。旅行社提供4X4越野车、船只、旅舍或帐篷、一日三餐及英语导游。

旅行须知：位于津巴布韦与赞比亚边境的维多利亚瀑布离此行出发点的距离很近。如果时间允许，可以一并游览。

相关网址：www.boswana-tourism.gov.bw，www.ecoafrica.com

著名景点

- **乔贝国家公园**里的大象数量比任何一个非洲自然保护区中的大象都多。公园里还生活着数量巨大的水牛、斑马和羚羊。萨武蒂水道（Savuti Channel）中分布着许多小块草地，是著名的观赏野生动物的地点之一。

- 许多动物在旱季都会迁徙到林延蒂野生动物保护区（Linyanti Wildlife Reserve），包括大象、斑马，以及**狮子、豹、鬣狗**等食肉动物。

- **奥卡万戈三角洲**地区不但有丰富的大型野生动物，还有大量鸟类可供观赏。

纳米比亚

纳米布沙漠

纳米比亚沙漠中起伏的沙丘是全地形车辆一显身手的好地方。当然，要在严格保护生态环境的前提下。

横亘在你面前的是一道陡峭高耸的沙坡，在坡顶尽头，橘黄色的沙子与湛蓝的天空形成一道醒目的分界线。那高高的沙丘顶上大概就是世界的尽头了吧，你暗自想，在那一线天与沙的分界线后面，想必是一道令人惊心动魄的悬崖。透过头盔，你战战兢兢地瞥视着身边的向导。你已经跟随着他从城里一路掠过平地，爬上山丘、越过深谷，平安地到达了这么远的地方。然而，想必他一定不会再让你爬上这……但向导冲你微笑，"加速！"他大喊一声，切换挡位，驾驶着ATV全地形四轮摩托全速冲向面前的沙山。你目瞪口呆地看着他骑在摩托上仿佛在天空中停滞了一两秒，然后消失在山顶。深吸一口气，你鼓起勇气也冲上山顶。越过山顶，另一侧的陡坡扑面向你冲来。令你吃惊的是，你并没有掉下山崖，却仍然好好地端坐在摩托车上，正以飞快的速度冲下沙丘。如果征服这一切的快感还不能令你欣喜若狂的话，那么继续向前，去欣赏沙海尽头浩瀚的大西洋吧。汹涌的海浪和起伏的沙丘配合得如此亲密无间，除了海岸边一条狭窄的黑色柏油路外，再没有什么东西可将沙漠与大海分开。

一队ATV全地形四轮摩托车在领队车的带领下行驶在起伏的纳米布沙漠中。

著名景点

- 斯瓦科普蒙德不仅有令人赏心悦目的风景，还是纳米比亚极限运动的中心。你可以在这里尝试滑沙、骑马、骑骆驼、乘飞机观赏风景，甚至在沙漠上空跳伞。
- 斯瓦科普蒙德海滨沙滩是纳米比亚最受游客欢迎的地方。你还可以乘船出海观赏海豚，海豹也会在途中到船上做客。
- 驾车向北行驶，便可到达荒凉阴霾的骷髅海岸（Skeleton Coast），透过海边的浓雾，你可以参观沉船的残骸，还可以在这里钓鱼。
- 在斯瓦科普蒙德以南的塞斯瑞姆（Sesriem）有世界上最高的沙丘。

最佳旅行时间：海岸地区比酷热的纳米比亚内陆凉爽得多，即使在11月至次年3月的夏季也可照样旅游。但如果想游览纳米比亚其他地区，最好选择5月至10月前往。

行程：全地形四轮摩托的行驶线路全长22英里（35公里），包括安全示范和减速爬坡的时间在内共需2.5小时。但你需要预留出几天时间，以便游览斯瓦科普蒙德（Swakopmund）地区的其他风景。

行前计划：斯瓦科普蒙德当地的旅行社和酒店可为你安排各种旅游项目。建议你要选择那些信誉良好的旅行社，他们通常会严格按照线路组织行驶，并严格遵守环保条例。

旅行须知：不要自行进入沙漠，即使是步行也可能会破坏周围的生态环境。如果你对自己的摩托车驾驶技能不放心，可以选择半自动ATV全地形车辆。

相关网址：www.namibiatourism.com.na，www.outback-orange.com/quads.htm

C-GZIX

8 空中览胜

有些风景只有登高远眺才能真正显露出它的魅力。在以下情况下，人们渴望能像鸟一样从高空俯瞰风景：由于地理环境复杂，人力难以到达；为了尽览某地的全景；换一个全新的角度领略某一著名的景点；或是为了保证近距离观察野生动物时的安全。出乎许多人的想象，有很多途径可以满足这一看似困难的愿望。在本章随后介绍的旅行中，有一些是利用轻型飞机、直升机或热气球，也有的则只需乘坐高空缆车或登山电梯。喜爱冒险的游客可以乘飞机在夏威夷群岛的考艾岛上空盘旋，或是乘坐由技术娴熟的飞行员驾驶的飞机从高空冲向辽阔的阿拉斯加荒原。希望观赏到珍稀而警觉的野生动物的游客则可选择前往南非的克鲁格国家公园，在非洲大草原上乘坐机动滑翔机追寻大象、长颈鹿、白犀牛和鳄鱼的踪迹。对于那些着迷于历史疑团的人，一次飞越秘鲁纳斯卡巨画的飞行无疑将激起他们丰富的想象力：为什么 2500 年前的古人要在沙漠中刻画出这些只能从空中才能一睹真容的巨大图像?

在一个晴朗的好日子里，一架水上飞机在加拿大西北地区辛普森堡（Fort Simpson）附近宽阔的马更些河上飞行，准备带着乘客在空中游览纳汉尼国家公园（Nahanni National Park）。

胡佛水坝

离开拉斯维加斯的喧嚣，你的感觉从未如此之好。等待你到来的是人类历史上前无古人的创举，一片在漫漫黄沙中依靠人力创造出来的绿洲。

尽管身边即是咆哮而过的科罗拉多河，然而这片被太阳晒成焦红色的大地仍然令你感到口干舌燥。离开拉斯韦加斯现代化的灯红酒绿，向东南方行进不过35英里（56公里），你就来到了美国现代工业的七大奇迹之一——胡佛水坝的面前。这座巨大的人工建筑物于大萧条时代由1.6万余名工人参与建成，使用的水泥多达500万桶，以至于有笑话说其中部分水泥至今还没有干透。尽管在地面上也可以欣赏到它宏伟的外观，但只有当你乘坐飞机驾临跨越黑峡谷的大坝上空时，才能真正领略到这座被定为“美国国家历史地标”（National Historic Landmark）的建筑工程无与伦比的气势。汹涌磅礴的科罗拉多河被大坝拦腰截断，积蓄的水力可以供应邻近几个州数百万家庭的用电，并为农田提供水源。直到截流后的第6年，大坝拦起的水库——米德湖才蓄满了湛蓝的湖水。现在这里已成为游船、汽艇及钓鱼爱好者钟情的场所。越过胡佛水坝，飞机继续前行，进入大峡谷的西侧。这一带的山系虽然没有峡谷南侧那样雄伟，但低空俯瞰下去也同样壮观，让你能够领略到20亿年时光在大峡谷中留下的历史印迹。

从直升机上欣赏近乎垂直的大坝。形似牡蛎的胡佛水坝将黑峡谷（Black Canyon）拦腰截断。

著名景点

■ 胡佛水坝的规模十分惊人：大坝高726英尺（221米），底部厚660英尺（201米），向上逐渐收缩，顶部厚度约45英尺（14米）。

■ 俯瞰景色优美的米德湖及沙滩，你可以见到玻璃一般清澈的湖面上聚集着细如沙粒的游人，有的在驾驭帆船或游艇，有的在游泳，还有人正在滑水嬉戏。

■ 要塞山（Fortification Hill）位于胡佛水坝东北，属于米德湖国家休闲区（Lake Mead National Recreation Area），山上50多条远古时代的熔岩遗迹标出了火山的位置。

■ 选择傍晚起航的飞机，返航时正好是夜晚，拉斯维加斯最迷人的时刻。在空中欣赏城市中美丽的灯光和车流吧。

最佳旅行时间： 春、秋两季。冬季峡谷中常有雨雪和大风；夏季则过于燥热。清晨（5:30~8:00）升空可以避免遇到阳光加热峡谷中空气后生成的涡流。

行程： 飞机从拉斯维加斯起航。根据你选择观赏的目的地数量，游览时间可持续2.5~3.5小时。

行前计划： 旅行社提供多种游览套餐，包括享用大峡谷香槟野餐、河边特色午餐等项目。部分旅行社提供直升机游览项目，包括胡佛水坝、米德湖和大峡谷。

旅行须知： 部分直升机内每排有4个座位，请尽量选择靠窗的位置。

相关网址： www.hooverdamtourcompany.com，www.scenic.com，www.paradise-foundtours.com

日影偏斜，雄伟的麦金利峰上云雾缭绕。

美国

雪山之旅

一架轻便的小型飞机和一名老练的驾驶员便是你所需要的全部，他们将带你见识阿拉斯加原野上最难以触及的角落。

飞机从一条沙砾跑道上起飞升空，隔着窗子你看到一只体形巨大的灰熊正在湍急的河流边蹒跚漫步。在劲风吹拂下的山坡上，一只母黑熊正带着幼崽寻找浆果。驾驶员将飞机完美地降落在一座高达1000英尺（305米）的悬崖顶部的草地上时，你的心跳不禁停顿了一下。你狼狈不堪地爬出飞机，在你脚下陡峭的斜坡上，一群大角羊正在吃草。停留片刻后，飞机再次起飞，在山谷中穿行，两侧高高的雪山近在咫尺，仿佛触手可及。驾驶员操纵飞机做了一个漂亮的螺旋式俯冲，然后又是一次令人惊心动魄的降落。这一次，是在两条巨大的冰川裂缝之间。这就是你的阿拉斯加空中之行。第一天你将从安克雷奇出发前往德纳里或克拉克湖国家公园寻找野生动物的踪迹；第二天则飞跃克奈峡湾国家公园，从空中俯视巨大的冰川和飘满淡蓝色冰山的海湾。

最佳旅行时间：阿拉斯加空中旅游项目每年从5月下旬一直持续到9月中旬。

行程：你可以选择从安克雷奇至德纳里国家公园、克拉克湖国家公园、克奈半岛的一日游航线，或者选择从麦卡锡出发环绕兰格尔－圣伊利亚斯地区的一日游航线，此外还有许多宿营地和背包游线路可供选择。想要走遍阿拉斯加的旷野最少需要10天到2周时间。

行前计划：如果游览计划中包括背包游或宿营，即使是在夏天也需要准备保暖睡袋和帐篷。此外还要携带结实适用的登山靴、防雨外套，以及食物和炊具。

旅行须知：8月上旬以后前往阿拉斯加可以避开当地臭名昭著的蚊虫。

相关网址：www.nps.gov/dena，www.ultimathulelodge.com，www.lakeclarkair.com

著名景点

■克拉克湖国家公园与克奈峡湾国家公园都以美丽的风景和丰富的野生动物而著称。位于阿拉斯加中部的**德纳里国家公园**中也生活着许多不同种类的野生动物，北美洲最高峰、海拔20320英尺（6194米）的麦金利峰就坐落在公园中。

■**无人居住的废弃小镇**与当地土著部落的村庄常常地处偏僻的荒野之中，没有任何道路可通。要想到达那里，只有一种方法——长达数周的艰苦跋涉。

■美国最大的国家公园——**兰格尔－圣伊利亚斯国家公园**位于阿拉斯加州的东南角，公园中有森林、山脉、苔原和美丽的海滨。

■乘水上飞机游览**库克湾**——白鲸的家乡。

■安克雷奇市内的**阿拉斯加航空历史博物馆**用丰富多彩的展览向人们展示着当地早期飞行员们的勇敢事迹。馆内收藏有近20架老式飞机。

美国

在天堂上空

乘坐直升机，从空中俯瞰山形俊秀、林木茂盛的夏威夷花园小岛——考艾岛。

地球上很少有地方能够拥有考艾岛这样险峻崎岖的山脉。夏威夷群岛中的岛屿地质年代都很年轻，即使其中形成年代最古老的岛屿也是如此。600 万年前，熔融的岩浆遇海水而凝固，形成了考艾岛北部纳帕里（Na Pali）海岸高达4000 英尺（1219 米）、城墙一般的悬崖峭壁。今天，这些陡峭的山体和深藏在岛中的山谷构成了一个远离尘世的伊甸园。很多电影都慕名来到岛上取景，如《南太平洋》（*South Pacific*）和《侏罗纪公园》（*Jurassic Park*）等。尽管岛上的青山翠谷风景秀丽，但重重山岭阻挡着一切企图进入的游人，唯一可以接近这片人间仙境的方式只有乘坐直升机。盘旋在高耸起伏的海岸线上空，俯瞰脚下嫩绿色的大地，你可以看到一条条瀑布犹如飞舞的白色羽毛，带着轻柔的水雾泻入几百英尺下林木掩映的山谷。来到海岸边，你的心跳会突然停顿：脚下的大地仿佛在一瞬间消失，取而代之的是几百米下泛着珍珠般白色泡沫的海水。巨人臂膀般的山崖不时向海岸围拢过来，呵护着一小块一小块花团锦簇的绿地，以及被海浪揉搓抚弄得细腻无比的新月形沙滩。海浪拍岸的声音融入持续的背景，仿佛永不停歇的音乐。偶尔海面上狂风大作，海浪滔天，发出震耳欲聋的声响。岛上的传统唱诗人，总是习惯踩着海边柔软的沙滩边走边吟唱；当他们的声音即使在风浪之中仍然清晰可闻，也便意味着他们的训练已经圆满结束。如果岛屿也有灵魂，它一定有着奇异的魔力，能够轻易抓住游人的心。他们会对驾驶员说：“把我留在这里，一周后再来接我——或者一个月后，或者……随便你想起来的时候吧！”

著名景点

- **威美亚峡谷**深达3500英尺（1067米），植被繁茂，天气多变。从空中俯视，它就好像一个缩小的绿色的科罗拉多大峡谷。
- 在崎岖的山岭间生活着一群群**小雪羊**。
- 直升机会从空中飞过由岛屿岸边伸展入海中的**卡乌皮海滩**（Kaupea Beach），通常被称作“隐秘海滩”（Secret Beach）。海滩连接着深入海中的小山，基劳伊灯塔（Kilauea Lighthouse）就设在那里。
- 在空中观赏过考艾岛后，你还可步行进入纳帕里山区，走一走沿着北岸长约11英里（18公里）、崎岖险峻但深受游客喜爱的**卡拉鲁**（Kalalau）小道。小道沿途起伏不断，一路上到处都是瀑布、翠谷、悬崖和古老的遗迹，连同美丽的卡拉鲁海滩一起，吸引着无数游人的目光。

最佳旅行时间：考艾岛上几乎全年阳光明媚，但冬季（12月至次年3月）通常被认为是雨季，也是价格最高的旅游旺季。如果要寻找天气与价格的最佳平衡，可以选择4月至5月或9月至10月前往。

行程：飞行时间约55分钟。请留出1周时间以便慢慢享受岛上的其他风景。

行前计划：直升机从岛上的小镇里休（Lihu'e）出发。天气晴朗的日子观赏效果最佳。如果你不是在旺季出行，可以查看当地天气预报，预订第一个晴天的飞行。12月至次年4月直升机游览的座位需要尽量提前预订。

旅行须知：直升机内有空调，不需要特意准备衣物。

相关网址：www.bluehawaiian.com，www.gohawaii.com

对页：卡拉劳山谷（Kalalau Valley）笔直的峭壁面对着夏威夷招牌式的蓝天碧海。山谷中是茂密的雨林，生长着巨大的蕨类植物。
左一：观光直升机的驾驶舱。
左二：直升机犹如一只蜻蜓，盘旋在威美亚峡谷（Waimea Canyon）上空的浓雾与彩虹间。

乘水上飞机游览纳汉尼国家公园

从马更些河上的老港口辛普森堡出发，欣赏加拿大瑰丽奇俊的山川。

位于加拿大偏远的西北地区的纳汉尼国家公园保护区（Nahanni National Park Reserve），是1978年联合国教科文组织在全世界范围内认定的第一处世界遗产。这里有被湍急的河水切割出的深达数百米的峡谷，有飞流直下的瀑布，有加拿大最大的石灰华群，还有仍然以狩猎和采集草药为生的土著提纳人（Déné）。进入公园范围后，水上飞机将沿着南纳汉尼河飞行，穿过死人谷（Deadmen Valley）——因葬身于此的勘探者而得名，经过圣坛岩（Pulpit Rock），最后降落在维吉尼亚瀑布上游的河段。瀑布中心有一道巨大的石梁将汹涌的河水分开，景象十分壮观。这一段是南纳汉尼河上仅有的不通航河段。你可以步行沿河边走过瀑布，从下游好好欣赏。接着，你将乘坐飞机再次升空，沿着桑布鲁德山脉飞往上游的拉比特科特尔镇（Rabbitkettle），欣赏沿途山上的黑熊、灰熊和驼鹿。拉比特科特尔镇上开设了独木舟游览项目，可以溯流而上，越过公园边界直达拉格德山脉环抱之中的冰川湖。飞机再次飞离拉比特科特尔镇，然后飞过拉姆（Ram）峡谷和拉姆高原，穿过纳汉尼山脉中的一条山谷，最后降落在清澈的小医生湖（Little Doctor Lake）。在湖边恬静的纳汉尼山旅舍（Nahanni Mountain Lodge）前稍事停留后，飞机再次起飞，返回出发地。

纳汉尼著名的圣坛岩。从空中俯瞰，圣坛岩与背后险峻的第三峡谷（Third Canyon）相比显得相当渺小。

著名景点

■ **维吉尼亚瀑布（Virginia Falls）**落差295英尺（90米），是尼亚加拉瀑布的2倍。在水上飞机游览项目中，你可以有3小时的自由活动时间步行观赏瀑布。

■ 纳汉尼地区的**地形地貌**是加拿大国家公园中最复杂的。石灰华群位于拉比特科特尔，最大的石灰华高89英尺（27米），直径243英尺（74米）。此外，还有风蚀砂岩柱、石灰岩喀斯特峭壁和洞穴——其中比较有名气的是瓦莱利洞（Grotte Valerie），其中的石笋已有25万年历史。

■**驼鹿、黑熊和灰熊**是公园中最常见的哺乳动物。熊妈妈在幼崽遇到危险时会像人一样后腿直立起来，保护自己的孩子。

最佳旅行时间：从6月初河中的冰层消融，至9月底气温变得严寒并开始降雪之前。

行程：全程8小时。还有较短的线路，不包括从维吉尼亚瀑布到冰川湖的一段，行程大约6小时。

行前计划：你也可以步行沿纳汉尼河游览。你需要准备防雨的衣物、防晒霜和驱蚊剂。夏季白天气温大约为25℃，最高可达30℃。

旅行须知：环形天堑（Cirque of the Unclimbables）位于离公园边界不远处，由拉格德山脉和拉姆高原上一系列陡峭的岩峰组成。你可以搭乘直升机登上山顶，参观洞穴中多姿多彩的化石，或游览深达1英里（1.6公里）的拉姆峡谷。

相关网址：www.simpson-air.com，www.pc.gc.ca，www.nahanni.com

夜幕降临、华灯初上，一架飞机正准备在温哥华港口降落。

加拿大

飞越不列颠哥伦比亚

一架小小的海上飞机将带你领略加拿大西海岸的众多峡湾和小岛。

飞机在水面上慢慢滑行到温哥华港口外的一个荧光浮标前，接着在一片飞溅的水花中腾空而起。你坐在机舱里，看着飞机迅速爬高，掠过狮门大桥，飞过排列在海面上的一艘艘货运与邮船。在你的北面是大片伸展到远方的群山；西边是海峡群岛，平静的海面十分清澈，是观赏野生动物的最佳场所。飞机降低高度，在加里亚诺岛（Galiano）与梅恩岛（Mayne）之间盘旋，一次次从航行在狭窄的活动水道（Active Pass）中的渡轮头顶掠过。在你的脚下，是筑巢的白头雕、海豹和成群结队的鼠海豚。你还可以怀着羡慕的心情欣赏那些建在小岛上的别墅，或是隔着窗子向正在阳光灿烂的水面上驾着白色帆船的主人挥手致意。

最佳旅行时间：春末至初秋是游览的最佳季节，在这段时间里当地气候条件较好，航班不易因天气原因而取消。日落后海风逐渐变小，温暖的余晖还能给海面上的景物带来别致的风采。

行程：你可以选择20分钟到2小时的游览航行，可以在途中降落享用野餐或正餐，或是继续自选的游览线路和内容（时间长短不等）。还可以结合乘船出海观赏鲸鱼及海上垂钓等其他旅游项目。

行前计划：你可以预订下午的航班（风景更美），但别忘记当天上午要再次确认。中午的时候，当天的天气情况基本上已经不会再出现意外。如果不幸遇到天气变化，租好的航班可以改期。

旅行须知：如果是在游客较少的季节，你可以订一班前往维多利亚或纳奈莫（Nanaimo）的航班，坐在飞行员身边；或是乘坐白天的邮政飞机，前往偏远的小岛上游览。

相关网址：www.harbour-air.com，www.adventures.ca

著名景点

- **阳光海岸（Sunshine Coast）**从温哥华向北一直延伸到珀维尔河镇（Powell River），沿途布满峡湾。该游览线路途中还会让游客停下来品尝太平洋三文鱼。
- 飞机采取**低空飞行**，距离地面大约500英尺（152米），很多时候你会发现飞机就在半山腰航行。在这个高度，可以清楚地观赏水面和地面上的各种动物。
- 从维多利亚出发游览**海峡群岛**，在岛屿沿岸的小海湾里停泊着各式各样的小帆船，房舍就建在海边。那里还是观赏逆戟鲸、海狮和各种海鸟的好地方。
- **飞机降落的最后一刻**实在是惊心动魄：最后50英尺（15米）飞机就像是一个“倒栽葱”扎到水面上。

从空中可以看到圣卢西亚岛上的许多美景，如位于岛屿北部、游艇云集的玛莉格湾（Marigot Bay）。

最佳旅行时间： 旅游旺季为每年12月中旬至次年4月中旬。如果你在6月至11月造访，可以获取部分优惠。但这段时间也是当地的雨季，并偶有飓风来袭。

行程： 游览雨林大约需要半天，但游览整个岛屿至少需要1周时间。

行前计划： 相机和双筒望远镜必备。电车设有轮椅通道。乘坐树顶缆车前请将长发束好。如果你想行前对圣卢西亚的文化有所了解，可以研究一下诺贝尔文学奖获奖者德里克·沃尔考特（Derek Walcott）的诗歌和戏剧。

旅行须知： 带一件环保纪念品回家。当地手工制品市场可以买到用攀缘棕榈或气根编织的篮子，以及用雨林中一种大树的彩色种子制成的项链。

相关网址： www.rfat.com

圣卢西亚

圣卢西亚之行

从空中欣赏覆盖着岛屿1/3面积的原始雨林，欣赏种类繁多的野生动物。

在这座美丽的热带小岛上，触目所及之处都是绿色的。那是一种奇异的感觉，仿佛你一生都生活在地下，而现在当你终于来到地面上，发现连空气也是绿色的。在各种各样的绿色中，散落着星星点点其他的颜色，如在你眼前一闪而过、羽毛金黄的圣卢西亚拟黄鹂，还有紫色的熏衣草花和树上垂下的灿烂的橘黄色花朵。树荫下，活泼的圣卢西亚鹦鹉正用叽叽喳喳的叫声与蕉森莺甜美的嗓音和棕喉孤鸫尖利刺耳的鸣叫进行一番较量。空气中弥漫着兰花的香气，宝石般艳丽的蜂鸟在锋利的海里康花朵边飞舞——当地人称它们为“黄色的舞者”。现在你该明白，如果能够从高空欣赏不受人类干扰的岛上景色，该是一件多么幸运的事。从山顶上的雨林缆车公园（Rain Forest Sky Rides Park），你可以乘坐树顶缆车（Sky Canopy）穿梭在森林上空，或是坐在可容9人的开放式有轨电车上，穿过丛林滑向山下——电车最高时离地有120英尺（37米），一路上欣赏只有在树冠上才能看到的各种小动物。你还可以聆听博物学家讲解当地雨林中的药用植物——这里拥有药效的植物多达105种，以及圣卢西亚多彩的历史与文化。

著名景点

- 乘坐缆车**在半空中**越过雨林的树冠，可以看到壮丽的山脉和海边柔软的白色沙滩。

- **硫黄泉**位于岛上最古老的城镇索弗里尔（Soufrière）附近、世界上独一无二的“路边火山”上，背后是雄伟的皮腾（Piton）山。附近还有温泉和冷泉形成的瀑布及矿泉浴池，据说有不错的治疗效果，游客不妨一试。

- 参观有250年历史的**可可农场**，参观传统的可可制作工艺，并品尝新鲜可口的巧克力！

秘鲁

纳斯卡巨画

这处史前艺术珍品的巨大和复杂，只有从空中俯视才能得到完整体现。

秘鲁南部无风的高原荒漠上刻画着数百处动物和几何图案，围绕着这些图案有无数的神秘传说。据说，纳斯卡人在公元前200年~公元700年制作了这些巨大无比的图案，他们将荒漠表层深色的石块移去，从而露出下面颜色较浅的土壤。考古学家认为，纳斯卡人绘制这些图案时只凭借了最简陋的测绘设备，这一想法的可能性已被证实，人们通过同样的方法复制出了其中最大的图案。还有些喜欢标新立异的研究者宣称，这些古代的绘图者得到了外星人的帮助。也有人提出，当时的纳斯卡人曾经使用过热气球以从空中观看绘好的图案——这一理论如今也被证明是可能的，人们利用当时能够得到的设备和材料制作出了可以使用的热气球。当你乘坐现代化的6架小型观光飞机飞临这些巨大画作的上空时，不禁会问自己，是什么原因驱使古代人创造了这些巨大的鸟、兽和神秘的三角形、环形、梯形、螺旋形图案，还有更多简单的直线，其中最长的达到9英里（14.5公里）。驾驶员为你选好最佳的观赏角度，以领略这些美丽的图案——它们的存在，就是对人类无穷创造力的最好证明。

纳斯卡巨画，中央显著位置是一只秃鹫，旁边还有几何图案。

著名景点

■ 从空中看，纳斯卡地区的**地形极为复杂**。安第斯高山上的雪水融化形成河流，河谷中草木青翠。沙漠之中沿河岸种植着**棉花和柑橘**。

■ 纳斯卡巨画中有许多描绘的是**动物形象**，有青蛙、猴子、蜘蛛、鲸鱼、蜥蜴、蜂鸟、秃鹫等，其中还有一只长1000英尺（305米）的鹈鹕！

■ 巨画的**形象**只有在高空才能看清楚，部分动物线条占地相当于两个足球场，但却勾画得非常精确。

最佳旅行时间： 全年均可。

行程： 航程总计1小时，飞机将带你看遍总占地面积135平方英里（350平方公里）的遗址区。

行前计划： 纳斯卡距秘鲁首都利马300英里（483公里），开车需要8小时，乘飞机则需要1小时。如果是乘车，需在纳斯卡先住宿1夜。游览飞机每天清晨从纳斯卡起飞。

旅行须知： 如果嫌回程寂寞，可以顺道游览一下位于纳斯卡以北125英里（201公里）的查科海滩（Playa el Chaco）。上午乘飞机看过纳斯卡巨画后，下午可以点一杯皮斯科酸味鸡尾酒（piscosour），观赏成群结队的鹈鹕飞过波涛滚滚的太平洋。第二天早上，你还可以乘船游览巴里斯塔岛（Islas Ballestas），观赏岛上的鲣鸟、鸬鹚、鹈鹕和海狮等野生动物。

相关网址： www.perufly.com

驶向甜面包山的缆车。背后是里约热内卢和远处的科科瓦多山。

十佳缆车索道

从喜马拉雅山脉到澳大利亚雨林，小而敞亮的客舱将你一路摇摇摆摆地从繁华的大城市带到美丽非凡的景区。

❶ 墨西哥：萨卡特卡斯

乘坐在空中缆车（teleférico）上，脚下的街道、广场、屋顶仿佛一幅马赛克图案；几分钟后，你将离开优雅、欢快的城区，登上布法山（Cerro de la Bufa）。

行前计划： 缆车起点位于市中心的格利洛山（Cerro del Grillo），运行时间为每天10:00~18:00；大风时停运。

相关网址： www.enjoymexico.net

❷ 巴西：里约热内卢

缆车带你先经过瓜纳巴拉湾的乌尔卡山（Urca Hill），然后向上到达甜面包山（Sugar Loaf Mountain）1300英尺（396米）的顶峰。远处可以看到科科瓦多（Corcovado）山上著名的救世主耶稣像，山下则是里约城区，被灿烂的夕阳余晖照成一片金黄色。

行前计划： 缆车运行时间为每天8:00~22:00，每30分钟一班。运行一圈需要2小时。

相关网址： www.braziltravelvacation.com

❸ 委内瑞拉：梅里达（Mérida）

世界上海拔最高、最长的索道缆车就设在这里，从安第斯山一片海拔1.025万英尺（3124米）的高原上出发，将你一直送到埃斯佩赫峰（PicoEspejo）顶。缆车沿途在四站停留，乘客可以上下车。从最高处的车站你可以欣赏到雄伟的玻利瓦尔峰（Pico Bolívar）。

行前计划： 缆车运行时间一般为上午7:00至中午，偶尔会有变动。带上保暖衣物。最后一站需要单独购票。

相关网址： www.andesholidays.com

❹ 中国：香港的山顶缆车（Peak Tram）

这条通向维多利亚山顶的索道坡度达到4°~27°，因此所有的建筑物看上去好像都在向你倾倒过来！山顶上可以欣赏到美丽的城市风光，还有餐厅、商店及步行道。

行前计划： 全年运行，每10~15分钟一班。

相关网址： www.thepeak.com.hk

❺ 马来西亚：云顶缆车

这是世界上运行速度最快的缆车，也是南亚地区最长的缆车索道。索道终点位于海拔6650英尺（2027米）、气候凉爽的云顶高原（Genting Highlands）度假村。度假村中有主题公园、商店、酒店和一家赌场。

行前计划： 云顶缆车起点站位于梧桐花园（Gohtong Jaya），终点站为云顶高原酒店。运行时间每周日至周五7:30~23:00；周六7:30~24:00。

相关网址： www.genting.com.my

❻ 印度查谟—克什米尔：古尔玛（Gulmarg）缆车索道

美丽的古尔玛山谷位于喜马拉雅山脉的西北部，海拔8958英尺（2730米），它的名称（"开满鲜花的草原"）形象地描绘了山谷的特色。一条法国人设计的缆车索道从这里出发，沿着长满松树的山坡一路爬升，直到海拔1.3058万英尺（3980）米处，接近附近的最高峰阿帕尔瓦特峰（Apharwat）。在山上可以眺望乔戈里峰（K2）和其他雄伟的喜马拉雅雪山，冬天还可以进行自由速降滑雪。

行前计划： 古尔玛位于斯利那加（Srinagar）西南35英里（56公里）。4月至6月植被茂盛，风景优美；12月至次年3月则是滑雪季节。通行证可用于乘坐缆车。

相关网址： www.skihimalaya.com.au

❼ 西班牙：欧罗巴山峰国家公园

位于西班牙北部的欧罗巴山峰国家公园（PicosdeEuropa NationalPark）拥有迷人的自然风光。乘坐缆车是观赏群峰的便捷方式之一，它直接越过林木茂盛、阳光明媚的山谷，将你送上海拔6037英尺（1840米）的山顶。站在山顶的阿利瓦（Aliva）观景台上，被周围的景色深深陶醉着，你还可以更深入地游览——欧罗巴山峰国家公园也是一处著名的徒步登山景区。

行前计划： 山下的缆车站位于Fuente Dé国营旅店附近。开放时间随季节不同而变动，请提前查询。

相关网址： www.asturiaspicosdeeuropa.com

❽ 瑞士：格林德沃德—曼利辛缆车索道

位于瑞士阿尔卑斯山区的格林德沃德—曼利辛（Grindelwald-Männlichen）缆车索道是世界上最长的缆车索道之一。它连接着海拔3094英尺（943米）的格林德沃德和海拔7316英尺（2230米）的曼利辛。在30分钟旅程中，你可以欣赏周围的阿尔卑斯群山，包括著名的少女峰与艾格峰，以及脚下美丽的山村，同时又能免去登山滑雪的辛劳。

行前计划： 全年开放，运行时间随季节变化而变化。使用旅行券或交通卡可获得折扣。

相关网址： www.maennlichenbahn.ch

❾ 南非：开普敦桌山缆车

桌山缆车的车厢底部可作360°旋转，以便让乘客在缆车通往海拔3560英尺（1085米）的桌山山顶的短暂途中更好地欣赏周围的风景。在山顶上有多条登山线路可供游客选择。不愿劳累的游客可在山顶野餐，享受休闲的一天。当地天气通常在清晨和傍晚时最晴朗。

行前计划： 通向缆车出发站的路上有清晰的指示牌。缆车全年运行，每10~15分钟发车；如遇大风可能会暂停发车。运行时间随季节变化，请提前查询。

相关网址： www.tablemountain.net

❿ 美国：加利福尼亚旧金山市鲍威尔—海德索道

来旧金山游览，不可不乘著名的鲍威尔—海德（Powell-Hyde）缆车。它穿过喧闹的俄罗斯山（Russian Hill），经过金门大桥，最终停在渔人码头（Fisherman's Wharf）。

行前计划： 起始站位于鲍威尔大街（Powell Street）与市场大街（Market Street）拐角处，运行时间为每天早6:00至次日1:30。可以在缆车上买票。可选择早晨乘坐，以避免拥挤的人群。

相关网址： www.streetcar.org

对页：塞舌尔群岛上浅浅的潟湖，湖水十分清澈。
上左：塞舌尔百合是岛上许多特有物种之一。
上右：拉迪格岛上一处岩石矗立、棕榈树环绕的海滩。

塞舌尔

美丽的塞舌尔群岛

乘坐直升机或固定翼飞机往来于这些散落在大洋中的明珠上空，你能看到岛上茂密的热带雨林和世界一流的沙滩，这是正式旅游开始前绝好的预热。

塞舌尔群岛位于肯尼亚以东1000英里（1609公里）的南印度洋中，远离所有繁华的大陆，岛上沙滩众多，有丰富的鸟类和茂密的原始森林，是全球化的今天一片难得的安详的净土。从空中掠过群岛，你可以清楚地分辨出中央那些面积较大、居住人口较多的花岗岩岛屿和位于周边那些低矮的珊瑚礁环岛。通过空中的交通工具，你可以方便快捷地到达群岛中最偏远寂静的小岛。在普拉兰岛上，你可以游览马伊谷（Vallée de Mai）生机勃勃的原始森林，查理·戈登将军曾把它比做伊甸园。在这里有世界上最大的种子——海椰子，它的大小相当于一只橄榄球；还有号称“世界十大最美沙滩”之一的拉齐奥海滩（Anse Lazio）。拉迪格岛上的沙滩也毫不逊色，索斯达根海滩（Anse Source d' Argent）的景色美丽如画，常常被电影和广告片用做背景。不过，在塞舌尔你完全不必把精力集中在某一块著名的沙滩上；在这里，每一块沙滩的景色都美不胜收，无论是游泳、潜水，还是静静地坐在沙滩上欣赏清澈的海水，你都绝不会失望而归，偶尔还能在齐膝深的水中遇到当地的渔夫正在用手拉渔网捕鱼的景象。周末，在拉迪格岛上的小旅馆里，你会遇到有人邀请你一起跳穆蒂亚（moutia）舞。在殖民地时代，这种舞曾因挑逗性的动作而被禁止。第二天清早，当你在户外吃早餐时，没准儿还会飞过来一只马达加斯加福迪雀，从你鼻子底下偷走一些蛋糕的碎屑。

最佳旅行时间： 10月至次年5月，注意避开1月至2月的雨季。

行程： 至少需要2周，具体时间取决于你打算游览多少座岛屿。此外，应该在马埃岛（塞舌尔群岛中最大的岛屿）、普拉兰岛和拉迪格岛上各待几天。

行前计划： 从美国出发要先乘夜间航班抵达欧洲，然后再坐1天飞机从伦敦或巴黎飞往马埃岛。马埃岛上有飞往其他岛屿的航班，机票可以在酒店订到。

旅行须知： 当地啤酒很好喝，但葡萄酒均为进口，价格不菲，质量也很一般。不要在拉迪格岛上寻找加大号大床（King-size）或汽车——岛上没有这两样东西；不过酒店可以为客人提供自行车，还有牛车运送乘客及行李。无论你对洋流多么熟悉，都不要在标有“危险”（Danger）的海滩游泳。

相关网址： www.seychelles.travel，www.helicopterseychelles.com，www.airseychelles.com

著名景点

- 日落前1小时在**索斯达根海滩**上漫步，欣赏沐浴在夕阳下的白色沙滩、粉红色的花岗岩石和海边的椰子树。
- **伯德岛**是鸟类爱好者的天堂。这里距离马埃岛125英里（201公里），岛上生活着成千上万只鸟；每年5月至9月还有大约150万只乌燕鸥飞到岛上筑巢，届时整个天空中都充满了鸟叫声。卡森岛（Cousin Island）是另一处观鸟胜地，同时还是鹰嘴龟的重要栖息地。
- **弗里盖特岛**曾经是海盗藏匿的地方。这座离群岛中心最远的花岗岩小岛上设有豪华生态旅游项目，一次最多只接纳40名游客。岛上生长着番木瓜、椰子树，还生活着许多军舰鸟（frigate bird）——这也是岛屿名称的来源——和斑鸠。
- 塞舌尔群岛有许多**独特的物种**，如世界上最小的蛙、最重的龟，以及印度洋周边唯一一种不会飞的鸟。当地的生态环境得到了严格的保护，岛上超过一半面积都被列为国家公园。

吴哥雄伟的五塔和复杂的结构只有从空中才能真正领略。

最佳旅行时间： 柬埔寨气候为典型的热带季风式气候。冬季（11月至次年3月）天气最凉爽干燥，是旅行的最佳季节。

行程： 全程188英里（303公里），需2小时。你在预订航线时可以在途中尽可能地多安排几个降落点。

行前计划： 旅游旺季时，需提前准备签证。

旅行须知： 到达暹粒后，你有好几天的时间可以用来参观附近的庙宇。最好在清晨参观巴戎寺（Bayon Wat），阳光会使塔上雕刻的佛像变得栩栩如生。日落时则适合参观面向西方的吴哥窟（Angkor - Wat），尽早到达以便在参观人群变得拥挤不堪之前静静地欣赏。

相关网址： www.phnompenhtours.com，www.sacred-destinations.com

柬埔寨

乘直升机游览吴哥

从高空俯瞰当年高棉王国的政治中心，然后再回到地面上，在密林中寻找散落已久的宫殿和庙宇，每一处建筑都是历史的瑰宝。

当你离开金边的喧闹，出发向北方的洞里萨湖前进时，田野里升起了高棉清晨特有的蓝色雾霭。晨雾在当地是一件好事，在酷热的白昼到来之前，雾气可以给人带来舒适的清凉。从1000英尺（305米）高空俯视，公路有如黄色的缎带，路上飞舞着尘土，蚂蚁一样的车辆川流不息。洞里萨湖边的村庄仿佛孩子的玩具模型，小小的渔船停泊在岸边，一些船已成为鹳的巢穴。湖面上偶尔可以看到一些微小的黑点，那是正在游泳的人。飞机越过辽阔的平原，向着暹粒飞去。在过去数百年里，这里的密林中隐藏的巨大秘密，甚至连当地人也很少知道——那就是吴哥的遗迹。只有从空中你才能看到吴哥复杂宏伟的全貌。吴哥的皇城为完美的正方形，低矮的林木中散落着一系列寺庙、雕像、平整过的土地和莲花屋顶。飞机平稳地降落在地面上，四周一片寂静，只有丛林中偶尔传出几声鸟叫声。浓密的树荫遮挡着你的视线，令你不禁想象其中还有多少神秘的庙宇等着人们去发现。

著名景点

■ **吴哥窟**是世界上最大的宗教建筑，它安静地矗立在丛林中，四周有宽阔的护城河环绕。灰色的建筑群中偶尔会出现一点鲜艳的橘黄色，那是僧侣正在准备做功课。空旷的场院显得非常广阔。

■ **塔布龙寺（Ta Prohm）**是一定要徒步游览的。寺庙完好地保存着19世纪建造时的样式，只是石块上已长满巨大的植物根系和枝叶繁茂的树木。

■ 寺庙建筑上雕刻的动物种类均取材自丛林中生活着的**野生动物**。直到今天，你依然能够听到丛林中猴子的嬉闹、大象的啸叫和长尾鹦鹉叽叽喳喳的叫声。洞里萨湖是南亚地区巨大的生态资源宝库，许多动植物都是世界上最为濒危的物种。

澳大利亚内陆的小酒馆

飞行员就好像是你的司机，带你在广阔的澳大利亚沙漠中寻找着一处又一处水源。

如果飞行员没有事先电话通知客人的到达，那么他需要做的就是在飞邻酒馆上空时猛然俯冲，用飞机的轰鸣声提醒酒馆主人的注意。随后，飞机在一片尘土中降落在附近的跑道上。如果酒馆离机场的距离稍远，主人会开着车前来迎接口干舌燥的乘客。坐在从阿德莱德起飞的飞机上低空飞行，脚下是一片暴晒在阳光下的大地，一条条干涸的河床便是它的装饰；偶尔还能看到小小的村庄，四周的不毛之地一直延伸到天边，贫瘠的土壤显露出褐色、红色、灰色和粉红色。房舍在辽阔的大平原映衬下显得格外渺小。在南澳大利亚和昆士兰地区，最近的邻居之间也可能会相隔 100 英里（161 公里）远；要找到一间酒吧可能还要再走出 5 倍的距离。牧牛人赶着牛群往往要走过相当于一个欧洲小国那么大的地方，去喝上一品脱酒，或是见几个朋友。然而广阔的澳大利亚内陆的景色绝非乏善可陈，每个偏远的角落里都有意外的惊喜在等着你。蒙格兰尼有温泉，因纳明卡有巨大的汉堡包和沙漠行船游览项目。威廉克里克的酒馆墙上，挂满了顾客的内衣裤。尊贵的马里酒店则拥有技术高超的厨师，引得人们从阿德莱德乘飞机前来享用晚餐。帕拉奇尔纳的野味（骆驼肉熏肠、熏袋鼠肉和鸸鹋肉），更是不容错过；晚餐过后，便在城中留宿，那里有方圆几百英里内最豪华的酒店。

昆士兰内陆地区的伯兹维尔酒店的酒吧，墙上挂满了各种各样的游客纪念留言。

著名景点

- 伯兹维尔，一座地处澳大利亚内陆的繁华“都市”，居民数量几乎达到了三位数。城里的酒店和酒馆1882年便已开业；还有一座落满尘土的板球场和展现澳大利亚内陆生活的博物馆。
- 从因纳明卡可乘船沿着库珀河穿过沙漠，两岸有许多鸟类。
- 想体会生活在地下的滋味吗？请来库伯佩迪的猫眼石矿上，这里有地下酒店、地下房屋、地下商店和地下教堂。

最佳旅行时间：飞机全年都可起飞。如果在春天（9月至11月）游览，可以赶上沙漠中短暂盛开的金合欢——如果气候一切正常的话。

行程：5天或更长。空中和地面游览项目可供你选择。

行前计划：多带防晒霜，戴一顶宽边帽子、防蝇网、偏振光墨镜，还要为你的相机准备一块容量足够的储存卡。

旅行须知：9月可以赶上当地的伯兹维尔赛跑会（Birdsville Races）。这项活动从1882年开始，是澳大利亚内陆规模最大的盛会。你会看到集市、拍卖会、拳击表演，以及大量的酒。小小的机场上停满了上百架飞机，飞行员和乘客纷纷在机翼的阴凉下搭帐篷宿营。

相关网址：www.banksia-adventures.com.au

乘坐可容纳6人的索道缆车，从高空欣赏库兰达至凯恩斯之间的热带雨林。

澳大利亚

俯瞰热带雨林

坐在摇摇晃晃的缆车里，从树顶向下张望，从成群的小蝴蝶到悬挂在树上的蛇，热带雨林奇异的风光尽收眼底。

驶离库兰达（Kuranda）车站，雨林观光索道缆车（Skyrail Rainforest Cableway）缓缓越过黄褐色混浊的拜伦（Barron）河，向着昆士兰茂密的热带雨林挺进。缆车从树冠上滑过时，你看到一只巨蟒正懒洋洋地晒着太阳。一群叽叽喳喳的玫瑰鹦鹉从缆车旁飞过，它们红蓝两色的羽毛在绿色的树冠映衬下格外鲜艳。接下来，便是途中的第一个车站——拜伦瀑布站；在到达终点前还将有一个车站。缆车停稳后，你下到地面上，一路缓行穿过雾气蒸腾的雨林，前往附近的三个观景台欣赏迷人的峡谷和瀑布风光；沿途没准儿还能看到一对天堂凤蝶（Ulysses butterfly）在身边飞舞，它们的翅膀是鲜艳的蓝色。再回到索道车站，乘坐另一辆缆车到达红峰站（Red Peak Station），在那里导游将带你沿着铺设的木板路穿过雨林，一路上可以看到高大的乔木、巨型蕨类植物和野生兰花。和导游道别后，你回到缆车上继续前行，翻过山脊最终到达凯恩斯（Cairns）。雨林被辽阔的冲积平原取代，珊瑚海蔚蓝色的海浪不断冲刷着海岸的沙滩。

最佳旅行时间：全年均可。索道全年运行，只有圣诞节当天休息。冬季（6月至9月）气候干燥凉爽；夏季（12月至次年3月）气候潮湿，但雨水也令雨林更加滋润，风景格外优美。

行程：单程4.7英里（7.6公里），乘缆车约需1.5个小时。往返则需要2.5个小时左右。中途的车站各停留30分钟。如果你愿意也可以在中途车站多停留一些时间。

行前计划：你可以从库兰达乘坐缆车，也可以从索道另一端的凯恩斯乘车，起点站卡拉沃尼卡车站（Caravonica）就在城外。游客较多的日子为了避免排队，最好提前预订座位。

旅行须知：雨林中的树冠枝繁叶密，如果你仔细观察，可以看到在树梢上休息的蛇，在树冠附近飞舞的鸟及蝴蝶。

相关网址：www.skyrail.com.au

著名景点

- 在中途车站下车观赏**野生动物**。你有机会遇到珍稀鸟类南方食火鸡（Southern Cassowary）——一种身高6英尺（1.8米）、不会飞翔的鸟类和体形微小的麝香袋鼠。
- 库兰达设有**澳大利亚最大的蝴蝶保护区**。鸟类世界中自由豢养着种类繁多的鸟类；库兰达考拉公园则可以让游客抱着考拉合影。
- 在卡拉沃尼卡的**贾普凯土著文化公园（Tjapukai Aboriginal Cultural Park）**，你可以学习演奏迪杰里多管，品尝土著部落的传统食物，领略当地土著部落的文化。

大堡礁

从空中看去，大堡礁仿佛一片无边无际的水下花园。如果你愿意，还可置身其中与色彩鲜艳、行动倏忽的热带鱼和其他海洋生物一起嬉戏。

飞机飞过短短的、两边种着棕榈树的跑道，便一下子腾空而起。置身于天空、大海和陆地之间，你的四周几乎立刻变成了一个炫目的蓝色与白色组成的世界。近岸处浅绿色的海水也已变为浅蓝色，然后又变成最浓重的普鲁士蓝。大堡礁迷人的风姿向你敞开了怀抱。这片珊瑚礁海域是世界上面积最大的珊瑚礁区，长度超过1250英里（2012公里），它蜿蜒的身躯沿着昆士兰州海岸从约克角（Cape York）向南直到弗雷泽岛（Fraser Island），其中包括2900多座珊瑚礁和几百座小岛。温暖、清澈的海水仿佛一座巨大的水族馆，上百种珊瑚、1500余种热带鱼类生活在其中，组成了丰富多彩的海洋生态系统。飞机转弯的时候，舷窗贴近海面，你可以看到海中游动的蝠鲼、海龟、鲨鱼和儒艮。一艘船停泊在水面上，身穿泳衣的人们从船尾平台鱼贯跃入水中。不远处，一群海豚从海中腾跃而起。浪花涌向附近绿油油的“高岛”，那是淹没在水下的山脉突出海面的尖峰；那些“矮岛”——被白色沙滩环绕着的乳白色珊瑚礁石——则看上去好似漂浮在海面上一样。连绵的珊瑚礁群一直延伸开去，直到最远处的礁石；海底在这里突然倾斜向下，消失在厚厚的海水下面，带着一丝神秘的气息。

从空中俯瞰大堡礁，岛屿和珊瑚礁混杂在一起，色彩斑驳。

著名景点

■ 哈代礁群中的**心形礁**（Heart Reef）是一处大自然精心打造的奇迹：整个礁石呈完美的“心”形。

■ 卡德威尔（Cardwell）附近的**辛钦布鲁克岛**（Hinchinbrook Island）是面积最大、最壮观的“高岛”。

■ 从汉密尔顿起飞的维森德群岛及怀特哈文景区游览飞机会将游客送到长达4英里（6.4公里）的**怀特哈文海滩**，白色的沙滩沙质极为纯净。

■ 从维森德群岛的艾利海滩（Airlie Beach）乘飞机可到**范塔西珊瑚礁世界**（Fantasea Reefworld），一处建在珊瑚礁上的大型漂浮游览景点。你可以从半没在水下的平台上潜入海底，观赏珊瑚礁群中漂亮的热带鱼。

最佳旅行时间：秋、冬、春三季（3月至11月）均可安全地游泳、潜水。

行程：最短的飞机游览线路只有10分钟，长的则需要1~3小时，还有3天、1周甚至更久的行程。

行前计划：大堡礁旅游区内有多处起降场所，可以使用的飞机包括轻型飞机、水上飞机和直升机。有些驾驶员只负责开飞机，有的则可以为游客安排沙滩游览、潜水、游泳及食宿——一般都是住在一些大型度假村。行前预算时应把前往各处的航行费用计算在内。部分飞机上13岁以上的儿童均需购买全票，其他飞机上16岁以下儿童只收半票。

旅行须知：海岸线和附近的山色也十分美丽，不逊于大堡礁景区。你也可以乘坐飞机俯瞰热带雨林、瀑布和峡谷。

网址：www.whitsundaytourism.com，www.queenslandholidays.com.au

俯瞰冰川

从新西兰南岛库克山机场开始的这条航线，将带你进入一个宁静却气势恢宏的冰雪世界。

这到底是一次飞行，还是在雪上的滑行？当你看到将要登上的轻型飞机居然带了一副可收起的雪橇时不禁这样想到。可是你有没有想过，如果不是这样，飞机怎么才能在冰川上降落呢？飞机爬升，穿越南阿尔卑斯山脉时，一条条山谷铺陈在大地上，间或有一块块平坦的碎石地点缀其中。冰川湖看上去似乎离你出奇得近，湖面光滑得好似玻璃。远处愈行愈近的是大分水岭（Great Divide），高大的山峰海拔超过1万英尺（3048米），白色的冰峰刀劈斧凿般陡峭。飞行员放下雪橇的时候，整个飞机都重重地震了一下。越过大分水岭后，脚下便是白色的冰川。老练的飞行员驾驶飞机立刻开始下降，随即平稳地落在积雪中。游客们不禁为眼前的景色发出一连串的惊叹：整个巨大的冰川上空无一人，环绕着飞机的是一片冰雪世界。远处隆起壮观的山峰，太阳高悬在新西兰万里无云的深蓝色天空，直射的光芒照耀着银色的大地，显得分外耀眼。10分钟后，飞机再次起飞，机翼下，一座座冰瀑和白雪皑皑的山峰依次掠过。崎岖的西海岸和波光粼粼的塔斯曼海出现在飞机的左侧，右侧则是沿海岸内陆的大片平原。飞机盘旋着飞向更多的冰川，你的感受却已发生了内在的变化：现在，你已经亲自踏上过冰川的表面，那种远远的仰慕已经退去，取而代之的是熟悉之后的喜悦。

一架轻型飞机在空旷无人的弗朗兹·约瑟夫冰川上平稳地着陆，在雪地上留下一道笔直的轨迹。

著名景点

■ **霍赫施泰特尔（Hochstetter）冰瀑**——连绵数英里的碎冰从山谷中逐渐汇集，在大高原（Great Plateau）上形成一整片，然后倾泻而下，仿佛冻住的瀑布。偶尔冰雪受力移动发出的雷鸣般的响动是你在这里能够听到的唯一一种声音。

■ **飞机降落在冰川**上后，如弗朗兹·约瑟夫冰川或塔斯曼冰川，随着发动机轰鸣的声音消失，一种彻底的寂静向你包围过来，那种感觉十分奇妙。

■ 当地野生动物稀少，也没有本地特有的物种。偶尔可以看到**岩羚羊或喜马拉雅塔尔羊**在从一座山谷转移到另一座山谷时短暂地出现在冰川顶部，成为难得的风景。

最佳旅行时间：全年均可，但飞机能否成行要看当时的天气情况。航班取消最多的是在春季下雨的时候，其他情况下如果旅程的观赏性和舒适性会受到影响，也可能停飞。

行程：飞行时间1小时，航程约100英里（161公里）。

行前计划：航班平时运营时间为每天7:30～17:30，冬季运营时间则为9:30~17:30。多穿几件衣服，因为飞机上很暖和，甚至冰川表面也可能并不冷，这样便于在感觉热时脱掉部分衣服。你必须穿一双靴子，冬天还要穿一双橡胶套鞋，因为冰川上的积雪厚度常常齐膝。

旅行须知：摄影效果在早晨和傍晚最佳，此时光线不至于太刺眼。风暴过后第二天常常是最晴朗的。

相关网址：www.mtcookskiplanes.com

绿色和白色组成的珊瑚岛被一圈浅绿色的海水环绕着。许许多多这样的小岛散落在斐济附近深蓝色的太平洋中。

最佳旅行时间：尽管当地全年气候温暖潮湿，但冬季（5月至10月）和雨季（11月至次年4月）相比还是相对干爽舒适，而且雨季遇上龙卷风的危险也比较大。

行程：4700英里（7564公里）。行程安排应为3周，其中在斐济、库克群岛和法属波利尼西亚群岛各停留1周。

行前计划：行前做好线路计划并及早预订，部分岛屿的航班间隔可能会长达1周。除了新西兰航空外，你可能还需要乘坐其他一些沿途岛上航空公司的班机。部分路段有旅行社可以为你安排自选航线。

旅行须知：在斐济可以品尝当地用闷窖（lovo）烤制的腌鱼。

相关网址：www.airnewzealand.com，www.airraro.com，www.airpacific.com

波利尼西亚

飞越珊瑚海

享受像海鸟一样在天空翱翔的乐趣，游览南太平洋最美丽的岛屿。

从天空向下看，浩瀚的大洋仿佛一匹无边无际、蓝绿交织的闪光绸，只有偶尔出现的珊瑚环绕的小岛和珊瑚礁链打破这单调的色彩。沿着起自新西兰奥克兰、止于法属波利尼西亚塔希提岛的遐迩闻名的珊瑚海之旅线路（Coral Route）走过一遍，你才能明白它为何曾被称为世界上最富于浪漫气息的空中飞行线路。飞机降落在斐济的纳迪（Nadi），你一下飞机便可加入浩浩荡荡的潜泳大军，在海中静静地欣赏五颜六色的珊瑚礁群——那正是此行名称的由来。再向东北飞行，来到萨摩亚的阿皮亚（Apia），岛上居民微笑着欢迎你，向你奉上香气扑鼻的用木槿花和鸡蛋花制作的花环；然后簇拥着你来到著名的阿奇·格雷酒店（Aggie Grey）——酒店的创建者曾激发了詹姆斯·米切纳（James Michener）的灵感，使后者创作出《南太平洋故事》中“血腥玛丽”这一角色。在库克群岛首府拉罗汤加，你可以在清澈的潟湖中游泳，周围环绕着洁白如雪的沙滩，更远处则是起伏的火山。旅途的最后一站是塔希提岛，即法属波利尼西亚群岛中最大的岛屿上的帕皮提（Papeete）。塔希提岛上综合了波利尼西亚、欧洲和亚洲影响的文化魅力，50多年前水上飞机第一次将社会名流带到这座地处偏远却风情万种的小岛，从那时开始，每一位来到这里的游客都不禁为这里的美景倾倒。

著名景点

■ 在沿途任一座小岛上，尝试一下在浅蓝色的潟湖边上茅草覆顶的高脚屋中就寝的感觉。

■ 每一座岛屿都有着与众不同的风情与文化。卡法节是斐济重要的民间庆祝活动，每到这个时候人们都要喝用胡椒树根粉酿造的酒。在库克群岛上则可以看到身穿传统服装的鼓舞表演和扭动臀部的“呼啦”舞（Hura）。

■ 欣赏美丽的珊瑚礁。你可以带着呼吸管或呼吸器潜泳，也可以乘坐底部装有玻璃的船欣赏。

五颜六色的热气球离开美丽的小山村夏图戴，向着高高的山顶飞去。

最佳旅行时间：热气球节每年1月下旬举行。如果想在这里度过一个长长的假期，并游览周边国家和地区，可以选择夏季前往。

行程：热气球节通常会持续1周左右，周末是节日中活动最频繁的时候。

行前计划：你可以自己乘汽车或火车前往节日举办地点，也可以通过旅行社在一只热气球上预订座位，同时还可获赠精美的食品。

旅行须知：在夏图戴参观热气球博物馆（Espace Ballon），了解热气球的历史和相关技术。

相关网址：www.festivaldeballons.ch，www.buddybombard.com

瑞士

高山上的热气球盛会

上升、上升——加入这场热气球的盛宴吧，向着高高的山顶前进，把一切烦恼抛在身后！

无数热气球腾空而起，静静地飘浮在空中，仿佛一支支五颜六色的巨型提灯，为瑞士境内的阿尔卑斯山增添了一份格外亮丽的风景。位于格施塔德（Gstaad）附近的夏图戴（Château d' Oex）地处山谷之中，当地的气流全年都适于热气球飞行；每年冬天在这里举行的国际热气球节令其名声远扬。全欧洲的热气球爱好者都会会聚于此，切磋驾驶技术，并欣赏山上的美景。他们终日驾驶着热气球飘浮在空中，或是在山上进行编队表演，或是进行长距离飞行竞赛。此外，还有精确飞行和跳伞的表演，以及各种主题比赛项目。在“堂吉珂德竞赛”中，每一组参赛者必须用长矛刺破十只充满了氦气的气球；在“狗追兔子竞赛（Hare and Hound）”中，一只气球充当兔子，被其他充当狗的气球追赶。赶上一大群热气球一起充气升空的时候，你的耳边便会响起持续不断的嗡嗡声。紧接着，鼓胀起来的气球表面会显露出各种各样充满奇思妙想和幽默诙谐的设计图案——乌龟、大象、苏格兰风笛手、卷起的报纸、橘子，给节日带来无穷的欢乐。

著名景点

- 如果你选择乘坐热气球旅行，可沿途欣赏**阿尔卑斯雪山风光**。乘坐悄无声息的热气球飞过万籁俱寂的山峰，那种充满魔力的感受是无可替代的。
- 热气球节时还有悬挂式滑翔机和滑翔伞的**特技表演**。
- 有20多个国家的热气球爱好者会在节日期间展示自己的热气球，共同的爱好成就了这一**国际性盛会**。
- 节日期间最神奇的景象莫过于观赏**夜航的热气球**。灯火通明的热气球在星空下起舞，伴着音乐和焰火表演，场面美不胜收。

法国/意大利/奥地利/瑞士

高山滑雪

直升机将你送到阿尔卑斯山顶，让你独自一人在雄伟的群峰间享受晶莹剔透、一尘不染的白雪。

你注视着直升机舷窗外辽阔的、覆盖着洁净的白雪的石灰岩山脉，你的瞳孔中映射着高耸的山峰。飞行员驾驶飞机在一处无人的山脊上降落，你踉跄着爬出机舱。直升机撇下你腾空而去，螺旋桨在你头顶旋转，激起漫天雪花。你凝视着前方，那是每一个滑雪爱好者的梦想——在长达数英里、完美无瑕的积雪上滑行。四周一片静寂，脚下传来熟悉的滑雪靴扣上雪橇的咔嗒声。你踏着宽大的雪橇迈上下倾的斜坡，周围的冰川和雪峰相连，仿佛一座巨大的圆形剧场。接着，重力拉着你缓缓前行、加速，在你转弯的时候，身后的雪面上留下一条完美的弧线。你疾速下滑，一路上避过挡道的岩石、雪堆、树木或其他滑雪者；带着一片飞舞的雪沫飞驰向前，直达下一座山脊。很快，稀薄的空气中传来直升机螺旋桨的声音。在一片扬起的雪花中，直升机再次降落，带着你前往下一段征程。在此行中，你不但可以从一座山峰滑到另一座山峰，还可以从一个国家滑到另一个国家。早餐享用过法式羊角面包，到了中午便是瑞士煎土豆派，晚上又变成意大利面条和葡萄酒。吃过晚餐，入住鹅卵石小巷中的家庭小旅馆，再次远离人群与喧嚣。你可以一边呼吸着阿尔卑斯山区稀薄而清新的空气，一边仔细回味白天的旅程。

滑雪者从法国豪特-萨沃伊（Haute-Savoie）的梅尔布山谷（Meribe）眺望远处的勃朗峰。

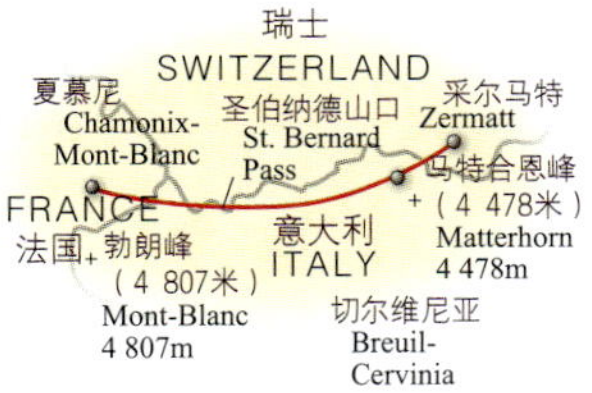

著名景点

■ 在阿尔卑斯山空无一人、完美无瑕的雪面上**留下你滑行的轨迹**。

■ 在直升机上和山顶上可以欣赏到**壮丽的山景**。

■ 乘坐直升机滑雪的一大好处便是可以在1周之内甚至1天之内**穿越多条国境线，体验多国文化**。

■ 沿途可游览一些平时很难到达的地方，包括一些**历史名胜**等。如你可以沿着圣伯纳德大道（Col de Grand St. Bernard）滑雪，这是一条阿尔卑斯山上的小道，历史可以追溯到青铜时代。在路上，你可以参观海拔8000英尺（2438米）的圣伯纳德修道院（St. Bernard Hospice），并与那里的僧侣一起品茶。

最佳旅行时间： 1月至4月。

行程： 根据你的时间和预算而定，可以只待1天，也可以住上几周。法国、意大利、奥地利和瑞士境内都有旅行社，你可以只在一处活动，也可以在四国之间穿梭。

行前计划： 除非你有一副专门为山地滑雪打造的雪橇，否则最好在当地租一副名牌雪橇，如K2 Apache Chiefs或Volkl Mantras。但一定要带上自己的滑雪靴。

旅行须知： 在无人滑过的深厚雪层上滑雪需要的技巧并不很高，但需要一段时间的练习才能适应。集中注意力在雪上滑行，你会自然而然地找到雪橇的感觉。

相关网址： www.swisskisafari.com，www.9vallees.com

CAMERON

尼罗河上的热气球

这是一段安宁而辉煌的旅行，沿着世界上最著名的大河，欣赏它沿途宏伟的历史遗迹，是初识古老的埃及文明的最好方式。

乘坐在热气球的吊篮里，飘浮在沙漠中宽阔的尼罗河上，这是你在埃及能够享受到的最绝妙的体验——尽管那意味着你每天天不亮就要出发。似乎是为弥补早起的遗憾，你将在点缀着棕榈树的河岸边享受豪华香槟早餐的款待。在一旁，热气球已经整装待发。接下来的行动取决于风向。如果刮的是东风，热气球将首先带你越过起伏的山岭，前往埋葬着法老及其亲属的国王谷和王后谷，从空中欣赏宏伟的哈特谢普苏特陵墓；如果刮的是西风，热气球则会将你带到宽阔的尼罗河和狭长的绿洲上空，俯瞰世界上规模最大的古建筑群——卡纳克神庙。驾驶员会通过对讲机随时与留在地面上的后勤车保持联系。除了古老神秘的巨大遗迹，在这次旅行中，你还将看到卢克索和附近村庄的日常生活。成群的孩子在地面或平坦的屋顶上（令人感到奇怪的是，那里常常是圈养山羊或鸭子的地方）向你喊叫、招手；白色的费卢卡帆船在河面上穿梭；远处则是无边无际的沙漠，一直延伸到天边。旅行结束时，热气球会带着你重重地撞向地面，通常是一片休耕的田地，那里有一群好奇的农民正等着迎接你的突然到来。

对页：巨大的热气球从卢克索附近的一片沙漠中升空，柔和的夕阳照耀着大地。
上图：埋葬法老妻子和孩子的王后谷。图中为哈特谢普苏特（Hatshepsut）的陵墓，她是埃及历史上仅有的几个女法老之一，统治埃及长达15年。

著名景点

■ **从空中欣赏地面的风景：**狭长的尼罗河绿洲在沙漠簇拥下延伸开去，两侧是裸露贫瘠的山脉。一块块菱形的农田旁边是一栋接一栋颜色和沙地一样的平顶房屋。如果你离村庄的距离足够近，还能听到宣礼员召唤虔诚的教徒前往清真寺参加礼拜。

■ 从卢克索向北便是规模宏大的**卡纳克神庙建筑群遗址**。它的建设前后长达1300年。其中最著名的部分有巨形多柱大厅和用粉红色花岗岩制成的哈特谢普苏特方尖碑，碑高达到97英尺（30米），是世界上第二高的方尖碑。

■ 王后谷中的**奈菲尔塔利（Nefertari）陵墓**令每个看过它的人不禁浮想联翩。墓中的壁画描绘了这位王后动人的美态，其精美程度绝不亚于国王谷中的壁画。这些壁画保存得很好，陵墓每天只允许最多150名游客进入，并且每名游客都必须佩戴口罩并穿上鞋套。

最佳旅行时间：全年均可，但最佳旅游季节为11月至次年2月。

行程：热气球在空中将停留约1小时。

行前计划：热气球从卢克索起飞，沿途线路需提前在酒店中确定。早晨的天气比较冷，建议你带上一件外套或毛衣。只携带必要物品，将贵重财物存放在酒店的保险箱中——热气球落地的时候常常会发生物品丢失的事件。

旅行须知：热气球移动速度缓慢，行动平稳；吊篮固定得很结实，因此拍照时不用担心摇晃的问题。热气球升空高度通常为数百英尺，最高不会超过1000英尺（305米），非常适合观赏和拍摄地面景物。根据需要，驾驶员可以使用旋转喷气装置令热气球转向，以便游客观赏到360°的全景。

相关网址：www.luxor-westbank.com，www.egyptonthego.com

埃菲尔铁塔建成时是世界最高的建筑物，但很长时期里它那纤细的铁架造型一直遭到人们的嘲笑。几十年后人们才承认了它现代建筑艺术典范的地位。

十佳观光电梯

这些精致的机械为你送上世界上最美丽的城市风景——还有欧洲迷人的山色。

❶ 加拿大：多伦多CN电视塔

世界第一高塔纤细的塔身直刺向天空，在多伦多城市上空分外显眼。正面安装着大玻璃窗的电梯只需要58秒钟便可将你送到露天观景台。如果你有足够胆量，还可以继续向上爬，在上面的33层中还有三个观景平台。最令人目眩的风景来自1465英尺（447米）高的顶层观景台——摩天舱（Sky Pod），要想进入那里，你还要再次购票。

行前计划：除圣诞节当天外全年开放，开放时间为周日至周四9:00~22:00，周五、周六9:00~22:30。如果你不想在售票口排队等候，也可以从网上预订门票。

相关网址：www.cntower.ca

❷ 加拿大：维多利亚市不列颠哥伦比亚海事博物馆

北美大陆第一台鸟笼式电梯就建在这座建筑物中。那是在1899年，从那之后，这座建筑物一直是不列颠哥伦比亚省法院的所在地。电梯本来是为省法院的第二位首席法官准备的，但他在电梯建好前便不幸去世，给后人留下许多鬼故事的联想空间。站在精雕细刻的镏金电梯中看着镂花的栏杆，你能感受到那份经历时间陶冶留下的优雅。

行前计划：除圣诞节当天外全年开放，开放时间为9:30~16:30。每年10月有“鬼魂回归”主题游览活动。

相关网址：www.mmbc.bc.ca

❸ 美国：加利福尼亚州旧金山市维斯汀圣弗朗西斯酒店

在大厅中的5部外挂观光电梯——这是城中最快的电梯——中选择一部，按下32层的按钮，然后体验被运行速度高达每分钟1000英尺（305

行前计划：酒店位于市中心的联合广场（Union Square），附近除了中国城外，还有剧院区和不少精美的商店和餐馆。

相关网址：www.westinstfrancis.com

米）的电梯像投石机一样向上射出的感觉吧。在经过不到30秒的轰鸣声后，旧金山美丽的全景展现在你眼前。回到大厅的速降会令你感到自己正在被脚下的城市吞没。胆小的人千万不要尝试！

❹ 美国：纽约帝国大厦

站在帝国大厦的顶部，地球上最伟大的都市——曼哈顿就展现在你脚下。73部电梯负责为高达103层的大厦提供服务，它们的牵引绳长度加起来足有120英里（193公里），运行速度达到每分钟600~1000英尺（183~305米）。设在86层的观景台中心是玻璃密闭的区域，四周则是环形的室外平台。夜晚的景色更加迷人。在102层还设有另一个观景台。

行前计划：观景台全年开放，开放时间为每天8:00至次日2:00，上行电梯的运行时间最晚至次日1:15。在网上购票可以节约时间。设在102层的观景台门票只能在大厦2层售票处购买。

相关网址：www.esbnyc.com

❺ 中国：台湾台北101大厦

在这里，你可以不必离开地球就体验到乘火箭飞行的感受。高1667英尺（508米）、共101层的摩天大楼——是世界最高的建筑之一——总共有67部电梯，其中2部通向观景平台的电梯是世界上运行速度最快的。其他的电梯都有两层楼高，可以同时接纳相邻上下2层的人流。

行前计划：售票处和电梯入口位于5层的购物中心。观景台全年开放，开放时间为每天10:00~22:00。

相关网址：www.taipei-101.com.tw

❻ 泰国：曼谷摩天彩虹酒店（Baiyoke Sky Hotel）

站在泰国这座最高的酒店（1076英尺[328米]）的观光电梯中，你可以好好欣赏这座美丽的亚洲大都市。除了观景台，在84层还有一个360°环形屋顶平台。空中休息室（Sky Lounge）的夜景更是不容错过。

行前计划：开放时间为每周一至周五10:30~22:00。

相关网址：www.baiyokehotel.com

❼ 法国：巴黎埃菲尔铁塔

坐在上升的电梯上，你可以近距离仔细观赏这座法国的标志性建筑。作为向1889年巴黎世界博览会的献礼，它的外形曾在当时引起一场轩然大波。电梯最终停在1050英尺（320米）高处，巴黎市的全貌展现在你眼前，日落时的景色最为迷人。不要忘记参观地下室中由古斯塔夫·埃菲尔设计的庞大的电梯引擎。尽管距离它最初投入使用已有100多年，但经过修复和自动化改造后，它仍然在继续发挥作用。

行前计划：开放时间为每天9:30~22:00。

相关网址：www.discoverfrance.net

❽ 瑞士：布尔根施托克（Bürgenstock）哈迈特施万德（Hammetschwand）观光电梯

沿着布尔根施托克半岛悬崖上风光秀丽的小路徒步走到插入卢塞恩湖中的哈迈特施万德高地，你就会看到欧洲大陆上这座最高的观光电梯。它可以在1分钟之内将你送到502英尺（153米）高处。站在突出于高地之上的观景台上，阿尔卑斯山和卢塞恩湖的美丽简直无与伦比。

行前计划：悬崖小路在菲尔森维希（Felsenweg）的东面，步行需要走20分钟。

相关网址：www.myswitzerland.com

❾ 阿拉伯联合酋长国：迪拜哈利法塔（Burj Khalifa）

超过150层、高度828米的哈利法塔摩天大楼建筑造型取材于一种沙漠中的花，设计风格借鉴了伊斯兰元素，已于2009年建造完成。它装备了世界上最快的双层电梯，观景台设在124层。

行前计划：大楼建筑工地位于哈利法塔大道上。

相关网址：www.burjdubaiskyscraper.com

❿ 爱沙尼亚：沃鲁（Võrumaa）大穆纳迈吉山观光电梯

乘坐观光电梯欣赏世界上最后的天然乐土之一：大穆纳迈吉山（Suur Munamägi，意为“大鸡蛋山”）——位于爱沙尼亚南部的哈尼亚（Haanja），海拔1043英尺（318米），是波罗的海地区最高的山峰。崭新的观光电梯通往95英尺（29米）高的观光塔，塔上可以眺望爱沙尼亚、拉脱维亚和俄罗斯境内保护完好的原始森林和天然湖泊。

行前计划：从塔林驱车前往普拉尼（Plaani）需要3.5个小时，大穆纳迈吉山距此只有0.5英里。观光电梯4月底至9月每天开放，10月至次年4月每周末开放；具体运行时间请自行咨询。

相关网址：www.suurmunamagi.ee

乘微型飞机游览维多利亚瀑布

坐上弱不禁风的微型飞机，你能从最好的角度仔细欣赏这大自然创造的最惊人的水上奇景和周围壮观的山川河流。

引擎的响声盖过了灌木丛中领太阳鸟叽叽喳喳的叫声，你的旅行即将开始。在被皮带紧紧固定在一架看上去极为单薄的微型飞机的后座上后，它很快将载着你飞翔在马兰巴机场周围的金合欢树顶。飞行是短暂的，但却会令你终生难忘。几分钟后，飞机越过赞比西河上绿树苍苍的小岛，一道彩虹矗立在升腾的水雾中，在那之下便是世界上最大的瀑布——维多利亚瀑布。现在，你的脚下是横跨赞比亚和津巴布韦边境，长达1英里（1.6公里），落差354英尺（108米）的玄武岩绝壁。巨大的水墙势不可当地落入悬崖下狭窄的深谷；在你随着飞机像栖息在附近悬崖上的游隼般翱翔时，你的心跳也随着水声轰鸣而起伏不定。旋涡和急流逐渐平静下来，继续向前流入巴托卡峡谷（Batoka Gorge）。你看到远处一个小小的身影从峭壁上翻腾而下，那是又一名勇敢的游客在尝试最新的蹦极运动。峡谷中，一艘艘气垫船和快艇正飞驰在碧波间。在大自然创造的伟大奇迹面前，人类的身影显得如此渺小。

微型飞机犹如飞虫一样盘旋在空中，下面是维多利亚瀑布激起的白色水雾。

著名景点

■ 从空中俯视赞比西河津巴布韦一侧的莫西奥图尼亚国家公园，欣赏园中的野生动物：犀牛、河马、长颈鹿、大羚羊、角马。

■ 瀑布周围的丛林中生活着约400种鸟类：峡谷中有非洲黑雨燕和岩燕，浅滩上生活着苍鹭和白鹭，还有鹰、秃鹫、灰头鹦鹉、麦鸡和鱼鹰。

最佳旅行时间：空中游览飞机全年运营，只有遇到暴风雨天气时才停航。早晨和傍晚气流较为平稳。运营时间为6:30~10:00和15:00~18:00。

行程：“空中洗礼”（Baptism of the Air）航线飞越维多利亚瀑布共需15分钟。“非洲空中探险”（Great African Aerial Adventure）航线飞行时间则为30分钟，可观赏瀑布和附近的莫西奥图尼亚国家公园（Mosi-oa-tunya National Park）。

行前计划：可通过电话或网上预订，或联系当地旅行社安排飞行。

旅行须知：上飞机前你会得到一件跳伞服和一顶防撞头盔。飞行中不能携带相机，以避免镜头盖这样的小物件掉入引擎。机翼顶端固定有一架35毫米摄像机，由飞行员遥控，为游客拍摄纪念照。

相关网址：www.adventure-africa.com，http://go2africa.com

克鲁格国家公园标志性地貌之一：奥利梵茨河。夏日降水依旧充盈着河道，是园中动物的主要水源之一。

最佳旅行时间： 冬季（6月至10月）最适合观赏野生动物，因为这时地面植被较稀疏，同时野生动物为了饮水多集中在水源地四周。

行程： 飞行时间为15~60分钟。你需要1周左右的时间在地面上游览，可自驾车辆，也可以参加有导游的旅行团。

行前计划： 提供空中游览服务的旅行社都登记在案，飞行线路为克鲁格国家公园的中部和南部地区，你可以在旅馆预订飞行，也可以直接联系旅行社。空中气温较低，建议你带上一件毛衣。

旅行须知： 克鲁格国家公园也可以乘热气球、直升机或小型固定翼飞机游览。你还可以通过参加当地“领导前沿”（Leading Edge）飞行学校举办的2~3周的课程，学会如何驾驶微型飞机。

相关网址： www.southafrica-travel.net，www.timbavati.com，www.lefssa.com

南非

在克鲁格国家公园上空

脚下的非洲大草原仿佛终年演出不断的舞台，各种非洲原野上的野生动物在这里觅食、徜徉、追逐、休憩。

离开生机勃勃的大草原，一股上升气流将你乘坐的微型飞机带入高高的天空。那是充满魔力的时刻，太阳刚刚从远处莫桑比克地平线上升起，气流很冷，却十分平静。飞机升到1000英尺（305米）高的空中，俯视着这片非洲最大、建立时间最早的野生动物保护区，这里是超过850种动物的家园。现在，你可以和非洲卷尾巨鹭以及非洲鱼鹰一起从空中俯瞰无边无际的大草原。在一条巧克力色的河边，你看到一群大象。驾驶员为你指出飞机阴影下河中的鳄鱼，它们看上去好像一根根漂浮的树干。飞机在空中划过一个圆弧，来到一片森林上空，茂密的树木层层叠叠，只有从空中才能欣赏到它的全貌。到处都有野生动物：几只优雅的长颈鹿正吃着树梢的嫩叶；角马和斑马在草地上平静地进食；一只胡狼急匆匆地跑过；如果你特别幸运，还能看到白犀牛妈妈带着幼崽在马汝拉树的树荫下乘凉。

著名景点

■ 克鲁格国家公园中最有名的私人保护区是撒比森（Sabi Sabi），它地处南非野生动物资源最丰富的地区，著名的“五大”——大象、犀牛、豹、狮子和水牛——在这里都能见到。

■ 蒂姆巴法提（Timbavati）私人保护区位于克鲁格国家公园中心地带，以能观赏到稀有的白狮子而闻名。现在这里更吸引游人的是超过16万英亩（64800公顷）的原始灌丛草原，各种野生动物资源非常丰富。

■ 公园中有7条小路，可供游客徒步游览。白天，你可以在向导的带领下深入野生动物聚集的原野长达10英里（16公里），近距离观赏曾在空中得以一瞥的野生动物。

9 踏着先辈的足迹

接下来的旅程将带我们前往那些曾经孕育了非凡智慧、启发过无数灵感与想象的地方。追寻，对任何一个喜爱历史或文学、音乐、绘画的人来说，都是一次终生难忘的圆梦之旅。这些旅行或带你回到过去，或向你展示想象的空间，每一条线路都与众不同。从欧洲，深入亚历山大大帝的远征；或是沿着毛泽东和他的支持者当年的足迹，追寻改变了中国历史进程的长征。还有更多的旅程，它们能让你重温伟大的探险和发现，从刘易斯与克拉克横跨北美大陆，到库克船长发现波利尼西亚群岛。对于一些人来说，最伟大的历程不是长途跋涉，而是心灵的升华，是寻找印度的佛陀，或圣地的耶稣；而另一些人则钟情于想象的世界，如托尔斯泰的俄国、简·奥斯汀的英国，还有令安塞尔·亚当斯创作出无数伟大作品的约塞米蒂，以及在杰克·凯鲁亚克的《在路上》中被重新审视的美国。

一名行人在英国雷克郡艾特沃特（Elterwater）附近秋色正浓的乡间小路上驻足凝视，仿佛与周围的景色融为一体。这里的群山、森林和湖泊曾吸引浪漫诗人威廉·华兹华斯（William Wordsworth）在此度过了后半生，并创作出无数优美的作品。

卡伯特小道

由商人转而成为探险家的约翰·卡伯特于 1497 年在新斯科舍省的海岸登陆。几个世纪过去了，这里的自然风光依旧保留着当年的美丽与原始。

海鸥在海风中盘旋；座头鲸浮上海面喷气，在寒冷、物产丰富的海水中大快朵颐。布雷顿角岛（Cape Breton Island）位于新斯科舍省北部，与大陆隔坎索海峡相望。位于岛屿北端的环形小道便是特意为来此寻觅大自然之美的游客所准备的。从巴蒂克出发，你驱车沿着岛屿东岸的高速路行驶，相机不断对准面临海浪滚滚的圣劳伦斯湾、高耸 2000 英尺（610 米）的海岸群山。行驶不久，由公路转向内陆，穿过布雷顿角高地国家公园，在那里你能见到瀑布倾泻入森林，驼鹿在沼泽中觅食。秋天，周围的群山深谷都染上一层浓重的红色、金色和橙色。你随着公路来到岛屿西侧的海岸，岩石嶙峋的海港边是依悬崖而建的渔村，渔民们在晾晒、修补他们的渔网和渔船。大部分村镇都以自身悠久的苏格兰文化传统而自豪；但在谢蒂坎普你却能感受到生机勃勃的阿卡迪亚文化：商店里摆放着阿卡迪亚传统的钩针编织地毯，餐馆中弥漫着“拉派”（rappie，一种肉和土豆制作的馅饼）的芳香，耳中则回荡着镇上居民讲阿卡迪亚法语时那轻轻的齿擦音。

走在布雷顿角岛的约翰·卡伯特小道上，鹅卵石海滩便是你与浩瀚的北大西洋间唯一的分隔。

著名景点

- 沿着一条土路可行至密特湾，在沿途可以欣赏岛屿北部**蜿蜒秀美的群山**。
- 在因古尼什（Ingonish）附近的**斯莫奇角滑雪场**乘缆车登上1000英尺（305米）高的山顶，俯瞰布雷顿角岛崎岖、起伏的海岸线。
- 在布雷顿角高地国家公园中的**沼泽边**近距离（但不要太近）观赏驼鹿。
- 在**著名的红鞋酒吧（Red Shoe Pub）**欣赏动听的凯尔特音乐和当地人酿造的格里诺拉（Glenora）威士忌，地点位于卡伯特小道以南的马布（Mabou）。

最佳旅行时间：驾车游览卡伯特小道的最佳时间是在9月上旬至10月的第1周里，此时日照时间还很长，天气也相当暖和。9月下旬秋色最浓。春天直到6月当地气候都很寒冷，并且多雨。

行程：大多数人选择乘车来到新斯科舍省（从波士顿至哈利法克斯驾车需行驶12小时），或是从缅因州的巴尔港（Bar Harbor）乘渡轮；也可以直接乘飞机到达哈利法克斯。从哈利法克斯开车到达卡伯特小道需要2天时间。沿着185英里（298公里）长的环线驱车一圈也需要2天时间。

行前计划：巴蒂克有非常不错的餐馆和旅店。布雷顿角岛上气候多变，请带好保暖的衣物以备阴雨天使用。带上驱虫剂、一双好的靴子，还有双筒望远镜，以便观察鸟类和鲸鱼。

旅行须知：小道上风景最美丽的路段是谢蒂坎普以北长约6英里（10公里）的海岸公路。

相关网址：www.novascotia.com

河狸曾因其皮毛被捕猎者大量猎杀，现在它们终于可以自由地生活了。图中一只河狸正忙着将树枝拖回水上的家。

最佳旅行时间：加拿大该地区冬天非常寒冷，气温可降到零下20℃；所以最好在温暖的夏季前往。每年8月，诺威豪斯举行Treaty&York船节庆祝活动，以纪念早期移民的历史。

行程：你可以在几天之内完成旅行，包括参观沿途的景点和博物馆。如果想要乘船沿海斯河旅行，还要多花几天时间。

行前计划：抵达这些偏远小镇的最快方式是乘坐包机，要想达到这一目的，最佳方式显然是参加一个旅行团。从温尼伯有公路及空中航线通往诺威豪斯。约克法科特利则只能从基拉姆乘飞机到达。在诺威豪斯与约克法科特利都可乘船游览海斯河。

旅行须知：多带一些驱虫剂，加拿大某些地区是世界上蚊子最集中的地区。

相关网址：www.heartlandtravel.ca，www.geocities.com/yorkboatdays，www.nhcn.ca

加拿大

哈德逊湾的猎人

在加拿大人迹罕至的荒野中追寻早期狩猎人的足迹。

1670年，两名法国商人和他们的一些英国合伙人建立了哈德逊湾公司（Hudson's Bay Company），在加拿大收集河狸皮毛运往欧洲。无数遗留至今的堡垒和贸易站向人们展示着哈德逊湾公司是如何在随后的200年中作为土地所有者和贸易公司迅速扩展着它的势力范围，并且与其他来自法国的对手展开激烈竞争的。让我们从美丽的温尼伯老城开始吧。哈德逊湾公司1812年在此建立了一个补给站——道格拉斯堡。很多克里族猎人和陷阱捕猎手都受雇于哈德逊湾公司，在温尼伯湖以北的一个偏远的定居点诺威豪斯，你能够亲眼看到当年从事毛皮交易的土著居民的生活方式。诺威豪斯曾经是皮毛的集散地。从这里，人们再将皮毛沿海斯河运送到约克法科特利——公司在哈德逊湾最重要的贸易中心。从那里再向北，在丘吉尔附近的帆船湾（Sloop Cove）有威尔士亲王堡，从英国来的船只就停泊在此。你可以乘一叶小舟，沿着海斯河穿过原始森林，漂过当年陷阱捕猎手的小屋和定居点的遗迹，体会当年猎手们在野外生活的样子。

著名景点

■ 参观马尼托巴博物馆中关于哈德逊湾公司的展览，该博物馆及哈德逊湾公司档案馆都设在温尼伯。

■ 参观诺威豪斯的拱门仓库（Archway Warehouse），并乘坐约克船（York Boat），这种大型木船曾被用来向下游运送皮毛。

一队登山者行走在格陵兰纳萨尔苏瓦克附近的耶斯佩森（Jespersen）冰川上，安全起见，众人用绳子将身体拴在一起。在蓝色、灰色与白色交织的宽广辽阔的冰川面前，他们看上去十分渺小。

十大探险家线路

“如果还有哪条路没有被人尝试过，那么那就是我的下一个目标。”爱德华·约翰·艾尔的想法一定存在于每一位探险家心中。

❶ 格陵兰岛：卡希亚苏克（Qassiarsuk）与“红发埃里克”

因犯下谋杀罪而被从冰岛流放后，“红发埃里克”（Ericthe Red）驾船向西而行，在公元982年发现了格陵兰岛。随后他带来了500名移民，定居在卡希亚苏克。他的妻子特约蒂尔德（Thjodhild）在那里建造了一座教堂。教堂和一座挪威式长屋现在被重建，就在美丽的图努利亚菲克峡湾（埃里克峡湾）旁边的格陵兰大平原上，周围环绕着许多湖泊与冰川。

行前计划：从哥本哈根或冰岛乘飞机飞抵纳萨尔苏瓦克（Narsarsuaq）。格陵兰岛上没有公路，你只能乘船（需3小时）或直升机（15分钟）前往卡希亚苏克。

相关网址：www.greenland.com

❷ 墨西哥：韦拉克鲁斯（Veracruz）与荷南·寇蒂斯

1519年，寇蒂斯在此地登陆，开始了他征服墨西哥的旅程。今天，韦拉克鲁斯已成为一个繁忙的海港，有着生机勃勃的城市文化。你可以沿着海滨码头（Malecón）散步，或是坐在阿玛斯广场（Plaza de Armas）上，欣赏乐队演奏融合了古巴与墨西哥风格的音乐。附近还有多处很好的沙滩。

行前计划：你可以从墨西哥城乘飞机、公共汽车或火车前往韦拉克鲁斯。

相关网址：www.visitmexico.com

❸ 巴哈马：华特林岛与克里斯托弗·哥伦布

华特林岛（Watling Island）很可能便是当年哥伦布发现并命名的“圣萨尔瓦多岛”。它偏远的位置使得岛上至今依然保持着美丽的原始生态

行前计划：从佛罗里达可以很方便地到达巴哈马群岛，然后再从当地主要城市之一——弗里敦乘包机或邮船前往华特林岛。

环境，成为野生动物的天堂。游览过长湾（Long Bay）及号称当年尼娜号、宾塔号和圣玛丽亚号登陆的三处海滩后，你还可在白色的沙滩上尽情享受舒闲的时光，或是在清澈的海水中游泳。

相关网址：www.geographia.com/bahamas/bsssin01.htm

❹ 秘鲁：库斯科与弗朗西斯科·皮萨罗

1533年，皮萨罗征服了这座印加城市。今天你可以看到建筑在旧日印加太阳神庙巨大花岗岩地基上、豪华的巴洛克式风格的圣多明戈（Santo Domingo）教堂。然后，你还可以前往马丘比丘，观赏真正的印加城市。

行前计划：你可以从库斯科乘火车前往马丘比丘。

相关网址：www.cuscoperu.com，www.perutourism.com

❺ 韩国：首尔与伊莎贝拉·伯德

身为不列颠皇家地理协会首位女性会员的伯德曾于1897年游历韩国，成为最早踏上这个国家的西方人之一。你可以在首尔街头探访她当年走过的地方，并参观14世纪建成的景福宫。

行前计划：首尔气候四季分明，尽量选择春、秋两季前往。

相关网址：www.visitseoul.net

❻ 波利尼西亚：汤加群岛与艾贝尔·塔斯曼

这片由156个岛屿组成的群岛是在1643年由荷兰东印度公司的艾贝尔·塔斯曼最早发现，当时他正从现在的澳大利亚塔斯马尼亚岛（也是以他的名字命名的）返回途中。你可以欣赏座头鲸在蔚蓝的海水中嬉戏，或是探索在明亮的阳光照射下分外艳丽的珊瑚礁群。

行前计划：可以乘飞机抵达三座主要岛屿——汤加塔布岛（Tongatapu）、哈派岛（Ha'apai）和瓦瓦乌岛（Vava'u）。其他岛屿则需租船前往。

相关网址：www.tongaholiday.com

❼ 澳大利亚：爱德华·约翰·艾尔和维利

从斯特里基贝（Streaky Bay）到奥尔巴尼（Albany），当年爱德华·约翰·艾尔和他的土著向导维利就曾沿着这片贫瘠荒凉的澳大利亚内陆行进。他们为了在炎热的荒漠中生存，只能喝植物根中的水分，杀掉精疲力竭的马匹作为食物，甚至还曾吃掉一只企鹅。现在，人们建造了1550英里（2494公里）长的艾尔高速公路，径直穿过荒芜的纳拉伯平原和大澳大利亚湾。沿途你会看到古老的黑色陨石散落在灰白色的荒漠上。

行前计划：艾尔高速公路沿着纳拉伯平原的最南端行进。长途跋涉的劳累与夜间公路上不时跳过的袋鼠是你必须面对的危险。沿途的高速配套设施相距很远，汽油价格很贵，也没有供水。

相关网址：www.nullarbornet.com.au，www.atn.com.au

❽ 坦桑尼亚：坦噶尼喀湖与利文斯通博士

“我想，这是利文斯通博士。”——1871年，在坦噶尼喀湖边的乌吉吉（Ujiji），亨利·斯坦利终于发现了失踪多时的探险家大卫·利文斯通。冈贝溪国家公园（Gombe Stream National Park）人迹罕至的茂密丛林和湖泊边曾经留下过他们两人的足迹。带上一名向导，深入丛林，你可以看到生活在那里的因灵长类学家简·古道尔（Jane Goodall）的研究而闻名于世的大猩猩家族。

行前计划：只能饮用烧开过的水或瓶装水。

相关网址：www.tanzaniatouristboard.com，www.janegoodall.org

❾ 安哥拉：卢安达与玛丽·金斯利

19世纪90年代，玛丽·金斯利来到卢安达附近，与当地人一起生活，探索鳄鱼横行的沼泽地，接触食人部落，躲避蝎子的攻击，并成功地登上喀麦隆峰。内战使这里的局势依然十分混乱。建议你参加旅行团，穿过灌木丛寻找大象的足迹，欣赏美丽的奎萨玛（Quissama）国家公园，那里有茂密的雨林、瀑布和美丽的蝴蝶。在卢安达沙滩上欣赏热带日落也是不可错过的一景。

行前计划：一定要选择一家经验丰富的旅行社。

相关网址：www.angola.org

❿ 印度尼西亚：巴厘岛和龙目岛与阿尔弗雷德·卢瑟尔·华莱士

华莱士是与达尔文同时代的英国自然学者。1854~1862年，他研究了马来地区的野生动植物。他发现沿着一条看不见的分界线（华莱士线）可将当地分为东西两部分，西部的物种具有典型的亚洲特点，而东部的物种则明显具有澳洲的特征。这一发现帮助证实了达尔文的理论。通过参观相距不远的巴厘和龙目两岛，你可以亲眼目睹他的发现。

行前计划：龙目岛远不如巴厘岛开放，穿着请尊重当地习俗。

相关网址：www.tourismindonesia.com

锯齿山（Sawtooth Moutain）投射下巨大的阴影，近景是深而曲折、被称为“有去无回”的沙门河。

美国

与刘易斯和克拉克一起翻越北美大陆分水岭

两位先驱者率队走过的山路可能已不如当年那样危险，却依然陡峭、壮观。

位于蒙大拿州西南的失落山口（Lost Trail Pass）获得这样的名字事出有因。1805年，梅里伟瑟·刘易斯（Meriwether Lewis）与威廉·克拉克（William Clark）到达毕特鲁特山（Bitterroot Range），继续寻找通向太平洋的道路。克拉克尝试穿越山口，以便沿着沙门河（Salmon River）前进。然而山路极为险峻，马匹不断跌入深涧，他的肖松尼族向导又迷了路。情绪低落的众人吃光了所有食物，不得不靠鱼和浆果充饥。理智驱使他们退回山口，重新与等待在原地的刘易斯会合——即使是回程也依然危机四伏。重新组队后，刘易斯与克拉克决定向北方进发，寻找其他的路径，并最终从现在的洛洛山口（Lolo Pass）成功地翻越山脉。山口中现在已经通了公路，不过两侧的山峰依然和200年前一样陡峭险峻。喜欢挑战的游客可以沿着失落山口以南的大陆分水岭国家观光线路（Continental Divide National Scenic Trail）中一段高海拔、人迹罕至的小道参加持续数日的徒步旅行，体验当年曾令探险家们惊叹不已的崇山峻岭。如果你不愿意剧烈运动，也可以驾车沿着刘易斯—克拉克国家历史线路（Lewis & Clark National Historic Trail）游览。

最佳旅行时间： 刘易斯和克拉克当年便知道，只有在无雪的季节——通常为6月底至9月——才能翻越这里的山岭；现在也依然如此。8月气候最干燥，蚊子和其他叮人的昆虫也最少。

行程： 除了徒步登山之外，还要预留出至少3天时间游览附近的历史遗迹。

行前计划： 离这里最近的大型机场在蒙大拿州密苏拉市（Missoula），你应该在那里租一辆车。该地区几乎没有公共汽车。

旅行须知： 蒙大拿州的威斯顿（Wisdom）小镇风景如画，是驾车及徒步游览该地的理想中转站，镇上向西还可看到雄伟的毕特鲁特山。

相关网址： www.lewisandclark.org，www.nps.gov/lecl，www.fs.fed.us/r1/b-d

著名景点

- 大坑国家战场纪念地（Big Hole National Battlefield）是该地另一处重要的历史遗迹，它位于失落山口以东，是1877年内兹佩尔塞族印第安人与美军之间发生的比格霍尔战役的所在地。
- 大陆分水岭是北美洲河流的分水岭，其两侧的河流分别汇入大西洋和太平洋。
- 旅行者宿营地州立公园（Travelers' Rest State Park）建于一处古老的印第安人营地，是当年刘易斯与克拉克率领的探险队休整的地方。游客可在此稍事休息。
- 萨卡加维亚文化与教育展示中心（Sacajawea Interpretive Cultural & Education Center）位于爱达荷州沙门市，占地71英亩（29公顷），以纪念阿盖迪卡（Agaidika）部落及当年的刘易斯—克拉克远征队。

梭罗的林中小屋

在新英格兰东部的海滩、森林与小河边，伟大的哲学家似乎仍然生活在我们身边。

蜿蜒的砂石小径穿过松树和阔叶树林，环绕着亨利·大卫·梭罗（Henry David Thoreau）的家，也是位于马萨诸塞州康科德市瓦尔登湖州立保护区中的瓦尔登湖边。站在梭罗小屋曾经建在的林间空地上，你能感觉到这位自然哲学家的灵魂就在你的身边。遵循他作品的描述，你来到鳕鱼角国家海滩保护区，一片 40 英里（64 公里）长的沙丘和盐滩。漫步在黄油色的沙滩上，李子树和野玫瑰的芬芳弥漫在咸湿的空气里。继续沿着梭罗的足迹，向北来到位于缅因州大森林中的格林威尔。在穆斯海德湖泛舟，沿着皮诺布斯考特河（Penobscot River）的西北支流一直到切森库克湖；你的小船滑过静静的水面，一只秃鹰在稀疏的枝条上盯着你。在一个河湾中，你见到一只年轻的公驼鹿站在齐膝深的水中，叼起一束束芦苇和水草，一串串水珠从它巨大的脸上滴落。站在位于旅行终点的切森库克湖旅馆（Chesuncook Lake House）的门廊上，就在梭罗曾居住过的小屋附近，你凝视着远方 5267 英尺（1605 米）高的卡塔赫丁峰，崎岖的山岭正等着你去征服，就像梭罗曾经做过的一样。

著名景点

■ 瓦尔登湖州立保护区中的**梭罗小屋**已经被拆除，但你可以参观按原大小复制的小屋，室内陈设也保留着原样。

■ 鳕鱼角国家海滩保护区位于大西洋的候鸟迁徙线路上，每年春季和秋季都可以看到大量**过境的候鸟**。你还可以参观当地的三座灯塔。

■ 在切森库克湖中游泳，或者在**湖边的旅馆**（Chesuncook Lake House）中消磨时光：这是一座地处偏僻的野外旅馆，气氛宁静，利用时鲜野味烹制的私家菜非常可口。

位于缅因州康科德市瓦尔登（Walden Pond）边，按原式样复建的梭罗的林中小屋。

最佳旅行时间：夏季是游客最多的季节，你可以选择暮春或秋季前往，以避开人群。

行程：计划7~10天，其中包括要在水上度过的3~5天。瓦尔登湖环湖小径步行环绕一圈约需35分钟。

行前计划：做好准备，以应对天气变化。带上驱虫剂和合适的宿营装备以便划船时使用。在海滩上行走时需多次涂抹防晒霜。

旅行须知：瓦尔登湖州立保护区如果遇上区内旅舍客满便会关闭，所以请提前电话咨询。

相关网址：www.mass.gov/dcr/parks/north-east/wldn.htm，www.nps.gov/caco，www.maineoutdoors.com/canoeing

位于田纳西州孟菲斯市的B.B.King布鲁斯音乐俱乐部。

最佳旅行时间： 为了能够最大限度地感受克拉克斯代尔的音乐气息，建议你将旅游时间安排在4月初，以便赶上“自动点唱机”音乐节，或者安排在8月，以便赶上“向日葵河布鲁斯及福音”音乐节。

行程： 你可以将克拉克斯代尔之行与游览孟菲斯和其他附近的景点结合在一起，成为一次更加广泛的密西西比三角洲布鲁斯音乐朝圣之旅。

行前计划： 灰狗长途汽车公司（Greyhound）取消了前往克拉克斯代尔的班车，当地汽车站已改建为游客服务中心。现在要想到达克拉克斯代尔，你可以乘火车，或者自己驾车。

旅行须知： 想要品尝密西西比地区的精美饮食，可以尝试一下价格适中的马迪迪餐厅（Madidi）。摩根·弗里曼也是该店的股东之一。

相关网址： www.msbluestrail.org/blues_trail，www.jukejointfestival.com，www.rootsofrhythm.com

美国

克拉克斯代尔的布鲁斯朝圣之旅

在布鲁斯的发源地感受它的节奏，体验当地活跃依旧的音乐气氛。

密西西比州克阿荷玛县的克拉克斯代尔是一座简朴的小镇，四周环绕着望不到边的农田，一直延伸到朦胧的地平线。令这里出名的并不只是美丽的风光，在被阳光晒得退色的道路和剥离的油彩背后，你会发现一个浸透着布鲁斯音乐传统的社区。克拉克斯代尔有着辉煌的布鲁斯音乐传统，在美国西部流行音乐史上占据重要的地位。透过这条密西西比布鲁斯之旅线路和镇上的博物馆，你可以对此有所领略。音乐表演的传统也渗透进密西西比三角洲和田纳西州各地的俱乐部与节日庆祝活动之中。那些曾在此地居住或演出过的伟大音乐家们，诸如W.C.汉迪（Handy）、约翰·李·虎克（John Lee Hooker）等人的光辉依旧笼罩着小镇，继承了他们的音乐遗产的艺人们则在当地的酒吧中继续演奏着新的篇章——如布鲁斯巷（Blues Alley）中的爆心酒吧（Ground Zero），著名演员摩根·弗里曼也是其股东之一。

著名景点

- 住在**河滨饭店（Riverside Hotel）**。1944年改建为饭店前，这里曾经是G.T.托马斯医院。1937年，在整个20世纪20年代身价最高的非洲裔美国音乐家贝希·史密斯（Bessie Smith）因遭遇61号高速公路上的车祸而在该医院中病逝。
- 不要错过**三角洲布鲁斯博物馆**。其原址位于几英里外克拉克斯代尔市郊的斯托瓦尔（Stovall）种植园，现在已迁至穆迪·沃特尔斯（Muddy Waters）的小木屋中。
- 瞻仰著名的**49号高速公路与61号高速公路的交叉口**。据说罗伯特·约翰逊就是在这里与魔鬼做了交易，以获得灵感写作出《十字路口布鲁斯》一曲。
- 如果你是布鲁斯音乐迷，又有1个月的空闲时间，可以沿着61号高速公路——著名的“布鲁斯公路”——游览。当年，一批又一批非洲裔美国音乐家们带着他们的音乐就是沿着这条公路从美国南方来到芝加哥的。沿途的新奥尔良、克拉克斯代尔和孟菲斯都是著名的旅游景点。

美国

追寻凯鲁亚克的足迹

从美国西海岸到美国东海岸，感受杰克·凯鲁亚克《在路上》经典作品中洋溢着的青春与自由。

杰克·凯鲁亚克（Jack Kerouac）总是在不同的城市之间不停地穿梭。在这趟宏伟的长途旅行中，你将接触到美国最棒的一些爵士乐俱乐部、咖啡馆和其他地方，它们都曾经给凯鲁亚克带来过奔放的灵感。旧金山曾经是“垮掉的一代”（Beat）作家最如鱼得水的地方，也是你此行的第一站。朴实无华、充满波希米亚式风情的北滩（North Beach）是必到的景点，那里现在仍然是放荡不羁的“垮掉的一代”的天堂。今天，那里的大街小巷依然舞动着一股20世纪50年代的旋律，还是不少意大利名餐馆和“垮掉的一代”纪念馆的所在地。然后，再乘坐短途飞机前往科罗拉多州丹佛市，凯鲁亚克的朋友尼尔·卡萨第（Neal Cassady）的故乡。他是凯鲁亚克创作作品《在路上》（*On the Road*）中的主要人物迪恩·莫利亚里提（Dean Moriarity）时的灵感源泉。崭新的摩天大楼已将这里变成了一座高耸入云的未来派城市；但在远处落基山脉的映衬下，丹佛仍然还保留着当年曾令凯鲁亚克怦然心动的中西部的美丽风光。在乘坐了48小时火车，穿过一片片滚着琥珀色麦浪的农田后，纽约市的巨大活力、快节奏的城市生活将令你豁然振奋。买上一只热狗，然后跳上一辆地铁前往皇后区，凯鲁亚克就在他父母位于臭氧公园（Ozone Park）的房子里写出了自己的第一部小说《乡镇与都市》（*The Town and the City*）。旅途的最后一站是马塞诸塞州的洛威尔市，凯鲁亚克的红砖房故居就在这里。

著名景点

■旧金山北滩瓦列霍（Vallejo）大街上的蒂里雅斯特咖啡馆（Caffe Trieste）是观察熙熙攘攘人群的最佳地点。每晚有**诗歌朗诵**和**爵士乐演出**。

■在**城市之光**（City Lights）书店仔细阅读“垮掉的一代”的文学作品，感受凯鲁亚克的思想和精神。

■丹佛市**查普特佩克酒吧**（El Chapultepec）每晚都有现场爵士乐演出。凯鲁亚克和尼尔·卡萨第曾经坐在门边的座位上。

■纽约市皇后区臭氧公园内凯鲁亚克曾与父母一起居住过的房子对面是**格兰·帕特里克酒吧**（Glen Patrick's Pub）。点一杯啤酒，然后从窗口慢慢欣赏对面的风景。

最佳旅行时间：秋季，9月或10月。可以选择在每周的头两天到达旧金山，以躲开拥挤的人群。

行程：12天，在每个城市留出3天时间。

行前计划：尽量少带行李，以方便行动。带一本《杰克·凯鲁亚克作品集》（*The Portable Jack Kerouac*），以及《杰克·凯鲁亚克朗诵〈在路上〉》的CD，品味其中旧金山的爵士乐。还要带上一个笔记本和一支笔以记下你途中的点点滴滴。

旅行须知：选择比较简朴的旅馆，以便在感觉上更加贴近当年经济窘迫的作家。旧金山的码头客栈（Wharf Inn）与丹佛市中心的温馨客栈（Comfort Inn）都属于此类。

相关网址：www.frontierairlines.com，www.amtrak.com

顾客正在旧金山北滩的城市之光书店中阅读。

对页：气势恢宏的约塞米蒂瀑布是北美洲最高的瀑布，落差1430英尺（436米）。春季融雪使瀑布水量达到最大。
上左：一只郊狼在冬季的原野上逡巡。
上右：盛开的羽扇豆。

美国

安塞尔·亚当斯的约塞米蒂

作为北美洲最漂亮的国家公园之一，这里曾是著名摄影家安塞尔·亚当斯的第二故乡，是他一生的创作源泉。

14 岁的安塞尔·亚当斯（Ansel Adams）第一次来到约塞米蒂山谷时，他的父母送给他一架柯达 1 号勃朗尼箱式相机；当时他们绝对没有想到这一举动日后竟成就了他如此伟大的事业。亚当斯在之后的生涯中，用了大约 60 年时间孜孜不倦地在黑白底片上记录下了美国西部无数雄伟壮丽的山河美景。这些伟大的作品如同亚当斯本人一样向每个人发出大声疾呼：亚当斯一直是美国历史最悠久的环境保护组织——塞拉俱乐部（Sierra Club）的委员之一，他不断为建立国家公园而努力，拜见过不止一位美国总统，宣扬保护自然环境的重要性。亚当斯在被称为“约塞米蒂主干道”的约塞米蒂山谷中居住了 30 多年，带着他的小型暗房和重达 100 磅（45 千克）的设备，足迹遍及花岗岩山峰、岩屑坡、河床和高山草甸。沿着他的足迹，你将看到一处处名称和造型一样气势不凡的风景：大教堂尖顶（Cathedral Spires）、独角兽峰（Unicorn Peak）……亚当斯还拍摄了许多船长峰（El Capitan），即世界上最大的花岗岩独石峰（有直布罗陀岩的两倍大）不同季节风情各异的照片。他的镜头也同样关注着微小的细节：开花的梾树、孤零零的橡树、成排的白杨。亚当斯于 1984 年辞世，享年 82 岁；但经他拍摄、制作的摄影精品将永远向人们展示他那献给自然保护的一生。

最佳旅行时间：约塞米蒂国家公园全年开放。游客数量和道路通行情况都随季节不同而变化。春天可以观赏到声如雷鸣的瀑布；夏季气候温暖干燥（但游客众多）；冬季则可享受静寂之美，但部分道路可能封闭。

行程：园内可游览总面积达23.0258万英亩（9.3255万公顷），你至少应该在园中住1个晚上。花上1周以上的时间你才能真正好好了解这片亚当斯的第二故乡。

行前计划：附近有许多地方可以提供食宿，有豪华的阿瓦尼酒店（Ahwahnee Hotel），也可以选择背包旅行。摄影爱好者可以参加约塞米蒂协会组织的旅游团或选择其推荐的线路。

旅行须知：安塞尔·亚当斯画廊会向游客分发一种小册子，上面列有超过10处亚当斯曾经在约塞米蒂山谷中拍摄照片的地点。你可以在它的指引下亲眼看到那些曾经出现在明信片和印刷品上的风景。

相关网址：www.nps.gov/yose，www.ansel-adams.com，www.yosemite.org/seminars/YAAdventures3a.pdf

著名景点

- 不要错过约塞米蒂山谷中的**安塞尔·亚当斯画廊**。在那里经常组织讨论会和旅行团，就像亚当斯全家当年居住在楼上时常做的那样。不同水平的摄影爱好者和摄影工作者都能在寻访山谷中亚当斯拍照地点的过程中提高自己的构图和拍摄技巧。
- 亚当斯以纯风景作品而闻名，但**阿瓦尼酒店**中却展览着许多他拍摄的游客在雪中嬉戏的黑白照片。阿瓦尼酒店是园中最主要的住宿地点，它的名字取自当地的印第安部落名。“约塞米蒂”在阿瓦尼语中是“灰熊”的意思。
- 约塞米蒂国家公园旁边是占地900万英亩（超过360万公顷）的米纳里茨自然保护区（Minarets Wilderness）。建立该保护区所依据的1964年《自然保护区法》就是由亚当斯推动通过的。亚当斯去世后，它被重新命名为**安塞尔·亚当斯自然保护区**，为追寻这位伟大摄影家足迹的游客提供了又一处风景如画的去处。

智利

帕布罗·聂鲁达故居

走访这位智利最重要的作家和政治人物的三座故居，就好像是一次跟随他思想的旅程。

聂鲁达的天赋早在他 13 岁开始为当地报社写稿时就显露出来。随着年龄日长，他越来越深地介入政治，他的作品也折射出他关注的社会和政治问题。1971 年，他获得了诺贝尔文学奖。流连在聂鲁达的三座故居中——现在均已改建为纪念馆——你能感受到浸染其中的活力、智慧与热情。旅程的第一站是圣地亚哥市贝拉维斯塔区（Bellavista）的查斯科纳宅（La Chascona）。这处僻静的宅院是聂鲁达为自己和第三任妻子马蒂尔德·乌拉提娅修建的，屋内摆满了色彩鲜艳的陶器工艺品和收藏的贝壳与蝴蝶标本。聂鲁达的卧室设在一间阁楼中。第二处，也是最少为人知的故居是在圣地亚哥以北 74 英里（119 公里）、位于海港城市瓦尔帕莱索（Valparaíso）的塞巴斯蒂亚纳宅（La Sebastiana）。坐落在一座高坡上的别墅俯瞰大海，房间里摆满了各种各样的装饰品，包括航海用品和一只狮子标本。诗人真正的家是在瓦尔帕莱索以南 45 分钟车程的黑岛（Isla Negra），房子坐落在一块突出的岩石上。聂鲁达原本买下的是一栋石屋，后来才按照自己的喜好改建成现在的样子。屋内墙上挂着华丽的船首装饰，诗人的书桌则正对着大海。

聂鲁达在瓦尔帕莱索住的老区是被联合国教科文组织认定的世界遗产，这里的一切都在向人们述说着19世纪时这座被称为“太平洋的明珠”的海港的鼎盛时代。

著名景点

- 查斯科纳故居中摆放着**迭戈·里维拉（Diego Rivera）**为聂鲁达的妻子马蒂尔德·乌拉提娅绘制的**画像**。书房中有一个木头盒子，聂鲁达将写给马蒂尔德的诗都保存在里面。
- 查斯科纳故居的餐厅碗柜中有一条**秘密通道**。聂鲁达曾经声称，如果他的客人实在过于令人厌烦，他就会从这条通道中逃走。
- 黑岛故居楼上的房间中放着**一张木桌**，是用当年聂鲁达在房子下面的海滩上捡到的**一块**被海浪冲来的**船上的门板**制成的，是聂鲁达最喜欢的物品之一。

最佳旅行时间：智利每年11月中旬至次年2月中旬为夏季，气温会升得很高。冬季，尤其是7月、8月则阴冷潮湿。

行程：参观全部三处故居大约需要1周。如果你想顺道游览智利的葡萄酒产区、阿塔卡马沙漠或南部的巴塔哥尼亚高原，还需要留出更多时间。

行前计划：自驾车可在圣地亚哥租赁。聂鲁达的故居每周四至周日10:00~13:00及15:00~18:00开放，由聂鲁达最后一任（第三任）妻子马蒂尔德建立的聂鲁达基金会负责管理。沿途公路路况很好，还可游览海滩。

旅行须知：在黑岛下面的海边防波堤上，你能看到从世界各地前来的游客写下的对聂鲁达的敬仰之词。

相关网址：www.fundacionneruda.org

哈瓦那安博斯门多斯（Ambos Mundos）酒店中海明威的房间仍然保持着当年的原样，包括这台打字机。

古巴

海明威在古巴

这位曾经周游世界的记者、作家和诺贝尔奖获得者在这座可爱的加勒比海岛上找到了他安全而充满活力的人间天堂。

1928年，厄内斯特·海明威在一次从西岛出发的捕鱼巡游中来到古巴，并深深爱上了哈瓦那和古巴的人民。一年后，他来到位于哈瓦那老城中心的安博斯门多斯酒店居住，这便是你将要拜访的第一站。从酒店出发，走不了几步便可到达佛罗里迪塔酒吧（El Floridita），当年海明威畅饮代基里鸡尾酒的地方。在哈瓦那东部的小渔村科西玛尔（Cojimar），海明威沉迷于深海垂钓而不能自拔，《老人与海》的故事背景即是出自于此。从1939年开始，海明威一直居住、工作在维吉亚农场（Finca Vigía），这是一座被热带农场环绕的简朴的农居，位于哈瓦那附近的圣弗朗西斯科迪保拉（San Francisco de Paula）。从房子宽敞明亮的窗户向内望去，你可以看到他的图书室（收藏了9000部图书）、打字机和照片。浴室是整栋房子中风景最优美的房间，透过浴室的玻璃，海明威可以看到整个哈瓦那港口和远方的大海。

最佳旅行时间： 最佳游览季节为12月至次年5月。夏季的几个月天气极为炎热潮湿，10月和11月则是飓风肆虐的季节。

行程： 10天可以轻松地游览完全程。不过，古巴的城市风光迷人，南部还有美丽的海滩，足可以供你享受2~3周美好的假期。

行前计划： 如果你是美国公民，须事先申请签证或“游客卡”，否则无法进入古巴。美国人目前尚无法去古巴旅行，除非持有美国财政部发放的许可证。

旅行须知： 当年海明威经常光顾的另一处地方是科西玛尔村的特拉扎餐馆（La Terraza），餐馆中收藏了许多海明威的照片。你可以一边吃饭一边欣赏海港的风光。

相关网址： www.cuba.com

著名景点

■ 在佛罗里迪塔酒吧品尝海明威最喜爱的鸡尾酒——“爸爸的渔船”（Papa Doble），用酸橙汁、少量黑樱桃酒、双份朗姆酒和冰块调配而成。不过，要想抢到海明威曾经坐过的位子恐怕不那么容易。

■ 哈瓦那老城的小酒吧Bodeguite del Medio是另一处海明威经常光顾的地方。莫西托鸡尾酒（Mojito）是这里的特色饮料。

■ 科西玛尔的海明威广场上有一座用渔船的青铜螺旋桨铸成的海明威塑像，四周环绕着柱廊。

■ 维吉亚农场上摆放着海明威钟爱的40英尺（12米）长的游船皮拉尔号（El Pilar），他曾经驾驶着这艘船在湾流中钓马林鱼。

■ 在哈瓦那的步行街——马雷贡大道（Malecón）上漫步。街道一旁是成排年久失修的殖民地时代建筑，面对着加利福尼亚海峡。这正是当年海明威驾驶帆船从美国来到古巴后的第一印象。和那时一样，街道两旁游人如织，当地人有的喝着朗姆酒，有的坐在海边的岩石上垂钓。

驶向加拉帕戈斯

这些与世隔绝的岛屿因英国自然学家查尔斯·达尔文而闻名于世，岛上生活着许多外形各异、十分有趣的物种。

小艇离开游轮向着圣达菲岛驶去，艇身划开海浪，溅起轻柔的水雾，拍打着你的脸颊。贪玩的小海狮在你周围跳跃着，好像在表演欢迎的舞蹈。荒凉的火山岛上到处都是丛生的多刺仙人掌类植物，高大得犹如森林一般。每个岛屿都有自己独特的珍稀物种，而每天你都能探索一座新的岛屿。整个旅程令人联想到1835年查尔斯·达尔文乘坐小猎犬号进行的探险，就是那次的探险经历促使达尔文提出了“物竞天择”说。岛上到处都有奇异的动物出没，一点也不惧怕人类。一只加拉帕戈斯嘲鸟啄着你的鞋带，全然不在乎你的庞然身躯。在埃斯巴诺拉岛（Española）上，导游带着你从体形健壮、虎视眈眈的雄海狮和他的一群宠妃身边走过，空气中弥漫着刺鼻的麝香气味。在圣地亚哥岛上，你沿着铺满古老的黑色熔岩碎石的小径走上山坡，脚下不时传来石头碎裂的声响。海鬣蜥从道路尽头的巨岩上跃入水中寻找海藻作为食物。亮橙色、红色的萨利·莱特福特（Sally Lightfoot）海蟹在岩缝中爬来爬去。随着旅程的深入，你还能看到蓝脚鲣鸟钻入太平洋的海水中捕食鱼类，听到嘴巴红红的热带鸟类发出急促的尖叫。不会飞的鸬鹚在海中大快朵颐，海龟和蝠鲼则在海水中悠闲地漫游。

著名景点

■ “加拉帕戈斯”是西班牙语“龟“的意思。在这些迷人的小岛上到处都可看到悠闲漫步的巨龟。在桑塔克鲁兹岛上的**查尔斯·达尔文研究中心**里，你能够看到巨龟“孤独的乔治”（Lonesome George），它是其物种仅存的最后一只。

■ 加拉帕戈斯群岛是一个充满浪漫的地方。每年4月在埃斯巴诺拉岛上都能看到**加拉帕戈斯信天翁**那疾速、热烈而欢快的求偶舞蹈。

■ 登上地貌仿佛月球表面的巴托洛莫山，你将可欣赏到美丽的**尖峰岩**（Pinnacle Rock）和它下面的**海滩**上嬉戏的加拉帕戈斯企鹅与晒太阳的海狮。

最佳旅行时间：全年任何时候加拉帕戈斯群岛都会向游客展示魅力无穷的风景，其中6月至11月的天气较为凉爽。

行程：乘飞机从厄瓜多尔飞行600英里（966公里）到达加拉帕戈斯群岛的巴尔特拉岛（Baltra）或圣克里斯托巴尔岛（San Cristóbal），然后再转乘小游艇游览其他岛屿，旅行时间从4天到2周不等。

行前计划：带上大量防晒霜、一顶宽边帽子以遮挡赤道附近强烈的阳光，还要准备一双好旅游鞋。

旅行须知：桑塔克鲁兹岛（Santa Cruz）上的阿奥拉港（Puerto Ayora）有网吧供游客消遣，商店里还能买到防晒霜。

相关网址：www.igtoa.org

在求偶季节，雄性军舰鸟的喉部充气膨胀，像一个猩红色的气球，以炫耀自己哺育后代的能力。

一只玳瑁龟从暗礁上游过。塔希提岛附近深蓝色的海水中孕育着丰富多彩的海洋生物。

法属波利尼西亚

库克船长的波利尼西亚

沿着充满魔力的热带群岛旅行，体验几百年来吸引了无数来访者的当地文化。

当库克船长结束在波利尼西亚群岛的旅行，于18世纪70年代返回欧洲时，他成为最先领略过热带群岛风光的欧洲人之一。你的热带群岛发现之旅将从帕皮提——塔希提岛的首府和最大城市开始。你可以参观那里的珍珠博物馆，或是在手工艺市场寻宝。离开塔希提，看着岛上的建筑物渐渐远去，你会发现自己久久地凝视着尚未没入地平线的山峰——那幅景象与当年库克船长航行至此时所见极为相似。胡阿希内岛和赖阿特阿岛与喧嚣的帕皮提形成鲜明的对比。在胡阿希内岛上，有一组多达40多座祭坛（marae）组成的宗教建筑，被称为Maevamarae。赖阿特阿岛的名气虽然不如塔希提岛，却是过去波利尼西亚群岛最重要的宗教中心，其中位于塔普塔普阿提（Taputapuatea）的祭坛是波利尼西亚群岛中最大的祭坛。游览完这两座岛屿，你最后来到宝拉－宝拉岛，潜水、在潟湖中泛舟，或是参观第二次世界大战时的防御工事。

最佳旅行时间： 5月、6月和9月、10月是游览波利尼西亚的最佳月份，比游客最多的7月、8月和多雨的“冬”季（11月至次年4月）要好得多。

行程： 10天的行程可以让你有足够时间享受大海，并游览沿途的岛屿。

行前计划： 法属波利尼西亚消费昂贵，岛屿之间隔着浩瀚的大海，最舒适的游览方式莫过于乘坐游轮。如果你冬天乘飞机抵达，为了避免航班和游船延误造成的麻烦，最好多为行程留出几天时间。大部分岛上都有汽车出租，你可以在到达岛上后再办理相关手续。

旅行须知： 在返回塔希提之前，可在莫雷阿岛上稍作停留，那里的火山峭壁是波利尼西亚最有名的风景，从环绕岛屿的双体游船上欣赏角度最佳。

相关网址： www.tahiti-tourisme.com，www.princess.com

著名景点

- 高更（Gauguin）纪念馆设在塔希提岛南端，向人们展示着这位艺术家在波利尼西亚的创作生涯。
- 喜好潜水的游客可以在水下与鲨鱼和蝠鲼嬉戏。如果你不喜欢潜水，也可以乘坐底部装有透明玻璃的游船或是利用水下头盔、潜水艇和呼吸管的帮助欣赏海底世界。
- 参观任一座岛屿上的珍珠养殖场，看一看闻名全球的塔希提黑珍珠是如何培育出来的。
- 莫雷阿岛上的提基（Tiki）乡村剧场为游客准备了再现旧时波利尼西亚风情的舞蹈和音乐表演。

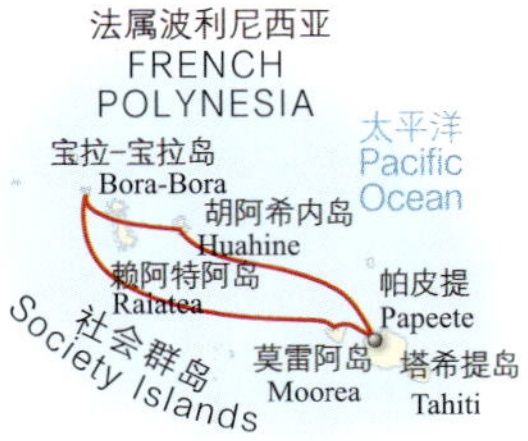

北京天安门广场毛主席纪念堂外的一组雕塑，用以纪念创建中华人民共和国的人们。

最佳旅行时间：5月至9月。如果你打算游览海螺沟冰川或康定，请带上保暖的衣物。低海拔地区5月至9月天气炎热潮湿。雨具是必备物品，当地夏季常有暴雨。

行程：从最近的大城市成都出发环游一圈需要3~4天时间。如果你想深入游览，至少需要10天。

行前计划：从北京乘飞机前往成都，当地有旅行社可以安排组团。如果你是一个人旅游，要准备好应付许多漫长、辛苦的长途汽车旅程。大部分前往泸定桥的旅游团都会安排游览海螺沟冰川或康定。

旅行须知：四川省省会成都市是国内最繁华的城市之一，同时也是品尝世界闻名的以辣味为特点的四川菜的最佳地点。

相关网址：www.chinatravelguide.com，www.4panda.com

中国

毛泽东与长征

遍布急流、深谷和冰川的四川西部大山曾是长征途中最重要的一段。

1935年，在长达两年、途经8000英里（1.2875万公里）、被后人称为“长征”的征程进行到一半的时候，毛泽东领导的22名战士占领了横跨大渡河、地势险要的泸定桥。近年来，在日渐富裕的中国，“红色旅游”的迅速发展为泸定——这一在长征历史上具有重大意义的革命圣地赢来了世人越来越多的关注。尽管那里地处偏远，交通不便，但却极具游览价值；游客来此不仅是为了参观泸定桥，也为了那里魅力十足的自然风光。首先拜访过位于北京天安门广场上的毛主席纪念堂后，你便可乘飞机来到成都，再从那里乘汽车前往壮观的大渡河谷。在泸定，你可以试着走一走横跨在湍急的大渡河上的铁索桥，然后参观当地的长征战士纪念碑。出了泸定城，便是一眼望不到边的崇山峻岭，一直延伸到西藏。向西走过康定不远，便是巍峨的大雪山。贡嘎雪山和山下的海螺沟冰川则位于泸定南面不远处。乐山还有一尊非常巨大的佛像。成都以北云雾缭绕的森林和峡谷，则是中国国宝——大熊猫最大的栖息地。

著名景点

- **泸定桥**由13条沉重的铁索组成，铁索上绑扎了木板以方便通过。
- **康定**是一个位于西藏高原边缘的繁华的贸易中心。城中有街市、古玩市场及多杰扎寺。
- 游览壮观的**海螺沟冰川**，远眺**贡嘎山**。海拔2.479万英尺（7556米）的贡嘎山是四川省的最高峰。
- 参观世界闻名的**卧龙大熊猫保护区**，位于成都西北大约100英里（130公里）处。

尼泊尔/印度

涅槃之路

回到公元前 6 世纪，追溯佛祖的一生，游览那些见证过其精神之旅的圣地。

“佛陀”（Buddha）意为“觉悟者”，是人们给予乔达摩·悉达多的尊称。在经过 6 年的苦修后，他终于在菩提树（一种无花果树）下沉思时涅槃。佛陀修行的故事被人们口头相传了大约 400 年，才首次见诸文字。今天，你将重走当年佛祖走过的地方。你的第一个目的地是尼泊尔南部的小村庄蓝毗尼。在梵语中，蓝毗尼意为“可爱的地方”——这里便是佛陀的诞生地。从这里向东，在尘土飞扬的恒河平原上，是佛陀最终涅槃之处——拘尸那伽。当地的寺庙中供奉着长 20 英尺（6 米）的卧佛塑像，身上覆盖着金叶。瓦拉纳西附近的鹿野苑（Sarnath）则是佛陀第一次说法的地方。再向东行便是菩提格雅，佛陀在菩提树下打坐的地方。现在的菩提树据说是当年的树的第 3 代孙了。旅行的最后一站是巴特那，世界上历史最悠久的城市之一。佛陀曾多次经过这里，包括他最后一次前往拘尸那伽的旅行。

著名景点

■ 蓝毗尼的佛母寺（Maya Devi Temple），及矗立在佛陀出生地的阿育王石柱（Ashoka Pillar）。

■ 参观拘尸那伽的大涅槃寺和佛塔，佛陀即是在此地涅槃，兰巴尔塔则是他被火化的地方。

■ 参观瓦腊纳西的金庙（Vishwanath）和印度之母庙（Bharat Mata），以及贝纳勒斯印度大学（Banaras Hindu University）。清晨还可乘游船游览恒河。

■ 菩提格雅摩诃菩提寺中的菩提树正是当年佛陀打坐觉悟的地方。你也可以在树下坐一坐。

僧侣在兰巴尔塔（Rambhar Stupa）前膜拜。公元前543年，佛陀在此地被火化。

最佳旅行时间： 10月至次年4月是最佳时间。注意避开雨季——每年大约6月下旬或7月上旬开始，持续约2个月时间。

行程： 从蓝毗尼至巴特那公路长550英里（885公里）。请最少留出5天时间。

行前计划： 蓝毗尼有公路通到瓦拉纳西和勒克瑙（Lucknow）。

旅行须知： 遇到佛塔（Stupa）和其他宗教场所时应沿顺时针方向绕行。巴特那博物馆收藏着很多珍稀历史文物，包括石雕佛像与装着佛祖骨灰的舍利盒。尽量不要吃西餐——在沿途西餐所用的材料没有本地饮食新鲜，并且注意最好只吃刚刚出锅的食物。

相关网址： www.incredibleindia.org，www.indianembassy.org

莫斯科托尔斯泰博物馆中展出的托尔斯泰的写作匣及书信。

俄罗斯

托尔斯泰时代的俄国

循着他一生走过的路，向这位世界最伟大的作家和最激进的思想家致敬。树木掩映的河道是旅行的精华所在。

跟随着利奥·托尔斯泰伯爵的足迹，我们首先来到沙皇帝国时的首都圣彼得堡，一座到处都是辉煌的宫殿、闪闪发光的舞厅和艺术画廊的城市。托尔斯泰青年时对这座城市的一切都十分熟悉，在他的《安娜·卡列尼娜》等作品中也常能看到对这座城市的描写。它还是沙皇时期贵族与底层平民间巨大的贫富差距的鲜明写照，这种反差在托尔斯泰后半生中一直令其不能释怀。离开圣彼得堡，我们再前往莫斯科，参观托尔斯泰故居纪念馆。1882~1901 年，托尔斯泰每年冬天都与妻子和家人一起在此居住。旅行的最高潮是参观托尔斯泰家族在莫斯科以南大约 125 英里（201 公里）的图拉市附近的雅斯纳亚·波尔亚那（Yasnaya Polyana）的领地。托尔斯泰在这里出生，后来又回到这里创作小说。他在这里关注大自然，建立了一所实验性学校，与农民一起劳作，还在这里招待亲朋好友。他那简朴的墓地也设在这里的一片小树林中。

最佳旅行时间：春、夏、秋三季均是旅游的好季节。冬季也可以前往，但天气格外寒冷。

行程：至少需要7天。从莫斯科出发乘汽车或火车前往雅斯纳亚·波尔亚那游览可以当日返回，但你最好能在当地现代化的雅斯纳亚·波尔亚那酒店住1个晚上，以便更轻松地安排行程。

行前计划：纪念馆的开放时间经常变动，一定要事先问清楚。

旅行须知：莫斯科有两处托尔斯泰纪念馆，其中托尔斯泰故居纪念馆是由其故居改建而成，另外还有一个托尔斯泰博物馆，收藏了他的手稿、第1版的作品和日记。托尔斯泰博物馆还经常组织讲座，承办私人团体及学校的主题游览活动。

相关网址：www.yasnayapolyana.ru/english，www.moscow-taxi.com/museums/tolstoy-museums.html

著名景点

- 托尔斯泰故居纪念馆看上去仍然像一栋标准的住宅，屋子里摆满了各种装饰品和托尔斯泰的遗物。
- 托尔斯泰在雅斯纳亚·波尔亚那庄园中度过了童年时代，那里始终是他心灵的归宿。那里的托尔斯泰故居纪念馆中的陈设依然保留着托尔斯泰与家人居住时的样子。
- 在雅斯纳亚·波尔亚那的花园中漫步，看一看椴树成荫的大道，欣赏曾给托尔斯泰带来无穷创作灵感的乡村风景。

中国/吉尔吉斯斯坦/乌兹别克斯坦

丝绸之路

沿着古老的贸易线路，领略中国和中亚那些偏远而充满异域风情的地区。

丝绸之路连接着中国和中东与欧洲，它并不仅仅是一条道路，而且是从中国西北部通往现在的土耳其东部及伊朗西部地区的一系列线路的总称。丝绸之路的最早使用可以追溯到公元前 2 世纪。直到 1500 年后，它才被海上贸易线路所取代。曾在这条线路上流动的财富无以计数，许许多多伟大的城市与文明沿着这条道路蓬勃发展起来。科技与文化也沿着它到处传播，其中就有传到西方的火药以及传入中国的佛教。现代的旅游者可以从中国北京或上海出发，首先游览位于丝绸之路东端、有着令人惊叹不已的古代建筑的西安与敦煌。从这里，丝绸之路开始进入塔克拉玛干沙漠，旅程中的下一个大城市是位于天山脚下的喀什。喀什是前往中亚、印度和波斯的必经之路。再向西行，在丝绸之路的贸易线路上有两座历史悠久的中亚古城——撒马尔罕和布哈拉（Bukhara）。撒马尔罕是世界上最古老的城市之一，它矗立在沙漠之中，城中的建筑物上嵌着各种深浅不一的蓝色瓷砖。布哈拉曾经是伊斯兰教的重要教育中心，那里有中亚地区最大、物资最丰富的集市。

著名景点

■ 敦煌**千佛洞**中精美的壁画和雕塑已有上千年历史。

■ 不要错过**西安的兵马俑**——一支深埋于地下、属于中国第一位皇帝秦始皇的“军队”。

■ 喀什的周日集市热闹非凡，还有不少伊斯兰教的著名建筑，如**香妃墓**，以及中国最大的清真寺——**艾提尕尔清真寺**。

■ 撒马尔罕城市建筑体现出**优美的伊斯兰风格**，尤以伊斯兰陶器工艺品最为精美。拉吉斯坦（Registan）广场周围共建有三座伊斯兰宗教学院，还有帖木儿墓。

对生活在中亚丝绸之路沿线贫瘠山区的当地人来说，骆驼仍然是最可信赖的交通工具。

最佳旅行时间： 最佳旅行时间是3月、4月和9月、10月，这样可以避开山区和戈壁上的极端气候。

行程： 许多旅行社都可以提供沿着丝绸之路中国段或中亚段的旅游项目，时间一般不超过2周。如果你有1个月时间，可以从北京或上海出发一直走到乌兹别克斯坦的塔什干。

行前计划： 中亚地区的国家大多问题不断，务必在出发前留意当地政府发布的旅游警示通报。

旅行须知： 科林·苏布朗（Colin Thubron）的《丝绸之路的阴影》（*Shadow of the Silk Road*）是一本很值得一看的书，对于游客来说，它可以提供必需的背景知识。

相关网址： www.thegreatsilkroad.com，www.silkroad.co.nz

亚历山大大帝的远征

古代世界的伟大的征服者曾沿着这条道路前进，许许多多美丽的城市等着你去发掘。

2000多年以来，亚历山大大帝的故事征服了世界各地无数人的心。还未成年的他率领着4.5万名士兵横扫小亚细亚，战胜了幅员辽阔的波斯帝国。接着，他便开始了史诗般的长达2.2万英里（3.54万公里）的远征，从特洛伊到亚历山大，再到撒马尔罕和巴比伦。直到他32岁去世时，他所创立的帝国已经远远超出了以前人们所知的世界范围，疆域从希腊到阿富汗、以色列和印度。跟随着亚历山大大帝在土耳其留下的足迹，从特洛伊到伊斯肯德仑，你将领略到一场多姿多彩的由风景、美食和建筑组成的盛宴。迪迪玛（Didyma）位于以弗所与博德鲁姆之间。在那里，你可以看到仍然高耸着的阿波罗神庙的廊柱，亚历山大战胜波斯后就曾在这里庆祝胜利。在神庙最深处黑暗的拱廊中，你仍然可以感觉到古代诸神留下的印迹。戈迪安则是著名的戈迪安绳结（Gordion Knot）的所在地——据说谁能解开绳结，谁就可成为小亚细亚的统治者。而亚历山大的解决办法则是一剑将其斩为两段。公元前333年，亚历山大在伊苏斯大败波斯后，他在战场以南修建了一座新的城市，那便是今天繁忙的海港伊斯肯德仑（“伊斯肯德”是亚历山大的土耳其语发音），也是你旅途的终点。

在以弗所以南不远的普林尼（Priene），可以看到山坡上矗立着的雅典娜神庙造型优雅的廊柱。这座神庙建于亚历山大时代，在当地人的同意下，亚历山大将其改为供奉雅典娜女神的庙宇。

著名景点

■ 伊斯坦布尔考古博物馆收藏着**亚历山大的石棺**。在石棺一侧的大理石板上雕刻着亚历山大狩猎像，以及他骑着自己那匹名为布赛佛勒斯（Bucephalus）的牡马战斗的形象。

■ **以弗所**的古代建筑保存完好，有别墅、浴池，一座可容纳2.8万人的剧场，以及一座宏伟的图书馆。

■ 乘船前往位于土耳其利西亚海岸、卡什东北的**法赛利斯（Phaselis）**——亚历山大曾在那里头戴金冠，举行加冕典礼。

■ 特尔梅索斯（Termessos）位于安塔利亚西北崎岖的托罗斯（Taurus）山脉中，是曾经激烈抵抗过亚历山大大帝却幸免于难的少数城市之一。

最佳旅行时间：4月中旬至6月初，或者9月、10月，以避开夏季的高温和拥挤的参观人群。

行程：至少安排1周时间，以游览沿途的著名景点。2~3周时间可以游览更多的地区，参观很多景点，更好地体会当年亚历山大远征所面对的攀越恶劣地形与维持后勤供给的难题。

行前计划：有许多旅行社打着亚历山大大帝的旗号进行宣传，但组织的旅游内容却很少有与亚历山大相关的东西。所以，你一定要仔细分析旅行社的宣传手册。自助游客则应该在出发前准备好详细的地图。在土耳其，特别是大城市以外的地区很难找到大比例地图。

旅行须知：在土耳其内陆旅行时，要小心以凶猛著称的坎戈尔（Kangal）犬，它们被用来看护羊群免遭野狼的袭击。建议带上一支手杖或准备几块石头以保护自己。

相关网址：www.isidore-of-seville.com/alexander，www.pothos.org，www.peter-sommer.com/alexander.html

瓦拉谢纳（Vlacherna）修道院坐落于科孚岛岸边的一个小岛上。科孚岛很可能就是阿尔喀诺俄斯的费阿刻斯王国所在地。

土耳其/希腊

奥德赛

沿着奥德修斯从特洛伊返回家乡伊萨卡岛的线路航行，享受阳光、大海，领略诸多在神话故事中出现过的地方。

被荷马记录在著名史诗《奥德赛》中的奥德修斯在特洛伊围城结束之后的归乡之旅当然只是一个传说，奥德修斯曾经经过的岛屿没有一个能与现实中的地方对上号。但我们至少知道它的起点和终点，而猜测究竟哪些岛屿曾经留下过奥德修斯的足迹则是一件相当有趣的事情。带着众神的诅咒，奥德修斯离开特洛伊，却没能直接回到家乡，而是不断地在希腊诸岛间漂泊。美丽的桑托里尼岛是否就是传说中的食人巨怪（Laestrygonians），向过往船只投掷巨石的巨人盘踞的岛屿？当年岛上的火山是否仍然活跃着，向外喷射岩浆和石块？在当地流传已久的传说中，位于克里特岛以南的小岛加夫佐斯（Gávdos）就是女巫喀耳刻（Circe）之岛。而位于伯罗奔尼撒半岛南端的泰纳龙角（Cape Tenaron）与克里特岛之间、陡峭多山的基西拉岛也许就是海妖的故乡。住在科孚岛（Corfu）上的居民说，科孚岛港口边形状好似一条船的岩石便是当年奥德修斯乘坐的船只石化的残骸；所以，也许阿尔喀诺俄斯国王属下的费阿刻斯人就是科孚人。在聆听了奥德修斯的经历后，阿尔喀诺俄斯给了他一条船，使他终于能够回到伊萨卡岛。

最佳旅行时间： 4月至10月。

行程： 最多3周。

行前计划： 要想真实再现荷马史诗《奥德赛》中的旅行，只有乘坐小船。你可以从伊斯坦布尔乘汽车到达特洛伊，然后就可乘船从艾瓦勒克到莱斯沃斯岛，并一路循着沿途的岛屿直到克里特岛。在克里特岛南岸的乔拉斯发肯（Chora Sfakion）有游船前往小岛加夫佐斯。渡轮往返于克里特岛的卡斯特里（Kastéli）、基西拉岛与希腊大陆南端的伊西翁。从伊西翁可乘汽车前往帕特雷，那里每日有渡轮前往伊萨基岛。

旅行须知： 科孚岛上有一座天然良港，岸上环绕着美丽的老房子和咖啡屋。岛上环境清逸，长途旅行后可在此小憩数日。

相关网址： www.gototurkey.co.uk，www.gnto.gr

著名景点

- 特洛伊最明显的标志是位于达达尼尔大街上的**古代坟冢群**，它向人们展示着这里曾经的权势与财富。
- 参观**莱斯沃斯岛**米提里尼（Mytilíni）的考古博物馆——奥德修斯曾经洗劫过这座岛屿。在奥林匹斯山下的阿基亚索斯村（Agiássos），人们依然按照千百年来的传统生活着。
- 在伊西翁风光优美的港口码头上找一家餐馆，品尝精美的**海鲜烹饪**。海伦与帕里斯就是从这里逃往特洛伊的。
- 游览伊萨基岛首府瓦提（Vathí），或者选择岛上的**精品徒步线路**游览。

胜利与失败、辉煌与寂寥——所有大银幕吸引观众的地方都可在环球电影公司（Universal Studio）建在洛杉矶好莱坞的著名的Citywalk影视城里得到完美的再现。

十大电影之旅

让电影和明星带你走近世界著名的旅游景点。

❶ 美国：纽约

像《妙女郎》（*Funny Girl*）中的芭芭拉·史翠珊那样乘船驶过自由女神像，在德尼罗的《小意大利》中狭窄的街道上漫步。登上曾被《金刚》踩在脚下的帝国大厦，在第5大街与58街拐角处的蒂芙尼（Tiffany）店门前流连，然后前往上曼哈顿看一看《西区故事》中的出租屋（在西109街），娜塔丽·伍德（Natalie Wood）与理查德·贝梅尔（Richard Beymer）曾饰演住在那里的一对苦命鸳鸯。最后一站是位于哈莱姆区的棉花夜总会（Cotton Club）。

行前计划： 乘坐斯坦顿岛渡轮可近距离欣赏自由女神像。

相关网址： www.easynewyorkcity.com/movielocations.htm

❷ 美国：加利福尼亚好莱坞

在格劳曼（Grauman）的中国剧院门前，你可以亲手触摸众多影星留下的足印。剧院内部的东方主题设计富丽堂皇，是欣赏时髦电影的最佳场所，圣殿大会堂（Shrine Auditorium）则是奥斯卡的大本营。鲁道夫·瓦伦蒂诺（Rudolph Valentino）和许多早期影星都埋葬在好莱坞永恒公墓（Hollywood Forever Cemetery）。公墓在夏季每周开放一天，成为一个露天电影院。你可以带上篮子在那里边看电影边野餐，度过难以忘怀的一夜。

行前计划： 可参加旅游团，在导游的指引下参观明星的豪宅和电影制作公司。

相关网址： www.seeing-stars.com，www.cinespia.org

❸ 美国：亚利桑那州—犹他州，纪念碑谷

开车进入纪念碑谷（Monument Valley）的一刹那，你会觉得恍惚进入了一部西部片的片场。这里现在是纳瓦霍部落公园的一部分，然而在20世纪20、30年代，却是著名西部片导演约翰·福特最喜爱的外景地。他在这里拍摄了大量西部片，包括1939年的《关山飞渡》。峭壁、悬崖和深谷被早、晚的阳光投上粉红色或橘红色的面纱，分外美丽。

行前计划： 在公园西部的古尔丁（Goulding）商栈稍作停留。正是由于店主人约翰·古尔丁的大力邀请，约翰·福特才决定选择纪念碑谷作为自己影片的拍摄外景地。

相关网址： www.navajonationparks.org，www.gouldings.com

❹ 印度：孟买

孟买的朱户区（Juhu）是宝莱坞影视制作的大本营，每年有超过200部电影在这里拍摄完成。热情的歌舞与激烈的戏剧冲突是这些电影的一贯特色。你可以选一家大电影公司如RK或Filmistan参观，亲身体验宝莱坞电影的制作过程。

行前计划： 很多旅行社都设有专门的旅游团。

相关网址： www.westernoriental.com

❺ 日本：东京

跟随比尔·墨瑞和斯嘉丽·约翰逊（《迷失东京》），从公园凯悦酒店的房间中欣赏东京的市井，同乌玛·瑟曼（《杀死比尔》）一样在权八餐厅就餐，然后到新大谷饭店，体验一把肖恩·康纳利在魔鬼党（SPECTRE）总部的遭遇（《007系列之雷霆谷》）。

行前计划： 可乘出租车在市内行动。凯悦酒店位于新宿区的西新宿，权八餐厅位于西麻布，新大谷饭店地址是品川区大崎1-6-2。

相关网址： www.tourism.metro.tokyo.jp/english

❻ 新西兰：昆斯顿（Queenstown）

与弗洛多（伊利亚·伍德）、甘道夫（伊恩·麦凯仑）和萨鲁曼（克里斯托弗·李）一起进入中土世界，游览盖拉德丽尔（凯特·布兰切特）的家园——瓦卡蒂普湖，以及曾拍摄过《指环王》中许多镜头的南阿尔卑斯山脉。

行前计划： 旅行团通常从昆斯顿或瓦纳卡出发。从惠灵顿出发的旅游团则可游览北岛风景。

相关网址： www.lordoftheringstours.co.nz，www.destination-nz.com

❼ 意大利：罗马

寻访丹·布朗《达·芬奇密码》中的英雄解开古老谜团的地方：西班牙台阶、许愿泉、万神殿、天使堡，还有圣彼得大教堂。这些地方也曾出现在费里尼的经典作品《罗马》以及由格里高利·派克与奥黛丽·赫本主演的《罗马假日》中。

相关网址： www.througheternity.com/ptour12.htm

❽ 法国：巴黎

让·保罗·贝尔蒙多在《精疲力竭》中漫无目的地穿梭在圣日耳曼大道和香榭丽舍大道旁的酒吧中，20世纪60年代的新浪潮运动就此展开。妮可·基德曼与伊万·麦克格雷格曾在《红磨坊》中坠入爱河，蒙马特尔的教堂则会让你痴迷不已，就像《天使爱美丽》中的奥黛丽·塔图。

行前计划： 买一张公交卡以便更好地利用便利快捷的地铁系统。

相关网址： movies.pidf.com

❾ 捷克：布拉格

韦斯利·斯奈普斯曾在老城中追逐吸血鬼（《刀锋战士II》），汤姆·克鲁斯站在查尔斯大桥上看着远处的汽车爆炸（《碟中谍》）。这里也曾上演过温情的场景：在芭芭拉·史翠珊的《燕特尔》中，雨水打湿了桥上的雕像；圣伊莱斯教堂则见证了《莫扎特传》中汤姆·休斯（莫扎特）的婚礼和葬礼。

行前计划： 乘坐四通八达的地铁可以到达所有的景点。

相关网址： www.myczechrepublic.com/czech_culture/filming_locations.html

❿ 英国：伦敦

茱莉亚·罗伯茨与休·格兰特曾在《诺丁山》的街巷中找到了真爱；《布里吉特·琼斯日记》中的蕾妮·茨尔维格曾在泰特现代美术馆中就餐；河对岸是史密斯菲尔德区，《恋爱中的莎士比亚》中的约瑟夫·费因斯曾在那里的圣巴塞洛缪教堂中祈祷；哈利·波特迷则一定不要错过动物园中的爬行馆和国王十字车站的93/4站台（其实是在4号站台拍摄的）。

行前计划： 普通摆渡每20分钟1班，从希坎布渡轮码头和皮尔海德码头出发。

相关网址： www.merseyferries.co.uk

一个小说家眼中的意大利

花上几天，也许是毕生的时间，游览意大利北部那些曾经给亨利·詹姆斯带来诸多灵感的城市。

亨利·詹姆斯（Henry James）醉心于欧洲文化，威尼斯、佛罗伦萨和罗马更是他小说创作时的最爱。威尼斯仍然保留着那种让詹姆斯既爱又恨的、优雅的颓废派艺术风格，这种风格构成了他的小说《阿斯本文稿》（*The Aspern Papers*）的背景。向南来到佛罗伦萨，你会被这座文艺复兴的大本营和周围美丽的托斯卡纳丘陵深深震撼。这些都被詹姆斯写入了他的小说《贵妇画像》（*The Portrait of a Lady*）之中。在19世纪70年代的罗马，詹姆斯见证了这座伟大的城市在意大利复兴运动结束时再次成为首都的过程。他在美国媒体上发表了自己栩栩如生的见闻录，并与1909年将其集结成《意大利时光》（*Italian Hours*）出版。漫步在罗马的圆形大剧场中，体会什么是詹姆斯形容的“粗砺如山峰般的材质”。大圣母堂（Santa Maria Maggiore）同样不容错过。在詹姆斯看来，“这里太令人才思涌动了，以至于无数灵感集结于脑海中，变成了一幅模糊不清的图像。”宏伟的圣彼得大教堂也正如他笔下所描绘的：“你永远无法正确估量它的大小，它的身形永远最伟岸、最恢弘，令你的感觉相形见绌。”

佛罗伦萨碧提宫（Pitti Palace）天花板上的壁画充分体现了这座由布鲁内莱斯基（Brunelleschi）设计的文艺复兴时期的豪宅奢华的风格。

著名景点

■ 威尼斯大运河、河上的里亚托桥（Riato Bridge）和一座座俯瞰运河、富丽堂皇的文艺复兴时期的宫殿仍然是威尼斯最吸引游客的景观。詹姆斯经常在这里与一群志同道合的作家和游客聚会。

■ 佛罗伦萨的碧提宫中有大量精美的收藏品，如拉斐尔和提香的画作。在《贵妇画像》中，这些作品向女主角伊莎贝尔·阿切尔展示了一种她所不熟悉的文化——这是热爱意大利的詹姆斯在小说中经常使用的主题。

■ 罗马的圣彼得大教堂令詹姆斯惊叹不已，但却没有因此而影响到他的写作灵感。他为这座大教堂写了多篇文章，篇幅之长在其作品中较为少见。

最佳旅行时间：春季和秋季的天气最宜人。夏季的威尼斯有时会潮湿得令人透不过气来，而佛罗伦萨和罗马则在烈日下酷热难耐。

行程：至少安排10天时间以欣赏每个城市最美的部分及沿途的乡村风景。或者干脆学詹姆斯的样子，在那里住上几年！

行前计划：沿途可乘坐火车、汽车或租车自驾。尽早预订住处，特别是大城市的住处。佛罗伦萨、威尼斯和罗马全年游客都十分拥挤。

旅行须知：如果你是从乘飞机抵达威尼斯开始旅行，可以在机场乘坐公共汽艇（Alilaguna water bus）或水上出租车（如果你有钱的话）进入市区。公共汽艇行程约70分钟，经过潟湖最终抵达圣马可广场，一路上正好可让你初识La Serenissimad的美丽。

相关网址：www.enit.it，www.italian-tourism.com

万神殿（Pantheon）既是教堂也是陵墓，是保存最完好的古罗马建筑之一。图为夜色下神庙美丽的廊柱。

意大利

歌德的意大利之旅

跟随伟大诗人的脚步前往意大利的最南方，等待你的是意大利最精美的艺术瑰宝。

集小说家、诗人、剧作家、科学家、理论家和画家于一身的约翰·沃尔夫冈·冯·歌德还曾经担任过日耳曼魏玛公国的首相。厌倦了政事的他在一个夜晚孤身一人不辞而别，开始了其著名的意大利之行（1786~1788年）。作为一名充满好奇心并非常认真的游客，歌德在其《意大利游记》（*Die italienische Reise*）中用引人入胜的文笔详细记述了自己旅行的经历。今天，读者完全可以沿着他书中所记当年的旅行线路，从北方的维罗纳和威尼斯开始，向南一直走过罗马、那波利（那不勒斯）直到西西里。在加尔达湖边的托尔博莱，歌德写道："我被大自然的杰作环抱着。"接下来遇到的风景更让他惊叹不已。"在罗马，我第一次找到了自我。"他留下了许多雕像和古迹的素描画。在那波利——当年意大利最繁华的城市，歌德与颇有影响力的英国大使威廉·汉密尔顿结为好友，这位来自英国的火山学家对维苏威火山的活动习性进行了研究，甚至还在山上举行过聚会（当时维苏威火山还很活跃）。在西西里岛，歌德的行程和当今的热门旅游线路不谋而合。他在巴勒莫花了很多时间研究植物园中种类繁多的植物。他还走访了巴勒莫周边地区，并向东游历卡塔尼亚（Catania）和陶尔米纳（Taormina），观赏沿途的古老庙宇，还抽出时间攀登了雄伟的埃特纳火山。

最佳旅行时间：春季和秋季是最佳旅游季节，最好不要在酷热的夏日前往罗马、那波利和西西里岛。

行程：整个旅行可在1周完成，当然你也可以将其扩展成1个月或更久的旅行。

行前计划：汽车和火车票可在旅行途中购买。租车最好在出发前往意大利前就先联系好。很多旅行社都可以提供意大利境内的旅游线路，但游览内容基本上与歌德没有关系。在网上则可以查到很多关于歌德在意大利旅游的资料。

旅行须知：到达意大利后，建议去一趟当地的旅游信息中心，查找当地各种歌德协会的信息。这些地方可以给你提供许多旅游手册上无法提供的资料。

相关网址：www.enit.it，www.colletteva-cations.com，www.romeartlover.it，www.bestofsicily.com

著名景点

■ 爬上**维苏威火山**，你就会知道为什么歌德称其为"天堂之中耸立的地狱尖塔"。在他离开前往西西里的当天晚上，维苏威火山经历了一次喷发，熔岩从山顶流下。歌德后来一直为错过这次观赏机会而后悔不已。

■ 美丽的小镇**陶尔米纳**坐落在海边，小镇上有一座希腊剧场，背靠着连绵的丘陵和烟雾弥漫的埃特纳火山。你可以驱车游览山坡上的村庄，也可以乘缆车参观山顶的火山口。

■ 离开巴勒莫向岛内行进，可以见到中世纪建造的蒙雷阿莱（Monreale）大教堂，教堂外墙贴满了美丽的拜占庭式马赛克砖。

塞维纳的山谷中开满野花，打破这宁静气氛的只有一群群吃草的绵羊和偶尔独自走过的路人。

法国

骑驴漫游记

这是激动人心的旅行，跟随着著名作家的脚步，你将见识欧洲最后的净土。

1878年，作家罗伯特·路易斯·斯蒂文森（Robert Louis Stevenson）开始了一次旅行，正是这次旅行的经历促使他创作了《骑驴漫游塞维纳》（*Travels with a Donkey in the Cévennes*）。这片位于中央高原东南角、多风的花岗岩高地有着辽阔的天空，兀鹫在高高地飞翔，地面上的风景甚至比斯蒂文森游览的时候还要荒芜。旅途的第一站是勒布。在这里，GR70徒步线路正好与当年斯蒂文森和他那头叫莫迪斯丁的驴子一起走过的线路一致。从奥维格内（Auvergne）出发，穿过布满火山岩和玄武石的田野，便来到大平顶山（Grands Causses）——塞维纳地区的中心。穿过阿列河、劳特河与塔恩河形成的三条河谷后，展现在你面前的是一片地势更高、更荒无人烟的原野，那里的松树和石楠花一定曾让斯蒂文森联想到自己的故乡苏格兰。石堆和木柱标出了穿越洛泽尔山脉上茂密的栗树林的小径，包括此行的最高点，海拔5575英尺（1700米）的菲尼尔峰（Mont Finiels），然后一路下山，到达气候温暖和煦的普罗旺斯。

最佳旅行时间： 4月至9月。

行程： 160英里（257公里）。走完全程需要10~14天（看你的体力情况如何）。

行前计划： 游客需要有能够应付山路的良好体力，此外最好还能有良好的地图阅读能力。沿途有各种露营地、家庭式旅馆和酒店可供选择，但最好提前预订。一定要带上一双质量好的徒步鞋，以及保暖和防雨的外套，当地气候多变，不管什么时候都要做好遭遇暴雨、大雾或大风的准备。你还可以骑山地自行车，甚至骑驴沿着GR70旅行！

旅行须知： 不要像当年斯蒂文森那样因为迷路而错过了圣尼古拉斯附近的布歇湖（Lac du Bouchet），一个宁静、林木环绕的火山口湖。

相关网址： www.gr70-stevenson.com

著名景点

- 随着当地居民不断搬走，野生动物渐渐回到这片地区。秃鹫、欧洲盘羊、河狸都重新出现在这里，此外还能见到水獭、黑啄木鸟和角。
- 在到达勒布雷玛前，你可以爬上标志着塞维纳边界的长满林木的拉古勒山（La Goulet）。在这里你可以看到劳特河的源头，景色十分优美。
- 美丽的勒庞德蒙特维村（Le Pont de Mentvert）位于勒布雷玛以南11英里（18公里），是塔恩河（Tarn）、希马莱河（Rieumalet）与玛提内河（Martinet）的交汇处。精美的文艺复兴式样的房屋就建在河边的岩石上。
- 前往弗洛拉前，一定要抽出1天时间，欣赏壮观的塔恩河谷。
- 在临近普罗旺斯的下山路上，你可以从变暖的空气和山坡上出现的葡萄园判断出旅程已接近终点。

诺曼底海滩

尽管已过去60余年，但来到这片当年盟军开始解放法国的海滩，仍令人激动不已。

在晴朗的夏日里站在这片宁静的诺曼底海滩上，你很难想象在被称为“D日”的1944年6月6日清晨，这里曾经经历过激烈的战争场面。然而，“霸王行动”的痕迹在海滩上随处可见——从第三帝国大西洋防线的水泥掩体和炮台，到大片盟军士兵的墓地。大部分盟军——三个美国师、两个英国师和一个加拿大师——从英格兰的普特茅斯港出发，在瑟堡到勒阿弗尔（Le Havre）之间现在被称为Côte du Calvados的一系列海滩上展开登陆行动。他们从犹他海滩、奥马哈海滩、黄金海滩、朱诺海滩和宝剑海滩五个滩头经过艰苦的战斗一路打到巴黎。离海滩不远的小镇阿霍曼歇（Arromanches）见证了当年惨烈的战斗，镇上建有两座关于诺曼底战役的博物馆。其中阿霍曼歇纪念馆就建于当年在盟军突破滩头阵地的战斗中起过决定性作用的一座浮动港口旁边。但如果要真正了解登陆日的详情，你还应该参观科利维尔海滩上的美军公墓。埋葬在这里的士兵几乎都很年轻，许多还未成年。他们都没能坚持到庆祝法国解放的那一天。

犹他海滩上的纪念碑，用以纪念当年在勒克莱尔（Leclerc）将军指挥下战斗的自由法国战士。

著名景点

■ 阿霍曼歇360（Arromanches 360）采用高科技手段，利用当年随军摄影师拍摄的第一波登陆盟军的战斗纪录片，给游客带来当日战斗的真实感受。

■ 哈恩维尔（Ranville）的佩格索斯纪念馆（Pegasus Memorial）是为英国第六空降师而建，当年该师在拂晓之前担任了大胆的突袭任务，占领佩格索斯大桥和邻近的另一座桥梁，保证了盟军的通行并击退德军反攻，是登陆日最成功的战役行动之一。

■ 游览巴约（Bayeux）。著名的巴约挂毯就产自该市，它是盟军解放的第一座法国大城市。在第二次世界大战中，该市几乎未遭任何破坏。

最佳旅行时间：全年均可，但6月至9月最佳。

行程：1天到1周不等。

行前计划：每天有数班渡轮从普特茅斯港前往法国瑟堡或勒阿弗尔。你可以乘坐渡轮前往其中任一个城市，然后从另一个返回。旅行线路多种多样，短则半日，长可至数天，你可以参加旅游团，也可以在知识渊博的导游陪同下自己游览。

旅行须知：犹他海滩背后圣米尔埃格利斯（Ste.-Mère-Eglise）教堂的两扇彩绘玻璃窗令人想起降落在教堂尖顶上的空降兵约翰·斯蒂勒（John Steele），这段惊险的故事曾被影片《最长的一天》采用。

相关网址：www.normandie-tourisme.org

登高眺望，格哈斯美丽的风景与空中弥漫的香水气味，是令游客流连忘返的诸多原因之一。

法国

拿破仑的反击

跟随拿破仑的脚步从法国海岸深入阿尔卑斯群山，欣赏沿途美丽的风景和历史悠久的城镇。

1815 年 3 月 1 日，拿破仑·波拿巴在从流放地厄尔巴岛逃脱后，于地中海岸边的儒安湾（Golfe-Juan）登陆。6 天后，经过一场急行军，他成功地避开保皇派的军队，来到格勒诺布尔。出发时，他身边只有 1200 人；随着他不断前进，回到皇帝旗下的波拿巴党人如滚雪球般迅速增加。1932 年，拿破仑的行军线路被命名为“拿破仑线路”（Route Napoléon）。你可以从戛纳开始此行——1815 年拿破仑在夜晚登上陆地时，这里还只是一个小小的港口，然后出发前往法国香水工业的中心，坐落在一片长满熏衣草的丘陵之中的格哈斯。离开格哈斯后，再沿着当年拿破仑和他的支持者们走过的山路前往卡斯特拉尼——当年为了到达卡斯特拉尼，他们不得不穿过白雪皑皑、海拔 3755 英尺（1145 米）的巴赫米山口（Col des Barrême）。在迪朗斯河边的希斯提昂，你可以看到中世纪的古堡。在拿破仑到达这里时，古堡竟然全无设防，使得他轻易地越过这里，来到坐落于群山之中、风景优美的加普。在经过贝阿德山口（Col Bayard）和科浦斯村（Corps）后，便是旅行的终点格勒诺布尔，当年拿破仑抵达这里时，城中的居民高声欢呼着迎接皇帝的归来。

最佳旅行时间：全年均可。为了更加真实地再现当年的旅程，你可以选择在3月前往，那时普罗旺斯的高地上积雪仍然未融化。7月、8两个月是游客最拥挤的时期。

行程：步行需1周。拿破仑只用6天便走完了这段200英里（322公里）的路程，途中只有在睡觉时才停止前进。驾车可以在1天内走完全程，并可沿途停下观赏风景。驾驶时间总计约4小时。

行前计划：现代化的N85号高速公路基本上沿着当年拿破仑行进的线路，而且驾车旅行也是重走这条线路的最佳方式。你可以在尼斯租一辆车——那里的机场离出发点最近。卡斯特拉尼和希斯提昂是途中比较适宜停留的地点。不管什么旅行，一定要提前预订好旅馆。

旅行须知：每年3月的1周，当地都会举办拿破仑在儒安湾登陆的主题活动，利用现有的资料复制当年的情形。在活动中，演员扮演的拿破仑带着他的将领和士兵，又一次踏上法国的土地。活动内容包括战斗场面、骑兵表演、各种展览和设在沙滩上的露营地。

相关网址：www.go-provence.com，www.provenceweb.fr，www.route-napoleon.com

著名景点

- 现代的卡斯特拉尼市是前往壮观的**维尔登（Verdon）河谷**——现在已开辟为国家公园——的必经之路。站在这片崎岖的山岭间，你不禁会佩服拿破仑那种惊人的魅力，可以使他的手下心甘情愿地跟着他在恶劣天气下穿过如此艰辛的路径。
- 全程最高点是**贝阿德山口**，海拔4090英尺（1247米），位于加普以西，山上长满了茂密的树林。
- 从古镇**格哈斯**可以俯瞰戛纳湾，你可以在这里稍作停留，欣赏美丽的风景，品味精美的香水，参观为艺术家让-奥诺雷·弗拉格拉尔（Jean-Honoré Fragonard）建造的纪念馆。
- **格勒诺布尔**是一座大学城，每年3月至7月都会举行各种爵士乐、摇滚乐和戏剧演出活动。

堂吉珂德眼中的西班牙

浪漫的古堡、古老的风车和贫瘠的大地，这便是拉曼查，那虽先受误导却依然是散发着伟大光辉的骑士精神上演的地方。

一名上了年纪的小乡绅，被过时的骑士理想所鼓动，出发帮助那些困苦无助的人们——这就是堂吉珂德（Don Quixote），由探险家转而成为作家的米盖尔·德·塞万提斯笔下那位糊里糊涂却惹人喜爱的英雄。塞万提斯将这段不合时宜的壮举的背景设在了西班牙最荒无人烟的土地上；这是一片荒芜的焦土，人烟稀少，甚至连动物都很少见到。它的名字——拉曼查（La Mancha）来自于阿拉伯语 al Manshah，意为“干旱的土地”。几百年来，这里一直是信奉基督教的卡斯蒂利亚与信奉伊斯兰教的安达卢西亚之间的缓冲地带。堂吉珂德的漫游线路无法在现实中找到，但你尽可以发挥自己的想象，走完这段从托莱多到昆卡的旅程。在拉曼查，为数不多的城镇和村庄都和堂吉珂德有着千丝万缕的联系。他曾经将风车当做巨人来攻击，在孔苏埃格拉、坎波德克里普塔纳和莫塔德库尔沃干旱的山坡和低地上，到处可以看到成排的这样的风车。堂吉珂德骑士精神支柱——农场姑娘达辛尼娅，来自艾尔托伯索（El Toboso），位于莫塔德库尔沃的西面，那里有一座堂吉珂德博物馆，博物馆所在的房子据说就是达辛尼娅当年的住处。不过，旅程中最吸引人的还是当地的风景。其中最美丽的当属贝尔蒙特那座15世纪城堡的遗址，令人不禁联想到堂吉珂德心中的世界。

著名景点

■ 坎波德克里普塔纳共有10座**风车**，是拉曼查地区最多的。其中部分经过修复仍可工作，并接待游客参观。在清晨或日落时，粉红色的阳光照在风车上，景色十分优美。

■ 塔楼林立的**贝尔蒙特城堡**是西班牙保存最好的城堡。建于1456年的城堡曾在19世纪70年代为迎接法国皇后欧仁妮的到访进行了重修，但之后100多年中又逐渐回到了年久失修的状态。

■ 拉曼查地区有用本地葡萄品种和制作工艺生产的**地方名牌葡萄酒** Denominación de Origen，以及著名的羊奶制作的曼切戈（Manchego）硬奶酪。

最佳旅行时间：春天田野间绿色最浓郁，还点缀着红色的罂粟花。冬天很冷，夏季则相当炎热。

行程：全程125英里（201公里）；从托莱多出发，经由坎波德克里普塔纳到达昆卡。

行前计划：托莱多和昆卡显然是沿途最好的住宿地。昆卡和阿尔玛格罗（Almagro）各有一家很不错的国营酒店（parador），均设在修复一新的16世纪女修道院中。

旅行须知：从2005年起，当地设立了正式的堂吉珂德主题游览线路（Ruta de Don Quijote）。这一主题线路其实包括了许多连接拉曼查地区的主要城镇和村庄的道路。要想沿着这条线路游览，最佳方式是步行，或骑自行车；甚至你也可以骑上一匹瘦骨嶙峋的驽马，就像堂吉珂德的“罗西南多”。

相关网址：www.okspain.org

初升的太阳照耀下的风车和孔苏埃格拉城堡充分体现了拉曼查地区的特色与荒凉的美。

对页：朝圣之旅的最高潮，便是面对圣地亚哥的门徒大教堂（Catedral del Apóstol）那高耸入云的精美巴洛克式建筑的正面，它令你的心中充满神圣的荣耀。
上图：朝圣者塑像代表着曾经走过这条朝圣之路的成千上万信徒的精神与信仰。

西班牙

圣地亚哥朝圣路

对于虔诚的基督徒，通向圣地亚哥中圆点德中圆点孔波斯特拉的路仍然是一条朝圣的大道；对于其他人来说，这条道路也是欧洲最吸引人的旅游线路之一。

1200年来，无数基督徒曾沿着这条位于西班牙最西部的道路踏上朝圣的旅途，前往基督教最神圣的殿堂之一——据说埋葬着十二门徒之一圣詹姆斯（St. James the Great）遗骸的圣地亚哥德孔波斯特拉大教堂。圣地亚哥地处加利西亚港口维哥（Vigo）与拉科鲁尼亚（La Coruña）之间，不远处便是西班牙风景最壮观的海岸线。在汇集于此的所有朝圣线路中，最著名的要数法兰西朝圣路（Camino Francés），1993年它入选世界文化遗产。法兰西朝圣路在隆塞斯瓦莱斯山口跨越比利牛斯山——传说中法国圣骑士罗兰德最后一次作战的地方，然后一路向西，沿途能见到不少欧洲最为精美的中世纪宗教建筑。在潘普洛纳以西不远处的彭塔拉雷纳（Puente la Reina），法兰西朝圣路与阿拉贡朝圣路（Camino Aragonés）会合，并从一座造型优雅的11世纪建造的桥梁上跨过。古代的朝圣者会在圣多明戈德拉卡扎达（Santo Domingo de la Calzada）的救济院稍事休息；现代旅游者也可以这样做，因为救济院现在已改建成一座豪华的国营酒店。再向西行，沿途还可见到布尔戈斯与莱昂宏伟的大教堂，它们代表着中世纪朝圣者所向往的“心灵的平和”。你也会见到历史上纷争的见证，如蓬费达拉宏伟的圣殿骑士（Templar）城堡。最后，自然也是此行的最高潮，古老的圣地亚哥德孔波斯特拉。

最佳旅行时间：全年均可，但以春季和初夏（4月至6月）或秋季（9月至10月）最佳。冬季寒冷潮湿，夏季的高温则不适宜长途跋涉。

行程：约150英里（241公里），走完全程大约需要2周，每天前进6~20英里（10~32公里）。

行前计划：准备一双质量上乘的靴子及防雨衣物——加利西亚地区全年任何时候都有可能遇上瓢泼大雨。沿途有很多不同类型和档次的旅馆，但鉴于走这条线路的人实在太多，你还是应该提前预订。公共交通设施（火车和汽车）十分便利，很多路段还可骑山地自行车。

旅行须知：法兰西朝圣路沿途路标完备，黄色的箭头或者标在墙上，或者标在树干或扇贝形状的路标上——扇贝是圣詹姆斯的象征，也是这条朝圣路的标志。

相关网址：www.spain.info

著名景点

- 在此行的最高点——隆塞斯瓦莱斯山口稍事休整，调匀你的呼吸，以便从从容容地沿着下山的道路进入西班牙。
- 旅途中第一座城市是潘普洛纳，该市以每年圣菲尔明节（San Fermín）期间举行的奔牛节而闻名。城中有一座用赭色石块砌成的哥特式大教堂。
- 旅途中经过的第二座大城市是布尔戈斯，城中有13世纪建造的雄伟的哥特式大教堂。莱昂市也有一座著名的大教堂，阳光透过其绚丽多彩的玻璃窗将教堂内部照射得十分明亮。
- 劳累一天后，坐在露天咖啡馆中与同伴一起分享葡萄酒和小吃。
- 当旅途接近终点、第一眼看到圣地亚哥德孔波斯大教堂塔尖的时候，你会有一种真切的成就感。尖塔从视觉上主宰着宽阔的奥布拉多伊罗（Obradoiro）广场，四周环绕着精美的中世纪建筑，其艺术震撼力罕有其他欧洲城市可与之相比。

德国/瑞士

跟着马克·吐温去旅行

沿着世界最著名的幽默大师的足迹，游览美丽的森林、山间瀑布和冰川，还有滑雪胜地。

你站在海德堡雄伟的城堡遗址前，俯瞰翠绿的山谷、老城红褐相间的屋顶和远处波光粼粼的灰蓝色内卡（Neckar）河，时光仿佛可以轻易倒流。从这里开始，你将扮演那位勇敢的美国游客，开始一段“提高自我”的旅程。这位勇敢的探险者便是以挖苦讽刺的文风而著称、游走在写实与虚构之间的大作家马克·吐温。1878年，43岁的马克·吐温决定亲身前往欧洲，进行一次旅行，为其主编的讽刺性杂志《国外旅行》（*A Tramp Abroad*）充当试验品。你可以沿着他当年的游览线路，从德国南部出发，途经瑞士进入意大利。沿途你会见到阴暗却散发着松树芬芳的黑森林，并偶遇许多难得的奇景——如深藏在林间，由7层巨大的花岗岩石上梯次落下的特里伯格（Triberg）瀑布。当你来到瑞士点缀着一栋栋林间小屋的辽阔的阿尔卑斯山区时，也许你也会像马克·吐温一样觉得“没有任何声音能像布谷鸟时钟的‘咕咕’声那样疯狂、愚蠢、令人厌烦”。不过，这里也有令你喜爱的活动——前往风景优美的采尔马特，在马特合恩峰下滑雪。

瑞士段旅行的乐趣之一：在采尔马特附近的露天餐厅就餐，欣赏远处的马特合恩峰。

著名景点

- 为了体验最真实的马克·吐温之旅，请尝试一下**内卡河**上的游船——它曾激发了马克·吐温的创作灵感，写出了著名的《哈克贝利·费恩历险记》。

- 了解德国的历史与传说，参观马克·吐温曾经游览过的城堡，如内卡河谷中**内卡施塔纳赫（Neckarsteinach）的四城堡**。

- 像19世纪的享乐主义者那样在巴登-巴登市的**罗马式温泉**中尽情享受。

- 如果你像马克·吐温一样不喜欢步行，也可乘坐采尔马特和圣莫利兹（St. Moritz）之间运行的**冰川快车（Glacier Express）**欣赏瑞士的湖光山色。

最佳旅行时间：你可以选择全年任何时候开始这趟旅行。瑞士的滑雪场通常每年11月开放，圣诞节假期及2月至4月是游客最多的时候。

行程：完全看你的喜好，你可以在沿途每个地方只待上1~2天，也可以随心所欲地延长时间。甚至你还可以一直游览到意大利，就像当年马克·吐温那样。

行前计划：如果你想享受徒步旅行的乐趣，一定要准备质量上好的靴子和其他装备，并预先做好计划自己需要什么，能携带什么。

旅行须知：Interrail铁路公司发行的C区（Zone C）火车通票价格不菲，并且并非所有线路都可使用；你可以事先做好旅行计划，再根据需要决定是否购买。

相关网址：www.germany-tourism.co.uk，www.myswitzerland.com，www.inter-rail.com

从奥瑞斯特海德（OrrestHead）远眺温德米尔湖（Windermere），展现在你眼前的是完美结合的乡村田舍与自然风光。

英格兰

华兹华斯在湖区

这片位于英格兰北部的天然风光曾经令伟大的浪漫主义诗人才思泉涌。

花园小径通往一座用石灰粉刷得干干净净的小屋，四周的空气清新怡人。穿过一段石头门廊后便是客厅。镶嵌着黝黑的木板的房间只有一扇格子窗照明，地面上铺着石砖，天花板上可以看到交错的木梁。这便是鸽舍（Dove Cottage），威廉·华兹华斯（William Wordsworth）与其妹妹多萝西·华兹华斯在湖区的第一处住宅。房子本身仍然保留着当年的样式，然而四周新建的建筑物却阻挡了它的视野。当年，草地从花园一直延伸到湖边，从房子里可以眺望湖北岸的村庄格拉斯米尔（Grasmere）和远处巍峨的哈尔维林（Helvellyn）山。凭着湖区瑰丽的自然风光与这里辛勤劳作的人们带给他的灵感，华兹华斯在这里写下了他大部分著名的诗作。当他徜徉在湖光山色之中时，便会大声朗读自己的作品。附近的莱德尔山（Rydal）则是他度过晚年时光的地方，直到1850年他在那里去世。

最佳旅行时间：春季和秋季，以避开如织的游客，并欣赏最美丽的乡间风光。春季是野花盛开的时节，秋季则可以欣赏到灿烂的秋叶。

行程：湖区是一个面积不大、相当紧凑的地区——方圆不过30英里（48公里），但却拥有众多美丽的风景和徒步线路。

行前计划：乘火车或汽车前往温德米尔很方便，从那里有公共汽车定期开往格拉斯米尔。可提供食宿的地方很多，但如果是在夏季，最好提前预订。格拉斯米尔与安博赛德（Ambleside）是游览湖区较好的落脚点。

旅行须知：山上的天气复杂多变，你需要带一张详细的地图、一枚指南针、手机，如果有GPS设备也应该带上。当地风雨较多，除非在夏季热浪滚滚的时候前往，否则应带上防雨器具和一些供充饥的食品。出发前一定要将行程告诉留守的其他人。

相关网址：www.walksbooks.com，www.wordsworthlakes.co.uk

著名景点

- 坐船登上**格拉斯米尔**湖中心的小岛，那里是华兹华斯喜爱的野餐地点。一定要在教堂墓地大门边的小店买一些姜汁面包尝尝——其配方是当地一大秘密。
- 登上莱德尔山，欣赏**温德米尔湖与莱德尔湖**（Rydal Water）的美丽风景。
- 华兹华斯曾在**豪克斯海德**(Hawkshead)的语法学校中学习，你现在仍然可以看到他的名字刻在学校的一张课桌上。
- 探访华兹华斯写作诗歌的地方。沿着格拉斯米尔的山谷前往**伊瑟黛尔湖**（Easedale Tarn），然后在那里朗读他的诗句“我的心随目光所及而雀跃”，这是他当年在这里看到山上的彩虹时写下的。如果是在春天，你可以沿着**乌尔斯湖**（Ullswater）岸边漫步，欣赏华兹华斯最著名的诗作中动情描述过的随风起伏的大片黄水仙花。

环形广场（Circus）上蜂蜜色石砖建成的明亮、宽敞的排屋是巴斯市精美建筑的典范。

英格兰

寻找简·奥斯汀

一座典雅的乔治王朝时期的城市，一个历史悠久的海滨小镇，一栋作家留下的故居；它们向世人诉说着摄政时期最伟大的作家的故事。

来到汉普郡修复一新的肖顿屋（Chawton Cottage）故居，站在温馨的休息室中，你仿佛可以看到简·奥斯汀就在房间中写作。住在这里的8年中，简·奥斯汀写成了《曼斯菲尔德庄园》《爱玛》与《劝导》，并修订了《理智与情感》和《诺桑觉寺》。离开肖顿，驱车前往巴斯。那里的广场、排屋和新月形建筑物代表着乔治王朝时期的建筑精华，大部分仍然保持着简·奥斯汀生活年代的样子。来到著名的公共浴室（Pump Room），从装饰华丽、散发着蒸汽的喷泉中取一杯水；尽管这富含矿物质的热泉气味刺鼻，但它却是巴斯游客络绎不绝的原因，许多人来到这里，希望能够用温泉治愈自己的疾病。沿着陡峭的街道上坡，便可来到上屋（Upper Rooms），简·奥斯汀曾经在金绿两色的舞厅精美的吊灯下起舞。而礼堂屋（Assembly Rooms）现在则是一个服装博物馆，展出摄政时期的服装和服饰。再从巴斯出发向南前往海滨小镇莱姆里吉斯，沿着环绕港口的考布（Cobb）石墙漫步，看一看《劝导》中愚蠢的路易莎·马斯格鲁弗摔倒的石阶。最后，来到曼彻斯特，在大教堂中瞻仰简的坟墓。她去世时的房子就在学院街（College Street）旁边，墙上有铭牌注明。

最佳旅行时间：肖顿屋现在改名为“简·奥斯汀故居”，屋子很小，参观的人又很多，所以最好选择春季或秋季的工作日前往。今天的巴斯市与奥斯汀时代一样繁华——周末时常常人满为患。

行程：3天。在肖顿及莱姆里吉斯各待1天，而在巴斯则可根据你的喜好多住些日子。

行前计划：所有景点都位于英格兰中南部，驾车或乘公交游览都很方便。

旅行须知：在巴斯的公共浴室吃午餐，你会觉得仿佛回到了过去的年代。如果想要体验更现代化的享受，请抽出1天时间前往经过改建的、豪华的温泉浴场（Thermae Bath Spa），那里可提供各种温泉浴池和服务。

相关网址：www.jane-austens-house-museum.org.uk，www.visitbath.co.uk，www.museumofcostume.co.uk

著名景点

■ 欣赏简·奥斯汀有钱的哥哥爱德华在肖顿的伊丽莎白风格的豪宅。**肖顿屋**现在已经修复一新，其中还设有一间图书馆，收藏了早期英格兰女作家的作品。简·奥斯汀曾在肖顿的圣尼古拉教堂做礼拜，她的母亲和姐姐就葬在这里。

■ 从**山毛榉崖**（Beechen Cliff）眺望巴斯市。《诺桑觉寺》中的女主角凯特琳·莫兰曾在这里与亨利和爱丽娜·蒂尔尼一起散步。

■ 不要错过莱姆里吉斯考布石墙边为纪念简·奥斯汀而建的**悬崖花园**。旁边即是“Wings”旅舍，据说奥斯汀曾在这里住过。花园墙边建有奥斯汀的石像。

爱尔兰

詹姆斯·乔伊斯的都柏林

这位前无古人的作家凭着在20世纪20年代创作的一部小说为爱尔兰的首都吸引来无数游客。

詹姆斯·乔伊斯在都柏林出生、长大，但却在海外度过了大部分成年时光。还在20多岁的时候，他就已经声称自己"厌倦了都柏林"。他先是居住在瑞士的里雅斯特（Trieste），后来又移居巴黎；然而在他所有重要的作品中，他的故乡却一直处于舞台的焦点。乔伊斯学识渊博，他的作品生动幽默又真实地反映了这座城市的方方面面。乔伊斯最著名的作品要数《尤利西斯》（*Ulysses*），其意识流的叙事风格和对人类理智与情感各方面的真实描绘使其成为现代文学史上的里程碑。至今仍然有许多游客因为这本书的吸引而来到都柏林。书中透过三位主人公——斯蒂芬·迪达勒斯、莫利·布鲁姆和利奥波德·布鲁姆的所见描写了1904年6月16日这一天发生在都柏林市内不同地点的事情。故事从都柏林湾桑蒂科弗（Sandycove）的马特罗塔（Martello Tower）开始，包括了布鲁姆的家、几家酒馆、国家图书馆、一场葬礼和许多其他地方。每年6月都柏林都举行布鲁姆日（Bloomsday）庆祝活动，会有许多乔伊斯的书迷（其中不少人穿着乔伊斯时代的服装）前往庆祝，他们会沿着故事的线路行走，并再现许多小说中的情节。

领略这座城市的文化，无论如何不能错过帕内尔广场（Parnell Square）上的都柏林作家博物馆，其内部华丽优雅的装潢代表着乔治王朝时代的艺术风格。

著名景点

■ 利奥波德·布鲁姆喜爱吉尼斯啤酒。吉尼斯酒屋（Guinness Storehouse）是都柏林最著名的景点之一，此外也可去坦伯酒吧区（Temple Bar area），那里一共有1000多间酒吧。

■ 位于杜克（Duke）大街21号的戴维·拜内斯酒吧（Davy Byrnes pub）在《都柏林人》和《尤利西斯》中都出现过。你可以在那里向利奥波德·布鲁姆一样点一份奶酪三明治，喝一杯葡萄酒。

■ 詹姆斯·乔伊斯中心（James Joyce Centre）终年举办各种活动、游览项目和展览，在布鲁姆日那周还会举办一项专门活动。此外，中心还定期组织参观市内与乔伊斯作品有关的景点。

最佳旅行时间：布鲁姆日庆祝活动并没有正式的组织者，但6月16日这一天是庆祝活动最多的日子。当然，都柏林全年任何时候都欢迎你的到来。

行程：《尤利西斯》中的故事开始于早上8:00，结束于第二天凌晨2:00。如果你不想完全遵照布鲁姆日的庆祝活动，也可以分成几天慢慢游览。

行前计划：《尤利西斯》的内容相当晦涩难懂。如果你以前没有读过乔伊斯的作品，《都柏林人》（*Dubliners*）是个很好的开端。书中介绍了许多都柏林的景点和特色。

旅行须知：一定要买都柏林旅游卡，凭卡可以参观都柏林许多著名景点，并有其他优惠。

相关网址：www.visitdublin.com，www.jamesjoyce.ie

圣地寻访耶稣

走过耶稣布道时经过的山丘和街道，你会深深体会到这些圣迹所蕴涵的深远历史。

在此行经过的所有地点中，耶路撒冷和伯利恒（Bethelem，也称 Bayt Lahm）最能够令人心潮澎湃，所以，让我们把它们放在旅程的最后。我们出发的第一站是建有天使报喜教堂（Church of Annunciation）的拿撒勒，耶稣的童年便在这座城中度过。30 岁的时候，他在约旦河中接受了施洗者约翰为他举行的洗礼，并开始了自己的传道活动。位于加利利海（太巴列湖）边的迦百农是彼得和其他门徒的家乡，也是耶稣传道的中心。他当年教授门徒的犹太教堂已被发掘出土，供人们瞻仰。迦百农郊外便是耶稣曾经布道的八福山（Mount of the Beatitudes）和他曾经展示过五饼二鱼神迹的塔布加（Tabgha），那里有一座 5 世纪的教堂即是为纪念此事而建。伯利恒目前属于巴勒斯坦管辖区，城里有著名的圣诞教堂（Church of the Nativity），据说教堂就建在当年耶稣出生的洞室之上。圣殿山在耶路撒冷老城中，是当年耶稣挑战圣殿权威的地方，山顶的平台上现在建有伊斯兰教的圣堂——圆顶清真寺（Dome of the Rock）和阿克萨清真寺（Al-Aqsa Mosque）。老城旁边是高高的橄榄山（Mount of Olives），山上的客西马尼园（Garden of Gethsemane）即是当年耶稣遭遇背叛、被当局逮捕的地方。他遭受十字架刑和被埋葬的地方现在建有圣冢教堂（Church of the Holy Sepulchre）。

在耶路撒冷老城附近的山上是客西马尼园的遗址，耶稣即在此被捕；园中生长着世界上树龄最长的橄榄树。

著名景点

■ 乘船穿行在**加利利海**蓝色的水面上，看一看耶稣在传道时曾经走过的土地，以及他显示神迹的许多地方。

■ 伯利恒的**圣诞教堂**是世界上持续使用时间最长的教堂之一。由罗马天主教会、希腊东正教会和亚美尼亚使徒教会共同管理。

■ 耶路撒冷的西墙（也称“哭墙”）是希律王的耶路撒冷圣殿仅存的遗迹，圣殿在公元70年被罗马人捣毁。**圣殿山**是犹太教徒、基督徒和穆斯林共同的圣地。

最佳旅行时间：全年任何时候均可。夏季气温极高（气温最高的时候是在8月），冬天则有可能遇到降雪。每年复活节时，耶路撒冷城中挤满了各地的朝圣者。

行程：跟着旅游团走遍以上景点需要1周到10天，其中有一半时间待在耶路撒冷和伯利恒。

行前计划：边境安检给游客的游览带来很多麻烦，在各个景点之间穿行并非想象中那样容易，有时必须根据情况临时改变旅游线路——由于来到以色列的游客中有很大一部分都是朝圣的基督徒，所以相关景点的道路常常会拥挤不堪。

旅行须知：在以色列大部分地区你都可以搭便车旅行，当地的驾车者相当热情。

相关网址：www.biblewalks.com，www.go-isreal.com

冈比亚的特产——炮弹果（calabash）。当地人将这种外皮坚硬的果子的内部掏空，制成手鼓。

最佳旅行时间： 12月至次年2月气候干燥温暖，适于旅游。

行程： 前往珠富雷村游览需要1天时间，游完冈比亚则需要7天。

行前计划： 冈比亚居民主要信奉伊斯兰教，游客应注意尊重那里的宗教礼仪。入境前你需要注射黄热病疫苗，并且一定要准备好预防疟疾的药物。沿冈比亚河游览时可乘坐舒适的游船，也可乘坐当地的交通工具皮洛戈（Pirogue），一种外挂引擎的狭长的木船。

旅行须知： 自从20世纪70年代以来，珠富雷村的游客日益减少，从而也使得后来的游客更容易体验到当地人的真实生活情况。班珠尔的阿尔伯特市场（Albert Market）很值得一逛，银饰和蜡纺印花布是当地的特产。

相关网址： www.cbettexplore.com，www.southtravels.com

冈比亚

亚历克斯·哈里的《根》

一部畅销书促使它的作者横越大西洋，寻找自己祖先的非洲之根。

普利策奖获得者、《根》的作者亚历克斯·哈里其实是在1976年书出版后才第一次来到冈比亚的。他旅行的目的是寻找书中的关键人物昆塔·肯特的出生地。在冈比亚河北岸的珠富雷村（Juffureh），哈里终于找到了生活在那里的肯特家族。17世纪的一天，昆塔·肯特就是在这附近的林子中寻找制作鼓的木头时被绑架并作为奴隶运往美洲的。你的旅程可开始于冈比亚首都，港口城市班珠尔。从那里乘船溯河而上15英里（24公里），便可到达珠富雷村。到达村子时，你应该首先前往村中的会客厅（bantaba），向酋长表示敬意。附近的阿尔德布拉（Aldebra）过去是一处法国贸易站，那里的纪念馆生动地再现了曾在冈比亚河流域肆虐长达300余年的奴隶贸易。另一条短途航线可将你带到詹姆斯岛（James Island），当年昆塔·肯特就是在岛上的奴隶交易中心被押上奴隶船运往美洲的。

著名景点

■ 在珠富雷村可上门拜访昆塔·肯特的曾孙女**宾塔·肯特**（大约出生于1912年）及她的家人。

■ **寻根节（Roots Homecoming Festival）** 是一个受哈里小说启发、纪念当年被卖为奴隶的黑人的节日，每年5月或6月举行，为期1周。活动内容包括教育、文化和传统表演等，有音乐、舞蹈及当地烹饪展示。游客被安排参观附近的历史景点、博物馆和冈比亚人的家庭。

■ 尝一尝冈比亚**传统美食**——花生煮米饭（domodah）、炖肉、鱼和蔬菜叶（plasas）、木薯沙拉（foufou）及鱼肉拌饭（benechin）。

致 谢

作 者

Ian Alexander
Derek Barton
Rich Beattie
Karen Berger
Eleanor Berman
Hilary Bird
Hannah Bowen
Amanda Castleman
Marolyn Charpentier
Lucy Denyer
Olly Denton
Rachel Dickinson
Anne-Marie Edwards
Peter Ellegard
Polly Evans
Paul Franklin
Ellen Galford
Robin Gauldie
Jen Green
Sue George
Ned Goodwin
Chris Gutowsky
Lisa Halvorsen
Solange Hando
Marcus Hardy
Julie Hatfield
Colin Hutchinson
Tom Jackson
Marie Javins
Laura Kearney
Andrew Kerr-Jarrett
Judy Kirkwood
Tom LeBas
Mike Lee
Kathy Leong
Marian Marbury
Oliver Marshall
Antony Mason
Conrad Mason
Rick McCharles
Meg McConahey
John McGee
Margaret McPhee
John Motoviloff
Peter Neville-Hadley
Sue Norris
Rose O'Dell King
James Oseland
Bethanne Patrick
Alice Peebles
Ellen Perlman
Kathleen Pierce
Yukari Pratt
Dean Pulley
John Ralph
Zoe Ross
Rich Rubin
Dave Saunders
Jenna Schnuer
Stephanie Shorey
Donald Sommerville
Peter Sommer
Amy Smith
Lally Snow
Linda Tagliaferro
Alex Talavera (translated by Randy B. Hecht)
Jenny Waddell
Joby Williams
Kevin Wiltshire
Joe Yogerst

图片提供

缩 写：

GI (Getty Images); LPI (Lonely Planet Images); RH (Robert Harding).

1 左至右： Ron Watts/Corbis; Lee Cohen/Corbis; ©Paul Beinssen/LPI; Ray Juno/Corbis; ©Chris Mellor/LPI; Pete Atkins/GI. **2-3** Louie Psihoyos/Corbis. **4** ©Chris Mellor/LPI. **5** ©Dallas Stribley/LPI (1); ©Witold Skrypczak/LPI (2); Bob Green Photography (3); ©Andrew Bain/LPI (4); Randall Stewart/Shutterstock (5); Oliver Strewe/GI (6); Steve Bly/GI (7); Peter Ellegard (8); ©David Tomlinson/LPI (9). **6** Gavin Hellier/GI. **8-9** ©Dallas Stribley/LPI. **10** ©Ann Cecil/LPI. **11** ©Richard Cummins/LPI. **12** ©Richard Cummins/LPI. **13** Parks Canada, Trent-Severn Waterway. **14** Eliot J. Schechter/Corbis. **15** Paul M. Franklin. **16-17** ©Krzysztof Dydynski/LPI. **18** ©Richard Cummins/LPI. **19** Sylvain Grandadam/RH. **20** ©Steve Simonsen/LPI. **21** ©Jean-Bernard Carillet/LPI, L; Windstar Cruises/www.windstarcruises.com, R. **22** ©Margie Politzer/LPI. **23** ©Ralph Lee Hopkins/LPI. **24** ©John Borthwick/LPI. **25** ©Lee Foster/LPI, L; ©Leanne Walker/LPI, R. **26** ©Eric L. Wheater/LPI. **27** ©Martin Moos/LPI. **28** ©Krzysztof Dydynski/LPI. **29** ©Jane Sweeney/LPI. **30** ©Craig Pershouse/LPI. **31** ©Eddie Gerald/LPI, L; ©Paul Beinssen/LPI, R. **32** ©Peter Solness/LPI. **33** ©Becca Posterino/LPI. **34** Todd Gipstein/National Geographic Image Collection. **35** Sampo Tours/www.sampotours.com. **36** ©John Borthwick/LPI. **37** ©Ralph Lee Hopkins/LPI, L; ©Kerry Lorimer/LPI, R. **38** ©Christopher Wood/LPI. **39** ©Anders Blomqvist/LPI. **40** ©Jonathan Smith/LPI. **41** Bob Krist/Corbis. **42-43** ©Charlotte Hindle/LPI. **44** ©David Greedy/LPI. **45** ©Glenn van der Knijff/LPI. **46-47** Joel Sartore/National Geographic Image Collection. **48** Solange Hando. **49** ©Dallas Stribley/LPI. **50** ©Christopher Groenhout/LPI. **51** ©Craig Pershouse/LPI, L; ©George Tsafos/LPI, R. **52** ©Mike Cottee/LPI. **53** Andrew Kerr Jarrett. **54** ©Ariadne Van Zandbergen/LPI. **55** ©Karl Lehmann/LPI. **56-57** ©Witold Skrypczak/LPI. **58** ©Izzet Keribar/LPI. **59** ©Peter Ptschelinzew/LPI. **60** ©Paul Kennedy/LPI. **61** Guido Cozzi/Corbis. **62-63** John Meek. **64** ©Jeff Greenberg/LPI. **65** ©John Elk III/LPI. **66** ©Witold Skrypczak/LPI. **67** ©Ralph Lee Hopkins/LPI. **68** ©Kraig Lieb/LPI. **69** ©Philip & Karen Smith/LPI, L; ©Lawrence Worcester/LPI, R. **70** ©Witold Skrypczak/LPI. **71** ©Jim Wark/LPI. **72** ©Chris Barton/LPI. **73** ©James Lyon/LPI. **74** ©Frank Carter/LPI. **75** ©Chris Mellor/LPI. **76** ©Sara-Jane Cleland/LPI. **77** ©Anthony Plummer/LPI, L; ©Lindsay Brown/LPI, R. **78** ©Martin Cohen/LPI. **79** ©Holger Leue/LPI. **80** ©John Banagan/LPI. **81** ©Oliver Strewe/LPI, L/R. **82** ©Paul Harding/LPI. **83** ©Gareth McCormack/LPI. **84** ©Richard Cummins/LPI. **85** ©Greg Gawlowski/LPI. **86-87** ©Anthony Ham/LPI. **88** ©David Tomlinson/LPI. **89** ©Brent Winebrenner/LPI. **90** ©John Elk III/LPI. **91** ©David Tomlinson/LPI, L; ©Philip & Karen Smith/LPI, R. **92** ©Esbin Anderson Photography/LPI. **93** ©David Tomlinson/LPI. **94** ©Chris Mellor/LPI. **95** ©Richard I'Anson/LPI. **96** ©Christopher Wood/LPI. **97** ©Ariadne Van Zandbergen/LPI. **98-99** Bob Green Photography. **100** ©Mark Newman/LPI. **101** ©Curtis Martin/LPI. **102-103** Curt Bianchi/Cumbres & Toltec Scenic Railroad/www.cumbrestoltec.com. **104** ©John Elk III/LPI. **105** ©Manfred Gottschalk/LPI. **106** Chiva Express/www.chivaexpress.com. **107** Kenneth Garrett/National Geographic Images Collection. **108-109** Bob Green Photography. **110** ©Phil Weymouth/LPI. **111** ©Patrick Ben Luke Syder/LPI. **112** ©Bradley Mayhew/LPI. **113** P A Photos. **114** ©Dennis Johnson/LPI. **115** ©Claver Carroll/LPI. **116** ©Richard I'Anson/LPI. **117** ©Mark Andrew Kirby/LPI. **118** ©Chris Beall/LPI. **119** Great Southern Railway/www.railaustralia.com.au/indian_pacific.htm. **120** ©David Wall/LPI. **121** ©Jonathan Smith/LPI. **122** ©Justin Jeffrey/LPI. **123** ©Peter Solness/LPI. **124** ©Christopher Wood/LPI. **125** ©Anders Blomqvist/LPI. **126-127** ©Bethune Carmichael/LPI. **128** ©Mark Daffey/LPI. **129** Dr Shirley Sherwood/Venice Simplon-Orient-Express/www.orient-express.com. **130** ©David Tomlinson/LPI. **131** ©Chris Mellor/LPI, L; ©Glenn van der Knijff/LPI, R. **132** Jungfrau Railway/www.jungfraubahn.ch. **133** ©Izzet Keribar/LPI. **134** ©Ralph Lee Hopkins/LPI. **135** ©Ariadne Van Zandbergen/LPI, L; ©Mitch Reardon/LPI, R. **136-137** ©Andrew Bain/LPI. **138** ©Kim Grant/LPI. **139** ©Rick Gerharter/LPI. **140** ©John Elk III/LPI. **141** ©Mark Newman/LPI. **142-143** ©Grant Dixon/LPI. **144** ©Richard Cummins/LPI. **145** ©Richard Cummins/LPI. **146** Tim Tadder/Corbis. **147** ©Carol Polich/LPI, L; John Frisch, R. **148** ©Brent Winebrenner/LPI. **149** ©Karl Lehmann/LPI. **150** ©Jeffrey Becom/LPI. **151** ©Judy Bellah/LPI, L; ©Wes Walker/LPI, R. **152** ©Grant Dixon/LPI. **153** ©Chris Barton/LPI. **154** ©Brent Winebrenner/LPI. **155** ©Nick Tapp/LPI, L; ©Shannon Nace/LPI, R. **156** ©Bob Charlton/LPI. **157** ©Nicholas Pavloff/LPI. **158** ©Mark Daffey/LPI. **159** ©Peter Solness/LPI, L; ©Mark Daffey/LPI, R. **160** ©Jerry Alexander/LPI. **161** ©Sara-Jane Cleland/LPI. **162-163** David Muench/Corbis. **164** ©Staeven Vallak/LPI. **165** ©Andrew Peacock/LPI. **166** ©Grant Dixon/LPI. **167** ©John Mock/LPI, L; ©Richard I'Anson/LPI, R. **168** ©Martin Moos/LPI. **169** ©Christopher Groenhout/LPI. **170** ©Mark Parkes/LPI. **171** ©Sally Dillon/LPI. **172-173** ©Bill Bachmann/LPI. **174** ©David Tipling/LPI. **175** ©David Greedy/LPI. **176** ©Chris Mellor/LPI. **177** ©Oliver Strewe/LPI. **178-179** JTB Photo/Photolibrary.com. **180** ©Witold Skrypczak/LPI. **181** ©John Elk III/LPI. **182** ©John Elk III/LPI. **183** ©Roberto Gerometta/LPI, L; ©Philip & Karen Smith/LPI, R. **184** ©David Tomlinson/LPI. **185** ©Oliver Strewe/LPI. **186-187** Liu Liqun/Corbis. **188** Olga Shelego/Shutterstock. **189** ©Amerens Hedwich/LPI. **190** Alma Molemans/Madeira Islands Travel/www.madeira-tourism.org. **191** ©Bill Wassman/LPI, L; ©Adina Tovy Amsel/LPI, R. **192** Travel Library/RH. **193** ©Richard I'Anson/LPI. **194-195** Randall Stewart/Shutterstock. **196** Dave G. Houser/Corbis. **197** Layne Kennedy/Corbis. **198** ©Bill Bachmann/LPI. **199** Index Stock Imagery/Barry Winiker/Photolibrary.com. **200** Charles Lenars/Corbis. **201** ©Witold Skrypczak/LPI. **202-203** Jon Hicks/Corbis. **204** Reuters/Corbis. **205** ©Frank Carter/LPI. **206** ©Patrick Horton/LPI. **207** Oriental Touch/RH. **208** ©Anders Blomqvist/LPI. **209** ©Wayne Walton/LPI. **210** Eric Crichton/Corbis. **211** ©David Tipling/LPI, L; ©David Tomlinson/LPI, R. **212** Jon Arnold Images/Photolibrary.com. **213** Rex Features. **214** ImageWorks/Frank Pedrick/TopFoto. **215** ©Jean-Bernard Carillet/LPI. 216 ©Diana Mayfield/LPI. **217** ©Diana Mayfield/LPI, L/R. **218** ©Richard Nebesky/LPI. **219** ©Anthony Pidgeon/LPI. **220** ©Damien Simonis/LPI. **221** ©Hannah Levy/LPI. **222-223** Bryan & Cherry Alexander/Arctic-photo.co.uk. **224** agefotostock/Superstock. **225** ©Oliver Strewe/LPI. **226** ©George Tsafos/LPI. **227** ©Anders Blomqvist/LPI. **228** ©John Elk III/LPI. **229** ©Olivier Cirendini/LPI, L; ©Wes Walker/LPI, R. **230** ©Bethune Carmichael/LPI. **231** ©Richard I'Anson/LPI. **232** ©Richard I'Anson/LPI. **233** ©Richard I'Anson/LPI, L; ©Michael Gebicki/LPI, R. **234-235** Oliver Strewe/GI. **236** ©Juliet Coombe/LPI. **237** ©Richard Cummins/LPI. **238** Terry Poche/Shutterstock. **239** ©Jerry Alexander/LPI. **240-241** Herbert Lehmann/Stockfood UK. **242** ©Jerry Alexander/LPI. **243** ©Brent Winebrenner/LPI. **244** ©Andrew Peacock/LPI. **245** Caroline Parsons. **246** ©Greg Elms/LPI. **247** ©Richard I'Anson /LPI. **248** ©Richard I'Anson/LPI. **249** ©Juliet Coombe/LPI, L; ©Jerry Alexander/LPI, R. **250** ©Anders Blomqvist/LPI. **251** ©Rob Blakers/LPI. **252** ©Dallas Stribley/LPI. **253** R. H. Productions/RH, L; David Hanson/GI, R. **254** ©Oliver Strewe/LPI. **255** Margaret River Tourism Association. 256 Steve Raymer/Corbis. **257** Bruichladdich Distillery/www.bruichladdich.com. **258** ©Richard Nebesky/LPI. **259** Michael Freeman/Corbis. **260** Sandro Vannini/Corbis. **261** Sandro Vannini/Corbis, L/R. **262** ©Neil Setchfield/LPI. **263** Adam Woolfitt/RH. **264-265** ©Jean-Bernard Carillet/LPI. **266** Michael Busselle/RH. **267** Owen Franken/Corbis. **268** ©John Elk III/LPI. **269** ©Bethune Carmichael/LPI. **270** ©Kevin Levesque/LPI. **271** Arkady Mazor/Shutterstock. **272** Peter Adams/GI. **273** Rui Vale de Sousa/Shutterstock. **274** Nico Tondini/RH. **275** Geoffrey Whiting/Shutterstock. **276** ©Michael Aw/LPI. **277** ©Michael Aw/LPI, L; ©Holger Leue/LPI, R. **278-279** Steve Bly/GI. **280** ©Michael Aw/LPI. **281** ©Lee Foster/LPI. **282** ©Rick Rudnicki/LPI. **283** ©Rick Rudnicki/LPI. **284** ©Lee Foster/LPI. **285** James Fredericks/Catamount Trail Association. **286** ©John Borthwick/LPI. **287** ©Richard I'Anson/LPI. **288** Brenda Arlene Smith/Shutterstock. **289** ©John Elk III/LPI. **290** ©Mark Newman/LPI. **291** ©John Elk III/LPI, L/R. **292** Mark A. Johnson/Corbis. **293** Rossano Boscarino/Aventuras Tierra Adventro, Inc/www.aventuraspr.com. **294** ©Ralph Hopkins/LPI. **295** Jeff Hunter/GI. **296-297** Carl Schneider/GI. **298** ©Michael Taylor/LPI. **299** ©Tom Boyden/LPI. **300** ©Brent Winebrenner/LPI. **301** Bruno Fert/Corbis. **302** ©Judy Bellah/LPI. **303** ©Brent Winebrenner/LPI. **304** ©John Hay/LPI. **305** ©John Hay/LPI, L/R. **306** ©Christer Fredriksson/LPI. **307** ©Jason Edwards/LPI. **308** Luca Trovato/GI. **309** ©Neil Setchfield/LPI. **310** ©Richard Cummins/LPI. **311** Chris Gutowsky. **312** ©Frans Lemmens/LPI. 313 ©Frans Lemmens/LPI. **314-315** Nic Bothma/Corbis. **316** ©Jeff Cantarutti/LPI. **317** ©Michael Gebicki/LPI. **318** ©Diana Mayfield/LPI. **319** Kim Hart/RH. **320** ©Ralph Hopkins/LPI. **321** ©Wayne Walton/LPI, L/R. **322** ©Sara-Jane Cleland/LPI. **323** ©Tim Rock/LPI. **324** Chris Weston. **325** ©Mitch Reardon/LPI, L; ©Ariadne Van Zandbergen/LPI, R. **326** ©Ariadne Van Zandbergen/LPI. **327** Martin Harvey/GI. **328-329** Peter Ellegard. **330** ©Richard Cummins/LPI. **331** ©Ernest Manewal/LPI. **332** ©John Elk III/LPI. **333** ©Holger Leue/LPI, L/R. **334** Peter Ellegard. **335** ©Lawrence Worcester/LPI. **336** ©Michael Lawrence/LPI. **337** ©Chris Beall/LPI. **338-339** Stuart Westmorland/Corbis. **340** ©Ralph Hopkins/LPI. **341** ©Ralph Hopkins/LPI, L/R. **342** ©Juliet Coombe/LPI. **343** ©John Hay/LPI. **344** ©Richard I'Anson/LPI. **345** ©Holger Leue/LPI. **346** ©Dennis Johnson/LPI. **347** ©David Wall/LPI. **348** ©Mark Honan/LPI. **349** ©Richard Nebesky/LPI. **350** ©Juliet Coombe/LPI. **351** ©Juliet Coombe/LPI. **352-353** Michael Mattox/Shutterstock. **354** ©Tony Wheeler/LPI. **355** ©Richard I'Anson/LPI. **356-357** ©David Tomlinson/LPI. **358** ©Cheryl Forbes/LPI. **359** ©Mark Newman/LPI. **360-361** Diane Cook & Len Jenshel/GI. **362** ©Stephen Saks/LPI. **363** ©Kim Grant/LPI. **364** ©Richard I'Anson/LPI. **365** ©Ray Laskowitz/LPI. **366** Bill Ross/Corbis. **367** ©John Mock/LPI, L; ©Lee Foster/LPI, R. **368** ©Chris Barton/LPI. **369** ©Doug McKinlay/LPI. **370** ©Ralph Hopkins/LPI. **371** ©Michael Aw/LPI. **372** ©Krzysztof Dydynski/LPI. **373** ©Bill Wassman/LPI. **374** ©Jonathan Smith/LPI. **375** ©Keren Su/LPI. **376** Adam Woolfitt/RH. **377** Yves Travert/Photolibrary.com. **378-379** ©Richard Cummins/LPI. **380** ©Oliver Strewe/LPI. **381** ©Martin Moos/LPI. **382** Jean du Boisberranger/GI. **383** ©Michelle Lewis/LPI. **384** ©Richard I'Anson/LPI. **385** ©Witold Skrypczak/LPI. **386** ©Damien Simonis/LPI. **387** ©Wayne Walton/LPI, L/R. **388** ©Glenn van der Knijff/LPI. **389** ©Hugh Watts/LPI. **390** ©Glenn Beanland/LPI. **391** Bruno Barbier/RH. **392** ©Paul Hellander/LPI. **393** ©Chris Mellor/LPI.